国家教师资格证书考试使用教材

教师教育心理学

主编　徐建成

江蘇鳳凰教育出版社
Phoenix Education Publishing, Ltd

图书在版编目（CIP）数据

教师教育心理学 / 徐建成主编. -- 南京 : 江苏凤凰教育出版社, 2018.11
ISBN 978-7-5499-7583-9

Ⅰ. ①教… Ⅱ. ①徐… Ⅲ. ①教育心理学一教材 Ⅳ. ①G44

中国版本图书馆CIP数据核字(2018)第206658号

书　　名	教师教育心理学
主　　编	徐建成
责任编辑	周　兰　韩宇新
装帧设计	李广玹
出版发行	江苏凤凰教育出版社(南京市湖南路1号A楼　邮编210009)
苏教网址	http://www.1088.com.cn
照　　排	南京凯建图文制作有限公司
印　　刷	江苏凤凰通达印刷有限公司(电话:025－57572508)
厂　　址	南京市六合区冶山镇(邮编:211523)
开　　本	787毫米×1092毫米　1/16
印　　张	24.5
版　　次	2018年11月第1版 2018年11月第1次印刷
书　　号	ISBN 978－7－5499－7583－9
定　　价	59.00元
网店地址	http://jsfhjycbs.tmall.com
公 众 号	苏教服务(微信号:jsfhjyfw)
邮购电话	025－85406265,025－85400774,短信 02585420909
盗版举报	025－83658579

编 委 会

前 言

长期以来，高等师范本科师范生的《心理学》公共课教材一直在改革中发展，从最初单纯的《普通心理学》体系逐步过渡到融合《普通心理学》《教育心理学》《发展心理学》《社会心理学》以及心理健康教育等学科内容的综合体系，对高等师范的公共课教学起到了一定的积极推动作用。但是，由于国家教师资格考试和各地区教师编制入编考试等新生事物的出现，高等学校师范生培养工作有待于调整、改革和创新，教材的编写和出版也就成了迫在眉睫的一项工作。

为了满足社会发展的需要，也为了满足师范生成长发展的需要。我们心理学教研室围绕一系列问题进行了深入的分析和探讨：师范生应该理解和掌握哪些心理学知识？《心理学》公共课的教学应该培养师范生具备什么样的素养？现实社会对师范生提出了什么样的职业要求等等。由此确定了《教师教育心理学》教材的基本内容和编排体系，努力体现以下几方面的特点。

1. 针对性和实用性凸现。本教材的编写要为学生的就业服务，为学生教师专业发展服务。在每一章节都配备了经典的练习试题，努力帮助学生更好地理解和掌握相关的知识。

2. 专业性和普适性并蓄。本教材的编写既要体现心理学科的专业特色，又要反映不同专业知识和技能的相互融合，有利于师范生教师职业素质的培养。因此，它应该有利于完成外在学习向内在素养的有效转化。

3. 理论与实践的和谐共振。本教材的编写将努力体现建构主义等理论的先进理念；同时，也将收集来自教学第一线的素材，印证和丰富先进的教育思想，引发理论与实践的共鸣，共同致力于学生综合素质的提高，促进学生更好地发展。

根据大家讨论的意见，由徐建成教授提出编写大纲，经心理学教研室全体老师讨论修改，进行了撰写内容的分工（按姓氏笔画顺序）：王玲玲（第二章、第四章），江璇（第十一章、第十六章），孙丽华（第五章、第八章），张庆（第九章、第十四章），张高产（第一章、第十二章），徐建成（第六章、第七章、第十五章），黄颀（第十章、第十七章），程世英（第三章、第十三章），最后，大家讨论协商后定稿。

本教材在撰写过程中,采用了国内外许多学者的研究材料和观点,还有不少资料未能注明具体的作者姓名,在此一并表示衷心的感谢!

此外,需要说明的是,本教材的出版得到学校各级领导的关心和江苏教育出版社的大力支持,我们表示诚挚的谢意。

我们期待广大同仁和读者的宝贵意见,帮助我们在教材的使用中不断提高和完善。

心理学教研室

2018 年 7 月于江苏第二师范学院教育科学学院

目　录

第一章　绪　论

教学目的和要求：通过本章的学习，产生学习心理学的兴趣，了解学习心理学的意义，熟练掌握心理现象的内容，掌握心理学的研究原则和研究方法，大致了解心理学的发展，掌握心理学的主要流派。

教学重点：产生学习心理学的兴趣，掌握心理学的研究原则和研究方法，大致了解心理学的发展，掌握心理学的主要流派。

教学难点：产生学习心理学的兴趣，掌握心理学的主要流派。

心理学是一门研究心理现象的科学。

心理学根据任务可以分为基础心理学和应用心理学。基础心理学主要研究心理的基本问题和心理学的研究方法。包括普通心理学、生理心理学、发展心理学、人格心理学、社会心理学、实验心理学、测量心理学和统计心理学。应用心理学是心理学在各领域中的应用，包括教育心理学、管理心理学、工业心理学、营销心理学、犯罪心理学等等。

第一节　心理学的研究对象

心理学是研究人的心理现象或心理活动发生、发展及其规律的科学。这是心理学与其他学科的根本不同。

一、心理学与心理现象

自然界中有各种各样的现象，比如物理现象、化学现象、生物现象、天体现象、生理现象和心理现象等。心理学是研究心理现象的学科，心理现象可以分心理过程和个性心理两个方面。心理过程主要研究人的心理活动是如何发生的，是心理现象中侧重于研究共性的部分；个性心理研究人与人之间的区别，是心理现象中侧重于研究个性的部分。

（一）心理过程

心理过程主要指人的心理是怎样发生与发展的，它包括认识过程，情绪、情感过程和意志过程三方面。其中认识过程是基本的心理过程，情感过程和意志过程是在认识的基础上产生的。

1. 认识过程

认识过程又称为认知过程，是指人在认识客观事物的过程中，为了弄清客观事物的性质和规律而产生的心理现象。感觉、知觉、记忆、想象和思维等心理活动，都属于认识过程。

2. 情绪、情感过程

情绪、情感过程是指人在认识客观事物的过程中所引起的人对客观事物的某种态度的体验或感受。愉快、满意、热爱、厌恶、欣慰、遗憾等心理活动，都属于情感过程。

3. 意志过程

意志过程是指由认识的支持与情绪、情感的推动，使人有意识地克服内心障碍与外部困难而坚持实现目标的过程。

认识，情绪、情感和意志都有其自身的发生和发展的过程，但是，它们不是彼此独立的过程。情绪、情感和意志过程中含有认识的成分，它们都是以认识过程为基础的；情感与意志又对认识过程发生影响；它们是统一的心理活动中的不同方面。认识、情感、意志过程作为心理学研究对象的一部分，被统称为心理过程。

（二）个性心理

个性心理是每个个体所具有的稳定的心理现象。它包括个性倾向性和个性心理特征两个方面。

1. 个性倾向性

个性倾向性是决定个体对事物的态度和行为的内部动力系统，是具有一定的动力性和稳定性的心理成分。个性倾向性是个性心理的重要组成部分，它对相关的心理活动起着支配和控制的作用。与个性心理特征相比，个性倾向性是个性心理中易变的部分。

2. 个性心理特征

个性心理特征是个体身上经常表现出来的本质的、稳定的心理特征。它主要包括能力、气质和性格，其中以性格为核心。个性心理特征是个性心理中相对稳定的部分。

二、心理学的性质、任务和体系

作为研究人的行为和心理活动的规律的科学，心理学兼有自然科学和社会科学的双重性质。心理活动在头脑中产生，必然受生物学规律的支配；同时人是最高等的社会性生物，一切活动都不能摆脱社会、文化方面的影响，又具有社会科学性质。

心理学的基本任务是描述发生的心理现象、解释发生的心理现象、预测将要发生的心理现象和控制人的心理现象。

（一）描述发生的心理现象

心理学的第一个任务是对行为进行精确的观察。心理学家一般把这种观察称为他们的数据。当研究者进行数据收集时，他们必须选择一个适宜的分析水平，并且设计出能保证客观性的度量行为的方法。

（二）解释发生的心理现象

描述必须忠实于可知觉到的信息，而解释却谨慎地超越了能够被观察到的现象。在心理学的许多领域中，中心目标都是找到行为和心理过程的常规模式。心理学家希望发现行为是如何工作的。

一个受过良好训练的心理学家，可以通过用他对人类经验的洞察力和以前的研究者对同一个现象已经发现的事实，来解释观察到的现象。许多心理学家都试图确定几种解释中的哪一种能最精确地解释一个特定的行为模式。

（三）预测将要发生的心理现象

心理学中的预测是对一个特定的行为将要发生的可能性和一种特定的关系将要被发现的可能性的陈述。对一个潜伏于特定形式行为下的原因的精确解释，常常能让研究者对未来的行为做出精确的预测。

（四）控制将要发生的心理现象

控制是核心的、最激励人的目标。控制意味着使行为发生或者不发生——引发它，维持它，停止它，并且影响它的形式、强度或者发生率。如果一个对行为原因的解释能创造控制行为的条件，那么这个解释就是有说服力的。

控制行为的能力很重要，因为它为心理学提供了帮助人们改进他们生活质量的途径。

三、心理学的研究原则和研究方法

心理学的研究原则是心理学研究必须遵守、不容违背的规律与准则，有更普遍的战略指导意义。心理学的研究方法是研究心理学的具体的、可操作的方法与手段，即怎样进行心理学的研究。

（一）心理学的研究原则

所谓研究原则，就是心理学研究必须遵守的基本规律。主要有以下四个原则。

1. 客观性原则

所谓客观性原则，就是对任何心理现象必须按它的本来面貌加以研究和考察，不附加任何主观意愿的原则。人的心理虽是在头脑里进行的活动，但它是客观现实的反映，一切心理活动都是由内外刺激引起的，并通过一系列的生理变化，在人的外部活动中表现出来。研究人的心理，就是要从这些可以观察到的、可以进行检查的活动中去研究。人的心理活动无论如何复杂或作出何种假象与掩饰，都会在行动中表现出来或在内部的神经生理过程中反映出来。因此，在心理学的研究中切忌采取主观臆测和单纯内省的方法，应根据客观事实来探讨人的心理活动规律。

2. 联系性原则

人生活在极其复杂的自然环境和社会环境之中，人的第一心理现象的产生都要受自然和社会诸多因素的影响和制约，人们对某种刺激的反映，在不同的时间、环境和主体状况下，反应往往不相同。因此，在对人的某种心理现象研究和实验中，要严格控制条件。不仅要考虑与之相联系的其他因素的影响，而且要在联系和关系中探讨心理活动的真正规律。

3. 发展性原则

世界上一切事物都是运动、变化和发展的。心理现象也是如此。这就要求心理学的研究也要从心理现象发展、意识发展、个性心理发展以及环境和教育条件变化等不同方面，揭示人的心理发生和发展的规律。

4. 伦理性原则

心理学上有一些实验，丰富了心理学的内容，但对被试造成了伤害，甚至造成了终身的伤害。为了减少类似的现象发生，心理学家逐渐形成一种共识，即心理学研究不能损害被试的利益，这就是伦理性原则。

（二）心理学的研究方法

心理学研究方法有很多种，不同的心理学分支往往又有其独特的方法，但其基本的方法主要有五种，即观察法、实验法、调查法、测验法和投射法。

1. 观察法

观察法是在自然情境中或预先设置的情境中，有系统地观察记录并分析人的行为，以期获得其心理活动产生和发展规律的方法。

运用观察法时，观察者和被观察者之间的关系有两种方式：参与观察和非参与观察。参与观察是指观察者是被观察者活动中的一个成员。非参与观察是指观察者不参与被观察者的活动。无论采取哪种方式，原则上是不使被观察者发现自己的活动被他人观察，否则就会影响他们的行为表现。

避免观察者的主观臆测与偏颇是观察法使用的关键。观察应该是有目的、有计划地观察和记录人在活动中表现的心理特点，以利于科学地解释其行为产生的原因。

观察法的优点是保持被观察对象的自然流露和客观性，获得的资料比较真实。

观察法的缺点是观察者处于被动地位，只能消极等待被观察者的某些行为表现，是一种较缓慢的进程。

2. 实验法

实验法在科学研究中的应用非常广泛，也是心理学研究的主要方法。

实验法是指人为地、有目的地控制和改变某些条件，使被试产生所要研究的某种心理现象，然后进行分析研究，以得出心理现象发生的原因或起作用的规律性的结果。

在进行实验研究时，必须考虑三项变量：一是自变量，即实验者安排的刺激情境或实验情境。二是因变量，即实验者预定要观察、记录的变量，是实验者要研究的真正对象。三是控制变量，即实验变量之外的其他可能影响实验结果的变量。实验法的主要目的是，在控制的情境下探究自变量和因变量之间的内在关系。

实验法有两种，即实验室实验法和自然实验法。

实验室实验法通常指在实验室内，借助各种实验仪器设备，严格控制实验条件，主动创造条件，用给定的刺激，引起一定行为反应，在这种条件下研究心理的原因、特点和规律的方法。

自然实验法是指在自然的情况下，创设控制某些信息，以引起某种心理进行研究。自然实验法是在教育心理学、管理心理学等应用心理学领域中经常使用的方法。

实验法的主要优点是可以更好地研究心理现象的因果关系。缺点是实验法要求高，有些得出的结论，在现实中不一定可行。

3. 调查法

就某一问题要求被调查者回答其想法或做法，以此来分析、推测群体心理倾向的研究方法。因为在使用调查法时，很难保证被试回答的真实性，所以，调查法一般不用来研究个体，而用来研究群体；不用来研究某一现象，而用来研究多种现象之间的比较。

调查法又分为问卷法和访谈法。

问卷法是通过由一系列问题构成的调查表收集资料以测量人的行为和态度的心理学基本研究方法。问卷法有两个主要优点，一是标准化程度高，二是收效快。问卷法能在短时间内调查很多研究对象，取得大量的资料，能对资料进行数量化处理，经济省时。问卷法主要缺点是，被调查者由于各种原因，可能对问题做出虚假或错误的回答；在许多场合对于这种回答要想加以确证又几乎是不可能的。

访谈法，是指通过访员和受访人面对面地交谈来了解受访人的心理和行为的心理学基本研究方法。因为在访谈时，访员与受访人面对面的对话，可以获得文字以外的一些信息，所以它能够部分克服问卷法虚假或错误回答的问题，但同时也降低了问卷法的标准化程度和收集数据的效率。

调查法特别是问卷调查法的优点是可以在短时间内获得大量的资料，省时省力。

调查法特别是问卷调查法的缺点是研究结果的可靠性低，所以一般只用来研究群体，而不用来研究个人。

4. 测验法

测验法即心理测验法，就是采用标准化的心理测验量表或精密的测验仪器，来测量被试有关的心理品质的研究方法。通常用来确定被试的某些心理品质的存在水平。测验法是个体心理特征和行为表现的量化研究的主要工具，应用范围很广。

常用的心理测验有：能力测验、人格测验、智力测验、个体测验、团体测验等。

测验法的优点是可以更准确地研究研究对象，可以把研究对象的特质与相关群体相比较。缺点是标准化的测验量表不易获得，同时，对施测者解释测验结果的能力也有一定的要求。

5. 投射法

投射法是向受测试者提供意义比较含糊的刺激情境，让其自由发挥，分析其反应，然后推断其人格特征的方法。“投射”这个词，在心理学上的解释，是指个人把自己的思想、态度、愿望、情绪或特征等，不自觉地反应于外界的事物或他人的一种心理作用。此种内心深层的反应，实为人类行为的基本动力，而这种基本动力的探测，有赖于投射技术的应用。

最著名的投射法是罗夏墨迹测验和主题统觉测验，现在国内用的比较多的是画树测验和画人测验。

投射法的最大优点在于主试者的意图目的藏而不露。它的缺点是分析比较困难，需要有经过专门培训的主试。

上述五种心理学的研究方法各有其独自的优点，但同时也都存在一定的局限性。由于人的心理千变万化、心理活动非常复杂，因此，研究人的心理现象不能仅凭某一种方法，应根据研究的实际需要，选用多种方法，使之互相补充。

第二节　心理的实质

心理是脑的机能，任何心理活动都产生于脑，即心理活动是脑的高级机能的表现；心理是对客观现实的反映，即所有心理活动的内容都来源于外界环境；心理是外界事物在脑中的主观能动的反映，心理活动会进一步影响到身体机能。

一、心理是脑的机能

脑不同于个体的其他任何器官，脑除了完成个体本身的生理机能外，还有最主要的就是心理机能。心理的发生和发展是以脑的发育为物质基础的，这主要体现在三个方面：第一，心理的种系发展。心理现象是物质发展到一定阶段才出现的，并随着神经演化而逐步发展，最后产生人的心理，这是一个漫长的进化过程。第二，人类的心理发展不是永恒不变的。它随着社会条件的变化和发展，人类的心理也发生变化。第三，心理的个体发展。从出生到成熟，直到衰老的过程中，心理的发生、发展是遗传和环境之间相互作用的复杂过程。人脑本身不能产生心理，人脑只有在产生心理现象的自然前提下，只有在客观现实的作用下，才能产生心理，心理的源泉在客观世界。

研究表明，大脑分为两个半球。左半球主管身体的右边，右半球主管身体的左边。左半球具有阅读、计算、抽象逻辑思维等功能，右半球具有空间定向、音乐知觉、想象和情感理解等功能。大脑皮层的四个区域也有不同的分工。额叶是躯体运动中枢，顶叶是躯体感觉中枢，枕叶是视觉中枢，颞叶是听觉中枢。大脑的活动产生并制约着人的心理活动。

二、心理具有客观性

所谓客观性是指人的心理有不以人的意志为转移的性质。人的心理的基本内容是有客观性的。这种客观的内容，除了外部的物理世界以外，我们人类的躯体的一系列生理变化，如心跳、呼吸、生病的状态，以及人的本能、无意识等心理状态都具有客观性。因为这些内容都是不能根据人的意志而改变的。

人的人格部分具有主客观的相对性，既有稳定的客观性内容，又有可变性的主观内容。因此“江山易改,本性难移”这句话是一种误导,是让人固着在自己不能接纳的部分而不做出改变的理由。当一个人在一定的环境中形成了一种稳定的行为习惯以后,他的人格特点就具有了客观性。但是如果这种稳定的行为习惯不能根据现实变化而变化的话就要出现各种的心理问题,因此是需要改变的。正因为人类的心理具有主观性,当一个人根据环境的变化,通过意识努力改变使自己能够适应现实环境后,又形成了另一个层面的稳定的行为习惯。所以说人的成长过程就是不断使自己的心理状态从主观性到客观性,螺旋式上升的一个变化过程。

三、心理具有主观能动性

主观能动性又称自觉能动性、意识的能动性,是指人们在认识世界和改造世界中有目的、有计划、积极主动的有意识的活动能力。意识存在于我们的头脑里,人们只能用语言表达它、用文字记录它,不能用它直接作用于客观事物,引起客观事物的变化。但是,意识却有一种本领,那就是作为一种无形的力量,在不停地告诉人们,应当做什么,以及怎样去做,在实践中,意识总是指挥着人们使用一种物质的东西去作用于另一种物质的东西,从而引起物质具体形态的变化,这种力量就是人的主观能动性。

比如,孩子并不被动地接受成人的教育,而是主动地、有选择地接受成人的教育。他从自己的已有经验和心理水平出发,考虑成人提出的要求。符合自己需要的就接受,不符合自己需要的就拒绝。根据这一心理发展规律,一切教育要求都必须符合儿童的发展水平。如果家长不顾孩子所好,苛求孩子所恶,结果是欲求而不得,反而伤害了孩子学习的积极性和主动性。所以对待孩子,应该因材施教、因势利导、循循善诱。

此外,需要说明的是,人的心理现象不是在真空中发生、发展的,而是在一定的社会生活环境下进行的。因此,人的心理现象必然会打上社会的烙印,受社会因素的制约。

第三节 心理学的发展

心理学与众多学科一样,其初孕育在哲学之中,是哲学的一部分。后来,由于社会的发展,特别是哲学和生理学的发展,心理学才成为一门独立的学科,并且影响越来越大。

一、哲学对心理学发展的影响

我国先秦时期的著名哲学家、思想家老子、孔子、孟子、荀子等,探讨过人性的本质,在人性和环境的相互关系问题上,有过一系列精辟的论断,对我国古代心理学思想的发展,做出过重要的贡献。

在欧洲,心理学的历史可追溯到古希腊柏拉图、亚里士多德的时代。亚里士多德是一位学问渊博的哲学家,他和当时的哲学家一样,对灵魂的实质、灵魂与身体的关系、灵魂的种类与功能等问题,从理论上进行了探讨。他的著作《论灵魂》是历史上一部论述各种心理现象的著作。

从文艺复兴到19世纪中叶，英国的培根、霍布斯、洛克等人，都试图纠正中古时代被神学歪曲了的心理学思想，并给予符合科学的解释。培根的归纳科学方法论对整个近代自然科学的发展起到了很大作用，霍布斯提出人的认识来源于外在世界，洛克最早提出联想的概念，这些都推动了心理学的发展。法国百科全书派的拉·梅特里在《人是机器》一书中干脆把人说成是一架机器，这些虽然不免有机械唯物论的观点，但都有进步意义。

二、生理学对心理学发展的影响

近代哲学为西方现代心理学提供了理论基础，而现代心理学的实验方法则直接来源于实验生理学。

生理学的发展，特别是神经系统生理学和感官生理学的发展，对心理学走上独力发展的道路产生了重要的影响。1811年，英国人贝尔和法国人马戎第发现了脊髓运动神经与感觉神经的区别。1840年德国人雷蒙德发现了神经冲动的电现象。1850年德国人赫尔姆霍茨用青蛙的运动神经测量了神经的传导速度，为心理学中应用反应时的测量法奠定了基础。1861年法国人布洛卡发现失语症人和左侧额叶部分组织病变有关，从而确定了语言中枢的位置。1869年英国人杰克逊提出了大脑皮层的基本机能界线，中央沟前负责运动，中央沟后负责感觉。1870年德国人费里茨和希兹用电刺激法研究大脑功能等。这些研究不仅加深了人们对大脑等神经系统的认识，而且为心理学用实验方法研究感觉知觉问题奠定了基础，也为研究心理现象和行为的生理机制开辟了广阔的前景。

俄国生理学家巴甫洛夫创建的高级神经活动学说为心理现象的解读提供了科学依据。巴甫洛夫认为，神经系统最基本的活动方式是反射。即：有机体对客观刺激做出的有规律性的应答。按照起源分为无条件反射和条件反射。无条件反射是先天形成、遗传的结果；条件反射是在无条件反射的基础上，通过后天学习建立起来的反射。无论什么反射，都必须由客观刺激引发。如果引发反射的刺激是具体的客观事物，就称为第一信号系统；如果引发反射的刺激是具体客观事物的代替物，如：语词、符号等等，则是第二信号系统。生理科学的研究极大地推动了心理科学的发展。

三、心理学发展过程中的主要流派

心理学发展史上，曾出现过许多流派，不同的流派所提出的观点大不相同，甚至可能相左。但大体来说，不同的心理学流派往往倾向于用不同的研究方法研究不同的心理学领域。因此，每种心理学流派都对心理学有独到的贡献，都是其他流派所没法取代的。

（一）构造主义

构造主义心理学是心理学成为一门独立的实验科学后、出现于欧美的第一个心理学派，奠基人是德国冯特。1879年，冯特在德国莱比锡大学建立了第一个心理学实验室，标志着心理学成为一门独立的学科。著名的代表人物为铁钦纳。主张心理学应该研究人们的直接经验，即意识。研究方法强调内省法。

（二）机能主义

机能主义的创始人是美国的詹姆斯。代表人物是杜威和安吉尔。主张心理学应该研究意识，他们把意识看成是一个川流不息的过程。强调意识的作用和功能。推动心理学向实际生活发展。

（三）格式塔心理学

格式塔心理学创始人是德国的韦特海默、柯勒、考夫卡。格式塔在德文中的意思是“整体”。反对把意识分析为元素，而强调心理作为一个整体。一种组织的意义。认为：整体不能还原为各个部分、各种元素的总和。部分相加不等于全体。整体先于部分而存在，并且制约着部分的性质和意义。他们重视心理学实验，在知觉、学习、思维等方面的研究很重要。

（四）行为主义

行为主义创始人是华生，他是在巴甫洛夫条件反射学说的基础上创立的。代表人物早期是华生，后期是托尔曼和斯金纳。其特点是：① 反对研究意识，主张心理学研究行为；② 反对内省法，主张用实验法。总之，行为主义强调用客观的方法研究客观的行为。行为主义在各个领域都产生了重大影响，被称为西方心理学的第一大势力。

（五）精神分析学派

精神分析学派是由奥地利的维也纳精神病医生弗洛伊德创立的一个学派。它重视研究成年人的异常行为分析，重视生命早期经验对人的影响，重视对动机和意识的研究，并强调心理学应该研究无意识。精神分析学派被称为西方心理学的第二大势力。

（六）人本主义

人本主义于20世纪50～60年代在美国兴起，70～80年代迅速发展，它既反对行为主义，认为它们把人等同于动物，只研究人的行为，不理解人的内在本性；又批评精神分析学派，认为它们只研究神经症和精神病人，不考察正常人心理。总之，人本主义强调心理学要研究正常的人。该学派的主要代表人物是马斯洛和罗杰斯。马斯洛提出著名的需要层次理论。罗杰斯强调，经过引导，每个人都有自我实现的需要与能力。人本主义被称为西方心理学的第三大势力。

除了以上流派之外，还有意动心理学派、日内瓦学派、认知心理学派等，它们都在不同程度上推动了心理科学的发展。

练习题

一、选择题

1. 心理现象可以分两个方面：一是个性心理，二是 （ ）

A. 心理过程　　B. 认知过程

C. 个性倾向　　D. 记忆过程

2. 下面不属于心理过程的是 （ ）

A. 注意过程 B. 认知过程 C. 意志过程 D. 情绪情感过程

3. 个性心理现象可以分个性倾向性和 （ ）

A. 认知过程 B. 个性心理特征 C. 气质 D. 性格

4. 气质、性格和能力总称 （ ）

A. 心理过程 B. 个性心理特征 C. 个性倾向性 D. 个性心理

5. 需要、动机、兴趣、理想和价值观等合称 （ ）

A. 心理过程 B. 个性心理特征 C. 个性倾向性 D. 个性心理

6. 使心理学成为一门独立科学的心理学家是 （ ）

A. 华生 B. 弗洛伊德 C. 冯特 D. 巴甫洛夫

7. 提出人在做某一件事时，心理会出现矛盾的心理学家是 （ ）

A. 华生 B. 巴甫洛夫 C. 冯特 D. 弗洛伊德

8. 提出心理需要层次理论的心理学家是 （ ）

A. 华生 B. 弗洛伊德 C. 罗杰斯 D. 马斯洛

9. 效率最高的心理学研究方法是 （ ）

A. 观察法 B. 实验法 C. 测验法 D. 问卷法

10. 可以更好地研究因果关系的心理学研究方法是 （ ）

A. 观察法 B. 实验法 C. 测验法 D. 问卷法

二、简答题

1. 简述心理学研究的方法及其优缺点。

2. 简述心理学研究的原则。

3. 论述心理学的主要流派及其代表人物和主要观点。

参考答案

一、选择题

1. A 2. A 3. B 4. B 5. C 6. C 7. D 8. D 9. D 10. B

二、简答题

1. (1) 观察法。优点是保持被观察对象的自然流露和客观性，获得的资料比较真实。缺点是观察者处于被动地位，只能消极等待被观察者的某些行为表现，是一种较缓慢的进程。

(2) 实验法。优点是可以更好地研究心理现象的因果关系。缺点是实验法，特别是实验室实验法得到的结论，在现实中不一定准确。

(3) 调查法。调查法，特别是问卷调查法的优点是可以在短时间内获得大量的资料，省时省力。缺点是研究结果的可靠性低，所以一般只用来研究群体，而不用来研究个人。

(4) 测验法。优点是可以更准确地研究研究对象,可以把研究对象的特质与相关群体相比较。缺点是标准化的测验量表不易获得,同时,对施测者解释测验结果的能力也有一定的要求。

(5) 投射法。优点在于主试者的意图目的藏而不露。缺点是分析比较困难,需要有经过专门培训的主试。

2. (1) 客观性原则。

(2) 联系性原则。

(3) 发展性原则。

(4) 伦理性原则

3. (1) 构造主义。代表人物冯特、铁钦纳;主要观点:心理学应该研究人们的直接经验即意识。研究方法强调内省法。

(2) 机能主义。代表人物詹姆士、杜威和安吉尔;主要观点:心理学应该研究意识,强调意识的作用和功能,以心理学推动实际生活的发展。

(3) 格式塔心理学。代表人物韦特海默、柯勒和考夫卡;主要观点:强调心理作为一个整体,重视心理学实验。

(4) 行为主义。代表人物早期是华生,后期是托尔曼和斯金纳;主要观点:强调用客观的方法研究客观的行为。

(5) 精神分析学派。代表人物早期是弗洛伊德,后期是埃里克森、梅兰妮·克莱因、霍妮、沙利文等;主要观点:心理学要研究意识和潜意识,重视早年经验对人的影响。

(6) 人本主义。代表人物是马斯洛和罗杰斯;主张研究对人类进步富有意义的问题,关心人的价值和尊严。

第二章 注 意

教学目的和要求：通过本章学习，了解注意的生理机制及外部表现，理解注意的特点及品质，掌握注意的内涵、功能、分类，应用注意的规律进行教学。

教学重点：注意的内涵及分类，注意的品质特点。

教学难点：实际教学中，如何利用注意的规律进行有效教学。

第一节 注意概述

注意，是一个古老而又永恒的话题。俄罗斯教育家乌申斯基曾精辟地指出："'注意'是我们心灵的惟一门户，意识中的一切，必然都要经过它才能进来。"由此可见注意于人的生活、学习、工作的重大意义。注意不是一种独立的心理过程，感知觉、记忆、思维、智能活动等之所以能够正常进行，均需要注意的参与，因此注意是一切心理活动共有的属性。

一、注意的含义及特点

注意是心理活动对一定对象的指向和集中。前者是指心理活动的方向；后者是指心理活动的程度或强度；它们是心理活动的两个基本特征。

指向性表现为对出现在同一时间的许多刺激的选择；集中性表现为对干扰刺激的抑制以及组织不同心理现象参与当前活动的程度。它的产生及其范围和持续时间取决于外部刺激的特点和人的主观因素。注意的指向性越明确，心理活动的强度越大，紧张度越高，注意也就越集中。人在高度集中自己的注意时，注意指向的范围就缩小。这时候，他对自己周围的一切就可能"视而不见，听而不闻"了。从这个意义上说，注意的指向性和集中性是密不可分的。

二、注意的意义和功能

注意不仅是个体进行信息加工和各种认知活动的重要条件，而且是个体完成各种活动的重要保障。在注意状态下人们才能有效监控自己的动作和行为，从而达到预定目的、避免失误、顺利完成相应的工作任务。总之，注意保证了人对事物清晰的认识、更准确的反应和进行更可控有序的行为。它是人们获得知识、掌握技能、完成各种智力操作和实际工作任务的重要心理条件。

注意的基本特性决定了注意的一些主要功能，这些功能表现在三个方面。

(一) 选择功能

注意使得人们在某一时刻选择有意义的、符合当前活动需要和任务要求的刺激信息，同时避开或抑制无关刺激的影响。这是注意的首要功能，它确定了心理活动的方向，保证我们的生活和学习能够次序分明、有条不紊地进行。人要正常地生活与工作，就必须选择重要的信息，排除无关刺激的干扰，这是注意的基本功能。注意对信息的选择受许多因素的影响，如刺激物的物理特性，人的需要、兴趣、情感、过去的知识经验等。

(二) 保持功能

外界大量信息输入后，每种信息单元必须经过注意才能得到保持，如果不加注意，就会很快消失。因此，需要将注意对象的映象或内容保持在意识之中，一直到完成任务、达到目的为止。如果选择的注意对象转瞬即逝，心理活动无法展开，也就无法进行正常的学习和工作。

(三) 调节监督功能

注意可以提高活动的效率，这体现在它的调节和监督功能上。注意集中的情况下，错误减少，准确性和速度提高。另外，注意的分配和转移保证活动的顺利进行，并适应变化多端的环境。有意注意可以控制活动向着一定的目标和方向进行，使注意适当分配和适时转移。工作和学习中的错误与事故一般都是在注意分散或注意没有及时转移的情况下发生的。

古代教育家荀子在《大略篇》中说："君子壹教，弟子壹学，亟成。"这里的"壹"就是专一，意为只要教师一心一意地教，学生一心一意地学，就能保证学生最终学业有成。

三、注意的生理机制和外部表现

注意和其他心理现象一样，是由神经系统不同层次、不同脑区的协同活动来完成的。从 19 世纪中叶以来，生理学家和心理学家进行了多方面的研究，试图揭示注意活动复杂的神经机制。

(一) 注意的生理机制

注意的生理机制是多种神经活动的结果。

注意从其产生方式上说是一种朝向反射。朝向反射是由情景的新异性所引起的一种复杂而又特殊的反射。它是注意最初级的生理机制，朝向反射是由新异刺激物引起的。刺激物一旦失去新异性(习惯化)，朝向反射也就不会发生了。朝向反射又是一种非常复杂的反射，它包括身体一系列的变化。这些变化有助于提高动物的感受性，并能动员全身的能量资源以应付个体面临的活动任务，如趋向活动的目标、逃离威胁个体生存的情境等。朝向反射的这种特殊作用，使它在人类和动物的生活中具有巨大的生物学意义。

脑干网状结构是指从脊髓上端到丘脑之间的一种弥散性的神经网络。网状结构的神经细胞形状很复杂，大小也不等，它们的轴突较长，侧枝也较多。因此，一个神经元可以和周围的许多神经元形成突触；一处受到刺激就可以引起周围细胞的广泛兴奋。

网状结构的激活作用，使脑处于觉醒状态。没有网状结构引起的大脑活动的普遍激活，就不可能有注意。但是，觉醒并不等于注意，用网状结构的激活作用并不能充分解释注意的选择性。人选择一些信息，而离开另一些信息，是和脑的更高级的部分——边缘系统和大脑皮层的功能相联系的。

边缘系统是由边缘叶、附近皮层和有关的皮层下组织构成的一个功能系统。它既是调节皮层紧张的结构，又是对新旧刺激物进行选择的重要结构。产生注意的最高部位是大脑皮层。大脑皮层不仅对皮下组织起调节、控制的作用，而且是主动地调节行动、对信息进行选择的重要器官。

（二）注意的外部表现

人在集中注意于某对象时，常常伴随着特定的生理变化和外部表现。注意时最显著的外部表现，有以下几种。

1. 适应性运动

人在注意时，有关的感觉器官朝向刺激物。例如，人在注意观察某个物体时，把视线集中在该物体上，就是所谓的“举目凝视”；注意听一个声音时，把耳朵转向声音的方向，就是所谓的“侧耳倾听”。

2. 无关运动的停止

人在注意高度集中时，无关运动会暂时停止。当儿童听到精彩故事时，会停下手中的活动，一动不动地看着老师。

3. 呼吸运动的变化

人在集中注意时，呼吸会变得轻微而缓慢，呼与吸的时间比例也会发生变化，一般是吸短呼长；当注意高度集中时，甚至会出现呼吸暂时停止的状态，就是“屏息”现象。

注意是一种内部的心理状态，可以通过人的外部行为表现出来。注意的外部表现可以作为研究注意的客观指标。但是，注意作为一种内部心理状态，它和外部行为表现之间，并不总是一一对应的。

第二节　注意的种类

我们对事物的注意，有时是自然而然发生的，不需要任何意志的努力；有时是有目的的，需要付出意志的努力来维持。这样，我们可以将注意分成无意注意、有意注意和有意后注意。

一、无意注意(不随意注意)

无意注意是指事先没有目的，也不需要意志努力的注意。例如，我们正在教室内聚精会神地听讲，突然从教室外闯进来一个人，这时大家不约而同地把视线朝向他，并且不由自主地引起了对他的注意。在这种情况下，我们对要注意的东西没有任何准备，也没有明确的认识任务。注意的引起和维持不是靠意志的努力,而是取决于刺激物本身的性质。在这个意义上,无意注意是一种被动的注意。在这种注意活动中,人的积极性的水平较低。

引起无意注意的原因来自两个方面:刺激物的特点和人的内部状态,同时这两方面的原因也是密切联系的。

(一) 刺激物的特点

1. 刺激物的强度

任何强烈的刺激,例如,强烈的光线、巨大的声响、浓郁的气味,都会使我们不由自主地引起注意。就刺激物的强度而言,固然强烈的刺激物能引起人们的注意,但是刺激物的相对强度在引起无意注意时更具有重要的意义。所谓刺激物的相对强度,是指这个刺激物与其他刺激物的强度相对比较而言。一个强烈的刺激物如果在其他强烈刺激物构成的背景上出现,就可能不会引起人们的注意;相反,一个不甚强烈的刺激物,如果在没有其他刺激物的背景上出现,则可能引起人们的注意。例如,在喧嚣的地方,很大的声音也不会使人们注意;而在寂静的夜晚,轻微的耳语声,也能引起人们的注意。

2. 刺激物之间的对比关系

刺激物之间的强度、形状、大小、颜色,或持续时间等方面的差别特别显著、特别突出,就容易引起人的无意注意。例如,孩子群中站一个大人、万绿丛中一点红,都容易引起人的注意。

3. 刺激物的活动和变化

活动的刺激物、变化的刺激物比不活动、无变化的刺激物更容易引起人们的注意。例如,大街上的红绿霓虹灯有规则地一亮一灭,很容易引起行人的注意。

4. 刺激物的新异性

新异性是引起无意注意的一个重要原因。习惯化刺激就不易引起人们的注意。所谓好奇心,就是人们对新异刺激的注意和探求。

(二) 人的内部状态

引起无意注意的另一类原因是外部刺激物符合人们的内部状态。属于这方面的原因主要有:

1. 需要和兴趣

凡是能满足一个人的需要和兴趣的事物,都容易成为无意注意的对象,因为这些事物对他具有重要的意义。例如,人们天天看报,所注意的消息往往有所不同,从事文教工作的人,总是更多地注意文教方面的报道;从事体育工作的人,总是更多地注意体育方面的新闻。

2. 情绪状态

凡能激起某种情绪的刺激物都容易引起人们的注意。此外,当一个人心胸开朗、心情愉快,平常不太容易引起注意的事物,这时也很容易引起他的注意;当一个人无精打采或过于疲劳时，平常容易引起关注的事物，这时也不会引起他的注意。

3. 知识经验

个人已有的知识经验对保持注意有着巨大的意义。新异刺激物容易引起无意注意，但要保持这种注意则与一个人的知识经验密切相关。因为新异刺激物固然能引起人们不由自主的注意，但如果人对它一点也不理解，即使能一时引起注意，也会很快失效。如果人对新异的刺激物有一些理解，但又不完全理解，为了求得进一步的理解，就能引起长时间的注意。

无意注意是注意的初级形式，不仅人有，而且动物也有，在个体的发展过程中，最初产生的是无意注意，尔后才产生有意注意。

二、有意注意（随意注意）

有意注意是指有预定目的、需要一定意志努力的注意。当我们阅读一篇教育论文的时候，由于认识到学习这篇文章的意义，我们便自觉、自动地将心理过程集中指向这篇文章的内容，积极选择文章提供的各种信息。当学习中遇到困难或环境中出现种种干扰学习的因素时，我们通过意志的努力，使注意力坚持在要学习的东西上，这种注意便叫有意注意。上课认真听讲，目不斜视，一心不二用，这都是意志努力的结果，都是有意注意。有意注意是在无意注意的基础上发展起来的，是人所特有的一种心理现象。对于学习和工作来说，它有较高的效率。它是注意的一种积极、主动的形式。

在教学工作中发展和培养学生的有意注意，是教师的一项重要任务。学习是一项艰苦的智力活动，在学习过程中，仅仅利用无意注意的规律，是远远不够的。为了使学生牢固地掌握知识和技能，应该帮助学生树立明确的学习目的、发展多方面的兴趣与爱好、培养良好的人格品质。

影响有意注意的因素主要表现在以下几个方面。

（一）对活动目的、任务的理解

有意注意是有预定目的的注意，因而对活动目的、任务理解得越清楚、越深刻，完成任务的愿望就越强烈，越有利于维持有意注意。如大学生对通过全国外语四、六级考试这一学习任务有了明确而深刻的认识，就能激励他在外语学习的过程中，排除各种干扰因素，保持良好的注意状态，力争顺利通过考试。

（二）对事物的间接兴趣

兴趣有直接兴趣和间接兴趣两种，直接兴趣是对事物或活动本身感兴趣，间接兴趣是对活动结果感兴趣。直接兴趣是引起无意注意的重要条件，而间接兴趣则对有意注意产生巨大影响。间接兴趣越稳定，就越能排除各种干扰，对活动对象保持有意注意。例如，中国人学习英语常常感觉枯燥难学、心灰意冷，但若被公派出国进修，认识到学习英语的重要意义后，对它就产生了间接兴趣，就能战胜困难，刻苦攻读英语了。生活中有这样一名学者，他英语很好，却被派去日本攻读博士学位，经过短短一年的日语培训，他的日语就达到了听懂日本老师授课及学术交流的水平。这也说明了间接兴趣对保持有意注意的重要作用。

（三）活动的合理组织

活动组织得越合理，越有利于保持有意注意。平时养成良好的工作和生活习惯的人，大脑建立起合理的“动力定型”，就能在规定时间内全神贯注地工作。把智力活动和实际操作合理组织起来，有利于有意注意的保持和集中。如边阅读边记笔记、边思考边计算、绘制图表、编写提纲等，都可以防止分心，提高有意注意的效果。

（四）个人已有的经验

知识经验对有意注意也有重要影响。例如，听关于一种新药品临床应用和治疗效果的报告会，有经验的医生和药剂师对报告内容往往饶有兴趣，在于与他们已有的经验密切相关，能理解它、接受它，有助于维持有意注意。外行的人对报告内容往往索然无味，像听“天书”一样，根本不知所云，难以维持有意注意。

（五）个人的意志品质

有意注意的维持需要排除各种干扰因素。如气味、噪声等外部刺激，疲劳、疾病、情绪等机体内部状态。意志坚强的人，能排除各种干扰因素，使注意服从活动的目的和任务。意志薄弱的人，难以抵抗各种干扰因素的影响，不利于有意注意的保持。

三、有意后注意(随意后注意)

有意后注意是注意的一种特殊形式。从特征上讲，它同时具有无意注意和有意注意的某些特征。它和自觉的目的、任务联系在一起，这方面，它类似于有意注意，但它不需要意志的努力，在这方面，它又类似于无意注意。从发生上讲，有意后注意是在有意注意的基础上发展起来的。例如在刚开始做一件工作的时候，人们往往需要一定的努力才能把自己的注意保持在这件工作上，但是在对工作发生了兴趣，达到相当熟练以后，就可以不需要意志努力而能继续保持注意了，而这种注意仍是自觉的和有目的的。

有意后注意服从于当前的活动目的与任务，又能节省意志的努力，因而对完成长期、持续的任务特别有利。培养有意后注意关键在于发展活动本身的直接兴趣。例如，一个学习外语的人在初学阶段去阅读外文报纸，还是有意注意，很容易感到疲倦；随着学习的深入，外语水平不断提高，当他消除了许多单词和语法障碍，能够毫不费力地阅读外文报刊，可以说达到了有意后注意的状态。当我们完成各种较复杂的智力活动或动作技能的时候，我们要设法增进对这种活动的了解，让自己逐渐喜爱它，使活动取得更大的成效。

第三节 注意的品质

注意力是学生学习和生活的基本能力，而注意品质直接影响学生的认知和社会性情感等各方面的发展及学业成绩的高低。注意有一系列的品质特点，其中最重要的有广度、稳定性、转移和分配。

一、注意的广度

注意的广度就是注意的范围，是指同一时间内能清楚地把握对象的数量。这是注意在空间上的特征，我们通常说的“一目十行”就是指注意的广度。

影响注意广度的因素主要包括两个方面：一是对象的特点，对象越集中，排列越有规律，注意的广度也就越大；二是个体经验和心理状态，个体对自己熟悉的事物注意范围大，心情处于紧张状态下注意范围小。

丰富学生知识经验，有助于提高注意的广度，扩大注意的广度，可以提高学习和工作的效率。家长和教师应注重扩大和丰富学生的知识和经验。

二、注意的稳定性

注意的稳定性是指对一定的事物或是一类活动注意所能持续的时间。这是注意在时间上的特征。注意的稳定性也有广义和狭义之分。广义的稳定性是指注意保持在一类活动上的时间的长短。我们知道，人在注意时，并非总是指向一个对象，而是指向于所有有利于任务(活动)完成的事物。狭义的稳定性是指保持在同一对象上的注意所持续的时间。人把注意长时间指向和集中于同一对象上是非常困难的。注意的稳定性与人的主体状态和对象的特点有关。

当从事的活动意义对自己越大、对活动的兴趣越浓，并抱有积极的态度，则注意的稳定性越持久。一个越善于与困难作斗争的人，其心理活动指向和集中在对象(活动)上越容易。与注意稳定性相反的状态是注意分散，即分心。影响注意稳定性的重要因素有：① 是否有明确的任务；② 是否进行积极的思维活动；③ 注意的对象是否内容丰富；④ 活动的方式是否多样化；⑤ 个体的情绪和身体状况等。

人们在和注意分散作斗争时，对分散注意的刺激物所抱的态度具有重要意义。当学生专心致志地在教室读书时，室外传来的汽车声会干扰他们的集中注意，会引起他们的烦恼甚至愤怒，这种情绪比汽车声更能分散学生的注意。因此为了集中注意，除了设法除去干扰刺激外，还应该对干扰刺激保持平静的态度。

人的注意稳定性存在着个别差异和年龄差异，这种差异和个体的神经过程强度有关。有心理学家认为，一个人注意分散与不良的教育有关，甚至是不良教育的结果。例如，当儿童集中注意学习时，成人经常去转移他的注意，和他进行与学习无关的谈话，或要他从事其他活动，这样多次重复就可能使儿童形成容易分散注意的不良习惯。

三、注意的转移

注意的转移是人们根据新活动、新任务，及时、有意地调换注意对象，即把注意从一个对象转移到另一个对象上去。注意转移的难易和快慢，主要取决于原来注意的紧张度、前后活动的关系、个人的兴趣和情感强弱、个体的神经类型及已有的习惯等因素。一般来讲，如果原来注意的紧张度高、前后活动关系不大、人们依恋并沉浸于前一活动或新注意的对象不大符合自己的情感需要和兴趣，注意的转移就困难；反之，就较容易。

分心和注意转移是两个截然不同的概念。分心是注意被无关刺激从当前需要注意的事物中引开，而注意的转移是根据任务（活动）的需要，主动地把注意从一个事情上转向另一个任务（活动）上。

四、注意的分配

注意的分配是指同一时间内把注意指向于不同的对象。注意的分配对人的实践活动是必要的，也是可能的。人在进行两种或多种活动时能把注意同时指向不同对象的现象，这种现象在生活中到处可见。例如，教师一边讲课，一边还能观察学生听讲的情况；操纵机械的工人，一边观察仪表，一边控制和调节操作，有时还能注意周围环境的变化等。

通常来说，人很难同时完成两件要求高度集中注意的事情。注意分配是有条件的，需要训练和培养，不是想分配就能分配的。注意的分配主要体现在以下两个方面。

（1）有熟练的技能技巧。也就是说，在同时进行的多项活动中，只能有一种活动是生疏的，需要集中注意于该活动上，而其余动作必须达到一定的熟练程度，可以不假思索地稍加留意即能完成。

（2）有赖于同时进行的几种活动之间的关系，如果它们之间没有内在联系，同时进行几种要困难些。当它们之间形成某种反应系统后，组织更加地有合理性时，注意分配才容易完成。

第四节 注意规律在教学中的运用

有意注意和无意注意对人完成工作、学习任务有不同的作用。人的注意范围是有限的，集中注意时间也具有规律性。教师只有了解注意的规律特点，并在课堂教学中有效运用注意规律，才能取得良好的教学效果。

一、根据注意的外部表现了解学生的听课状态

人们在注意状态下是有明显的外部表现的。在课堂教学中，学生如果认真听讲、注意教师的教学活动，那么也会有相应的外部表现。教师通过观察学生的外部表现，既能够判断学生是否在专心听讲，又能够了解自己的教学效果，从而保证课堂教学的最优化。课堂上，学生表现出积极的神情和适应性的动作说明他在全身心地关注教学，教师可以利用这种积极的学习状态深化知识教学，启发思考，培养创造性。相反，学生若是做小动作，或漫不经心，或心浮气躁，就说明注意力有所分散，教师应该及时提醒，同时也要灵活地组织教学，帮助学生把注意力集中到课堂教学中来。

二、运用无意注意的规律组织教学活动

无意注意主要是受外部事物的刺激作用不自觉地产生的。它缺乏目的性，又不需要意志努力，常会导致学生上课分心、干扰正常的教学活动。这是无意注意在教学中的

消极作用。但无意注意在教学中也有积极作用，那就是通过对某些服从于教学要求的刺激物，有意识地控制引起学生的无意注意，为教学活动服务。在具体教学工作中，教师应该利用无意注意的特点组织教学过程，避免无意注意的消极影响。教师在教学中应注重以下四个方面。

(1) 创造良好的教学环境。为了使学生在学习过程中不受外部无关刺激的干扰，应该创造一个安静、整洁的教学环境。首先，教师应该注意教室外环境对课堂的干扰。其次，还应注意教室内的环境，例如，地面是否干净、桌椅排列是否整齐、教室的布置和装饰是否简洁朴素等。过于华丽、繁杂的室内布置，有时会成为课堂教学的“污染源”，使学生注意力分散。再次，教师的服饰、发型不宜过于耀眼。另外，在教学过程中教师要迅速妥善地处理偶发事件。在课间休息时，不宜让学生做激烈的或竞赛性的游戏活动，以防止学生因过度兴奋而不能将注意及时转移到课堂上。

(2) 注重讲演、板书技巧和教具的使用。客观刺激物的强度、对比、新颖性和活动性是引起无意注意的重要因素，教师要发挥无意注意的积极作用，就应努力在讲演、板书和教具使用中运用无意注意的规律。首先，在讲课过程中，教师应该音量适中，语音、语调做到抑扬顿挫，遇到重点、难点还要加强语气，伴以适当的手势和表情。其次，板书是课堂教学的重要辅助手段。其目的一方面是帮助学生理清知识结构和脉络，解决疑难；另一方面，也是为了吸引学生的注意力，提高课堂学习效率。因此，板书应该做到运用有度、重点突出、清晰醒目。必要时还要用彩色粉笔和图、表格加以强调。另外，许多学科的教学还需要借助教具作为辅助手段，教具应该新颖直观。

(3) 注重教学内容的组织和教学形式的多样化。个体的知识经验是影响无意注意产生的因素，学生更愿意关注与自己知识经验有联系的事物。这就需要教师找出教学内容与学生知识结构的结合点，提供具体的实例，引起学生的直接兴趣，维持学生的注意。

(4) 运用多种教学方法和灵活、多样的教学手段，调动学生饱满的情绪状态与学习积极性，例如，教师在讲解和板书之外，还应穿插使用教具演示、个别提问、角色扮演、集体讨论，以及动手操作等教学形式。

三、运用有意注意的规律组织教学活动

(一) 提高活动的目的性

在学习或其他活动中，教师应提出具体的目的、要求、内容及具体方法，让学生切实地感受到集中注意对完成活动的重要性，并懂得如何正确地组织自己的注意。切忌离开教材本身，离开学生的知识经验，用一些空洞、抽象的说教来动员学生的注意。

(二) 激发学习动机

要让学生体验到自身学习的成功，以此来激发他们的学习动机。这是使他们把注意力集中在学习上的最有效的手段。教师要充分肯定学生主动回答问题的积极性；批改作业时要尽量挖掘学生优点，评分宜从宽；对于他们的不足之处，要正面引导；定期展

示班级学生的学习成果，对每个学生的进步予以及时的肯定和精神奖励等。当学生看到自己的学习被肯定，便会获得成功的喜悦，从而不断地培养对学习的兴趣，更加努力地注意学习活动。

（三）训练良好的注意习惯

训练良好的注意习惯主要包括以下两个方面：能高度集中注意而不分心；能迅速转移注意而少惰性。教师可选择一些有一定难度、需要集中注意才能完成的任务交给学生，让他们解决。任务既可以结合课程，也可以是纯训练性的，教师可根据要求自行设计问题。例如，要求学生快速阅读或组织抢答题竞赛，以培养他们高度集中的注意能力；将不同学科、不同性质的问题交叉随机地呈现，以训练学生注意灵活转移的能力等等。

（四）用意志力排除各种干扰

有意注意是与排除干扰相联系的。干扰可能是外部的刺激物，如分散注意的声音和光线等；也可能是机体自身的某种状态，如人的疾病、疲倦、无关思想和情绪的影响。为此，我们要设法采取一定措施排除这些干扰。除了事先去掉一切可能妨碍工作或学习的因素、创造良好的工作或学习环境外，更重要的是用坚强的意志同一切干扰作斗争，要努力培养和锻炼自己在任何干扰情况下进行工作和学习的自制能力。

四、运用无意注意和有意注意相互交替的规律组织教学活动

高度集中注意要消耗相当的体力和脑力，所以长时间地集中注意，必定使人疲惫不堪。怎样使学生在学习活动中始终积极地注意而又不疲劳呢？在教学活动中，教师要适当地运用无意注意和有意注意转换的规律，把有意注意和无意注意交融在每一个认识活动中。例如，一节课中教学内容安排应该有难有易，教学方式应稳中有变，使学生的注意有张有弛。教学的各个环节要有机联系，尽量杜绝造成注意涣散的机会，使学生快乐地完成学习任务。在教学过程中，不能把注意的转换简单地归结为让两种注意按照一定的程式轮番交替地出现。教学是一门极其复杂的艺术，只有一般的规律可循，没有固定的模式可仿效。在如何运用两种注意转换规律的问题上同样如此。运用无意注意和有意注意转换的规律，可让学生在有目的的学习活动中快乐地学习。

练习题

一、选择题

1. 一个人的注意离开了应该注意的对象，这是注意的 （ ）

A. 转移　B. 分配　C. 分散　D. 广度

2. “一目十行”指的是注意的哪种特性 （ ）

A. 稳定性　B. 范围　C. 分配　D. 转移

3. 没有预定目的，也不需要一定意志努力的注意属于 （ ）

A. 随意注意　B. 不随意注意　C. 随意后注意　D. 有意注意

4. 教师可以一边讲课、一边板书，这种注意品质是 （　）

A. 稳定性　　B. 范围　　C. 转移　　D. 分配

5. 课堂教学中，经常出现教师在学生不注意参与学习时突然加重语气或提高声调的现象，教师采用这种手段的目的是为了引起学生的 （　）

A. 不随意注意　　B. 随意注意　　C. 兴趣　　D. 知觉

6. 注意的两个基本特点是 （　）

A. 指向性和选择性　　B. 紧张性与集中性

C. 指向性和集中性　　D. 紧张性与选择性

二、简答题

1. 简述注意的类型。
2. 简述注意的品质特点。
3. 简述注意的功能。
4. 什么是注意的稳定性？影响注意的稳定性的因素有哪些？

三、材料分析题

张老师上课时能经常性结合教学内容开展一些游戏活动，学生上课时分心的情况极少发生。小王老师上课严肃认真，不苟言笑，对学生要求严格，但学生却经常走神。请分析两位教师的做法和学生的表现。

参考答案

一、选择题

1. C　2. B　3. B　4. D　5. A　6. C

二、简答题

1. 注意有三种类型，分别是无意注意、有意注意、有意后注意。

2. 注意的品质特点是：注意的广度、注意的稳定性、注意的分配、注意的转移。

3. 注意具有选择功能、保持功能、监督和调节功能。

4. 注意的稳定性是指对同一对象或同一活动上注意所持续的时间。这是注意在时间上的特征。人的主体状态和对象的特点是影响注意稳定性的两大因素，人对所从事的活动的意义理解得越深刻，对活动有浓厚的兴趣，抱着积极的态度，并且在身体健康、精力充沛、心情愉快时，注意容易保持稳定。意志坚强，又善于自制且能和干扰作斗争的人，注意就容易保持稳定。

在主体积极性相等的条件下，刺激物的强度和持续时间对注意稳定性有显著影响。提高刺激的强度和延长刺激的作用时间有助于保持注意的稳定性。在主体积极性相等的条件下，刺激物的复杂性和活动对注意稳定性有显著影响。内容丰富的对象比内容单调的对象、活动的对象比静止的对象更容易保持人的注意稳定性。

三、材料分析题

1. 学生的注意是有限的，游戏可以调节学生的注意，游戏活动的特点可以吸引学生的无意注意。

2. 张老师能够遵循注意的规律，合理使用不同类型的注意，提高课堂学习的效率。小王老师单使用有意注意一种类型，容易使学生产生疲倦，导致分心。

第三章　认知过程

教学目的和要求：

1. 了解感觉的特性，理解知觉的特性。

2. 了解记忆的分类，掌握遗忘的规律和原因，应用记忆规律促进中学生的有效学习。

3. 了解思维的种类和创造性思维的特征。

教学重点：感觉、知觉、记忆、思维的相关知识点。

教学难点：创造性思维的相关知识点，思维定势和功能固着。

人的心理活动异常复杂，概括起来，可以分为认知、情绪情感、意志等三个过程。认知过程是人们获得知识、应用知识的过程或信息加工的过程。它主要包括感觉、知觉、记忆、思维、想象等。即通过感觉和知觉，人们对外界事物进行最初步的认识，并通过记忆，将其储存在自己的头脑中，以便在需要的时候进行提取。同时，人们还运用思维过程去间接、概括地认识事物，揭露事物的本质及其内在的联系和规范，进行判断推理，进而解决各种问题。注意伴随整个认知过程，起着调节、协调和保证作用。

第一节　感觉

感觉是认知活动的基础，也是信息加工的初始阶段，具有自身的特点和规律。

一、感觉概述

感觉是对直接作用于感觉器官的客观事物的个别属性的反映。眼睛看到颜色、耳朵听到声音、鼻子闻到气味、舌头尝到滋味、皮肤感到冷热，这些是眼睛、耳朵、鼻子、舌头和皮肤等感觉器官分别对周围物体的某一属性的认识，就是各种感觉。

感觉作为认识世界的起始环节，提供了周围世界和我们自身状态的各种信息，是人们认识外界事物和自身的开始；保证了自身与环境的信息平衡，是人们正常生存的必需；是各种高级、复杂的心理现象的基础，知觉、记忆和思维等认识活动必须依赖于感觉提供的信息。

根据刺激物来源于身体外部还是内部，可以把感觉分为两类：外部感觉和内部感觉。外部感觉是由身体外部的刺激作用于感觉器官所引起的感觉，包括视觉、听觉、嗅觉、味觉和皮肤感觉（包括触觉、温觉、冷觉和痛觉等）。内部感觉是由身体内部的刺激作用于感觉器官所引起的感觉，包括运动觉、平衡觉和机体觉（又叫内脏感觉）。

二、感受性和感觉阈限

感受性是感觉器官对适宜刺激的感觉能力。所谓适宜刺激，是指能引起某一感觉器官最敏锐的感觉的刺激。例如，光是视觉的适宜刺激，而不是听觉器官的适宜刺激；声音是听觉的适宜刺激，而不是视觉的适宜刺激。感受性高，感觉能力就强；感受性低，感觉能力就弱。感受性可分为绝对感受性和差别感受性。绝对感受性指的是感觉器官觉察微弱刺激的能力，而差别感受性指的是感觉器官觉察刺激之间最小差异量的感觉能力。

感受性的高低是通过感觉阈限来衡量的。感觉阈限是指能引起感觉的最小刺激量，可分为绝对感觉阈限和差别感觉阈限。绝对感觉阈限，又称绝对阈限，是指刚刚能引起感觉的最小刺激强度。它表示的是绝对感受性，与绝对感受性呈反比关系。差别感觉阈限，又称差别阈限，是指刚刚能引起差别感觉的刺激的最小变化量。它表示的是差别感受性，与差别感受性呈反比关系。所以说，感觉阈限与感受性成反比关系。感觉阈限越低，感受性越高；感觉阈限越高，感受性越低。

三、感觉的特性

感觉的特性体现了人接受信息的基本规律，概括起来，主要有以下几种。

（一）感觉适应

在外界刺激的持续的作用下，感受性发生变化的现象，叫做感觉适应。各种感觉都会发生感觉适应。“入芝兰之室，久而不闻其香；入鲍鱼之肆，久而不闻其臭”，这是嗅觉的适应。手放在温水里，开始觉得热，慢慢就不觉得热，这是温度觉的适应。

感觉适应既可以引起感受性的降低，又可以引起感受性的提高。对于大部分感觉来说，感觉适应带来的是感受性的降低。例如，明适应是从暗处到明处时，刚开始感到耀眼，睁不开眼睛，但是很快就能看清周围的东西了。这是在强光作用下，感受性降低的过程。暗适应则是感受性提高的过程：从明处到暗处，开始感到眼前一片漆黑，什么也看不清楚，慢慢地会分辨出黑暗中的物体。

（二）感觉后像

感觉后像是指外界刺激停止作用后，还能暂时保留一段时间的感觉现象。电灯灭了，眼睛里还有灯泡的形象；声音停止，耳朵里还有余音在萦绕，这些都是感觉后像。感觉后像分为正后像和负后像。与刺激物的性质相同的感觉后像是正后像，比如灯灭后留下的视觉后像还是亮的灯。与刺激物的性质相反的感觉后像是负后像，比如灯灭后留下的视觉后像是亮背景下的暗灯泡的形象。彩色的负后像是刺激色的补色。

如果视觉刺激呈现的频率达到一定程度，则后像会使这些断续的刺激引起连续的感觉，这种现象叫做闪光融合现象。

（三）感觉对比

不同的刺激作用于同一感觉器官，使感受性发生变化的现象叫感觉对比。各种感觉都会出现对比。视觉对比包括明度对比和色调对比，红花还得绿叶配就是一种色调对比。此外，还有嗅觉对比、味觉对比和温觉对比等。

感觉对比分为同时对比和相继对比。同时对比指的是几个刺激物同时作用于同一感觉器官所产生的对比现象。例如，同样两个灰色方块，分别放在黑色背景和灰色背景中，会发现灰色背景中的方块看起来比黑色背景中的方块要暗得多。相继对比指的是刺激物先后作用于同一感觉器官产生的对比现象。例如，喝了苦药后再喝白水，会觉得白水有点甜。

（四）感觉的相互作用

人们的各种感觉器官往往是相互联系、相互作用的。一种感觉器官的感受性，会因其他感觉器官的作用而发生变化。例如，阅读疲劳时，寒冷的空气或凉水刺激皮肤会提高视觉感受性；听到悠扬、舒缓的音乐，会降低痛觉的感受性。

联觉是一种特殊的感觉的相互作用。一种刺激不仅引起一种感觉，同时还引起另一种感觉的现象叫联觉。例如，看到红色会觉得温暖，听到某种声音会引起某种颜色感觉。联觉在生活中随处可见。教室的装饰通常采用淡蓝、绿等冷色调，而宴会厅常采用红色等暖色调。电冰箱和空调大多是白色等淡色，而电视机大多是黑色和红色等深色。

（五）感觉补偿

人一出生就具备各种感觉器官和初步感觉能力，从而为各种感觉能力的发展奠定了基础。当某种感觉受损或缺失后、其他感觉的感受性提高以进行补偿的现象，我们称之为感觉补偿。残疾人感受性补偿是惊人的，盲人的触觉和听觉格外灵敏。人的感受性通过实践训练是可以发展的。

第二节　知觉

一、知觉概述

知觉是人脑对直接作用于感觉器官的客观事物的各个部分和属性的整体的反映。以西瓜为例，我们不仅知道它的颜色和味道，而且还能把它作为一个整体与其他物体（如冬瓜、南瓜）区别开来。我们看到的是西瓜的绿色，尝到的是西瓜的甜味，摸到的是西瓜的硬度。我们认识到事物的整体，这就是知觉。

知觉是在感觉的基础上产生的，它是对感觉信息整合的反映。感觉只是凭感觉器官对环境中个别刺激的觉察，由于物体的个别属性并不是脱离具体事物而独立存在的，人在反映客观事物的过程中，不仅要知道事物的个别属性，更需要通过种种感觉器官的协同活动，在大脑中将事物的各种属性，按其相互之间的联系或关系整合成事物的整体，从而形成该事物的完整的映像。但是，知觉也并不是单纯的感觉的简单总和，而是对物体多种属性的有机整合。这是知觉以感觉为基础，借助于过去经验或知识的帮助得以完成。

感觉和知觉是两种既相同又不同的相互紧密联系的心理活动过程。感觉和知觉的相同之处在于它们都是人脑对当前客观事物的反映，即都是客观事物直接作用于感觉器官时在人脑所产生的对当前事物的反映。感觉和知觉的不同之处在于：首先，感觉是介于心理和生理之间的活动，它的产生主要来自于感觉器官的生理活动以及客观刺激的物理特性，相同的客观刺激会引起相同的感觉。而知觉则不是以生理机制为基础的纯粹的心理活动，处处表现出人的主观因素的参与。其次，感觉是人脑对客观事物的个别属性的反映，知觉则是对客观事物的不同属性、不同部分及其相互关系的综合的、整体的反映。最后，从感觉和知觉的生理机制来看，感觉是单一分析器活动的结果，而知觉则比感觉要复杂，它是多种分析器协同活动对复杂刺激物或刺激物之间的关系进行分析综合的结果。

从不同角度可以对知觉进行分类。根据知觉时起主导作用的感官的特性，可以把知觉分成视知觉、听知觉、嗅知觉、味知觉等等。根据人脑所认识的事物的特性，可以把知觉分成空间知觉、时间知觉和运动知觉。此外，我们还把对客观事物的不正确的反映称之为错觉。

二、知觉的特性

人的知觉过程是一个有组织、有规律的心理活动过程。这些规律主要表现为知觉选择性、知觉整体性、知觉理解性和知觉恒常性，它们保证了人们对客观事物的认识。

（一）知觉的选择性

当众多刺激呈现在我们面前时，我们只会选择其中的一部分进行加工。在知觉外部事物时，有选择性地把少数事物知觉为对象，把其他事物知觉为背景，我们称之为知觉的选择性。

知觉的选择性就是从背景中分离出知觉对象的过程。它与注意的选择性有关。当注意指向某一个事物时，这个事物就成为知觉的对象，其他事物则成为背景。知觉对象与知觉背景区别在于：知觉对象有鲜明的、完整的形象，突出于背景之前；知觉对象是有意义的、容易被知觉的。知觉对象和知觉背景的这种结构成分，是知觉选择性中的最基本的特点。

知觉的对象和背景是可以相互转化的，当注意的对象从一个转向另一个，原来的知觉对象就转化为知觉的背景，原先知觉的背景就转化为知觉的对象。

知觉对象的选择，受到主观和客观因素的影响。主观因素主要是知觉者的需要、兴趣、爱好、任务、知识经验以及刺激物对人的意义是否重要等。客观因素主要是对象和背景之间本身具有的结构特点，那些强度大的、对比明显的、色彩鲜艳的、具有活动性的刺激物容易成为知觉的对象。

知觉选择性规律是人把知觉对象从背景中分离、辨别、确认，进而进一步进行信息加工的心理活动规律，它对于直观教学的组织、学生观察能力的培养，对于广告的设计、工业产品的检查、军事伪装和搜索等都具有重要的应用价值。

(二) 知觉的整体性

知觉的对象都是由不同属性的许多部分组成的，人们在知觉时却能依据以往经验组成一个整体，这一特性被我们称为知觉的整体性。

知觉的整体作用离不开组成整体的各个部分，对各个部分的知觉也离不开事物的整体特性，离开了整体情境，部分就失去了它确定的意义。知觉的整体性与知觉对象的特性及其各个部分之间的结构有密切关系，格式塔学派把它们归纳为以下定律。

1. 接近律

视野中的接近，即空间位置相近的客体容易被知觉为一个整体。视野中接近而组合为整体的实例，如按不同规则的时间间隔发出的一系列轻拍声，在时间上接近的声音就容易被人知觉为一个整体。

2. 相似律

物理属性相似的客体，例如形状、大小、颜色和亮度等方面的相似容易被人知觉为一个整体。

3. 连续律

具有连续性或共同运动方向等特点的客体，容易被知觉为同一整体。曲线知觉为波浪形曲线，把另一个知觉为方波图形，而不会把它们分解为另一种图形来知觉。

知觉的整体性表明知觉具有积极性和主动性，知觉不仅依赖刺激本身的特点，还依赖于个体的知识经验。知觉的整体性提高了人们认识事物的能力和速度，但是也有不足之处，人们倾向于知觉事物的整体属性，常会忽略事物的细节部分。

(三) 知觉的理解性

人们在感知某一事物时，总是依据以往经验力图解释它究竟是什么，这就是知觉的理解性。人的知觉是一个积极主动的过程，知觉的理解性正是这种积极主动的表现。

知觉理解性主要受到个人的知识经验、言语指导、实践活动以及个人兴趣爱好等多种因素的影响。人们的知识经验不同、需要不同、期望不同，对同一知觉对象的理解也不同。言语指导也是影响知觉理解性的重要因素之一，当外界的对象标志不明显时，通过言语的指导，可以唤起人的过去经验，补充知觉的内容，有助于对知觉对象的理解。

知觉的理解性有助于知觉的整体性，人们对自己理解和熟悉的事物，容易当成一个整体来感知。正确的理解可以帮助人们把不完整的部分整合起来，形成一个整体。

(四) 知觉的恒常性

在不同角度、不同距离、不同明暗度的情境之下，观察某一熟知物体时，虽然该物体的物理特征(大小、形状、亮度、颜色等)因受环境影响而有所改变，但人们对物体特征所获得的知觉经验，却倾向于保持原样不变。像这种外在刺激因环境影响使其特征改变，但在知觉经验上却维持不变的心理倾向，我们称之为知觉的恒常性。知觉的恒常性使人们可以客观地、稳定地认识事物，这对于人们的正常生活和工作有很重要的意义。

常见的知觉恒常性有：形状恒常性、大小恒常性、明度恒常性和颜色恒常性。形状恒常性是指不论知觉条件的变化而知觉出客体本身形状的特性；大小恒常性是指不论客体视网膜影像的变化而知觉出其实际大小的特性；明度恒常性，或称视亮度恒常性，是指在照明条件改变时，物体的相对明度或视亮度保持不变的特性；颜色恒常性是指一个有颜色的物体在色光照明下，它表面的颜色并不受色光照明的严重影响，而保持相对不变。

第三节　记忆

一、记忆概述

记忆是在头脑中积累和保存个体经验的心理过程，运用信息加工的术语来讲，记忆就是人脑对外界输入的信息进行编码、存储和提取的过程。对信息的编码相当于识记过程，对信息的储存相当于保持过程，对信息的提取相当于再认或回忆过程。储存在人脑中的信息在应用时不能提取或提取发生了错误则相当于遗忘现象。

记忆包括识记、保持和再现三个环节。识记是记忆过程的第一个基本环节，是指个体获得知识和经验的过程，它具有选择性的特点。保持是指已获得的知识经验在人脑中的巩固过程，它是记忆过程的第二个基本环节。再现包括回忆和再认，这是记忆过程的第三个基本环节，是在不同的条件下恢复过去经验的过程。当过去经历过的事物不在面前，能把它们在人脑中重新呈现出来的过程称为回忆；过去经历过的事物再次出现在面前，能把它们加以确认的过程称为再认。

记忆是保存个体经验的形式之一。个体保存经验的形式是多种多样的，如书本、绘画、雕塑等形式，但是，只有在人脑中保存个体经验的过程，才叫记忆。记忆联结着人们心理活动的过去和现在，是人们学习、工作和生活的基本机能。离开了记忆，个体什么也学不会。从一定意义上说，没有记忆和学习，就没有我们现在的人类文明。

二、记忆的分类

我们可以从不同的角度对记忆进行分类。根据内容不同，可以把记忆分为形象记忆、情景记忆、情绪记忆、语义记忆和动作记忆。

形象记忆是个人以感知过的事物的形象为内容的记忆。这种记忆所保持的是事物的具体形象，具有鲜明的“直观”性，它以表象的形式储存。

情景记忆是个人以亲身经历的、发生在一定时间和地点的事件（情景）为内容的记忆。

情绪记忆是对自己体验过的情绪和情感的记忆。情绪、情感体验是深刻的、自发的、情不自禁的，所以记忆的内容可以深刻地、牢固地保持在大脑中。

语义记忆也称词语逻辑记忆型，是以文字、概念、逻辑关系为主要对象的抽象化的记忆类型。

动作记忆是以各种动作、姿势等作为方式为主的记忆。动作记忆是培养各种技能的基础。

根据记忆是否受到意识的影响,可以将记忆分为内隐记忆和外显记忆。

内隐记忆是个体在无法意识的情况下,过去经验对当前作业所产生的无意识的影响,有时也叫自动的无意识记忆。

外显记忆是指在意识的控制之下,过去经验对当前作业所产生的有意识的影响,也叫受意识控制的记忆。

根据信息加工和存储内容的不同,可分为陈述性记忆和程序性记忆。

陈述性记忆是指对有关事实和时间的记忆。它可以通过语言传授而一次性获得,它的提取常常需要意识的参与。

程序性记忆是指如何做事情的记忆,包括对知觉技能、认知技能和运动技能的记忆。这类记忆往往需要通过多次尝试才能逐渐获得,在熟练后并利用它时,往往不需要意识的参与。

根据信息保持时间的长短,可以将记忆分为感觉记忆、短时记忆和长时记忆。

客观刺激停止作用之后,感觉信息在极短的时间内保存下来,这种记忆被称为感觉记忆或感觉登记。它是记忆的开始阶段。感觉记忆的储存时间大约为0.25秒～2秒。信息存储的方式具有鲜明的形象性,它完全保持输入刺激的原样,而且有一个相当大的容量。如果这些记忆受到特别关注,就会进入短时记忆;而那些没有受到注意的信息,则很快就会变弱而消失;还有一些刺激,如果是极为强烈和深刻的,则可以一次性地进入长时记忆。

短时记忆是感觉记忆和长时记忆的中间阶段,保持时间大约为5秒～1分钟。它的容量相当有限,大约为7±2个单位。如果信息得到及时复述,则可能转入长时记忆系统而被长久保存,否则很快就会消失。此处我们把储存在长时记忆中的信息提取出来解决当前问题所涉及的记忆活动,称为工作记忆。短时记忆的编码大量的是言语听觉编码,少量的是视觉或语义编码。

长时记忆是指信息经过充分的和有一定深度的加工后,在头脑中长时间保存下来。这是一种永久性的储存,从1分钟以上到很多年甚至终身,且容量没有限制。长时记忆的来源大部分是对来自短时记忆的内容进行深加工的结果,还有一小部分是由于印象深刻而一次性获得的。

感觉记忆、短时记忆和长时记忆是同一记忆系统的三个不同的信息加工阶段,而不是非此即彼的记忆种类。它们之间相互联系、相互影响。任何信息都必须经过感觉记忆和短时记忆才可能转入长时记忆,没有感觉记忆和短时记忆的加工,信息就不可能长时间储存在头脑中。

三、遗忘及其原因

（一）遗忘及其规律

遗忘是指对识记过的材料不能再认与回忆，或者错误地再认与回忆。遗忘分为暂时性遗忘和永久性遗忘，前者指在适宜条件下还可能恢复记忆的遗忘；后者指不经重新学习就不可能恢复记忆的遗忘。遗忘还有一种分类，为选择性遗忘。

对遗忘的进程，德国心理学家艾宾浩斯最早进行了研究。为了消除新学习的材料与记忆中的知识的可能联系，他创造了无意义音节，即一种有两个辅音和一个元音组成的字母串，如POF、QAZ等。实验中他以自己做被试，大声朗读一串串无意义音节，并且用节拍器的有规律的节奏控制朗读的速度，然后再去努力地回忆它们。为了测量遗忘，艾宾浩斯设计了节省法，也就是前面提到的再学习法。根据这种方法，艾宾浩斯绘制了不同时间间隔的记忆节省图，称之为保持曲线或遗忘曲线（图3－1）。

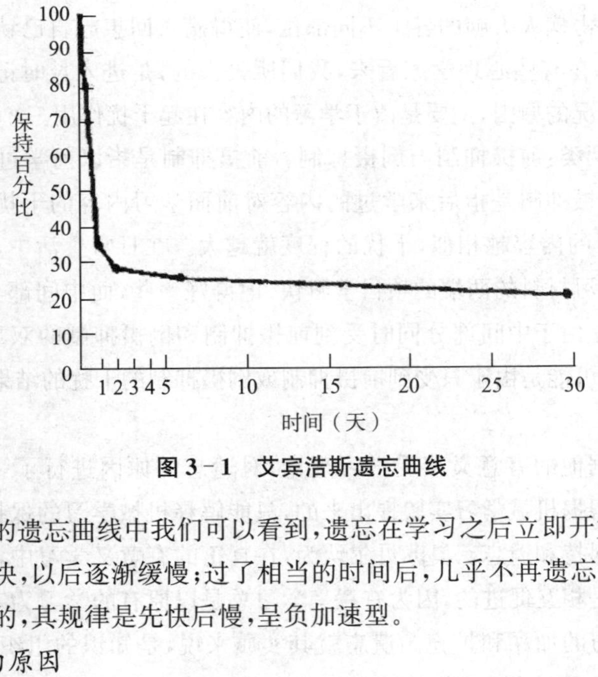

图3－1　艾宾浩斯遗忘曲线

从艾宾浩斯的遗忘曲线中我们可以看到，遗忘在学习之后立即开始，而且遗忘的过程最初进展得很快，以后逐渐缓慢；过了相当的时间后，几乎不再遗忘。也可以说，遗忘的发展是不均衡的，其规律是先快后慢，呈负加速型。

（二）遗忘的原因

1. 痕迹衰退说

这是关于遗忘原因的最古老的解释。根据痕迹衰退理论的解释，大脑中的记忆痕迹随着时间的推移而衰退。这种理论假定：学习会改变中枢神经系统，除非定期地使用或复述信息，否则这种信息就会逐渐衰退，最终完全消失。据认为，这一过程就像拍照后印出来的相片一样，随着时间的延长，相片会逐渐变黄而模糊不清。现在也有人把这种遗忘理论称之为“渐退理论”，即认为，不常回想起的或不常使用的信息，往往容易从记忆中失去。

痕迹衰退说起源于亚里士多德，由桑代克进一步发展。桑代克在其“练习律”中指出，习得的刺激一反应联结，如果得到使用，其力量会加强；如果失去使用，则联结的力量会减弱，以致逐渐消失。这实际上是用痕迹衰退理论对遗忘的解释。

尽管许多心理学家对痕迹衰退理论提出种种质疑，并设计大量实验来否定它。但至今没有可靠的证据表明神经系统中留下的记忆痕迹可以永久保持而不衰退，并且记忆痕迹随时间的推移而逐渐消退的观点也符合事物的发生、发展和衰亡的规律，所以痕迹衰退说仍被认为是导致遗忘的原因之一。

2. 干扰说

干扰理论认为，遗忘是由于学习和回忆之间受到其他信息干扰的结果。一旦排除了干扰，记忆就可以恢复。消退理论把遗忘归结于贮存的失败，而干扰理论则认为遗忘是由于提取失败所致。

不少心理学家都相信，许多遗忘是由于干扰，而不是由于消退。有人甚至认为，85%～98%的遗忘应归结于干扰，余下的才归结于消退。持这种观点的人常引用的一个例子是：有人电击病人大脑的各个不同部位，使得病人回想起自己认为已经完全遗忘了的事情。所以，在有些心理学家看来，我们所失去的，是进入长时记忆中的信息的通道，而造成这种情况的原因，主要是由于学习的内容在起干扰作用。

干扰主要有两类：前摄抑制与倒摄抑制。前摄抑制是指以前学过的内容对后来学习内容的干扰；倒摄抑制是指后来学过的内容对前面学习内容的干扰。不论在哪一种情况下，前后学习的内容越相似，干扰的程度就越大。在日常生活中，当其他条件相等的情况下，一个学习材料的两端的项目学习快、记得好一些，而中间部分学得慢、记忆得差一些。这可能是由于中间部分同时受到前摄抑制和倒摄抑制的双重干扰；而最前部和最后部的部分，可能是由于只受到前摄抑制或倒摄抑制的干扰的结果。

3. 同化说

奥苏贝尔根据他的有意义接受学习理论，对遗忘的原因进行了一种独特的解释。他认为干扰说是根据机械学习实验提出来的，只能解释机械学习的保持和遗忘，不能解释有意义学习的保持和遗忘。奥苏贝尔认为，在真正的有意义学习中，前后相继的学习不是相互干扰而是相互促进的，因为有意义学习总是以原有的学习为基础的，后面的学习则是前面的学习的加深和扩充。遗忘就其实质来说，是知识的组织和认知结构简化的过程。当我们学习到了更高级的概念与规律之后，高级的观念可以代替低级的观念，使低级观念遗忘，从而简化认识并减轻了记忆，这是一种积极的遗忘。但在有意义学习中，由于原有知识结构不巩固，或由于新旧知识辨析不清楚，也有可能以原有的观念来代替表面相同而实质不同的新观念，从而出现记忆错误，这是一种消极的遗忘，在教学中必须努力避免。

4. 动机说

这种理论认为遗忘是由于情绪或动机的压抑所导致的，如果这种压抑被解除，记忆也就能恢复。这种现象首先是由弗洛伊德在临床实践中发现的。他在给精神病人实行催眠术时发现，许多人能回忆起早年生活中的许多事情，而这些事情平时是回忆不起来的。他认为这些经验之所以不能回忆，是因为回忆它们时，会使人产生痛苦、不愉快和忧愁，于是便拒绝它们进入意识，将其储存在无意识之中，也就是被无意识动机所压抑。只有当情绪联想减弱时，这种被遗忘的材料才能回忆起来。在日常生活中，由于情绪紧张而引起遗忘的情况，也是常有的。例如，考试时，由于情绪过分紧张，致使一些学过的内容，怎么也想不起来。

5. 提取失败说

提取失败说是与痕迹消退说相反的观点，认为遗忘不是由于痕迹的消退，而是因为提取失败所致。图尔文对提取失败说和痕迹消退说作了重要的区分。他认为遗忘有两种可能：一种可能是信息从记忆系统中消失了，这是痕迹消退说的观点；另一种可能是信息仍存储在记忆系统里，只是不能被提取出来，这是提取失败说的观点。近年来有关神经可塑性的研究，尤其是图尔文等人关于内隐记忆的研究，为提取失败说提供可靠证据，许多研究者认为这是长时记忆产生遗忘的主要原因。

四、记忆与有效学习

（一）集中注意

集中注意时，记忆时就会聚精会神、专心致志，排除杂念和外界干扰，大脑皮层就会留下深刻的记忆痕迹而不容易遗忘。如果精神涣散、一心二用，就会大大降低记忆效率。

1. 减少分心刺激

在学习时，要减少分心刺激的干扰，包括：改变读书环境，尽量使自己与外界干扰刺激隔离；使学习活动简单化，不带容易引起分心的东西，减少心理期待和情绪波动；在宿舍和家中看书，则要保证环境是安静的，并尽量减少桌面上的摆设。

2. 明确学习目的

目的越明确、越具体，越有利于学习。具体包括：明确这段学习时间的最终目标和结果；每次完成的学习任务最好比较单纯，不要多头操作。

（二）深度加工材料

认知心理学研究表明，如果人们在获得信息时对它进行深度加工，那么这些信息的保持效果就可以得到提高，并有利于信息的提取和回忆。所谓深度加工，是指通过对要学习的新材料补充细节、举出例子、作出推论，或使之与其他观念形成联想。有人曾用英语材料做过这样一个实验：要求A组回答呈现的词是大写还是小写，要求B组回答呈现的词是否与给定的词押韵，要求C组回答呈现的词是否在给定的句子中合适。每个词呈现0.2秒，然后进行回忆和再认的测验。结果发现，C组的回忆成绩比其他两组高出约两倍，而A、B两组的再认成绩与C组相差更大，原因就在于C组是对这些英语词汇进行了深层次的加工，而A、B两组只是进行了表层的加工。

（三）有效运用记忆术

记忆术是利用联想的方法对无意义的材料赋予某些人为的意义，以促进知识保持的策略。有人在利用记忆术帮助记忆外语单词的研究中创设了“关键词方法”，即在记忆外语单词时，先在本族语中找一个读音与外语类似的，且能产生有趣联想的词。如英文单词“gas”（煤气）一词，可以用汉语“该死”做关键词。两者读音相似，又可以产生“人因煤气中毒而死”的联想。这样“gas”一词就很容易记忆。

（四）进行组块化编码

所谓组块，是指在信息编码过程中，利用储存在长时记忆系统中的知识经验对进入到短时记忆系统中的信息加以组织，使之成为人所熟悉的、有意义的、较大单位的过程。组块可以是一个字母、一个数字、一个单词、一个词组，甚至一个句子。组块的方式主要依赖于人过去的知识经验。例如，“认知心理学”5 个字对于根本不懂心理学的人来说，是 5 个组块，对稍懂心理学的人来说，是 2 个组块（认知、心理学）；而对心理学家来说，则只是 1 个组块。

（五）适当过度学习

所谓过度学习，是指在学习刚好达到回忆程度以后的附加学习。如读一首短诗，学习 10 分钟就刚好能背诵，在背诵之后增加的学习（如再读 5 分钟或再读 5 遍）便是过度学习。

在日常教学中，一般教师都知道，对于本门学科的一些基本概念、基本理论的学习，仅仅能达到刚能回忆的程度是不够的，必须在全面理解的基础上达到牢固熟记的程度，达到“滚瓜烂熟”、不假思索“脱口而出”的程度。当然，过度学习并不意味着复习次数越多越好。研究表明，学习的熟练程度达到 150％时，记忆效果最好；超过 150％时，学习效果并不递增，很可能引起厌倦、疲劳而成为无效学习。

（六）合理进行复习

与遗忘进行斗争的首要条件是组织识记后的复习。复习在保持中有很大的作用。刺激物的重复出现是短时记忆向长时记忆转化的条件，没有重复的信息是不可能进入长时记忆的。

1. 及时复习

遗忘曲线表明，遗忘开始时较快，所以对新学习的材料要及时复习。乌申斯基曾经指出，我们应当“巩固建筑物”，而不要等待去“修补已经崩溃了的建筑物”。

2. 分散复习

复习在时间上的正确分配对识记效果有很重要的影响。连续进行的复习称为集中复习，复习之间间隔一定的时间称为分散复习。很多实验证明，分散复习比集中复习好。分散复习时间间隔的长短，要根据材料的性质、数量、识记已经达到的水平等确定。一般认为开始复习时间间隔要短，以后可以长一些。

3. 反复阅读结合尝试背诵

研究表明,反复阅读结合尝试背诵的效果优于单纯的重复阅读。单纯的重复阅读的效果之所以不如反复阅读结合尝试背诵,主要在于前者不利于及时发现学习中的薄弱点,因而在重复学习时,有一定的盲目性。而后者可以及时发现学习者的薄弱点,从而在重复学习时,便于集中注意,有针对性地加强薄弱点的学习。

第四节 思维和问题解决

一、思维概述

思维是借助语言、表象或动作实现的、对客观事物的概括和间接的认识,是认识的高级形式。它能揭示事物的本质特征和内部联系,并主要表现在概念形成和问题解决的活动中。思维和感觉、知觉一样,也是对客观现实的反映。不过,感知觉是对客观现实的、直接的反映,它们所反映的是客观事物的外部现象或个别属性,而思维反映的是客观事物的本质特征和内在联系。

间接性和概括性是人的思维过程的重要特征。间接性,就是人凭借已有的知识经验或其他事物的媒介,理解或把握那些没有直接接触过的,或根本不可能感知到的事物,以推测事物过去的进程,认识事物现实的本质,推知事物未来的发展。思维的概括性,它包含两层意思:第一,把同一类事物的共同特征和本质特征抽取出来加以概括。第二,将多次接触到的事物之间的联系和关系加以概括,得出有关事物之间的内在联系的结论。

二、思维的种类

(一) 动作思维、形象思维和抽象思维

根据思维的凭借物和解决问题的方式,可以将思维分为直观动作思维、具体形象思维和抽象逻辑思维。

1. 动作思维

动作思维,又称实践思维,以实际动作为支柱的思维。3 岁前的幼儿的思维就属于动作思维。他们的思维活动离不开触摸、摆弄物体的活动。成人的动作思维是以丰富的知识经验为中介,并在整个动作思维过程中由此进行调节和控制,与没有完全掌握语言的幼儿的动作思维不同。动作思维是人与高等动物共同具有的一种思维形式,但是人的动作思维与动物的动作思维具有本质的区别。

2. 形象思维

形象思维是以事物的具体形象和表象为支柱的思维。学龄前儿童的思维主要是形象思维。正常成人虽以概念思维为主要形式,但也不可能完全脱离形象思维,特别是在解决比较复杂的问题时,鲜明生动的形象或表象有助于思维过程的顺利进行。

3. 抽象思维

抽象逻辑思维是以概念、判断、推理的形式达到对事物的本质特性和内在联系认识的思维。概念是这类思维的支柱。概念是人反映事物本质属性的一种思维形式，因而抽象逻辑思维是人类思维的核心形态。

（二）聚合思维和发散思维

根据解决问题时的思维方向，可以把思维分为聚合思维和发散思维。

1. 聚合思维

聚合思维，又称求同思维、集中思维，是把问题所提供的各种信息集中起来得出一个正确的或最好的答案的思维。例如，学生从各种解题方法中筛选出一种最佳解法；工程建设中把多种实施方案经过筛选和比较找出最佳的方案等的思维。

2. 发散思维

发散思维，又称求异思维、辐射思维，是从一个目标出发，沿着各种不同途径寻求各种答案的思维。例如，数学中的“一题多解”；科学研究中对某一问题的解决提出多种设想；教育改革的多种方案的提出等的思维。

聚合思维与发散思维都是智力活动不可缺少的思维，都带有创造的成分，而发散思维最能代表创造性的特征，其主要特征有三个：流畅性，即个人面对问题情境时，在规定的时间内产生不同观念的数量的多少；变通性，即灵活性，指个人面对问题情境时，不墨守成规，不钻牛角尖，能随机应变，触类旁通；独创性，即个人面对问题情境时，能独具慧心，想出不同寻常的、超越自己也超越同辈的意见，具有新奇性。

（三）直觉思维和分析思维

根据思维结论是否有明确的思考步骤和思维过程中意识的清晰程度，可以把思维分为直觉思维和分析思维。

1. 直觉思维

直觉思维是未经逐步分析就迅速对问题答案做出合理的猜测、设想或突然领悟的思维。例如，医生听到病人的简单自述，迅速作出疾病的诊断；公安人员根据作案现场情况，迅速对案情作出判断；学生在解题中未经逐步分析，就对问题的答案作出合理的猜测、猜想等的思维。

2. 分析思维

分析思维是经过逐步分析后，对问题解决作出明确结论的思维。例如，学生解几何题的多步推理和论证；医生面对疑难病症的多种检查、会诊分析等的思维。

（四）常规思维和创造性思维

根据思维的创新成分的多少，可以把思维分为常规思维和创造性思维。

1. 常规思维

常规思维是指人们运用已获得的知识经验，按惯常的方式解决问题的思维。例如，学生按例题的思路去解决练习题和作业题，学生利用学过的公式解决同一类型的问题等。

2. 创造性思维

创造性思维是指以新异、独创的方式解决问题的思维。例如，技术革新、科学的发明创造、教学改革等所用到的思维都是创造性思维等。

（五）经验思维和理论思维

根据思维过程中是以日常经验还是以理论为指导来划分的，可以把思维分为经验思维和理论思维。

1. 经验思维

经验思维是以日常生活经验为依据，判断生产、生活中的问题的思维。例如，人们对“月晕而风，础润而雨”的判断；儿童凭自己的经验认为“鸟是会飞的动物”；人们通常认为“太阳从东边升起，往西边落下”等都属于经验思维。

2. 理论思维

理论思维是以科学的原理、定理、定律等理论为依据，对问题进行分析、判断的思维。例如，根据“凡绿色植物都是可以进行光合作用的”一般原理，去判断某一种绿色植物的光合作用。科学家、理论家运用理论思维发现事物的客观规律。教师利用理论思维传授科学理论，学生运用理论思维学习理性知识。

三、创造性思维

（一）创造性思维的过程

创造性思维是指以新颖独创的方法解决问题的思维过程。创造性思维的过程是指在问题情境中，新的思维从萌发到形成的整个过程。心理学家们以往在这方面曾有不少研究，其中具代表性的可推英国心理学家华拉斯的创造性思维的四阶段说。他认为无论是科学或艺术的创造，大体上都经历以下四个阶段。

1. 准备期

准备期是指创造活动前，积累有关知识经验，搜集有关资料和信息，为创造作准备。科学家在创造之前都需要对前人所积累的有关同类问题的知识经验有所了解，然后才可能从旧问题中发现新问题，从旧关系中发现新关系。从前人的经验中不仅获得知识也获得启示。

2. 酝酿期

酝酿期是指在已积累的知识经验的基础上，对问题和资料进行深入地思考的时期。创造性思维的酝酿期多属潜意识过程，这种潜意识的思维活动极可能孕育着解决问题的新观念，一旦酝酿成熟就会脱颖而出，使问题得到解决。

3. 豁朗期

豁朗期是指新思想、新观念、新形象产生的时期，又叫灵感期。灵感的产生有时候是突然的，甚至是戏剧性的，有时产生于半睡眠状态，有时产生于正从事其他（如散步、钓鱼、听音乐等）活动的时候。

4. 验证期

验证期是指对新思想或新观念进行验证补充和修正，使其趋于完善的时期。豁朗期得来的观念必须加以验证。在验证期间，或从逻辑角度在理论上求其周密、正确；或是付诸行动，经观察实验而求得正确的结果。在这个时期，思维者可以对豁朗期的观念加以修正。使创造工作达到完美的地步。

(二) 创造性思维的特征

创造性思维是多种思维的结晶。它既是发散思维与聚合思维的有机结合，又是形象思维和抽象思维的统一。目前，比较公认的是发散思维是创造性思维的核心，通常以发散思维的特征来代表创造性思维。它有如下四个特点。

1. 发散思维和集中思维的统一

创造性思维主要是发散思维和集中思维的统一。我们要解决某一创造性问题，首先进行发散思维，设想种种可能的方案；然后进行集中思维，通过比较分析，确定一种最佳方案。在创造性思维中，发散思维和集中思维都是非常重要的，二者缺一不可。

2. 多有直觉思维出现

直觉思维是指不经过一步一步地分析，而迅速地对问题答案作出合理猜测、设想或突然领悟的思维。它是创造性思维活跃的一种表现，它不仅是创造发明的先导，也是创造活动的动力。直觉思维的结果，是使用逻辑思维所得不到的预见、捷径，或是解决问题的最佳方案的雏形。它往往从整体出发，用猜测、跳跃、压缩思维过程的方式，直觉而迅速地领悟。许多科学家的发明创造都是从直觉思维开始的。

3. 创造想象的参与

创造性思维有创造想象的参与。因为创造性思维的成果都是前所未有的，而个体在进行思维时借助于想象，特别是创造想象来进行探索。创造性思维只有创造想象参与，才能从高水平上对现有知识经验进行改造、组合，构筑出完整、理想的新形象。

4. 多有灵感出现

在创造性思维过程中，新的解决问题的思路、方案的产生往往带有突然性，这种突然产生新思路、新方案的状态，称为灵感。它常给人一种豁然开朗、妙思突发的体验，使百思不得其解的问题顿释。对许多科学家的调查表明，他们的发明创造过程中，大多出现过灵感。灵感并不是什么神秘之物，它是思考者长期积累知识经验、勤于思考的结果。

四、问题解决的影响因素

(一) 问题解决概念

问题解决是指一系列有目的指向性的认知操作过程。要求运用新颖独特方法的问题解决叫做创造性问题解决；使用现有方法的问题解决叫做常规性问题解决。问题解决有下面几个基本特点。

1. 目的性

问题解决具有明确的目的性，它总是要达到某个特定的目标状态。没有明确目的指向的心理活动，如漫无目的的幻想，则不能称为问题解决。

2. 认知性

问题解决是通过内在的心理加工实现的，主体对整个过程都有清晰的觉知，在意识的调节、支配下完成。自动化的操作如走路、穿衣等虽然也有一定的意识，但不能称之为问题解决。

3. 序列性

问题解决包含一系列的心理活动，即认知操作，如分析、联想、比较、推论等。仅仅是简单的记忆提取等单一的认知活动，都不能称之为问题解决。

（二）问题解决的过程

问题解决是一个复杂的过程，早期心理学对问题解决的研究多以动物为对象，提出了各种理论，综合有关研究，可以将问题解决的过程分为发现问题、理解问题、提出假设和检验假设四个阶段。

1. 发现问题

从完整的问题解决过程来看，发现问题是其首要环节。有人善于发现、提出问题，有人则对问题熟视无睹。能否发现问题，这与个体的活动积极性、已有的知识经验等有关。

2. 理解问题

理解问题就是把握问题的性质和关键信息，摒弃无关因素，并在头脑中形成有关问题的初步印象，即形成问题的表征。表征既是个体在头脑中对所面临的事件或情境的表现和记载，也是个体解决问题时所加工的对象。

3. 提出假设

提出假设就是提出解决问题的可能途径与方案，选择恰当的解决问题的操作步骤。常用的方式主要有两种：算法式和启发式。能否有效地提出假设，受到个体思维的灵活性与已有的知识经验的影响。

4. 检验假设

检验假设就是通过一定的方法来确定假设是否合乎实际、是否符合科学原理。检验假设的方法有两种：直接检验和间接检验。

在解决较简单的问题时，上述几个阶段可能并不明显，往往是比较简缩的，可能在理解问题的同时就提出了解决问题的假设。但在解决比较复杂的问题时，它们是明显存在的，并可能出现多次的反复循环。

（三）问题解决的影响因素

问题解决的思维过程受多种心理因素的影响。有些因素能促进思维活动对问题的解决，有些因素则妨碍思维活动对问题的解决。下面讨论其中主要的几种。

1. 问题的特征

个体解决有关问题时，常常受到问题的类型、呈现的方式等因素的影响。教师课堂中各种形式的提问、各种类型的课堂和课后练习、习题或作业等，都是学校情境中常见的问题形式。不同的呈现问题的方式将影响个体对问题的理解。

实际教学与研究发现，学生解决抽象而不带具体情节的问题时比较容易，解决具体而接近实际的问题时比较困难。解决不需通过实际操作的"文字题"时比较容易，解决需通过实际操作的"实际题"时比较困难。此外，由于问题的陈述方式或所给图示的不同，也会直接影响问题解决的过程。比如，有些陈述或图示直接提供了问题解决的线索，便于寻找解决问题的方法、方向，而有些则包含某些多余的信息，或者问题解决所需要的部分条件被隐含起来，这就增加了问题解决的难度，需要个体能够发现、分离出问题解决所需要的必要条件，撇开表面现象，抓住问题的本质特征。

2. 已有的知识经验

已有经验的质与量都影响着问题解决。与问题解决有关的经验越多，解决该问题的可能性也就越大。研究发现，优等生头脑中储存的知识经验显著地多于学困生。可以说，拥有某一领域的丰富的知识经验是有效解决问题的基础。但若大量的知识经验是以杂乱无章的方式储存于头脑中的，则对有效的问题解决毫无帮助。显然，知识经验在头脑中的储存方式决定了问题是否能够得到有效的解决。

对专家和新手的对比研究发现，专家不仅有某一领域的大量的知识经验，而且这些知识经验在头脑中的组织是非常合理的，并且在有需要的时候，可以快速地提取并加以应用。专家不仅拥有非常丰富、组织合理的陈述性知识，而且也拥有问题解决所必需的、有效的心智技能和认知策略。

3. 定势和功能固着

定势是指由先前的活动所形成的并影响后继活动趋势的一种心理准备状态。它在思维活动中表现为一种易于以惯用的方式解决问题的倾向。定势在问题解决中有积极作用，也有消极影响。当问题情境不变时，定势对问题的解决有积极的作用，有利于问题的解决；当问题情境发生了变化，定势对问题的解决有消极影响，不利于问题的解决。破除定势消极影响的办法要具体情况具体分析，一旦发现自己以惯用的方式解决问题发生困难时，不要执意固守，应换一种思路，寻求新方法。

功能固着是指个体在解决问题时往往只看到某种事物的通常功能，而看不到它的其他方面可能有的功能。这是人们长期以来形成的对某些事物的功能或用途的固定看法。例如，对于电吹风，一般人只认为它是吹头发用的，其实它还有多种功能，可以做衣服、墨迹等的烘干器；砖，它的主要功能是用来建筑，然而我们还可以用它来当武器、板凳等。功能固着影响人的思维，不利于新假设的提出和问题的解决。

4. 原型启发

在问题解决过程中，原型启发具有很大作用。启发是指从其他事物上发现解决问题的途径和方法，对解决问题产生启发作用的事物叫原型。原型启发在创造性问题解决的过程中作用特别明显，原型之所以能起到启发作用，是因为原型与要解决的问题之间存在着某些共同点或相似处。通过联想，人们可以从原型中找到解决问题的新方法。某一事物能否充当原型起到启发作用，不仅取决于该事物的特点，还取决于问题解决者的心理状态。只有在问题解决者的思维活动处于积极但又不过于紧张的状态时，才最容易产生原型启发。所以，原型启发常常发生在酝酿时期。

5. 迁移的作用

迁移是指已有的知识经验对解决新课题的影响。迁移有正迁移和负迁移之分。正迁移是指已获得的知识经验对解决新问题有促进作用。例如，毛笔字写得好的学生，钢笔字往往也会写得不错。负迁移是指已获得的知识经验对解决新问题有阻碍或干扰的影响。例如，学过汉语拼音的学生在初学英文时往往有一些困难。一般来说，知识经验越丰富，概括水平越高，新旧情境间共同因素越多，越易于将知识经验迁移到解决新问题的情境中去，促使问题解决，产生正迁移；相反，知识经验片面、概括水平低或使用不当，会妨碍问题的解决或把问题解决的思路引向歧途，导致负迁移产生。

6. 动机与人格

动机是促使人问题解决的动力因素，对问题解决的思维活动有重要影响。动机的性质和动机的强度会影响问题解决的进程。适中的动机强度最有利于问题的解决。动机超过适宜强度，反而不利于问题的解决。因为动机过强会造成很大的心理压力，易出现情绪紧张、思维紊乱，反而抑制思维活动、降低解决问题的成效。动机强度的适中点会随着解决问题的难度而变化。一般来说，越是解决复杂的问题，其动机强度的适中点越是偏低些。

个体的人格差异也会影响解决问题的效率。理想远大、意志坚强、自尊、自信、自立、自强等优良的人格品质都会提高解决问题的效率。而缺乏理想、意志薄弱、骄傲懒惰、缺乏自尊、自卑等消极的人格特点都会妨碍问题的解决。

练习题

一、选择题

1. 当我们看完电影走在大街上，明亮的阳光刺得睁不开眼，过一会儿就感觉自如了，这种现象是　（　　）

A. 明适应　　B. 暗适应　　C. 视觉后像　　D. 感觉对比

2. 一初中生在地理学习中学会画概念地图的方法后，将这种方法运用到生物学习中去，这是一种　（　　）

A. 负迁移　　B. 一般迁移　　C. 特殊迁移　　D. 逆向迁移

3. “一题多解”的教学方式主要用于训练学生的哪一种思维？　（　　）

A. 直觉思维　　B. 发散思维　　C. 动作思维　　D. 集中思维

4. 王老师讲话时，迟到的钱冰突然推门而入，同学们不约而同地把目光投向了他，学生的这种心理活动是 （　　）

A. 无意识记　　B. 有意识记　　C. 无意注意　　D. 有意注意

5. 图形不是封闭的，但我们知觉它时，通常不会把它知觉成四条分割线段，而把它知觉成完整的图形，这反映的是知觉的哪种特性 （　　）

A. 整体性　　B. 选择性　　C. 理解性　　D. 恒常性

6. 老师问："一张桌子四个角，锯掉一个角，还有几个角？"张冬不假思索地回答说："三个角。"老师又问："还有其他答案吗？"张冬想了想，没有回答出来。这表明张冬在解决问题时受到哪种因素的影响？ （　　）

A. 功能固着　　B. 原型启发　　C. 心理定势　　D. 垂直迁移

7. 王老师播放一支乐曲后，学生们便在头脑中产生了相应的视觉形象，学生的这种心理活动属于 （　　）

A. 对比　　B. 联觉　　C. 补偿　　D. 错觉

8. 闭卷考试时，学生在头脑中呈现问题答案的心理活动属于 （　　）

A. 识记　　B. 保持　　C. 再认　　D. 回忆

9. 让小丽先后学习两组难易相当、性质相似的材料，随后的检查发现她对前面组材料的回忆效果不如后面组好，这是由于受到 （　　）

A. 倒摄抑制　　B. 前摄抑制　　C. 分化抑制　　D. 延缓抑制

10. 在张老师组织的百人大合唱中，如果增加一至两个人，小红感觉不到音量的变化，如果增加十个人左右时，小红就能明显地感觉到音量的变化，这种刚刚能使小红感觉到的音量变化的最小差异称为 （　　）

A. 绝对感觉阈限　　B. 绝对感受性　　C. 差别感觉阈限　　D. 差别感受性

11. 晓东在记忆英文单词时，如果不对其加以复述，这个单词在他头脑中只能保持几十秒。这种记忆现象是 （　　）

A. 瞬时记忆　　B. 短时记忆　　C. 长时记忆　　D. 内隐记忆

12. 晓红在解决数学问题时总是从多种途径寻求解决问题的方法，力求一题多解。小红的思维方式属于 （　　）

A. 聚合思维　　B. 发散思维　　C. 常规思维　　D. 具体思维

13. 在思维训练课中，老师让大家列举纽扣的用途，小丽只想到了纽扣可以钉在衣服前面用来扣衣服，却想不到纽扣可以制作成装饰品、点缀衣服等其他用途。这种现象属于 （　　）

A. 功能迁移　　B. 功能固着　　C. 功能转换　　D. 功能变通

14. 小丹说当她听到小刀刮竹子的声音时，就会觉得很冷，浑身不舒服，这种感觉现象是 （　　）

A. 适应　　B. 对比　　C. 联觉　　D. 综合

15. 经验丰富的李老师一边讲课一边兼顾全班同学的活动，谁认真听讲、谁玩手机、谁看课外书，她都一清二楚。这主要体现了李老师的哪种心理品质　（　）

A. 思维品质　B. 注意品质　C. 意志品质　D. 个性品质

16. 在一次心理学知识测试中，关于短时记忆的容量单位，学生们的答案涉及下列四种，其中正确的是　（　）

A. 比特　B. 组块　C. 字节　D. 词组

二、辨析题

1. 信息进入工作记忆就会持久保存。
2. 心理定势对问题解决只有消极影响。

三、简答题

1. 简述如何有效地组织复习。
2. 影响遗忘的主要因素有哪些？

四、材料分析题

研究者设计了一个“两绳问题”的实验，在一个房间的天花板上悬挂两根相距较远的绳子。被试者无法同时抓住，这个房间里有一把椅子、一盒火柴、一把螺丝刀和一把钳子。要求被试者把两根绳子系住（如图所示），问题解决的方法是：把钳子作为重物系在一根绳子上，从而把两根绳子系起来。结果发现只有39％的被试者能在10分钟内解决这个问题，大多数被试者认为钳子只有剪断铁丝的功能，没有意识到还可以当做重物采用的问题。

1. 上述实验主要说明哪种因素影响问题的解决？该实验结果对教学工作有何启示？

2. 请指出问题解决还受到哪些因素的影响？

参考答案

一、选择题

1. A　2. B　3. B　4. C　5. A　6. C　7. B　8. D　9. A　10. C

11. B　12. B　13. B　14. C　15. B　16. B

二、辨析题

1. 错误。工作记忆也称之为短时记忆,短时记忆的信息在头脑中储存的时间要比瞬时记忆长一些。但一般不会超过一分钟。而且短时记忆的容量是有限的。而信息只有进入到长时记忆时才能持久地保持,保存时间可以到达几天、几年,甚至终身难忘。因此这个观点是错误的。

2. 错误。心理定势是指重复先前的操作所引起的一种心理准备状态。在环境不变的条件下,定势使人能够应用已掌握的方法迅速解决问题,这时心理定势对问题解决产生积极影响。而在情境发生变化时,它则会妨碍人采用新的方法,此时定势对问题解决产生消极影响。即心理定势对问题解决既有消极作用也有积极作用,故本说法错误。

三、简答题

1. 为了提高复习效果,复习应注意以下几点:

(1) 复习要及时。

(2) 复习要合理。

复习方法合理才能取得事半功倍的效果。常用的方法有:① 在期末复习全学期的功课时,采用分散复习比集中复习效果更好。② 在复习时,教师要向学生提供简洁而概括的记忆材料。③ 复习方式多样化,可以采取整体复习、部分复习和综合复习。其中综合识记效果最佳。④ 让多种感官参与复习活动。

(3) 复习活动既要避免无限过度,又要坚持适当超额。超额学习程度达到150%时,效果最佳。

2. 影响遗忘的主要因素有:

(1) 学习者的需要和兴趣。人们需要的、感兴趣的东西遗忘得较慢,而人们不需要的、不感兴趣的东西遗忘得较快。

(2) 材料的意义、性质和数量。形象性的材料、有意义的语义材料,特别是诗歌比无意义的材料遗忘得慢。材料的数量越大,则识记后遗忘就越多。

(3) 学习程度。如果学习达到刚刚能够掌握之后还继续学习一段时间,就是过度学习。过度学习要比刚能背诵的记忆效果要好。当然过度学习也有一定的限度,否则造成精力和时间上的浪费。

(4) 材料序列对遗忘也会产生影响。

四、材料分析题

1. 说明功能固着对问题解决的影响。

启发:鼓励学生的创造性思维。训练学生思维的变通性。

进行思维训练:

发散思维训练,推测与假设训练,自我设计训练,头脑风暴训练。

2. 其他影响因素:

(1) 问题的特征;

(2) 已有的知识经验;

(3) 定势;

(4) 原型启发;

(5) 情绪与动机;

(6) 个体的智力水平。

个体的智力水平是影响问题解决的极重要的因素。因为智力中的推理能力、理解力、记忆力、信息加工能力和分析能力等成分都影响着问题解决。

此外,个体的认知结构、个性特征等也会影响问题的解决。

第四章　情绪、情感过程与教育

教学目的和要求：通过本章学习，了解情绪的相关理论及情绪情感的两极性，掌握情感的分类及功能。认识中小学生情绪情感的特点，注重培养学生的情绪智慧。

教学重点：情绪情感的分类，中小学生情绪情感的特点及情绪问题，学生情绪智慧的培养。

教学难点：各种情绪理论的模型。

第一节　情绪、情感概述

人非草木，孰能无情？人生活在社会中，为了自身的生存和发展，就要不断地认识和改造客观世界，创造人类文明、进步和发展的条件。人们在变革现实的过程中，必然会遇到得失、顺逆、荣辱、美丑等各种情境，因而有时感到高兴和喜悦、有时感到气愤和憎恶、有时感到悲伤和忧虑、有时感到爱慕和钦佩等等。这里的喜、怒、哀、乐、忧、愤、憎等都是情绪和情感的不同表现形式。

一、情绪、情感的含义

情绪和情感是指人对于客观事物是否符合自己的需要而产生的态度体验，是人的需要是否获得满足的反映。情绪，是对一系列主观认知经验的统称，是多种感觉、思想和行为综合产生的心理和生理状态。最普遍、通俗的情绪有喜、怒、哀、惊、恐、爱等，情感是态度这一整体中的一部分，它与态度中的内向感受、意向具有协调一致性，是态度在生理上一种较复杂而又稳定的生理评价和体验。情感包括道德感和价值感两个方面，具体表现为爱情、幸福、仇恨、厌恶、美感等等。情绪和情感都是人对客观事物所持的态度体验，只是情绪更倾向于个体基本需求欲望上的态度体验，而情感则更倾向于社会需求欲望上的态度体验。

（一）情绪、情感是人对客观现实的反映，但它不是反映事物本身，而是反映了对该事物的态度

情绪和情感总是由客观事物引起的，离开了具体的客观事物，人不可能产生情绪和情感，世界上没有无缘无故的爱与恨，就是这个道理。客观现实是情绪、情感产生的源泉，人的情绪、情感是客观现实的反映，但是，这种反映并非反映事物的本身，而是反映

主体对事物的态度。例如，看到一位同学谈吐文雅、行为端庄，会产生好感。这种好感的产生尽管来自该同学本身，但好感所反映的是对该同学的表现态度，是对该表现的一种体验或感受。

（二）认识是情绪、情感产生的前提和基础

人们对客观事物的认识、评估是产生情绪、情感的直接原因。换言之，没有对客观事物的认识，便不能产生任何的情绪和情感。因为他人的文雅导致我们形成良好的认知，并产生积极的评价，举止作用于我们的感官，由此产生对他人的好感。即便同一事物，由于它在不同的条件、不同的时间出现，我们对它的认识、判断与评价也会不同，从而会产生不同的情绪和情感的体验。例如，我们在野外看到一只老虎会大惊失色、惊恐万分，而在动物园或看马戏表演时看见老虎却无害怕之感。

（三）情绪、情感的性质是以客观事物是否满足人的需要为中介的

人对客观事物的认识，产生了不同的态度，从而产生了不同的情绪和情感。那么，这种态度又是由什么决定的呢？决定人们态度的是该事物是否符合主体的需要。如果该事物符合并满足主体的需要，就会对该事物持肯定的态度，产生满意、愉快、高兴的情绪、情感体验。反之，如果该事物不符合、不能满足主体的需要，便会对该事物持否定的态度，产生不满、愤怒、痛苦、仇视等消极的情绪、情感体验。因此，对客观事物的不同态度取决于该事物对主体需要的满足程度，需要就成为客观事物与主观情感体验的媒介，从而也决定了人的情绪、情感的性质。

（四）认识过程和情绪情感过程的关系

1. 反映对象不同

认知过程反映客观事物及其关系，情绪情感过程反映的是客观事物与人的需要之间的关系。

2. 反映方式不同

认知过程借助语言，通过概念、判断、推理方式进行反映；情绪情感通过内心体验的方式进行反映。

3. 反映的表现不同

认知过程多是内隐的，而情绪情感过程是外显的。

认识过程是情绪情感的基础，并引导情绪情感的发展。只有通过认识过程对客观事物的反映，主体才能确定客观事物是否满足自己的需要，从而产生相应的态度体验，引起不同的情绪情感。闻到花香，感到欣喜；睹物思人，令人怅惘；久拖未决的问题得到解决，更是欢欣鼓舞。

情感还随着认识活动的发展而发展。古语说“知之深，爱之切”，就是说两个人随着了解的深入，感情不断地加深。情感反过来对认识过程也起调节作用。积极的情感会促进人的认识活动，提高学习和工作的效率；消极的情感则会妨碍人的认识活动，降低活动效率。

二、情绪、情感的关系

情绪和情感两个词常可通用，在某些场合它们所表达的内容也有不同，但这种区别是相对的。人们常把短暂而强烈的具有情景性的感情反应看作是情绪，如愤怒、恐惧、狂喜等；而把稳定持久的、具有深沉体验的感情反应看作是情感，如自尊心、责任感、热情、亲人之间的爱等。实际上，强烈的情绪反应中有主观体验；而情感也在情绪反应中表现出来。

（一）情绪、情感的区别

1. 本质上

情绪通常与有机体的生理需要（如饮食、睡眠、繁殖等）相联系，为人和动物所共有；而情感通常与个体的社会需要（如友谊、劳动等）相联系，如爱国主义、人道主义、荣誉感、责任感、羞耻心等，是人类所特有的心理现象。

2. 稳定性上

情绪具有情境性和短暂性的特点，一旦这一情境发生变化，相应的情绪体验就消失或改变；情感则具有较大的稳定性和持久性，一经产生就比较稳定，一般不受情境左右。如友谊并不因朋友是否在眼前而改变。

3. 形式上

情绪具有冲动性，并带有明显的外部表现，如悔恨时捶胸顿足、愤怒时暴跳如雷。情绪一旦发生，其强度往往较大，有时个体难以控制；而情感则经常以内隐的方式存在或以微妙的方式流露，并始终处于意识的调节支配之下。

4. 产生的时间上

情绪在先，情感的发生在后。

（二）情绪、情感的联系

情绪和情感是人感情活动过程的两个不同侧面。情感离不开情绪。稳定的情感是在情绪基础上形成、又通过情绪反应得以表达的。情绪也离不开情感。情绪变化受情感支配，情感的深度决定着情绪表现的强度。情绪是情感的外部表现，情感是情绪的本质内容，二者密不可分。

三、情绪、情感的两极性

情绪的维度是指情绪所固有的某些特征，主要指情绪的动力性、激动性、强度和紧张度等方面。这些特征的变化幅度又具有两极性，每个特征都存在两种对立的状态。

（一）愉快—不愉快

在快感度方面，两极为“愉快—不愉快”。这种体验与主体需要满足的程度相联系。当情绪情感由积极向消极变化时就伴随着愉快与不愉快两种对立的反映，如快乐与悲哀、敬仰和轻蔑、热爱与憎恨等。

（二）紧张—轻松

在紧张度方面，两极为“紧张—轻松”。所谓紧张水平是指想要动作的冲动之强弱。

紧张的程度既决定于当前事件的紧迫性，也取决于人的心理准备状态和个性品质。与紧张相对的是轻松，是一种情绪松弛状态。实验表明，紧张程度中等时，人的操作行为效果最佳，过度紧张和松弛都会降低操作效率。

（三）激动—平静

在激动度方面，两极为“激动—平静”。激动水平在很大程度上反映着个体的机能状态，激动和平静两极反映过度兴奋和抑制状态。情绪激动对人的影响是复杂的，它可以催人奋进，推动人的行为；也可以阻碍人的活动，如激动得说不出话来，愤怒得失去理智。

（四）强—弱

在强度方面，两极为“强—弱”。人们常用情绪表现的强弱作为划分情绪和情感水平的标准。例如，怒由弱到强划分为：微愠、愤怒、大怒、暴怒和狂怒；喜欢由弱到强划分为：好感、喜欢、爱慕、热爱和酷爱。

四、情绪、情感的功能

情绪、情感能够使个体针对不同的刺激事件产生灵活自如的适应性反应，并调节或保持个体与环境间的关系。情绪之所以具有灵活性的特征，是因为情绪、情感的机能不仅可以来源于个体全部的先天机能，而且还来源于学习及认知活动。许多种情绪、情感都具有调控群体间的互动功能。譬如，羞怯感可以加强个体与社会习俗的一致性；当个体对他人造成伤害时，内疚感可激发社会公平重建。其他的情绪、情感，诸如同情、喜欢、友爱等，也能起到构建和保持社会关系的作用。它们可以增强群体内的凝聚力，而且有提高个体的社会适应能力的作用。

（一）适应功能

有机体在生存和发展过程中，有多种适应方式。情绪和情感是有机体适应生存和发展的一种重要方式。如动物遇到危险时产生害怕的呼救，就是动物求生的一种手段。人们通过各种情绪和情感，了解自身和他人的处境与状况，适应社会的需要，求得更好的生存和发展。

（二）动机功能

情绪情感是动机的源泉之一，是动机系统的一个基本成分。它能够激励人的活动，提高人的活动效率。适度的情绪兴奋，可以使身心处于活动的最佳状态，进而推动人们有效地完成各种任务。研究表明，适度的紧张和焦虑能促使人积极地思考和解决问题。同时，情绪对生理内驱力也具有放大信号的作用，成为驱使人们行为的强大动力。

（三）组织功能

情绪是一个独立的心理过程，有自己的发生机制和发生、发展过程。什劳费认为情绪作为脑内的一个检测系统，对其他心理活动具有组织的作用。这种作用表现为积极情绪的协调作用和消极情绪的破坏与瓦解作用。中等强度的愉快情绪，有利于提高认知活动的效果。而消极的情绪如恐惧、痛苦等会对操作效果产生负面影响，消极情绪的激活水平越高，操作效果越差。

情绪的组织功能还表现在人的行为上，当人们处在积极、乐观的情绪状态时，易注意事物美好的一面，其行为比较开放，愿意接纳外界的事物。而当人们处在消极的情绪状态时，容易悲观、失望，放弃自己的愿望，有时甚至产生攻击性行为。

（四）信号功能

情绪和情感在人际间具有传递信息、沟通思想的功能。这种功能是通过情绪的外部表现，即表情来实现的。表情是思想的信号，在许多场合，只能通过表情来传递信息，如用微笑来表示赞赏，用点头表示默认等。表情也是言语交流的重要补充，如手势、语调等能使言语信息表达得更加明确。

第二节 情绪、情感的种类

人的情绪和情感多种多样，应如何分类？我国古代有“六情说”与“七情说”。六情说是指“爱、恶、喜、怒、哀、乐”。七情说即“喜、怒、哀、乐、惧、爱、恶”。

一、基本情绪

从生物进化的角度看，人的情绪可分为基本情绪和复合情绪，基本情绪是人与动物所共有的，在发生上有着共同的原则或模式，它们是先天的、不学而能的，每一种基本情绪都具有独立的神经生理机制、内部体验和外部表现，并有不同的适应功能。近代关于情绪分类的研究，通常把它分为快乐、悲哀、愤怒、恐惧四种基本形式。复合情绪是由基本情绪的不同组合派生出来的。

（一）快乐

快乐是指盼望的目标达到或需要得到满足之后，解除紧张时的情绪体验。如亲人相聚时的“高兴”，学习获得好成绩时的“愉快”，工作取得成就的“满意”等，都是快乐的情绪。但是，有一些情绪，如怜悯、奇怪、惊奇等，既不是明显的快乐，也不是明显的不快乐。

快乐的程度取决于愿望的满足程度。一般说来，可以分为满意、愉快、欢乐、狂喜等。引起快乐情绪的原因很多，如亲朋好友的聚会、美好理想的实现、宁静明亮的学习环境等都可以引起快乐的情绪。如果愿望或理想的实现具有意外性或突然性，则更会加强快乐的程度。

（二）悲哀

悲哀是与所热爱对象的失去和所盼望东西的幻灭相联系的情绪体验。引起悲哀的原因比较多，亲人去世、升学考试失意、自己所珍爱的物品丢失等，都会引起悲哀的情绪体验。

悲哀的程度取决于失去对象的价值。此外，主体的意识倾向和个性特征对人的悲哀程度也有重要的影响。根据悲哀的程度不同，可分为遗憾、失望、难过、悲伤、极度悲痛等不同的等级。悲哀有时伴随哭泣，使紧张释放，缓解心理压力。在比较强的悲哀中，常常伴发失眠、焦虑、冷漠等心理反应。

（三）愤怒

愤怒是由于外界干扰使愿望实现受到压抑，目的实现受到阻碍，从而逐渐积累紧张而产生的情绪体验。引起愤怒的原因很多，恶意的伤害、不公平的对待等都能引起愤怒的情绪。愤怒的产生取决于人对达到目的的障碍的意识程度，只有个体清楚地意识到某种障碍时，愤怒才会产生。

愤怒的程度取决于干扰的程度、次数及挫折的大小。根据愤怒的程度，可把愤怒分为不满意、生气、愠怒、激愤、狂怒等。

（四）恐惧

恐惧是有机体企图摆脱、逃避某种情景而又苦于无能为力的情绪体验。引起恐惧的原因很多，如黑暗、巨响、意外事故等。恐惧的程度取决于有机体处理紧急情况的能力。

在快乐、悲哀、愤怒、恐惧四种基本情绪中，快乐属于肯定的积极的情绪体验，它对有机体具有增力作用。而悲哀、愤怒、恐惧通常情况下属于消极的情绪体验，对人的学习、工作、健康具有消极的作用，因而应当把它们控制在适当的水平上。但在一定条件下，悲哀、愤怒、恐惧也可以起到积极的作用，如战士的愤怒有利于他们在战场上勇敢战斗；对可怕后果的恐惧有利于个体提高责任感与警惕性；悲哀可以使人“化悲痛为力量”从而摆脱困境。

二、表情

表情是情绪的外部表现形式，是一种独特的情绪语言。表情主要有三类：面部表情、身段表情、言语表情。

（一）面部表情

不同的情绪会产生不同的面部表情。由于面部表情能精细、准确地反映人的情绪，它是人类表达情绪最主要的方式。伊扎德将人的面部分为额眉—鼻根区、眼—鼻颊区和口唇—下巴区，认为这三个区域的活动构成了不同的面部表情，表达着相应的情绪。

（二）身段表情

身段表情是除面部之外身体其他部位的表达情绪的方式。头、手和脚是表达情绪的主要身体部位。例如，人在欢乐时手舞足蹈，悔恨时顿足捶胸，惧怕时手足无措，羞怯时扭扭捏捏，舞蹈和哑剧是演员用身段表情和面部表情反映情感和思想的艺术形式。

（三）言语表情

言语表情是情绪在言语的声调、节奏和速度上的表现。人在高兴时音调较快，悲哀时音调低沉、节奏缓慢，愤怒时音量大、急促而严厉。同样一句话用不同的方式讲出来则会表现出不同的含义。

表情与言语一样，是人际交往的重要工具，在三种主要表情中，面部表情起主要作用，而身段表情和言语表情往往是情绪表达的辅助手段。

三、情绪状态

情绪状态是指在某种事件或情境的影响下，在一定时间内所产生的某种情绪，其中较典型的情绪状态有心境、激情和应激等三种。

（一）心境

心境是指人比较平静而持久的情绪状态。心境具有弥散性，它不是关于某一事物的特定体验，而是以同样的态度体验对待一切事物。“喜者见之则喜，忧者见之则忧”。

心境对人的学习、工作、生活、健康有很大的影响。积极向上、乐观的心境，可以提高人的活动效率，使人增强信心，对未来充满希望，有益于健康；消极悲观的心境，会降低认知活动效率，使人丧失信心和希望，经常处于焦虑状态，有损于健康。人的世界观、理想和信念决定着心境的基本倾向，对心境有着重要的调节作用。

（二）激情

激情是一种强烈的、爆发性的、为时短促的情绪状态。这种情绪状态通常是由对个人有重大意义的事件引起的。重大成功之后的狂喜、惨遭失败后的绝望、亲人突然死亡引起的极度悲哀、突如其来的危险所带来的异常恐惧等等，都是激情状态。正如生活中看到的很多场景：足球运动员在踢进球的时候会绕着操场疯狂地跑动，甚至会亲吻足球场等，这就是进球引起的一种激情状态。还有运动员在进行百米赛跑时，因为观众为自己加油呐喊，于是在比赛中以超常发挥的速度冲到终点，这也是一种强烈短暂爆发的状态，属于激情。

激情状态往往伴随着生理变化和明显的外部行为表现，例如，盛怒时全身肌肉紧张、双目怒视、怒发冲冠、咬牙切齿、紧握双拳等等；狂喜时眉开眼笑、手舞足蹈。激情状态下的人往往出现“意识狭窄”现象，即认识活动的范围缩小、理智分析能力受到限制、自我控制能力减弱，进而使人的行为失去控制，甚至做出一些鲁莽的行为或动作。有人用激情爆发来原谅自己的错误，认为“激情时完全失去理智，自己无法控制”，这种说法是不对的。人能够意识到自己的激情状态，也能够有意识地调节和控制它。因此，任何人对在激情状态下的失控行为所造成的不良后果都是要负责任的。

要善于控制自己的激情，做自己情绪的主人。培养坚强的意志品质，提高自我控制的能力。然而激情不总是消极的。我国发射卫星成功时的兴高采烈，运动员在国际比赛中取得金牌时的欣喜若狂，这些激情中包含着强烈的爱国主义情感，是激励人上进的强大动力。

（三）应激

应激是指人对某种意外的环境刺激所做出的适应性反应。例如，人们遇到某种意外危险或面临某种突发事件时，必须集中自己的智慧和经验，动员自己的全部力量，迅速做出选择，采取有效行动，此时人的身心处于高度紧张状态，即为应激状态。生活中都听过这样的事件：一个婴儿差点从高处摔到地面上，远处的妈妈看到后快速冲上去接住了孩子,平常情况下妈妈并不能有这样的反应速度,但是由于突发的情况引起她紧张的反应,也就是应激反应,所以才能提高反应速度接住孩子。还有在开车时,冲出一条狗,你紧急刹车,都属于一种应激反应。

人在应激状态下,会引起机体的一系列生物性反应,如肌肉紧张度、血压、心率、呼吸以及腺体活动都会出现明显的变化。这些变化有助于适应急剧变化的环境刺激,维护机体功能的完整性。加拿大学者汉斯塞里把这种变化称为适应性综合征,它包括动员、阻抗和衰竭三个阶段。

四、情感的分类

情感是同人的社会性需要相联系的主观体验,是人类所特有的心理现象之一。人类高级的社会情感主要有道德感、理智感和美感。

(一) 道德感

道德感是根据一定的道德标准在评价人的思想、意图和行为时所产生的主观体验。你一定听过"最美教师张莉莉"和"最美司机"的典型事迹,称他们为最美,不是因为面容,而是用道德标准判断后认为他们在思想上有高度,是道德上的模范、学习的对象。道德感属于社会历史范畴,不同时代、不同民族、不同阶级有着不同的道德评价标准。爱祖国、爱人民是每个公民的基本道德准则。如果一个人的言行符合这一标准,就会产生幸福感、自豪感和自慰感;否则就会感到不安、自责、内疚等。同样,当别人的言行符合这些标准时,人们对他产生爱慕、崇敬、尊重、钦佩等情感,而对那些违背这一标准的思想和行为,人们就会产生厌恶、反感、鄙视、憎恨等体验。

(二) 理智感

理智感是在智力活动过程中,在认识和评价事物时所产生的情感体验。例如小明同学解出了一道非常难的数学题,非常高兴,此时他产生的就是一种理智感,而如果因为没能解出数学题而产生羞愧感同样属于理智感。人们在探索未知的事物时所表现出的求知欲望、认识兴趣和好奇心,在解决问题过程中出现的迟疑、惊讶、焦躁以及问题解决后的喜悦、快慰,在评价事物时坚持己见的热情,为真理献身时感到幸福与自豪,由于违背和歪曲了事实真相而感到羞愧等,都属于理智感。

(三) 美感

美感是根据一定的审美标准评价事物时所产生的情感体验。生活中会参加一些艺术展、书画展等欣赏一些美的事物,看到大自然中的美景等都是美感的体现。人的审美标准既反映事物的客观属性,又受个人的思想观点及价值观念的影响。因此,在不同的文化背景下,不同民族、不同阶级的人对事物美的评价既有共同的方面,也有不同的地方。

美感作为情感的一种形式,也是由客观情境引起的。这包括两个方面的内容,一方面是自然景象和人类创造物的特征。另一方面,人类社会的道德品质和行为特征,也能引起美的体验。善良、淳朴、诚实、坚强、公正坦率、不徇私情、有自我牺牲精神的品质和行为都是美的;损人利己、虚伪、胆小怕事、两面三刀、狡猾奸诈等,会引起人们的厌恶、憎恨的情感体验。

第三节 情绪的理论

从古希腊至今,历代思想家都试图在理论上解释情绪的产生。当代情绪理论多注重经验主义研究方法,很多独立的理论并不互相排斥,大多数研究人员乐于采纳多种视角、融合各种理论。引起争议的问题主要是认知判断对产生情绪有多重要,特别是和身体反应等其他方面进行比较。

一、早期理论

(一) 詹姆斯-兰格理论

美国心理学家詹姆斯和丹麦生理学家兰格分别提出内容相同的一种情绪理论。他们强调情绪的产生是植物性神经活动的产物。后人称它为情绪的外周理论。即情绪刺激引起身体的生理反应,而生理反应进一步导致情绪体验的产生。詹姆斯提出情绪是对身体变化的知觉,在他看来,是先有机体的生理变化,而后才有情绪。所以悲伤由哭泣引起,恐惧由战栗引起;兰格认为情绪是内脏活动的结果,他特别强调情绪与血管变化的关系。詹姆斯-兰格理论看到了情绪与机体变化的直接关系,强调了植物性神经系统在情绪产生中的作用,但是,他们片面强调植物性神经系统的作用,忽视了中枢神经系统的调节、控制作用,因而引起了很多的争议。

(二) 坎农-巴德学说

认为情绪的中枢不在外周神经系统,而在中枢神经系统的丘脑,并且强调大脑对丘脑抑制的解除,使植物性神经活跃起来,加强身体生理的反应,从而产生情绪。外界刺激引起感觉器官的神经冲动,传至丘脑,再由丘脑同时向大脑和植物性神经系统发出神经冲动,从而在大脑产生情绪的主观体验,由植物性神经系统产生个体的生理变化。该理论认为,激发情绪的刺激由丘脑进行加工,同时把信息输送到大脑和机体的其他部位,到达大脑皮质的信息产生情绪体验,而到达内脏和骨骼肌肉的信息激活生理反应,因此,身体变化与情绪体验同时发生。

二、认知理论

(一) 阿诺德"评定-兴奋"说

美国心理学家阿诺德提出。该理论认为:刺激情景并不直接决定情绪的性质,从刺激出现到情绪的产生,要经过对刺激的估量和评价。情绪产生的基本过程是刺激情景—评估—情绪。同一刺激情景,由于对它的评估不同就会产生不同的情绪反应。情绪的产生是大脑皮质和皮下组织协同活动的结果,大脑皮层的兴奋是情绪行为的最重要的条件。

（二）沙赫特的两因素情绪理论

美国心理学家沙赫特和辛格提出。该理论认为：情绪的产生有两个不可缺少的因素：一是个体必须体验到高度的生理唤醒；二是个体必须对生理状态的变化进行认知性的唤醒。情绪状态是由认知过程、生理状态、环境因素在大脑皮层中整合的结果。这可以将上述理论转化为一个工作系统，称为情绪唤醒模型。

（三）拉扎勒斯的认知-评价理论

该理论认为情绪是人与环境相互作用的产物。在情绪活动中，人不仅反映环境中的刺激事件对自己的影响，同时要调节自己对于刺激的反应。也就是说，情绪是个体对环境知觉到有害或有益的反应。因此，人们需要不断地评价刺激事件与自身的关系。具体有三个层次的评价：初评价、次评价、再评价。

三、分化理论

情绪具有动机的性质。伊扎德的情绪动机—分化理论是以情绪为核心，以人格结构为基础，论述情绪的性质与功能。伊扎德认为：情绪是人格系统的组成部分，是人格系统的动力核心。情绪系统与认知、行为等人格子系统建立联系，实现情绪与其他系统的相互作用。当人们体验到消极情绪时，免疫系统功能会减弱；而当人们体验到积极情绪时，免疫功能会增强(Salovey, Rothman, Detweiler & Steward, 2000)。

情绪常产生于人们对环境的评价方式和反应方式。如果按照情绪 ABC 理论，人们对环境的评价方式即 B，人们对环境的反应方式即 C—A 表示诱发性事件，B 表示个体针对此诱发性事件产生的一些信念，即对这件事的一些看法、解释。C 表示自己产生的情绪和行为的结果。

研究者已逐步达成共识，认为情绪的研究离不开动机，而动机的研究也离不开情绪。但之前并非如此，在 20 世纪 30～40 年代，动机是以需要来界定的。那时的研究者认为，需要能为行为提供动力、能量、方向和维持性。

到了 20 世纪 50 年代和 60 年代，动机被看作是由驱力的存在引起的。早期的动机理论认为，驱力为行为提供动力，学习为行为提供方向(Hull, 1943)。驱力论者认为，情绪是动机的副产品，而不是动机的组成部分。如：伯利恩(1960)认为，动机是最佳唤醒驱力，情绪是满足这一驱力的副产品。根据驱力理论，行为的维持性在很大程度上是习得的。如根据阿姆泽尔(1958,1972)的理论，行为的维持性是由与挫折相联的刺激的对抗性条件作用引起的。这里的挫折是一个完全限定的情绪概念，主要是指未能获得奖赏所引发的情绪。

到了 20 世纪 60 年代晚期及 70 年代早期，心理学家从行为的角度来研究动机。动机和需要是理论的核心，“需要”的内涵则与 20 世纪 30～40 年代完全不同。需要只是引发行为的倾向，目标和威胁才是行为的原因：目标是积极的诱因，而威胁是消极的诱因。

虽然到了 20 世纪 80 年代末期 90 年代初，以目标来解释动机的理论较具影响。但对于很多理论家而言，尽管目标和威胁能够直接引发行为，但不足以维持长期行为。在对长期行为的研究表明，区分人们行为的维持性的，是情绪。那些在面临威胁和困难时保持乐观的人会维持原有行为，而那些悲观和自我怀疑的人常会放弃自己的目标(Seligman，1990)。

尽管侧重点有所不同，但大多数当代理论家都认为情绪在动机中具有重要作用，这使得这些心理学家开始重视情绪的自我调节。如班杜拉(1991)指出，“天资和它(情绪)的发挥一样重要”。他认为，为了实现目标，人们需要学会调控自己的情绪，特别是调控自我怀疑(Bandura，1997)。

四、情绪智慧

20世纪90年代，美国开始研究情绪智力。1995年，美国心理学博士、《纽约时报》专栏作家丹尼尔·戈尔曼推出《情绪智慧》一书，将情绪智力概念进一步推广。根据一些心理专家的观点，情绪智慧涵盖了下列五种能力：情绪的自我觉察能力、情绪的自我控制力、情绪的自我激励能力、对他人情绪的识别力、处理人际关系的能力。20多年来，美国学者在这方面取得了卓越的成就，为人类智力的开发、实现人的全面发展做出了重要贡献。

情绪的发展和变化是我们因人、因时、因地、因事而产生的。情绪在制约人，也在成就人，还在损害人，不同的情绪有着不同的生活。我们要管理好自己的情绪，拥有我们自己需要的情绪，使情绪获得应有的表达和展示。所以，我们必须对情绪作出真正的了解，知道它的种类和对人的利害。

我们不仅有积极的情绪，还有消极的情绪；不仅需要克制，还需要发泄；不仅需要防御，还需要利用。知道情绪是我们为人做事乃至成败的重要因素，我们只有挖掘积极情绪和善待消极情绪，才能更好地把握和管理自己，做情绪的主人。有效的情绪管理是推动学业成功的“发动机”，有效的情绪管理是建立良好人际关系的“润滑剂”，有效的情绪管理是身心健康的“护航者”，有效的情绪管理是良好性格的“塑造者”。

情绪既是主观感受，又是客观生理反应，具有目的性，也是一种社会表达。情绪构成理论认为，在情绪发生的时候，有以下五个基本元素必须在短时间内协调、同步地进行。

(1) 认知评估：注意到外界发生的事件(或人物)，认知系统自动评估这件事的感情色彩，因而触发接下来的情绪反应(例如：看到心爱的宠物死亡，主人的认知系统把这件事评估为对自身有重要意义的负面事件)。

(2) 身体反应：情绪的生理构成，身体自动反应，使主体适应这一突发状况(例如：意识到死亡无法挽回，宠物的主人神经系统觉醒度降低，全身乏力，心跳频率变慢)。

(3) 感受：人们体验到的主观感情(例如：在宠物死亡后，主人的身体和心理产生一系列反应，主观意识察觉到这些变化，把这些反应统称为“悲伤”)。

(4) 表达：面部和声音变化表现出这个人的情绪，这是为了向周围的人传达情绪主体对一件事的看法和他的行动意向(例如：看到宠物死亡，主人紧皱眉头，嘴角向下，哭泣）。对情绪的表达既有人类共通的成分，也有各自独有的成分。

(5) 行动的倾向：情绪会产生动机（例如：悲伤的时候希望找人倾诉，愤怒的时候会做一些平时不会做的事）。

第四节　情绪、情感的调节与培养

情绪使我们的生活多姿多彩，同时也影响着我们的生活及行为。当出现不好的情绪时，最好加以调节，使情绪不要给自己的生活及身体带来坏的影响。情绪无好坏之分，一般只划分为积极情绪、消极情绪。由情绪引发的行为则有好坏之分、行为的后果有好坏之分，所以说，情绪管理并非是消灭情绪，也没有必要消灭，而是疏导情绪、使之合理化之后的信念与行为。

情绪是靠我们自己管理和掌握的，任何一个人和一件事、一句话和一件物等都能激起我们的情绪。我们应当有人所共有的感受和需要，但不能求之太过于痴迷和慌乱。很多情绪来自于身外，可心情是自己的，我们可以用自己的修为来调整不利和不好的状态，使得自己在有关与无关中确立自我情绪，走出情绪的困扰。

一、情感的品质

（一）情感的倾向性

情感的倾向性是指情感经常指向什么和由什么所引起的，它是个人意识倾向性的具体体现，是个人情感的本质。具有不同观点、不同兴趣爱好的人，情感的倾向性有很大差别。

人的情感由于倾向性不同，会表现出不同的意义。例如，一个爱国主义者，总是“先天下之忧而忧，后天下之乐而乐”，具有强烈的民族自豪感。这是一种崇高的情感，它将推动人们努力学习、积极劳动，为祖国的繁荣富强而献身；如果一个人仅仅关注自己个人狭隘的利益，不去顾全大局，不去维护国家民族的利益，表现出的则是一种卑微污浊的情感，它会使人鼠目寸光，对私利斤斤计较，对大义麻木不仁。

（二）情感的深刻性

情感的深刻性是指情感在个人的思想行为中表现的程度深浅。只有那种深入地渗透到一个人生活的重要方面，联系着思想、志向，反映出整个心理生活的情感，才是深厚的情感。例如，有深厚的爱国主义情感的人，在处理个人学习、生活等诸方面，无不从祖国的利益出发，以实践“天下兴亡，匹夫有责”的爱国主义原则为荣。

情感的深度与狂热的表现是没有必然联系的。那种在某种情境下产生的欣喜若狂或暴跳如雷，并不一定是深厚情感的表现，却往往是一种轻浮的情感，虽然这是强烈的，但并不深厚。因为它缺乏理智，也没有深刻的思想基础。只有那种与革命的人生观和正确的信念紧密联系着的情感，才是深刻的情感。虽然从表面上看，它是恬静的，但却渗透到生活的各个方面。所以，情感的深刻性是和情感的倾向性密切相联的。一个人情感的深刻性,取决于对生活的体验,取决于其认识水平和知识水平。

(三)情感的稳定性

情感的稳定性是指情感持久的程度。如一个人对待事物的态度变化无常,那就是情感不稳定的表现。情感的波动、漂移有两种表现:第一,心境变化无常,即一种情感很快地变为另一种情感或者被相反的情感所代替;第二,情感迅速减弱,即对一切事物,虽然开始时情感强烈,但很快趋于平淡。

情感的稳定性与情感的深刻性有着密切的联系。只有深厚的情感才能处于稳定状态,浅薄的情感,即使是强烈的,也总是短暂而易变的。一般地讲,不稳定的情感因常"喜新厌旧""见异思迁",不能成为一个人活动的持久动力,因而是不好的。而稳定的情感能提高自我调节、自我控制的能力,能增强经受挫折的容忍力,是需要努力培养的情感品质。

(四)情感的效能性

情感的效能性是指情感对人的实际行动发生鼓舞作用的程度。凡是能鼓舞人去行动的情感,就是有效能的情感,它能帮助人排除前进道路上的困难,对丰富和发展人的主观世界起着重大的作用。可是,并非所有的人的情感都是有效能的。有的人情感具有较大的效能,他在愉快惬意时,工作、学习很有劲,即使在悲痛时,也会化悲痛为力量。有的人,情感的效能性低,即使他有强烈的情感体验,也总是停留在体验上,而没有具体的行动。

情感的效能性以情感的倾向性、深刻性、稳定性为基础。有原则的、健康的并且深入到生活各个方面的稳定情感,才具有巨大的鼓舞力量。可见,各种情感品质的发展是紧密联系的。

二、青少年情绪、情感的特点

(一)情绪兴奋性高且易波动起伏

青少年的情绪特点,给人留下的第一个印象便是易激动,即我们所说的兴奋性高。保加利亚心理学家皮罗夫等人研究5~17岁个体的情绪反应时发现,神经活动的最兴奋型多见于5岁儿童,随着年龄渐增,兴奋型的比例下降,平衡型比例上升,但到了青少年期(女子11~13岁,男子13~15岁),兴奋型重新增多,到青春期结束再次减少。因此,同样的刺激情境,对成年人来说,可能不至于引起明显的情绪反应,但能激起青年人较强烈的情绪体验,甚至导致冲动。也正因为如此,青少年容易爆发激情。

同时,青少年的情绪又易波动起伏。这表现为,一方面青少年会因一时成功欣喜若狂、激动不已,又会因一点挫折垂头丧气、懊恼不止,从而出现情绪两极间的明显变化。另一方面,青少年常会出现似乎莫明其妙的情绪波动、交替,给人以变化无常的感觉。我国心理学工作者对高中生的一次调查也发现,在被调查学生中有70%的学生承认经常出现情绪波动,如果考虑到出现波动但自己还未意识到、或不愿承认的情况,其比例可能更高。

（二）情绪出现心境化和文饰现象

如果我们把青少年的情绪都视为急风暴雨、骤然突变的模式，那么我们将会忽略青少年情绪特点的另一个侧面——心境化和文饰现象。如前所述，心境是一种比较微弱而持续时间比较长的情绪状态，这与猛烈而短暂的激情现象正好相反。青少年，尤其是进入青年早期的高中生，会出现情绪反应时间明显延长的情况。这种延长表现在两个方面，一是延缓做出情绪反应，二是延长情绪反应过程，从而出现情绪反应心境化的趋势。例如，有的中学生在班上受到老师的批评，心里很不愉快，但当场并没有发作，老师也没在意，谁知事后他竟会为此闷闷不乐很长时间。这种情况在儿童时期是没有的，儿童的情绪反应快，转变也快，缺乏心境状态，但到了青少年期，这却成为常有的事。

与此相联系的另一种情况，便是情绪文饰现象。即个体内部的情绪体验被外部的情绪表现所掩饰，出现表里不一致的情绪现象。儿童的情绪表现是明显而真实的，高兴就是高兴的样子，不高兴就是不高兴的神态，外部的情绪表现与内部的情绪体验是一致的。但青少年则会出现内心很难过却脸带微笑，明明很得意却装作若无其事，心里爱上班上的某位异性同学却又在公开场合表现得十分冷漠的种种情绪文饰现象，从而使青少年的情绪生活变得复杂化，令人难以捉摸。

从表面上看，这种情绪特点与前面提到的兴奋性高、易波动起伏的特点都存在于青少年之中，似乎是矛盾而不可思议的，其实这恰恰是个体从儿童向成人过渡过程中情绪由不成熟向成熟发展的表现。造成情绪心境化和文饰现象的直接原因是青少年社会意识和自我意识发展的结果，使他们既注意到自己的情绪在特定社会情境中表达的适当性，以保持自己在他人心目中良好的形象，又逐渐具有了情绪的自我控制能力，使强烈的情绪反应得到一定的调节。

（三）自尊感强烈、过敏而易波动

自尊感是与人们要求他人尊重自己的需要相联系的一种情感。它在儿童生活早期就已流露，只是随着个体进入青少年期，自我意识发生分化，出现建立在主体自我对客体自我的评价基础上的一种自我体验——自尊心（反映个体自己对自己的尊重状况）后，才获得内在调节，并在青少年身上表现出一系列的特点。

首先，青少年自尊感强烈。这表现在两个方面：一是青少年往往把自尊感放在其他一切情感之上，当自尊感与其他情感发生冲突时，他们常会毫不犹豫地为维护自尊感而牺牲其他情感。例如，青少年十分珍惜朋友间的友谊情感，但一旦发生彼此间有损自尊感的行为，往往会从根本上动摇友谊。二是青少年对自尊感的情绪体验特别强烈，当自尊感受到损害时，常表现出极大的愤怒、恼羞等情绪反应，甚至为此爆发激情，干出不顾自身安危、无视社会法纪的事来。青少年的这一特点与其自尊需要的日益发展有着直接关系。

其次，青少年的自尊感往往过分敏感。有的青少年会为一件小事争得面红耳赤，有的则为此闷闷不乐或耿耿于怀，还有的甚至发生斗殴，不惜诉诸武力。因为，这些小事在那些青少年心目中都是涉及维护自尊感的“重大原则问题”,绝不能等闲视之。例如,一位男学生在文艺晚会上因唱歌走调被大家哄笑,自觉当众受辱,自尊感受损,竟回到家用猎枪自杀!造成这种过敏现象的原因,除青少年本身自尊感强烈外,主要与青少年的认识问题有关,诸如什么叫自尊,什么叫他尊(尊重他人),自尊与他尊的关系怎样处理,什么样的事才涉及自尊问题等,青少年往往在实际中难以把握。

第三,青少年自尊感极易波动。遇到顺境易产生优越感,遭逢逆境又易顿生自卑感。他们会在日常生活中因几次考试成功、工作受到一些表扬、谈恋爱顺利、力气比同伴大、身材比别人好等等而骄傲自大,不能容忍他人有任何一点“冒犯”自尊的行为;也会因学业一时落后、友谊稍有挫折、受到他人奚落、挨了老师批评,甚至因身材不高、外貌不佳而悲观失望、自暴自弃。这既与思想方法有关,但最终源于青少年自我评价的不成熟。这种情况在初中生中尤为突出,在高中生中有所改善,这也与高中生自我评价适当性提高有着直接关系。在一项研究中发现,初二学生对自己的性格评价偏高和偏低的比例分别为34.6%和3.8%,而高三学生分别为10.2%和12.12%;初二学生对自己的能力评价偏高和偏低的比例分别为51.9%和7.7%,而高三学生分别为8.2%和16.3%。

(四)道德感、理智感和美感有相当发展

作为高级的情感——道德感、理智感和美感是个体接受社会教育的结果,在个体身上发展相对较晚。心理学研究表明,在正确教育下,学前晚期的儿童,社会性的情感,如道德感、理智感和美感也逐渐产生和发展起来。而进入青少年阶段,随着个体社会性发展和教育影响的积累作用,这些高级情感逐步达到相当的水平。对初中学生的调查表明,道德感和理智感的发展又相对更优于美感的发展水平。在另一项研究中,对高中学生的道德感进行了更细致的调查。发现高中生在爱国主义感、集体主义感、荣誉感、友谊感等情感体验上,选择代表积极情感的答案的人数占了很大比例,这表明高中生道德感的发展以积极的、正确的情感为主,在运用道德标准评价自身或他人的行为时,已形成了较正确的、稳定的反应或体验倾向,处于履行准则与守法的道德定向以及良心或原则的道德定向阶段,即柯尔伯格关于道德发展阶段理论中所说的“后习俗道德水平”。当然,在道德感的各个方面,可能发展也并不平衡,在上述调查中也发现,责任感的正确的选择率较低,而其中性情感状态占较大比例,只是随着年级的升高,这方面的积极情感又得到较快发展。在理智感方面,高中生的求知感最为强烈,喜悦感、坚信感其次,疑问感较弱,而坚信感的消极情感的选择在理智感的各项内容中为最高,反映了高中生在求知过程中害怕失败,或因挫折丧失信心,其中以高三学生为甚,这可能与频繁的考试、激烈的竞争有关。

三、青少年健康情绪情感的培养

青少年具有丰富而强烈的情感体验,他们敢爱敢恨,敢于表达自己的情感,朝气蓬勃。但是,青少年的情感又很不稳定,常从一个极端走向另一个极端,这与他们的认识能力和社会经验的不足以及自我控制能力较弱有关，因而使得青少年情感的倾向性、深刻性、稳固性等品质需要进一步的提高和完善。对学生良好的情绪、情感品质的培养应从以下几方面着手。

（一）树立正确人生观，确立远大志向

一个人的情绪情感的引发，受他的人生观的影响和支配。古语云："君子坦荡荡，小人常戚戚。"一个有正确人生观、胸怀大志、立志为崇高理想奋斗的人，他们为着伟大事业孜孜以求，必然会豁达大度，他们的情绪、情感指向那些与社会意义有关的大事上，而决不会计较日常琐事、细微得失、个人恩怨。相反，一个缺乏正确的人生观，没有理想，没有雄心壮志，只求个人利益的人，他们必然目光短浅、胸襟狭隘、斤斤计较，因而容易发牢骚、生闷气，心情难以安定。所以，加强学生的思想品质修养，鼓励他们树立远大的志向，有助于学生积极情感倾向的培养。

（二）组织各种活动，丰富人生阅历

情感深刻性的提高，与个人的知识水平和社会经验密切相关，而认识水平和社会经验又必须在实践活动中逐步积累、提高，所以组织和鼓励学生积极参加各种社会活动（如到工厂、学校、农村去参观学习，搞社会调查，听各种模范事迹的报告等等），有助于学生客观地、全面地、深入地了解社会环境和社会需要，了解自己对社会的责任和义务，了解对人对事的适宜态度等。这样才会提高学生对问题的分析能力和解决能力，使他们对各种客观事物产生深刻的情绪情感体验。

（三）进行情绪知识学习，掌握控制和调节技术

稳定积极的情绪、情感对学生的生活、学习和健康有着重要的意义，因此，教师应该给学生情绪调节的方法和技术，使他们能自觉地控制自己的情绪。情绪的调节主要有以下几种方法。

1. 努力从学习和个人成长中获得满足，增加愉快的情绪体验

在人生的追求中，成功的时候相对来说少于失败的时候，所以每个人在其一生中都会尝到甜酸苦辣等多种人生滋味。但对个人的情绪状态来说，应尽量使自己有较多愉快的情绪体验，这不是说我们要逃避矛盾、远离可能令人愤怒或痛苦的情境，只是我们可以设法增加生活的情趣，使自己有更多愉快的情绪体验。例如，知道学习成绩可以给人带来喜悦与满足，青少年就要为自己安排好切实的学习计划、创造条件和改进方法，使自己不断进步。此外，适当的体育运动、文娱活动、课余或业余的创作活动等都能陶冶性情，只要安排得当，将可使生活中充满积极而愉快的体验。

2. 培养幽默感，养成积极的人生态度

具有幽默感的人善于从烦恼中解脱出来，使人得到愉快和思索。幽默的构成包括天真的形式和理性内容。幽默的天真是真懂，但偏采取俏皮的形式表现出来，使人在捧腹大笑中有所领悟；理性的内容则能揭示生活中的某些规律。在人际交往中，如果人的语言和动作带有幽默感，就会表现出人特有的魅力和风度，使人同周围人在一瞬间变得

亲切自然、情趣融洽。可以说，一个能以风趣幽默态度处世的人，往往可以变不快乐为快乐。幽默是一种有助于个人适应的工具，当一个人处于极为难堪的情境中或发现一种不调和的现象时，一方面要能客观地觉察面前的事实，同时又要不使自己陷入激动的状态，最好的办法就是以幽默的态度去应付，这往往可以使本来紧张的情绪变得轻松。所以，青少年要争取学会幽默的技术。幽默感不是天生的，而是后天学习培养的。幽默感首先与人生态度密切相关，人生态度消极的人，不可能有幽默感，幽默本身就包含着积极的人生态度。所以，善于发现事物积极、光明的一面的人，才有可能去掌握幽默这种工具。另外，幽默感是一种善于应用语言的技巧，青少年可以通过学习有关幽默的书籍，努力在生活学习中有目的地应用有关技术，只要坚持训练，幽默感的形成就可以实现。

3. 理智引导，让情绪得到适当表现的机会

面对各种使人痛苦、愤怒、烦恼的情境，青少年要充分发挥理智的作用，让消极情绪得以减轻和消除。通常，可用以下这些方法。

(1) 情感升华。面对悲伤和痛苦的情绪，青少年可以努力将悲痛化为向上的动力，积极投身到各种有益的活动中去，用全部精力和心血换得显著的成就。比如歌德从失恋的悲痛、消沉中走出来，以满腔的热情倾注于文学创作之中，写出了举世闻名的优秀小说《少年维特的烦恼》，既获得了成功，又减轻和消除了自己的消极情绪。

(2) 自我暗示。当青少年为消极情绪所困扰时，可以通过语言的自我暗示来调节和松弛紧张情绪。例如，可用言语暗示自己"不要发愁""发怒会使事情办坏""忧愁无济于事，还会损害健康""不要着急，冷静处理，一切都会好起来"等，给予自己安慰和鼓励。只要在心静意专的情况下，进行这种自我暗示，会对情绪的调节起到明显的作用。

(3) 请人疏导。消极情绪光靠自身调节是不够的。还需要借助于别人的引导。心理学家认为，人的心理处于压抑时，有节制地发泄把苦闷倾吐出来是有益的。当一个人被不良情绪困扰时，找个知心人谈谈，听听好朋友的意见是大有好处的。俗语讲：快乐有人分享是更大的快乐，而痛苦有人分担就可以减轻痛苦。何况，当人的情绪压抑时，向朋友倾诉了苦恼，从朋友处得到的不仅仅是安慰，还有开导和解决问题的具体方法。俗话说"当局者迷，旁观者清"，别人的点拨往往会使自己茅塞顿开。所以，青少年有了烦恼和苦闷，向亲人朋友诉说是非常有益的。

(4) 自我宣泄。每个人都会产生喜怒哀乐的情绪体验，这是十分自然的，所以当某种情绪发生时，除了以上方法消减之外，还可以让情绪宣泄出来，以消除内心的紧张。例如愤怒时猛击沙袋、高兴时手舞足蹈、悲伤时放声哭泣等。只要情绪表现的方式、时机、场合适当，都是一种正常的情绪反应，有助于情绪的调节。

(5) 环境调节。环境对人的情绪同样起着重要的作用，宁静的环境使人心情平静；而杂乱尖利的噪音使人急躁。因此，改变环境对不良情绪的调节会起到一定的作用。的确，当人被不良情绪压抑时，出去走走，大自然的美景会使人胸怀旷达、欢娱身心。绿

色的世界、蓬勃的生机，会令人心旷神怡、精神振奋、忘却烦恼、解除精神上的烦恼和压抑。

青少年只要善于应用各种情绪调节技术，那么就有助于克服情绪不稳定的不足，并能使自己在适当的情绪情感体验中发挥自己的学习潜能，取得较好的学习效果。

四、小学生情绪、情感的调节

在人们的生活（包括人际关系）、学习、工作中，情绪经常伴随其左右，因而影响着活动的质量和效率，消极情绪会造成诸多不利的影响，积极情绪则会产生良好的能动效应。

心理学家认为情绪是影响人类行为的一个重要方面。我国的教育实践中，有忽视情绪、情感对教学作用的倾向，甚至由于过度强调竞争，使一些学生出现过度学习焦虑、学习恐惧，以及厌学等消极情绪，从而影响学生的积极性，进而影响学生健全人格的形成和发展。因此，正确认识和调节学生的情绪，使学生形成学习的最佳情绪状态，是学生好学、乐学，提高学校教学质量，推行素质教育迫切需要解决的问题之一。

（一）情绪对学生学习的影响

1. 积极情绪对学生学习的影响

对学生来说，情绪的表达似乎对学习和思维有着更加巨大的影响。学生们若没有良好的情绪，便不能积极地从事娱乐和学习，结果就会导致学业不及格，人们所看到的只是一张张沮丧的脸。因此，在学习上起着积极作用的情绪有好奇、兴趣、愉快和乐观自信等。

（1）好奇。好奇是一种以认知为基础的积极情绪，当学生知觉到他们的知识存在不足时就会产生好奇。它是由新异刺激引起的一种生理唤醒水平或认知冲突的探究倾向。一般认为好奇是认知冲突的结果，个体有一种“发现的渴望”，当人的认知预期和现实相反时就会产生认知冲突，引起认知不平衡，导致为恢复认知的探究行为。

探究是学生好奇情绪与引起好奇的不确定性桥梁，有研究指出，当学生对事物感到好奇的时候，往往是创造性思维与创造性想象迸发的时候，所以学生可以在好奇的驱动下，努力同化和顺应信息，优化已有的认知结构。

学生在学习上的好奇会表现在对新颖的知识方面，或是对学习方式的改变上等。如果教师在某一堂课上改变以往的教学模式，根据课堂的内容设计出一些情境，让学生来进行客串演讲或是进行角色表演，那么学生就会表现出极大的好奇与兴趣，并且诱发他们对学习内容进行探讨。

（2）兴趣。兴趣是主要的积极情绪之一，兴趣能驱使人指向所意愿接近的对象，驱策人对事物进行钻研和探索，给人以机会去发现事物的新线索，从而有利于人进行建设性的有新意的活动。

凡是有兴趣的事物，人们总是想办法去认识它、接近它、获得它，并对它产生愉快的情绪体验。一个对文学感兴趣的学生，他总是喜欢文学作品，关心文学作品的发表和评论，千方百计地了解它、熟悉它和学好它。古今中外凡是有成就的人物，不论是科学技术方面，还是文学艺术方面，都跟他们对所从事的工作具有浓厚的兴趣分不开的。英国生物学家达尔文在自传中说："对我后来产生影响的，就是我的强烈而多样的兴趣，沉溺于自己感兴趣的东西，深喜了解任何复杂的问题和事物。"据达尔文的父亲回忆，达尔文小时候"是一个平庸的孩子"。但由于他酷爱大自然，并以最大的热情从事学习、收集标本和进行野外观察，因而对人类作出了重大的贡献。

兴趣是学习自觉性的起点。有兴趣的学习不仅能使人全神贯注、积极思考，甚至还会达到废寝忘食的境地；没有兴趣的学习无异于一种苦役。当一个学生对某种学习产生兴趣的时候，他总是积极主动而且心情愉快地去进行学习，而不会觉得学习是一种沉重的负担。兴趣是学习积极性中最现实的、最活跃的心理成分。学生只有发奋学习的决心，还不算是学习动力的最佳状态。只有他对所学的学科，建立了浓厚的兴趣和热爱的感情，学习的积极性才有可能进入最高的阶段。

(3) 愉快。这种积极情绪是人或事物在符合个体当前优势要求时的一种主观体验。愉快具有情景性和波动性，并在体验上有强弱之分，过分或强烈的愉快情绪会减缓思维，过低或过弱的愉快情绪会抑制思维。愉快在层次上也有高低之分，感官上的愉快是低层次的。从探索、创造、孜孜不倦的学习中获得的，与求知欲、创造欲等高级需要相联系的愉快是高层次的，这种好学、乐学的情感是镶嵌在人的个性结构之中的，在具体的情景中能以情绪形式表现于外。

心理学家研究发现，属于愉快型的学生表现得更加自信、乐观、有才能和容易成功；他们与别人的关系更加融洽、诚恳、相互帮助和相互激励；他们的学习目的性强、有连续性，能明确学习的意义，在学习中更能发挥出创造性，解决问题干脆利落。属于不愉快型的学生缺乏自信、热情，容易悲观，在与人的交往中常常感到恐惧、恼怒、内疚、尴尬、畏缩，重细节而少创见，学习中往往感到任务多、负担重、满意程度低，失败时过于自我谴责，自我肯定和自我调整的能力较弱。

轻松愉快还有一个妙用就是它能使学习活动所造成的紧张得到松弛、释放。假如学生学习的时候总是紧紧张张的，不能歇下来喘口气的话，那么这样的学习过程不会让他们感到轻松愉快，而且在他们达到目标的过程中，来自外界和自身的压力自然而然地会产生一些失误或挫折，从而引起对这种结果的担忧、恐惧、害怕或者痛苦。

(4) 乐观自信。乐观是由积极的强化物所引起的，当我们得到意想不到的成绩的时候，我们会兴高采烈；当我们受到老师表扬的时候，我们也会兴奋不已。乐观往往包括两个截然不同的行为效应，通常，它会促进活动和强化行动；但有时过分的乐观也会导致焦虑等条件反射性的抑制，导致失误。假如我们能够及早认识到这种情绪的两面性，那么就能够适当地调节它，使之促进自己才能的发挥。

有心理学家研究发现，学生的乐观性跟他们的学习成绩有着非常高的相关性，在智力相当的学生当中，乐观性高的学生成绩往往远远高于乐观性低的学生，乐观性高的学生会确定较高的奋斗目标,并且懂得怎样努力实现目标。

自信是乐观的一种表现,每个人的自信程度是不同的。有些人相信总能够解决难题、摆脱困境;而有些人则总是对自己是否具备实现目标的条件持悲观的态度。自信心足、乐观程度高的人通常会有以下一些特征:能够自我激励、灵活变通,将艰巨的任务分解为容易应付的小部分加以解决。

2. 消极情绪对学生学习的影响

正如积极的情绪是幸福快乐的可靠的指示器一样,消极的情绪不仅不利于学生的身心健康,而且还会使他们对学习和生活失去信心。心理学工作者或者对心理学知识有一定了解的人都很清楚,学生的情绪表达很复杂,喜、怒、悲、恐等样样齐全,如同生活中饮食里的"调料",时时刻刻都伴随发生。如果他们的情感、情绪得不到适当的控调,就会导致严重的消极体验,即情感或情绪的障碍。这些障碍表现为忧愁、焦虑、抑郁等现象,严重干扰着学生的正常学习。

(1) 忧愁。忧愁是学生经常出现的一种情绪,它极容易使学生产生消极的心境,是长时间影响学生言行的一种心境,它有损学生学习和生活的质量与效率,甚至还会引发各种疾病。凡是被忧愁情绪所控制的人,常常是愁眉苦脸、唉声叹气、精神不振,一副暮气沉沉的样子,很难焕发热情和鼓起干劲,工作和学习都不会有好的效率。

忧愁是产生犹疑、胆怯的病根之一。对未来过于担心,会使人的胆子越来越小。经常忧愁的人,实际上经常使自己处于担惊受怕之中,一颗悬着的心老是放不下来,没有踏实的时候。其结果是越担心,胆子越小;而胆子越小,也就越不容易把事情办好。本来并不是很大的困难,因为你经常忧虑,困难在你面前反而显得更加大了。

忧愁容易导致人灰心失望、自暴自弃。克服困难,争取美好的明天,靠的是脚踏实地的努力。陷于消极的忧愁,实际上也就是放弃积极的努力。

忧愁使人反应减慢、智力水平下降。心事重重的人,整天为不能如意的事情暗自悲伤,但对眼前的学习反而显得很不敏感。思虑过多会使人反应迟钝、感觉漠然。过多的杂虑,会使大脑皮质长期处于抑制状态,导致智力水平的下降和反应能力的降低。

(2) 焦虑。焦虑是学生主体内在的心理冲突或某种倾向而造成的一种不安情绪。学生一旦形成焦虑,就可能引发各种神经症。学习焦虑是学生在学习过程中,由于内心某种矛盾而产生的不安或不愉快的心理反应。焦虑主要相伴以紧张和恐怖情绪,并有明显的生理表现(如失眠、出汗),还会出现一些行为表现(如逃避、自责、自卑等)。

心理学家认为,学生之所以形成学习焦虑,一般是因为大脑高度紧张,尤其是学习上的失败,引起学生高度焦虑,它将束缚学生的认识活动,导致思维迟钝、记忆力减退、动作不协调、学习效率降低。所以不能或者不愿意学习的学生,往往都是极度焦虑的受害者。

考试焦虑是学生焦虑中最常见的一种,其可能表现在三种心理状态的交织之中:认知焦虑,指的是因担心而引起消极的自我评价;生理焦虑,指的是特殊的情绪体验,致使学生的生理急剧变化，出现心率加快、呼吸加速、肠胃不适、多汗、尿频、头痛、失眠等现象；行为焦虑，指的是惶恐不安、多余动作增加、胡乱答卷、早早退出考场。所以正确对待焦虑情绪对学生学习的影响显得尤为重要。

(3) 抑郁。抑郁是认为个体相信自己不能控制生活的结果时，就会产生抑郁。这种无能为力感是习得无助。习得无助会使人把自己行为的后果归因于自己不可控制的力量，陷入悲观、绝望的抑郁状态。

抑郁的人倾向于消极看待自我、世界和未来。看待自我、世界和未来的时候，他们使用一个稳定的否定性的图式。这一否定性的认知图式使其歪曲地看待现实，认知自我、世界和未来时倾向于高估否定性的行为，低估自己肯定性的行为。

抑郁是一种异常沮丧的、长时间持续的症状，它在学生的行为上表现为兴趣冷漠、被动消极、悲观绝望。

抑郁的学生表现为沮丧，对从前感到愉快的事情或活动不再感兴趣，不能对幽默做出反应。抑郁的学生对未来抱有一种悲观绝望的态度，认为自己毫无前途，事情不能越来越好，只能是越来越糟糕。

当学生表现为抑郁的时候，他就会有社交退缩，他会自我封闭、不与别人交往。抑郁的学生会表现出无缘无故的疲倦，经常说身体部位的疼痛，并经常出现睡眠障碍，无法入眠。

(二) 教师在教学中对情绪的调节

学生的情绪调节主要包括两个方面：一是帮助他们培养积极的情绪状态；二是尽量把消极情绪状态引导和调节到积极方面来。具体方法如下。

1. 合理宣泄法

教师在平时要积极观察学生的情绪变化，当发现学生有不良情绪产生时，教会他们不要强行束缚自己的感情，该笑就笑，该哭就哭，应该合理宣泄，把其尽快释放出来。当然在宣泄时要注意宣泄的对象(引起自己不快的人)、时间、地点(不能在上课时、在教室里大哭或大笑)。

2. 自我赞美法

应该让学生了解一个人的情绪总是受其自身思想左右的。平时要注意放松自己的心情，而心情放松的关键，是认识到你的思想会影响你的心情。教师适时给他们多些赞扬，让他们有一种心满意足、飘飘然的感觉。

3. 呼吸调节法

呼吸调节是处理情绪波动的有效方法，通过深呼吸可以使波动的情绪及时稳定下来；又比如，情绪紧张、激动、呼吸短促时，可以做缓慢呼气和吸气练习，从而达到放松情绪的目的；但情绪低沉时，可以用长吸气或有力呼气练习，进而提高情绪的兴奋性。

4. 表情调节法

“情动于中而形于外”，这里的“形于外”就是情绪的表情。情绪的波动能引起一系列的生理过程变化，也能引起面部表情的变化。当你高兴时会手舞足蹈、笑容满面，心情不好时会垂头丧气。这说明内部情绪可以影响外部表情，那么，通过外部表情的有意识改变就能起到调节情绪的作用。通过改变外部表情去改变内部情绪。比如：当过分紧张时，可以有意识地放松肌肉，不要咬牙，两手伸开，不要握拳，也可以用手搓面部；当情绪低落时，可以强迫自己笑，或看别人笑，或想自己最高兴的事情（教师也可以适当地说些笑料），使情绪得到优化。

（三）对教育的启示

联合国教科文组织提出了面向21世纪教育的四大支柱：学会求知、学会共处、学会做事和学会做人。我们可以从这一世界教育主题看出现代社会对情商教育的期待。学校的管理者和决策者应高度重视学生情绪智力培养的重要性，将研究情感、利用情感为教育教学服务作为学校教育的目标。按照戈尔曼的说法，情绪智力培养应成为学校教育的重要组成部分，是面向全体学生的，而不是专为问题学生设计的补救措施。我国的情绪智力教育一直处于教育的边缘，在情绪智力培养方面更是存在着很多不足之处。通过分析美国学校情绪智力培养的经验，我们可以从中获得以下几点启示。

1. 基础教育应重视对学生情绪智力的培养

戈尔曼曾经说过："情感潜能可以说是一种'中介能力'，决定了我们怎样才能充分而又完美地发挥自己所拥有的各种能力，包括天赋智力。"这说明情绪智力在我们所拥有的全部能力中起着一种至关重要的"中介"或"媒介"的作用。心理学家曾对上千名智商在130分以上的智力超常儿童进行了长期观察，结果显示智商在个人成功中所起的作用仅占20%。可见情绪智力的高低对成功有着相当大的影响。而从我国中小学生情绪智力的现状来看，小学生的情绪问题很令人担忧。现代学生观认为学生具有很强的可塑性，对学生的情绪智力培养应从早期进行，从基础教育抓起，即在基础教育阶段进行情商、智商相结合的教育。

2. 教师教育、在职教育要加强对教师情绪智力的培养

教师的一言一行都对学生产生着潜移默化的影响，是学生学习的重要对象，这是由教师劳动的主体性、示范性特点以及学生的向师性、模仿性、可塑性特点决定的。教师只有以身作则、为人师表、具备良好的情绪智力水平，才能有力地说服学生、感染学生、教育学生。

与美国相比，我国对教师情绪智力的培训还比较薄弱，应尽快拓展和完善有关教师情绪智力方面的培训内容。教师教育机构应把情绪智力培养的相关课程作为师范生的必修内容，即增加教育课程的比重，开设专门的情绪智力课程。此外，相关部门也应将情绪智力培养加入到对在职教师的培训内容中，提高在职教师的情绪智力水平。

3. 积极开发情绪智力培养课程，并组织相应的活动

积极开发相应的情绪智力培养课程，是提高学生情绪智力的重要途径，有利于学生加深对情绪智力的认识，并有意识地进行自我培养和锻炼。如，教师可在思想品德课上

渗透情绪智力的相关知识；教师可在语文课上鼓励学生演讲人物故事、畅谈人生感悟等。我国新课程改革中明文强调：从小学到高中都要设置综合实践活动课并将其作为所有学生的必修课程。因此，学校可以借助综合实践活动课来培养学生的情绪智力。此外，校本课程也是学校培养学生情绪智力比较重要的途径。

4. 营造良好的情感教育环境

良好的情感教育环境需要家庭和学校共同营造。国内学者在对小学生情绪智力进行了一系列的研究后发现：父母的受教育程度影响小学3～6年级学生的情绪智力发展。可见，家庭教育对孩子的健康成长至关重要，家长应采取积极的态度协调与子女的关系，促进孩子情感的健康发展。家长在对孩子进行情感教育时，应注意以下几点：首先，应让孩子认识情绪是如何表现的，指导孩子学会利用表情、肢体、语言等表达自己的喜怒哀乐；其次，家长应教给孩子表达情感的词语，使孩子学会表达自己与他人的情绪；最后，家长要教给孩子如何根据实际情况管理自己的情绪。

学校的管理者与教师也应当重视情感教育环境的营造，如营造良好的校园文化、校风班风等。当学生遇到困难或挫折时，有时候会产生焦虑、紧张、不安等消极情绪。这时，良好的学校氛围会使学生备受鼓舞，增强学生战胜困境的信心与勇气。另外，学校还可以组织健康、有益的教育活动和交往活动，让学生在活动中学会体验、表达和调控情绪。

练习题

一、选择题

1. 下列哪些选项不属于人类高级的社会情感 （　　）

A. 道德感　B. 理智感　C. 归属感　D. 美感

2. “喜者见之则喜，忧者见之则忧”这种情绪状态是 （　　）

A. 心境　B. 激情　C. 应激　D. 顺应

3. 欣欣解决了一个困惑已久的数学难题，心里很高兴，美滋滋地给自己点了个赞，这种情感属于 （　　）

A. 美感　B. 道德感　C. 理智感　D. 责任感

4. 客观事物引起人的情绪和情感的中介是 （　　）

A. 动机　B. 需要　C. 信念　D. 兴趣

5. 新教师第一次上讲台表现慌乱属于 （　　）

A. 热情　B. 心境　C. 应激　D. 激情

6. 阿诺德和拉扎勒斯提出的情绪理论被称作 （　　）

A. 动力定型情绪理论　B. 丘脑情绪理论

C. 认知评价情绪理论　D. 激活归因情绪理论

7. 伴随着情绪、情感发生的身体动作、姿态的变化是　(　　)

A. 情绪　B. 情感　C. 表情　D. 感情

8. 人对客观事物采取某种态度的中介是　(　　)

A. 动机　B. 需要　C. 体验　D. 心境

9. 情感产生的基础是　(　　)

A. 认识过程　B. 意志过程　C. 个性倾向性　D. 个性心理特征

10.《红楼梦》中林黛玉“见花落泪,见月伤心”,她的情绪状态属于　(　　)

A. 心境　B. 激情　C. 应激　D. 感情

11. 人对认识活动的成就进行评价时所产生的情感体验属于情感中的　(　　)

A. 道德感　B. 理智感　C. 美感　D. 归属感

二、简答题

1. 中小学生有哪些消极的情绪？介绍几种调节的方法。
2. 简述情感的功能。
3. 简述情感的品质。
4. 简述小学生情绪的特点。
5. 简述青少年情绪、情感的特点。

三、材料分析题

小明是教师心目中的好学生,每次考试成绩都名列前茅。学校要派他代表学校参加区里的竞赛,小明压力很大,十分焦虑,情绪低落,夜晚无法入眠。作为教师你会如何帮助他?

参考答案

一、选择题

1. C　2. A　3. C　4. B　5. D　6. C　7. C　8. B　9. A　10. A　11. B

二、简答题

1. 中小学生消极的情绪主要有:忧愁、焦虑、抑郁。调节的方法有:合理宣泄法、自我赞美法、呼吸调解法、表情调节法。

2. 情感的功能主要有:适应功能、动机功能、组织功能、信号功能。

3. 情感具有倾向性、深刻性、稳定性、效能型的品质。

4. 小学生情绪的特点有:

(1) 情绪的稳定性逐步增强;

(2) 情绪的丰富性不断扩展;

(3) 情绪的深刻性不断增加。

5. 青少年情绪、情感的特点有：

(1) 情绪兴奋性高且易波动起伏；

(2) 情绪出现心境化和文饰现象；

(3) 自尊感强烈、过敏而易波动；

(4) 道德感、理智感和美感有相当发展。

三、材料分析题

1. 与小明沟通、谈心，让他放下包袱，以平常心对待。

2. 与家长沟通，及时把小明的心理状态告诉家长，让家长给小明一个轻松的家庭氛围。

3. 与专业老师沟通，进行专业的放松疗法。

第五章　意志过程与教育

教学目的和要求:通过本章学习,理解意志、意志行动的基本特征,理解意志与认识、情绪情感的关系,掌握意志对行为的调节作用、意志行动的心理过程以及意志品质的培养方法。

教学重点:意志行动的心理过程、优良的意志品质。

教学难点:如何把磨练坚强的意志品质真正从书本转入到生活实践当中。

人的心理过程就其能动反映客观事物及其关系,可分为认知过程、情绪情感过程和意志过程三个方面。意志过程是人的意识能动性的体现,即人不仅能认识客观事物,而且能根据对客观事物及其规律的认识自觉改造客观世界。那么什么是意志,意志行为有哪些基本特征,意志行动的心理过程如何、优良的意志品质如何培养,在本章会一一给大家介绍。

第一节　意志概述

迎难而上,越挫越勇的意志,是人们成功的指引和助力。古语云:“盖文王拘而演周易,仲尼厄而作春秋;屈原放逐,乃赋离骚;左丘失明,厥有国语。”今者曰:“不经历风雨的洗礼,焉能有绚丽的彩虹。”坚持不懈,勇于探索的意志,是人生辉煌的源泉和动力。君不见:“故不积跬步,无以至千里,不积小流,无以成江海。”此所谓精诚所至则金石为开,水滴石穿而绳锯木断也。古人依其意而矩之,遂成大业。无手博士赵行良,两耳失聪的快乐女孩邰丽华,继爱因斯坦后最伟大的科学家霍金,中国残联主席、政协主席张海迪,他们都有一个共同的特点——身残志坚,用不完整的身躯创造了令人惊叹的精彩生命。只因为他们有比别人更为坚强的意志。那么什么是意志?

一、什么是意志

意志过程与认识过程和情绪、情感过程之间是什么关系?这都是我们学习中需要厘清的基本问题。意志是指自觉地确定目的,并根据目的来支配、调节自己的行动,克服各种困难,以实现预定目的的心理过程。科学家攻克科研项目,学生努力学习,公民遵纪守法,司法人员秉公执法,以及个人兴趣、爱好、能力的发展等活动,都有意志过程的参与。每个人都有意志,只是具有的意志程度不同。意志可能会使我们的学习、事业、人生走向不同的方向，收获不同的结果。

由意志支配的行动叫意志行动。意志总是与行为紧密相连，是通过个人行为活动表现出来的，这种行为也称为意志行动。意志是人类特有的高级心理活动过程，是人在劳动的过程中产生的，它随着社会实践的发展而发展，人在不断地追求目标和达到目标的过程中逐渐提高其意志力水平。意志行动具有目的性和计划性、主动性和创造性。

二、意志与认识、情绪的关系

认识、情绪情感和意志三者密切联系、彼此渗透，实际生活中的心理活动，既包括认识过程又包括情绪情感过程，同时又离不开意志过程的参与。

（一）意志与认识的关系

意志与认识过程有密切的联系。

首先，意志的产生是以认识过程为前提的，离开了认识过程，意志便不可能产生。自觉的目的性是意志的特征之一，人的任何目的都不是凭空产生的，都是在认识活动的基础上产生的。

其次，意志对认识过程也有很大影响。没有意志努力，就不可能有认识过程，更不可能使认识过程深入和持久。因为在认识活动中，人总会遇到这样或那样的困难，要克服困难就需要作出意志努力。

（二）意志与情绪的关系

意志和情绪过程也有密切的关系。

首先，情绪既可以成为意志行动的动力，也可以成为意志行动的阻力。当某种情绪情感对人的活动起推动或支持作用时，这种情绪情感就会成为意志行动的动力。当某种情绪情感对人的活动起阻碍或消极作用时，该情绪情感就会成为意志行动的阻力。

其次，意志能够控制情绪，使情绪服从理智。人们在工作或学习中面对困难而产生的消极情绪，可以通过意志力加以调节和控制，从而使自己的意志行动服从于理智的要求。

因此，三者不分家。当对人的统一的心理活动进行分析时必须注意它们之间存在的密切关系。

第二节　意志行动及其心理过程

意志是意识的能动方面，是人的积极性的特殊形式。如果说认知过程是外部刺激向内部意识的转化，那么意志就是内部意识向外部动作的转化，是通过外部动作以实现自己预想目的的过程。人的行动受意志支配，但不是一切行为都是意志行动。例如手碰到火会缩回、咳嗽、眨眼等一些无意动作都不是意志行动。意志是通过行为表现出来的、受意志支配的行为，具有一定的心理结构和基本特征。

一、意志行动的基本特征

（一）意志行动有明确的预定目的

意志过程之所以是人和动物有所区别的一个方面，是因为意志是有自觉目的性，但并非所有的人类行为都是有预定目的的。譬如人的一些无条件反射控制的本能活动，以及一些下意识的动作，都是不受意识控制，没有明确的目的性，就不属于意志行动。那些有明确的行动目的，并在该目的支配和调节下的行动才是意志行动。运动员为获得奥运金牌而刻苦训练，文学爱好者为成为作家而笔耕不辍，科学家为攻克难关而废寝忘食，都属于意志行动的范畴。

（二）意志行动以随意运动为基础

所谓随意运动，是指一种受意识支配的，具有一定目的性和方向性的活动，通常是一些已经熟练掌握的动作。譬如在生活中，运动员自如地运球上篮，学生熟练地屈膝做操，画家持笔作画，音乐家操琴谱曲，都是意志行动的展现。意志行动离不开个体的行为，但个体行为表现并不见得都是意志行动。如一个不会作画的人信手涂鸦，一个不会打拳的人胡踢乱打，没有明确的目的性和方向性，更谈不上熟练掌握，便都不能算作意志行动。一般来讲，随意运动越熟练，掌握程度越高，意志行动也就越容易实现。所以，坐在钢琴前练习两个小时，一个钢琴家要比一个初学弹琴的小孩子更容易做到；一个经验丰富的司机可以担负起长途驾驶的任务，一个刚学开车的生手就感到困难。

（三）意志行动与克服困难相联系

虽然人们在生活中一些行动是轻而易举的，无须克服困难，如手指当空画圈、随意扭腰摆臂、扳动开关、拿起书本等，但人们评价意志行动的时候，往往是与克服困难相联系的。运动员伤痛在身，仍坚持在训练中扭腰摆臂，克服了一定的困难，更容易被人们视作意志行动的表现。此外，建筑工人冒着酷暑施工，清洁工人顶着严寒工作，都是为达到一定的目的而去克服困难的意志行动。意志行动的水平往往是随着困难的性质和克服困难的难易程度不同而变化。就意志过程中的困难来说，一般可分为内部困难和外部困难。内部困难主要是指主体内部的障碍，包括知识经验欠缺、能力有限，以及身体疾患等。一些运动员可能因为能力所限，成绩停滞不前而中途放弃，一个舞蹈演员可能因为意外受伤而告别舞台生涯。此外，不良的生活习惯、不好的性格特征等都有可能成为实现活动目的的内部障碍。可以设想，一个性格懦弱、自私、懒惰的人很难承担长期而艰巨的任务。外部困难是指意志行动中遇到外部环境的阻碍，既可能是生活环境的局限和人际关系的复杂，也可能是恶劣的气候条件或工作条件等。如20世纪90年代以前，人们乘热气球的环球航行总是失败，这既和经验准备不足以及设备不够精良有关，也和变幻无常的气候条件有关。但总的来说，克服了内部困难，就更容易战胜外部困难。这和中国古代的《为学》中讲到的“学之，则难者亦易矣；不学，则易者亦难矣”是同一个道理。人们往往由于在心理上无法克服内部障碍而总是过分夸大和惧怕外部困难，以致半途而废、一蹶不振。因此只有勇于挑战自我、加强意志锻炼、培养坚强的品格，才能克服各种困难、达到预定的目标。

二、意志对行动的调节作用

意志是意识调节功能的表现。表现在对人的行为的发动和抑制两个方面。发动表现为推动人去从事为达到预定目的的行动。例如为了完成某个项目，意志推动人去寻找设备、查阅资料、请教专家。抑制表现为制止与预定目的相矛盾的愿望和行动。例如约束自己以战胜外界的诱惑和干扰，不做与目的相违背的事情。意志对行动的调节作用保证了人的行为的目的性和方向性，调节的最终结果表现为预定目的的实现。

意志不仅调节人的外部动作，还调节人的心理状态。当学生在认真听课时，就存在着排除干扰的意志对注意、记忆和思维等认识活动的调节。

三、意志行动的基本阶段

意志行动的基本阶段是指意志对行动的积极能动的调节过程，它有发生、发展和完成的过程。意志行动的心理过程分为两个阶段：采取决定阶段和执行决定阶段。在这两个阶段中，又有一些具体的步骤和环节。

（一）采取决定阶段

采取决定阶段是意志行动的初始阶段，也是内部决策阶段。这个阶段虽然在意志行动实现过程中不易被觉察，但对具体行动的发动和活动目的的实现有极其重要的作用。在采取决定阶段，包括以下四个环节。

1. 动机斗争

人的意志由一定的动机引起。在较复杂的意志行动中，如果行动有多种动机引起并且动机之间相互矛盾，这时就会有动机斗争。就动机斗争的形式来说，可以分为四种。

(1) 接近—接近型冲突。又称双趋冲突，指个体以同样强度追求同时并存的两个目的但又不能兼得时产生的内心冲突。古语中“鱼和熊掌难以兼得”就是这种动机冲突的体现。在某些时候人们面临多种选择，又分身乏术，不能同时得到。譬如一个面临大学毕业的学生既想参加工作，又想考研究生，为此犹豫不定。而双趋冲突若要解决，只能是权衡轻重，趋向认为重要的、更有价值的目标。如果那个学生认为考研后继续深造意味着新的学业压力和经济负担，但长远来看，研究生进修更符合社会发展的要求，自己也会有更大的收益，那他可能会放弃眼前的工作机会去选择考研。

(2) 回避—回避型冲突。又称双避冲突，指个体同时遇到两个威胁性的事件，但又必须接受其一时的内心冲突。所谓“前有断崖，后有追兵”“前怕狼后怕虎”就属于这种情况。实际上这是一种“左右为难”“进退维谷”式的冲突。例如，儿童生病要么服用苦药要么打针；一个学生既不愿意写作业，又怕老师批评。在这种冲突发生时，由于选择的困难，个体可能产生困扰不安、犹豫不决或者优柔寡断的心理活动，在两个不愉快的目标之间摇摆，最后只有接受其中威胁程度较轻的目标。再比如一个学生犯了严重的错误，想认错又怕挨批评、丢面子，不认错又担心被人揭发后受更大的处分。对于这种情况，也需要当事人权衡轻重，做出明智选择。当这个学生认识到立即承认错误、悬崖勒马是补救的最好方法，动机冲突也就随之解决了。

（3）接近—回避型冲突。又称趋避冲突，指个体对一个目标同时产生两种相反的态度取向时所带来的动机冲突。古代文学作品《三国演义》中说曹操兵败斜谷，进退两难，当夜规定军中口号为“鸡肋”——食之无味，弃之可惜，就是这种内心矛盾的体现。例如，一个人在生活上遇到麻烦时，想求别人帮忙，又怕别人拒绝或瞧不起自己。在生活中我们对一个人爱恨交织，对一件东西取舍不定，也是趋避斗争的体验。面对这种情况，只能权衡利弊，做出接受或放弃的决定。比如一个人既为炒股的丰厚收益所吸引，又为股市的高风险而担忧，再考虑到自己工资微薄，没有雄厚的炒股资本，可能会就此放弃。一般情况下，越是接近目标，想要达到这一目标的愿望就越强烈，同时，回避目标的愿望也相应增长，而且回避目标的强烈意愿的程度比接近目标的更大。研究表明，趋避冲突在心理上引起的矛盾冲突的后果最严重，因为它会使人在较长时间内始终处于对立意向的冲突中，从而导致行动的不断失误。

（4）多重接近—回避型动机斗争。又称为多重趋—避式冲突，指一个人面对两个或两个以上的目标，每个目标都具有吸引和排斥作用而不能简单地选择一个目标、回避另一个目标，必须进行多重选择而引起的内心冲突。例如，一个人想调换到新的工作单位，因为该单位有较高的经济收入和其他优厚的福利条件，可是工作性质和人际关系不易适应；但如果留在原单位工作，有习惯了的工作条件、工作环境以及较好的人际关系，可是经济收入和福利待遇较差。这样对各种利弊得失的考虑就会产生多重趋避冲突。一般来说，如果几个目标的吸引力和排斥力相距较大的话，解决这种内心冲突比较容易；如果几个目标的吸引力和排斥力比较接近的话，那么，解决这种内心冲突就比较困难，需要用较长的时间考虑得失和权衡利弊。

2. 确定行动目的

在动机斗争获得解决之后，或明确了行动的主导动机之后，行动的方向和目的就容易确定。作为意志行动都要有预先确定的行动目的，这是意志行动产生的重要环节。

从某种意义上说，动机斗争的过程也涉及对外界多种行动目的的权衡选择。目的有高尚和卑劣之分，最终应确立既有益于社会也有益于个人的行动目的。目的也有远近、主次的不同。一般来讲，我们总是要先实现近景目标，再实现远景目标。我们既可以选择先实现主要目标，再实现次要目标，也可以选择先实现次要目标，再集中力量实现主要目标。

3. 选择行动方法

确立行动目的之后，就需要选择适宜的行动方式和方法。有时行动方法同行动目的有直接联系，无需选择。例如要想升入大学就只有努力学习，要想自如地同外国朋友交流就只能努力学好外语。但在许多情况下，达到同一个行动目的的方式和方法可能不止一种，就需要进行选择。首先要比较不同方式和方法间的优缺点，能否顺利有效地达到行动目的。其次还要考虑行动方式和方法是否符合公众利益和社会道德，是为达到个人目的不择手段、损人利己，还是选择既有利于社会、也有利于个人的方式。

4. 制订行动计划

在选定了行动目的和行动方法之后，在采取决定之前，还有一个步骤是制定行动计划。特别是在复杂的意志行动中，如打一场战争或做一次大手术，都需要精心准备，做好计划。计划的制订要在调查研究的基础上，要综合考虑主客观因素，力争周密而严谨。因为一个切实、合理的计划将为执行决定打下一个良好的基础。

（二）执行决定阶段

在一系列内部决策完成之后，意志行动的下一步就在于执行所作出的决定。因为即使动机再高尚、行动目的再明确、方法和手段再完善，如果不去采取实际行动，这一切也只是空中楼阁，毫无意义。因此，执行决定阶段是意志行动的关键阶段。

1. 执行决定阶段是一个不断克服困难的过程

如果说，采取决定阶段主要是克服主观上的内部困难，在执行决定阶段，就既要克服内部困难，也要克服外部困难。引起执行决定过程中的内部困难的因素很多，有的可能是前一阶段的动机冲突未解决好，原先被压抑的动机又开始抬头，同当前的动机相冲突；有的可能是由于境况的变化，产生了新的动机，同原有的行动目的相矛盾；另外，淡漠的态度，消极的心境，自私、懒惰、保守等不良性格都可能成为意志行动中的障碍，使人的行为处于犹豫、动摇状态，阻碍活动目的的实现。引起执行决定过程中外部困难的原因也很复杂，既可能是资金设备的短缺，也可能是时间、空间上的不利因素，还可能是人为的干扰和破坏。对此，首先是应该解决内部困难，只要认定行动目的是有意义的、计划是合理的，就应该发挥主观能动性去排除干扰，克服自身的弱点，坚持意志行动。当内部困难得到解决，外部困难一般总能够加以克服。长征路上的红军战士面对敌人的围追堵截和凶险恶劣的地理形势，抑制住内心的恐惧、动摇和畏缩，以革命的英雄主义和乐观主义精神，爬雪山，过草地，胜利到达陕北，完成了一项在当时条件下几乎是不可能完成的壮举。当然，如果有人力不可抗拒的客观原因使得决定无法执行，就应该果断终止原定计划，再作新的打算，这仍然是意志行动的良好表现。

2. 执行决定阶段还要接受成败的考验

有很多时候，执行决定是一个漫长的过程。科学家为发现一种新物质，长年累月地呆在实验室里搞研究；运动员要夺得奥运冠军，需要多年的训练和无数比赛的磨砺。在这个过程中，有短暂的成功，也有暂时的挫折和失败。要使意志行动的目的最终实现，就要有对待成败的正确态度。既不要迷失在成功的喜悦里，造成后面意志行动的轻率和盲目，也不要因一时的失败就丧失信心、半途而废。特别是对待失败，应该冷静地分析原因，总结经验，避免犯同样的错误。只有经历过成败的考验，做到“胜不骄，败不馁”，才能取得最后的成功。

第三节　意志的品质

意志行动在不同的人身上表现不同。有人能独立地采取决定，而有人则易受暗示；有人处事果断，有人则优柔寡断等等。因此构成一个人行为特点的稳定的因素的总和是意志品质。意志品质主要包括自觉性、果断性、坚韧性和自制力，它们在人的意志行动中贯穿始终，并构成人的意志的性格特征。

一、自觉性

意志的自觉性是指是否对行动目的有明确的认识，尤其是认识到行动的社会意义，主动以目的调节和支配行动方面的意志品质。自觉性是意志的首要品质，贯穿于意志行动的始终。自觉性强的人，能够广泛地听取别人的意见并进行取舍，吸收有益的成分，独立自主地确立合乎实际的目标，自觉地克服困难，执行决定，对行动过程及结果进行自觉反思和评价。在行动中能主动积极地完成符合国家和人民需要的任务，并能自觉调整个人利益、集体利益与国家利益三者之间的关系。

与自觉性相反的是易受暗示性与独断性。易受暗示性的人，行动缺乏主见，没有信心。容易受别人左右，因而会随便改变自己原来的决定。独断性的人则盲目自信，拒绝他人的合理意见和劝告，一意孤行，固执己见。易受暗示性与独断性都是意志薄弱的表现。

二、果断性

意志的果断性是指一个人是否善于明辨是非，抓住时机、迅速而合理地采取决定、执行决定方面的意志品质。果断性品质必须以正确的认识为前提，以大胆无畏和深思熟虑为条件。果断性强的人对自己的行为目的、方法以及可能的后果，都有深刻的认识和准确的估计，当需要立即行动时，能迅速地做出决断对策，使意志行动顺利进行；而当情况发生新的变化，需要改变行动时，能够随机应变，毫不犹豫地做出新的决定，以便更加有效地执行决定，完成意志行动。

与果断性相反的是优柔寡断和草率决定。优柔寡断的人遇事犹豫不决，患得患失，顾虑重重；在认识上分不清轻重缓急，思想斗争时间过长，即使执行决定也是三心二意。草率的人则相反，在没有辨明是非之前，不负责任地做出决断，凭一时冲动，不考虑主、客观条件和行动的后果，选择的目的只是想尽快摆脱由此带来的不愉快心理状态。草率决定的主要特征是懒于思考而轻举妄动。优柔寡断和草率决定都是意志薄弱的表现。

三、坚韧性

意志的坚韧性是指在意志行动中能否坚持决定，百折不挠地克服困难和障碍，完成既定目的方面的意志品质。这是最能体现人的意志的一种品质。坚韧性强的人能根据目的要求，在长时间内毫不松懈地保持身心的紧张状态，在任何情况下，都坚持不变，直至达到目的。在遇到困难时，它能激励自己树立起克服困难的信心，始终如一地完成意志行动。所谓“锲而不舍，金石可镂”，就是坚韧性的表现。凡有成就的人，都有极强的坚韧性。几乎所有有成就的科学家，都有一种百折不回的精神。可见，意志的坚韧性品质是事业成功的重要条件。

与坚韧性相反的是动摇性和刚愎、执拗。动摇性是遇到困难便怀疑预定的目的，不加分析便放弃对预定目的的追求。这种人不善于迫使自己去达到预定的目的，偶遇挫折便望而却步，做事见异思迁、虎头蛇尾。刚愎、执拗是对自己的行为不作理智的评价，总是独行其是。这种人不能客观地认识形势，尽管事实证明他的行为是错的，但仍一成不变、自以为是。动摇性和刚愎、执拗表面上不同，实质上都是对待困难的错误态度，属于消极的意志品质。

四、自制力

自制力是指在意志行动中能够自觉、灵活地控制自己的行为和情绪反应的能力。自制力反映了意志的抑制功能。在意志行动中，与目标不一致的欲望的诱惑、消极的情绪（如厌倦、懒惰、恐惧）等都会干扰人们做出决定和执行决定。有自制力的人，能控制自我，克制与实现目标不一致的思想和情绪，排除外界诱因的干扰，迫使自己执行已经采取的、具有充分根据的决定。有高度自制力的人，为了崇高的目的，不仅能够忍受各种痛苦和灾难，而且在必要时还能视死如归。像邱少云在敌人阵地前埋伏，被敌人的燃烧弹火焰烧着，仍严守纪律，克制着自己一动不动，最后壮烈牺牲，使部队完成了潜伏任务，就是意志自制性的范例。

与自制力品质相反的是冲动性。冲动性是不能控制自己的情绪，自己的行为和言语约束较差。易冲动、意气用事、不能律己都是意志薄弱的表现。

必须指出，意志品质都有其具体内容，不能离开具体内容抽象地加以评价。对于意志品质，我们应当联系其具体内容，更多地从社会和道德的角度来加以评价。

第四节　学生意志品质的培养

小学阶段，小学生的学习活动逐渐成为其主导活动，已有较复杂的意志行动，对其意志努力提出了更高的要求。小学生不但要学习感兴趣的东西，而且要学习虽然没有兴趣但是必须学习的东西，因此要克服客观上和主观上的各种困难，而这一切就需要学生的意志努力，才能完成学习任务。

一、小学生意志品质发展的特点

研究发现，小学生独立性的发展比较迟缓，一般还不善于自己提出活动的要求，意志的自觉性比较差，容易被他人所左右，缺乏自主精神。从三年级以后受暗示性才逐渐减少，到六年级时出现要求独立和摆脱成人控制的愿望。但在整个小学阶段，小学生意志的自觉性和独立性一直在发展着。小学生自我约束和遵守规章制度等方面的能力发展较晚，常依赖于教师或成人的帮助才能很好地自我控制。虽然他们的行为明显受内外诱因的干扰，意志的自制力还比较弱，但在教学活动和学校纪律的要求下，自制力在1～3年级已经得到较快的发展，从中年级以后能进一步克制因各种诱惑引起的冲动行为，比较自觉地按照任务的要求坚持活动。

小学生意志的坚韧性与自制力的发展相似。低年级已经具有一定的坚韧性，但在遇到困难时，比较容易放弃已经开始的活动。中高年级开始能有意识地抵抗不符合行动目的的诱因干扰，对于力所能及的活动一般能做到有始有终。

在整个小学阶段，学生意志的果断性的发展比较缓慢，大都缺乏适时、果断地作出决定的能力。

由此看来，小学阶段是培养发展儿童良好意志品质的重要时期。由于学习活动已经成为学生的主导活动，这就需要对学生的意志努力提出更高的要求。教师应根据学生意志品质的发展特点，有意识地在各种教育活动中给学生提供更多的锻炼机会，尽力创设适当的困难情境，使学生付出一定的努力能够完成任务。同时，注意提出明确的任务目标和行动要求，加强及时督促和激励性评价反馈，以积极的教育影响来促进他们意志的发展。

二、小学生良好意志品质的培养

良好的意志品质不是天生的，而是在后天的教育和实践中逐步形成和发展起来的，是有意识培养的结果。培养小学生意志品质的主要途径和方法有以下几个方面。

（一）加强目的性教育，注意培养道德情感

自觉的目的是意志行动的指南和行为的最高调节器，加强目的性教育是培养良好意志品质的基本条件。目的性教育包括形成目标观念和以目标调节行动两个方面。形成目标观念，指在学生心理上形成牢固的目标意识，即每次行动必须有一个明确而正确的目标，形成包括近期目标和长期目标的目标体系，避免盲目行动的发生。长远目标作为人的理想是人的精神支柱，对行为具有持久的动力作用。仅有长远目标是不够的，它不能转化为具体行动，所以，还必须培养学生确立近期目标，因为近期目标是行为的直接推动力量，把近期目标的直接动力与长远目标的持久动力结合起来，才能培养成学生良好的意志品质。另外，必须引导学生以目标调节自己的行动，发挥目标对行为的定向、调节、控制作用。因此，教师不仅要在教育、教学活动中具有明确的目的性，而且要善于培养学生自觉确立明确的目标并把目标迅速转化为行动的能力，形成自觉、坚定的意志品质。

要注意培养人的崇高的道德情感。道德情感在实现目的的意志行动中起促进作用，即情感在意志的支配下，可成为行动的动力促使人去克服困难和坚持实现目的。

（二）组织实践活动，以取得意志锻炼的直接经验

坚强的意志是在实践中，特别是在克服各种困难的实际活动中，通过有意识的锻炼

逐渐形成的。所以，教师要结合教育、教学工作需要，经常组织相应的实际活动，如主题班会、演讲比赛、体育竞赛、劳动竞赛等，培养学生的目的性和坚韧性的品质。组织实践活动要有明确的目的，活动要有一定的难度，要由易到难有计划地进行，使学生在活动中自觉地对待困难，不断地克服困难。最终行动的结果还要反馈给学生，以树立信心，达到增强意志力的目的。

（三）充分发挥班集体和榜样的教育作用

班集体是一种巨大的教育力量。苏联教育家马卡连柯特别重视班集体对学生的教育作用，认为“集体是个人的教师”。班集体对学生心理的影响有社会助长作用和规范作用，这两方面作用，是通过班集体的舆论、规范、集体目标和心理气氛等因素来实现的。因此，教师要特别重视班集体对学生意志品质形成中的重要作用，并建立一个良好的班集体，充分发挥其教育作用，为形成学生的良好意志品质创造一个优良的集体环境。

榜样是一种无形的教育力量，在培养学生意志品质过程中具有特殊作用。它为学生形成坚强的意志品质提供了学习模仿的对象，具有引导和激励作用。由于青少年有着强烈的求知欲和争胜心理，他们崇拜的榜样，对他们有着巨大的吸引力，能推动他们以顽强的意志去努力提高自己。所以，教师要努力给他们提供典型的榜样，不仅要用科学家、发明家、革命先烈、领袖人物、劳动模范以及文艺作品中的优秀人物激励学生，而且要善于从学生身边确立学习的榜样，如班级中在学习上具有顽强刻苦精神的同学，在学生中树立榜样，能使学生感到真实、亲切，也会产生一种超越感。此外，教师还要以身作则，善于用自己良好的意志行动，激发影响学生形成良好的意志品质。

（四）启发学生加强自我锻炼

人的意志品质的形成不仅受着周围人的影响，而且更重要的是依靠自我教育和自我锻炼的结果。为此，教师要满腔热情地启发和帮助学生掌握自我锻炼的方法，形成自我锻炼习惯，引导他们拟定自我锻炼计划，使他们在日常学习和生活实践中，不断地严格要求自己，积极锻炼他们的意志。同时，要教育他们采取决定要充分估计主、客观条件，做到合理可行；执行决定要态度坚决、有始有终、持之以恒。还应该要求他们养成自我检查、自我监督、自我暗示和自我鼓励的习惯，促使他们自觉锻炼意志品质。总之，应使学生的内部积极性和良好的外部条件结合起来，以达到培养学生坚强意志的目的。

（五）根据个别差异，采取有针对性的措施

人的意志类型存在着个别差异。要根据意志的不同特点，采取不同的措施培养意志品质。对于容易盲从、轻率行事的学生，应多启发他们意志的自觉性；对于胆小、犹豫不决的学生，应培养他们大胆、勇敢果断的意志品质；对于任性、缺乏自制力的学生，要培养他们控制行为的能力；对于缺乏毅力、做事虎头蛇尾的学生，应激发他们的坚韧精神和克服困难的信心。

三、中学生良好意志品质的培养

中学生与小学生相比，正处在身心发展的半幼稚、半成熟时期，其意志品质具有如下特点：自觉性品质有所提高，果断性品质有所发展，自制性品质有所增强，坚韧性品质逐渐形成。总之，中学生的意志品质还没有完全成熟，在挫折和失败面前容易激动，产生动摇、畏难和悲观情绪，但这个阶段具有很强的可塑性。中学生的良好的意志品质的培养同样可以按照上面五点进行，不过在学习方面，教师和学生个人更要关注学习的自觉性、学习的坚持性和学习的自控性的养成。

练习题

一、选择题

1. 意志行动的关键阶段是 （ ）

A. 确定目的 B. 动机斗争 C. 采取措施 D. 执行决定

2. 进退维谷、前怕狼后怕虎是 （ ）

A. 双趋冲突 B. 双避冲突

C. 趋避冲突 D. 多重趋—避式冲突

3. 对缺乏毅力的学生，应特别注意培养他的 （ ）

A. 果断性 B. 坚韧性 C. 自制性 D. 自觉性

二、填空题

1. 与自觉性相反的是________。
2. 与果断性相反的是________。
3. 与坚韧性相反的是________。
4. 与自制力品质相反的是________。

三、简答题

1. 简述意志品质。
2. 简述意志行动的基本特征

四、论述题

论述意志行动的基本阶段。

参考答案

一、选择题

1. D 2. B 3. B

二、填空题

1. 易受暗示性与独断性
2. 优柔寡断和草率决定
3. 动摇性和刚愎、执拗

4. 冲动性

三、简答题

1. 构成意志力的稳定因素的总和称为意志品质，主要包括自觉性、果断性、坚韧性和自制力。

2. 意志行动具有三个基本特征：有明确的目的性、以随意动作为基础、与克服困难相联系。

四、论述题

意志行动的基本阶段是指意志对行动的积极能动的调节过程，它有发生、发展和完成的过程。意志行动的心理过程分为两个阶段：采取决定阶段和执行决定阶段。在这两个阶段中，又有一些具体的步骤和环节。

采取决定阶段。采取决定阶段是意志行动的初始阶段，也是内部决策阶段。这个阶段虽然在意志行动实现过程中不易被觉察，但对具体行动的发生和活动目的的实现有极其重要的作用。在采取决定阶段，包括以下四个环节：动机斗争、确定行动目的、选择行动方法和制订行动计划。

执行决定阶段。在一系列内部决策完成之后，意志行动的下一步就在于执行所作出的决定。因为即使动机再高尚、行动目的再明确、方法和手段再完善，如果不去采取实际行动，这一切也只是空中楼阁，毫无意义。因此，执行决定阶段是意志行动的关键阶段。首先，执行决定阶段是一个不断克服困难的过程。其次，执行决定阶段还要接受成败的考验。

第六章　个性与个性倾向性

教学目的和要求：

1. 理解个性、人格、个性倾向性、个性心理特征，以及需要、动机和兴趣等概念的基本含义。

2. 掌握个性的基本特点、马斯洛的需要层次理论、动机的分类和动机理论，以及兴趣的分类和品质。

3. 运用需要层次理论和动机理论分析现实生活中的实际问题。

教学重点：正确理解基本概念的含义，善于运用基本理论探讨现实问题。

教学难点：需要与动机的关系和动机理论的理解。

个性是心理学研究的一个重要领域，主要用于阐述人的心理活动的差异性。人的个性渗透在人的心理活动过程之中，显示出人的心理活动的独特魅力。深入探讨人的个性，就是围绕人的心理活动的差异性分析人的心理活动规律，有助于我们更全面地理解人的心理现象，更好地服务于我们的教育教学工作。

第一节　个性的概述

人的心理活动的差异体现在人的心理活动的各个方面。面对相同的刺激，可能会有不同的反应。即使有相似或相同的反应，其反应的背后也都隐藏着不同的动因，或是追求不同的效果或目的，反映出了人的心理活动的复杂性。它们可以归结为人的心理活动的动力因素，或是人的心理活动的特征，这些都属于个性所要研究的基本内容，有待于我们进行深入的探讨。

一、个性的含义

个性一词来源于拉丁语 persona，原意指希腊罗马时代戏剧演员在舞台上戴的面具，它代表剧中人的身份，后来引申为演员在舞台上所扮演的角色，心理学家们沿用其含义，指一个人在人生舞台上，在他的行为模式中表现出来的内心活动。现代心理学通常把个性理解为一个人的整个心理面貌，即具有一定倾向性的各种心理特征的总和。

在心理学上，个性与人格的概念十分接近，但又不完全相同。从狭义的角度来分析，人格特指人的气质和性格，它的范畴小于个性。从广义的角度来分析，人格不仅包含人的心理方面的特质,它还包括人的身体方面的特质,所以,人格的外延大于个性。一般情况下,我国学者往往把两者视为同义词使用。有鉴于此,我们在本章所讨论的个性含义与人格的含义也都视为等同。

二、个性的心理结构

个性是一个复杂的、多侧面的、多层次的统一体,它由个性倾向性和个性心理特征两大部分构成,两者的有机结合,构成一个统一的个性整体结构。

(一) 个性倾向性

个性倾向性是人进行活动的基本动力,是个性结构中最活跃的因素,属于人的心理活动中的动力系统。它决定着人对现实的态度,影响人对认识活动的对象的趋向和选择。个性倾向性主要包括需要、动机、兴趣、理想、信念和世界观等内容,大多在后天的社会化过程中形成,较少受先天的生理因素的影响。其中,需要是个性倾向性乃至整个个性积极性的源泉。动机、兴趣和信念等都是需要的表现形式。这些成分相互联系、相互影响和相互制约,从方向、速度、形式和效果等方面共同影响人的心理活动,表现出人的各具特色的心理特点。

(二) 个性心理特征

个性心理特征主要包括能力、气质和性格,是指一个人身上经常地、稳定地表现出来的心理特点。它是个性结构中比较稳定的成分,并在不同程度上受生理因素的影响。个性心理特征一方面受个性倾向性调节;另一方面,个性心理特征的变化也会在一定程度上对个性倾向性产生影响。它们相互渗透、相互影响、错综复杂地交织在一起,构成统一的个性整体。

总之,个性心理结构是一个复杂的有机整体,它所包含的各成分之间相互联系、相互制约,随着个性的发展而不断发展变化。同时,对于具体的个人在一定的时间点上来说,个性又以相对稳定的面貌出现,反映出个性稳定性和可变性的统一。每个人由于个性结构不同,机能各异,从而表现出人与人之间各不相同的差异性。

三、个性的基本特点

人的个性虽然反映了人的差异性,但是,它在形成和发展过程中又表现出一系列共同的特点,可以从以下几个方面加以概括。

(一) 个性的整体性

个性的整体性是指构成个性的各种心理成分和特质,在一个现实的个体身上并不是孤立存在的,而是密切联系的一个完整功能系统。各个成分密切联系、协调一致活动,保证正常心理活动的运行。犹如完好的机器那样,各种零件相互配合、协调活动,共同实现机器的应有功能。个性的整体性是一个人心理健康的表征,否则,就会导致人格的分裂,出现一系列不正常的行为。

(二) 个性的独特性与共同性

世界上没有两个个性完全相同的人。由于遗传因素的不同影响和环境教育因素的不同作用，以及个性各成分组合结构的多样性，使得每个人的个性都具有自身的特点。正如俗语所说的那样："人心不同，各如其面。"即使是同卵双生子，他们的个性也不完全相同。但是，强调个性的独特性，并不排除个性的共同性。在共同的社会文化影响下，同一民族、同一地区、同一阶层、同一群体的个体之间具有的共同的典型心理特点。例如，受儒家文化的影响，全世界的华人都有不少相同的个性特征。因此，个性是差异性和共同性的辩证统一。

（三）个性的稳定性和可变性

人的个性的形成是一个主客观因素综合影响的过程，一旦趋于稳定，就会经常性地表现在人的心理和行为之中。一个稳重的人，他会不受时间和空间的影响，经常地表现得冷静、理智、处事有分寸。如果偶尔表现出冒失、轻率等特点，则不是他的人格特征。俗话说，"江山易改，禀性难移"，就是形象地说明了个性的稳定性。当然，个性的稳定性并不排斥个性的可变性，随着身体健康的变化和环境的改变，人的个性也可能产生或大或小的改变。如社会地位和经济地位的重大改变、丧偶、迁居异地等，往往会使一个人的个性发生较大的甚至彻底的改变。个性的稳定性和可变性也是一个辩证的统一。

（四）个性的生物性和社会性

个性从其形成和表现的形式上看，它既受个人生物因素的影响，也受社会历史因素的制约。一个神经活动类型强型的人，往往容易形成勇敢、刚毅的人格特点；而一个弱型的神经活动类型的人，更多地表现为细致、体贴的人格特点。但是，个体的遗传因素只是为个性的形成和发展提供了前提，而起决定作用的则是一定的社会历史条件和所处社会地位的制约。在一定的社会中，同一民族、同一社区以及同一历史时期生活的人们，由于社会的风俗习惯和道德观念等因素的影响，导致人们形成某些共同的人格特点。个性又是一个生物性和社会性的辩证统一。

第二节 需要

需要是人的一种主观状态，但也是客观存在的事实。人的一切行为都是建立在人的需要基础之上的，是人的积极性的源泉。正确理解需要的内涵，了解需要的特点和种类，科学地分析和满足人的合理需要，是我们各项工作的出发点，也是我们各项工作的归宿。

一、需要的含义

需要是人脑对生理需求和社会需求的反映。表现为由生理上或心理上的缺失或不足所引起的一种内部的紧张状态。是人们在主观上能感受或体验到的不足之感或求足之感。

需要的形成必须具备两个基本条件：一个是生理需求或社会需求的缺失或不足，导致个体与环境之间的平衡被打破，从而产生一种内部的紧张状态。如人饥饿时，人的味觉、胃的收缩、血液中的血糖及神经活动等发生变化，于是产生了进食的需要。另一个条件是需要必须要有指向的对象。需要作为个体对客观要求的主观反映，它总是指向能满足需要的客观事物。如对食物的需要、对友谊的渴望、对事业发展的追求等等，都必须指向具体的事物，没有对象的需要是不存在的。因此，人们常常把需要的特点概括为以下几个方面。

（一）对象性

需要总是对一定事物的需求或追求。如口渴了就有解渴的需求，其对象就是水；感到知识技能的贫乏就会有学习的需要，其对象就是知识。

（二）紧张性

人的需要的产生，意味着个体与环境之间的平衡被打破，从而带来内部的紧张状态。譬如，血液中的水分不足，就会感到口渴，由此产生喝水的需要；社会治安状况不好，就会感到人身安全得不到保障，从而产生安全的需要。如果需要得到满足，人的紧张状态就会消除，导致一种新的平衡状态出现。紧张感伴随人的需要满足的全过程，直到需要得到满足，紧张感才会消除。

（三）驱动性

需要一旦出现，就会成为一种支配行为去寻求满足的力量，推动人去从事各种活动。正是从这个意义上，我们也说需要是推动人去从事各种活动的源泉或动因。由于需要是现实要求的反映，所以个人活动的最终原因与动力是社会实践。

（四）起伏性

已经形成的需要一般不会立即消失，它作为一种实际起作用的力量总是断断续续地表现出来，时而呈活跃动态，时而转入潜伏的静态。如人饿了就会到处找食物吃，甚至饥不择食。而一旦饱了，无论多么诱人的食物也往往引不起食欲。

（五）社会历史性

需要具有社会制约性，它随历史的发展而发展，随满足需要的对象范围及方式的改变而改变。如现代人的衣、食对象不同于古人，他们满足这些需要的方式和手段也不同于古人等等。

（六）主体性

需要作为主体的一种诉求，必须以一定的个体作为载体，人在不同的年龄阶段，主导需要是不相同的。幼儿需要的是游戏，少年儿童需要的是学习，青年则需要成家立业等等；都是需要的主体性的体现。

二、需要的作用

需要是个体心理活动和行为的内部动力，它在人的活动、心理过程和个性中起着重要作用。首先，需要是保证人的正常生存和发展的基础，离开了一定的合理而基本的需要，如衣、食等日常需要和学习交往的需要，也就如同“植物人”而无法正常地生活和活动。其次，需要永远带有动力性，从而使人不会因暂时的满足而终止。人们在某个需要得到满足以后，又会产生新的需要，新的需要又会推动人们去从事新的活动。人的需要在活动中不断得到满足，又不断滋生新的需要。再次，需要对人的心理活动影响很大。人为了满足需要，必须对有关事物进行观察和思考，需要调节和控制着人的认识倾向。不仅如此，人的情绪和情感是以人的需要为中介的，凡能满足人的需要的客观事物，人都会产生积极、肯定的情绪和情感；否则，就会产生消极、否定的情绪和情感。人为了满足需要，从事一定的活动，在克服困难中锻炼了意志，所以说，需要也推动着意志的发展。更何况，需要是个性倾向性的基础，个性倾向性的其他方面，如动机、兴趣、信念等等，都是建立在需要基础之上的。

三、需要的种类

人的需要涉及人的生活的方方面面，可以从不同角度加以分析。

(一) 根据需要的起源，可以将需要分为自然性需要和社会性需要

自然性需要与维持个体的生存与种族繁衍相联系，是一种本能的需要。如人对空气、水分、食物、睡眠、性生活、安全、运动等的需要。自然性需要又称生物性需要或生理性需要，是人和动物都具有的一类需要。但人与动物在满足自然性需要的对象和方式上存在本质的差异。动物只有依靠自然界现成的天然物质来满足需要；而人的需要的满足则主要靠生产劳动生产满足需要的对象，其满足需要的水平受个体的社会生活条件的制约，其满足需要的方式受文化习俗和个人特点的制约。

社会性需要与个体的社会生活相联系，是后天习得的需要。如人对劳动、交往、学习、审美、威信、道德等的需要。社会性需要是人类所特有的一类需要。它是从社会要求转化而来的。人们在社会生活中，社会不断向个体提出各种要求，当个体认识到接受这些要求的必要性时，社会的要求就会转化为个体的需要。

(二) 按照需要对象的性质，可以将需要分为物质需要和精神需要

物质需要是个体对生存和发展所必需的物质生活的需要，既包括对自然界产物的需要，又包括对社会文化产品的需要。人体的物质需要既有自然性需要的内容，也有社会性需要的内容。例如，在对服装的需要中，既有满足人们防寒、防晒等自然性需要的内容，也有满足人们自尊、追求美的需要的内容。

精神需要是个体对生存和发展所必需的精神生活的需要。如对劳动、交往、审美、道德、创造等的需要。随着社会的进步和社会生产力的发展，人类所特有的精神需要不断发展。人类对劳动和交往的需要是最早形成的精神需要。这些需要对人类历史的发展起着十分重要的作用。精神需要有高尚与低级趣味之分。高尚的精神需要可以使人不断取得进步，而低级趣味的精神需要则会消磨人的意志，使人走向歧途。

四、马斯洛的需要层次理论

美国人本主义心理学家马斯洛通过对各种人的观察和一些人物传记的研究，把人类的需要分为七种(图 6－1)。

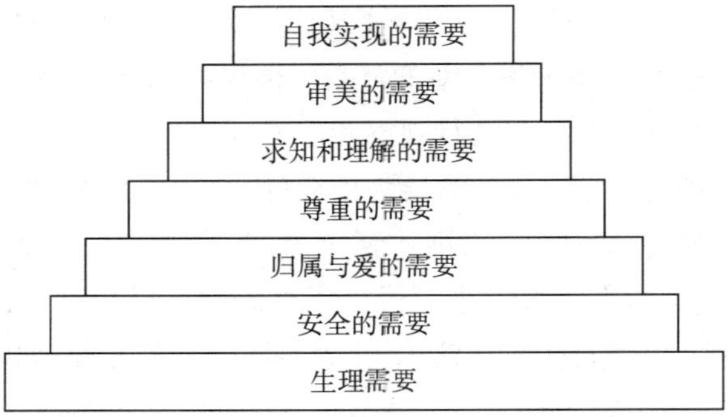

图 6－1　马斯洛需要层次图

（一）生理需要

生理需要是最基本的需要，是指维持个体生存与种族繁衍的需要。如个体对食物、空气、睡眠、性、母性等的需要。马斯洛指出，如果所有的需要都得不到满足，那么，有机体就会被生理需要所支配，其他需要简直变得不存在了，即被生理需要掩盖了。古人说“衣食足而知礼仪”，就是这个道理。人和动物都有生理需要，但它们存在本质区别，人的需要具有社会性，并且受到意识的调节和控制。

（二）安全的需要

安全的需要是指对安全的环境、恒定的秩序、避免伤害和威胁的需要。一般而言，当生理需要满足以后，安全的需要就随之产生了。但在面临危险或威胁时，人们会把安全看得比一切都重要。在现实生活中，一般人的安全需要是基本得到满足的。但我们依然能看到表现安全需要的现象。如在房子上安上防盗门窗；喜欢稳定的工作；避免从事危险的工作；参加各种社会保险；注意食品、药品卫生等等。

（三）归属与爱的需要

归属与爱的需要就是指个体希望获得别人的爱和爱别人的需要，也就是希望与别人交往，并与别人建立亲密关系的需要。例如，儿童希望与小伙伴建立友谊，希望得到教师和父母的爱。归属与爱的需要是在前两种需要基本满足以后产生的。

（四）尊重的需要

个体在前三种需要基本满足后，就会产生尊重的需要。尊重的需要是指个体追求体现个人价值的需要。尊重的需要包括受他人尊重和自我尊重两方面。受他人尊重是指别人对自己的尊重，如追求名誉、地位、尊严、威信、获得别人承认、引起别人注意和欣赏等，都是他尊的具体表现。自尊就是个体对自己的尊重，如自强、自信、自主、支配他人、胜任工作、取得成就等，都是自尊的具体表现。如果一个人的尊重需要得不到满足时就会导致自卑感和失落感。

（五）求知和理解的需要

马斯洛认为求知和理解是克服障碍与解决问题的工具。学习和发现未知的东西会给人们带来满足和幸福，因而它属于人们的高级需要。

（六）审美需要

审美需要包括对秩序、对称、完整结构以及存在于大多数儿童和某些成人身上的对行为的完满的需要。马斯洛认为，审美需要和其他需要的联系还不清楚，但这种需要是人的本性，这种本性在成人和普通的儿童身上发现，甚至在洞穴人的文化中都存在着，但它在自我实现的人身上得到最充分的表现。

（七）自我实现的需要

自我实现的需要是最高层次的需要，它是指实现个人理想、抱负，发挥个人的能力到最大限度，使自己的才能得到最大的施展，完成与自己的能力相称的一切事情的需要。马斯洛提出，为满足自我实现需要所采取的途径是因人而异的。自我实现的需要是在努力实现自己的潜力，使自己越来越成为自己所期望的人物。

马斯洛认为，在七种需要中，前四种需要属于低级需要，后三种需要属于高级需要。人的基本需要的产生由低级向高级发展，呈波浪式地推进。只有低级需要基本满足后才能出现高一级的需要。层次越低的需要强度越大，人们优先满足较低层次的需要，再依次满足较高层次的需要。在低一级需要没有完全满足时，高一级的需要就产生了，而低一级需要的高峰过去了但没有完全消失时，高一级的需要就逐步增强，直到占据绝对优势，各种需要的优势由一级演进至更高一级，出现多种需要共存的特点。人在不同的时期，存在不同的主导需要，可能会出现一种或几种需要占主导地位，对人的行为起决定作用。

马斯洛的需要层次理论可以概括为以下几个方面的观点：

(1) 人的几种需要像阶梯一样从低到高，按层次逐级递升，但次序不是完全固定的，可以变化，也可以有种种例外情况。

(2) 每个人都有需要，低层次需要获得一定程度的满足后，才会出现更高层次的需要。当多种需要未获满足前，首先应该满足迫切需要；只有迫切需要满足以后，才能体现后续需要的激励作用。

(3) 需要的满足是驱使人行为的动力，获得基本满足的需要就不再是一种激励力量。但是，低层次需要得到一定程度的满足后，就会追求更高层次需要的满足，而每一个层次需要的满足都有非常丰富的内容。因此，从需要入手影响人的行为，也就有了十分丰富的内涵。

(4) 人的低级需要可以通过外部条件满足；而高级需要则需要通过内部因素满足，而且也是无止境的。高层次的需要发展后，低层次的需要仍然存在，只是对行为影响的程度大大减小。人在同一时期可能存在几种需要，但只有主导需要才对行为起决定作用。任何一种需要都不会因为更高层次需要的发展而消失，各层次的需要相互依赖和重叠。

(5) 一个国家多数人的需要层次结构，是与国家的经济发展水平、科技发展水平、文化和受教育的程度直接相关的。在发展中国家，生理需要和安全需要占主导的人数比例较大,而高级需要占主导的人数比例较小;在发达国家,则刚好相反。

马斯洛的需要层次理论在心理学界引起较大的反响,其积极意义主要表现在两个方面:第一,该理论比较客观地概括了人的需要发展的实际情况,符合人类需要发展的一般规律,具有普遍性特征。第二,该理论将人的需要看作是一个有严格组织的层级系统,具有统一性和整体性特征。这种观点受到人们的高度重视,并在实际工作中得到了应用。这个理论对我们开展教育工作的启示是,要注意了解学生的需要,并从研究学生的需要来分析行为。教师要重视培养和激发高层次的需要,并创设教育条件和氛围使之得到满足,从而调动学生学习的积极性。不了解或不考虑学生需要的做法都可能影响师生关系,进而降低教育效果。

但是,我们也要看到,马斯洛的需要层次理论也存在一些需要商榷之处。首先,马斯洛把生理性需要与社会性需要混为一谈,用人类生物特性的发展与实现的规律来解释人类全部需要的发展与实现的规律,忽视了人类社会性需要的特殊性。其次,马斯洛强调个体优先满足低级需要的提法,固然有其合理的一面,但看轻了高级需要对低级需要的调节作用,没有充分认识到人的主观能动性的重要作用。第三,马斯洛从抽象的人性观出发,把自我实现的需要看成是少数人的"专利",不能从具体的社会实践活动过程中理解自我实现的内涵,影响了需要层次理论在实际工作中的指导作用。此外,在研究方法上,马斯洛的需要层次理论在信度和效度等方面都还具有一定的局限性,有待于我们进行深入的探讨。

五、青少年学生的需要与教育

青少年学生需要的内容与成人不同,与之相适应的教育方法和措施也应有所区别。

据有关资料表明:我国中学生需要结构的发展是多层次的、多维度的统一体。学习用品需要是中学生的主导物质需要,寻求友爱温暖,寻求尊重,渴望成就和贡献是学生共同的精神需要。中学生的需要随社会变迁而不断发展,并且具有优势需要,如当代城市独生子女大多有较强亲和需要、持久需要、扶助需要和攻击性需要,成就需要和谦卑需要较弱。另外,青少年不同阶段的优势需要也是不同的。如重点学校高二年级学生强度最大的前五项需要是:① 追求丰富知识、多方面能力、优秀品质的需要;② 结交诚实正直的朋友的需要;③ 升入理想学校或有个好工作的需要;④ 尊重与自信心的需要;⑤ 信任和理解的需要。中学生的需要存在着个体差异。

在将需要理论应用于教育的过程中,应注意到,青少年学生的需要是分层次的,对青少年学生的教育也应该有层次。要因人而异,承认并正确评价学生的需要,尽量满足其合理、可行的需要,不可急于求成、拔苗助长。在当前的社会生活条件下,应注意将部分学生过高的物质要求引导到学习上来。要善于诱导学生将低层次的需要发展到高层次的需要。

如何帮助青少年学生抉择主导需要,也是我们教育工作者要下功夫研究的重要问题。所谓主导需要,就是在具有多层次需要的行为中,占支配地位的需要。孟子说:

“鱼,我所欲也,熊掌亦我所欲也。二者不可得兼,舍鱼而取熊掌者也。”这里讲的是两个需要之间的抉择。这两者处于同一层次,都是对物质的需求。而“生亦我所欲也,义亦我所欲也;二者不可得兼,舍生而取义者也。”则是两个处于不同层次需要的抉择。生,为人最基本的需要;义,为较高层次的道德感需要。宁为玉碎,不为瓦全,舍生而取义,只有将较高层次需要变为主导需要的人,才会作出这样的抉择。就青少年学生而言,由于思想认识水平的不同,也许有的看重精神需要、有的看重物质需要、有的看重认识需要、有的看重美的需要。依思想认识的差异,把自己最珍视、认为最有意义的视为主导需要。引导学生抉择较高层次的主导需要,使他们将个人需要和社会需要结合起来,从而增添为祖国建设而努力学习的动力,这是当今我们教育工作者的重要责任。

综上所述,在青少年学生的教育工作中,我们要看到行为背后隐藏着需要,需要是分层次的,我们要根据其需要有层次地进行教育,引导其需要向较高层次健康发展,帮助学生选择满足需要的正当方式,正确抉择主导需要,把个人和祖国自觉地联系在一起。

第三节 动机

动机作为一种内部推动力量,直接影响人的行为的方向和效率。一直为广大教育工作者所重视。正确理解动机的内涵,把握需要与动机的内在联系,了解动机的种类和基本理论,有助于为“学习动机”等后续内容的学习奠定良好的基础。

一、动机的含义

动机一词源于拉丁文“movere”,即推动的意思。它是直接推动人行动的内部动力,是人类行为的基础,表现为由目标或对象引导、激发和维持的个体活动的内在心理过程。动机可以是有意识的,也可以是潜(无)意识的。任何一个正常人的行为背后必然隐藏有动机,任何一种动机的产生也必然导致行为的发生,人的行为的出现是动机产生与否的标志,两者存在必然的联系。

动机的产生必须要同时满足内在条件和外在条件。内在条件是人的需要;外在条件是存在能满足人的需要的客观事物。当人的需要达到一定的强度,且有能满足需要的客观事物存在,那么,动机就会产生,并导致人的行为的发生。一般认为,驱使有机体产生一定行为的外部条件称为诱因。凡是个体因趋向或接受的诱因往往称之为正诱因,而个体因逃离或躲避的诱因则又称之负诱因,它们可以是物质的,也可以是精神的,它们都能满足人的需要。

人的各种需要是个体行为积极性的源泉和实质;人的各种动机又是这种源泉和实质的具体表现。动机以需要为基础,离开需要的动机是不可能存在的;反之,需要也依赖动机,没有动机推动人的行为,人的需要就无法满足。两者紧密联系在一起,表现在人的心理活动的不同阶段。当人的行为一旦发生,就意味着需要转化成了动机。因此,可以认为，人的行为的出现是区分需要与动机的分水岭。

二、动机的功能

动机在人的行为中起着十分重要的作用，既给人的活动提供动力，又对人的活动方向加以控制，表现出动机的引发功能、指向功能，以及维持和调节功能。

（一）引发功能

动机体现了个体的能动性，它具有发动行为和加大行为强度的作用。如为了消除饥饿而择食、为了获得优秀成绩而努力学习、为了取得他人赞扬而勤奋工作、为了摆脱孤独而结交朋友等。即使是同样的动机，由于动机强度的不同，就有可能带来不同的效果。如在不同程度的学习动机推动下，有人满足于对书本知识的理解，有人追求知识在实际工作中的运用，甚至创新。动机激活力量的大小，由动机的性质和强度决定。一般认为，中等强度的动机更有利于任务的完成。

（二）指向功能

动机不仅能激发行为，而且能将行为指向一定的对象或目标。如在学习动机的支配下，人们可能去图书馆或教室；在休息动机的支配下，人们可能去电影院、公园或娱乐场所；在成就动机的驱使下，人们会主动选择具有挑战性的任务等。动机的指向功能实际解决的是人的行为的方向问题，不同于动机的引发功能，关注人的行为的强度问题。动机不一样，个体活动的方向和追求的目标就不一样。

（三）维持和调节功能

任何一个活动的完成，都不是一蹴而就的过程，需要动机发挥维持的功能，保证活动有始有终地进行；任何一种活动的展开，都不是单维的运作，而是多种活动综合作用的结果，离不开动机的协调，它能保证活动的有序和高效。动机的维持和调节功能是由个体的活动与他所预期的目标的一致程度来决定。当活动指向与个体所追求的目标一致时，活动就能在相应动机的维持下继续进行；否则，活动的积极性就会降低，甚至停止。有时，人们在成功的机会很小时，也能坚持某种行为，这就是人的长远动机和信念起着决定作用。

三、动机的分类

人的动机十分复杂，不能简单地参照需要的分类来加以区分，它可以从更多的角度，根据不同的标准来加以分类。

（一）生理性动机和社会性动机

根据动机的起源和性质，人的动机可分为生理性动机和社会性动机。

生理性动机也称为驱力，它以有机体自身的生理需要为基础。例如，饥、渴、缺氧、疼痛、性欲、睡眠、排泄等动机，都是生理性动机。生理性动机推动人们去活动，从而满足某种生理需要。当这种生理需要得到满足时，生理性动机便趋于下降。其实，人是社会的实体，人的生理需要以及满足这些需求的手段，都将受到人类社会生活的影响。因此，人的生理性动机也必然打上社会生活的烙印。例如，消除疼痛的动机是一种生理性动机，但是，在公共场所，人出于社会影响等原因，可以忍受疼痛，用更为恰当的方式消除痛苦。所以说，在人类的个体身上，纯粹的生理性动机是很少的。

社会性动机有时以人的社会文化的需要为基础。例如：权力的需求、社会交往的需求、成就的需求、认识的需求等，因而产生了相应的权力动机、交往动机、成就动机和认识动机等。这些动机推动人们与其他人交往，希望获得社会和他人的赞许，希望参与某种社会团体，并能在其中获得某种地位等，当这些社会性的需要获得满足时，社会性动机才会缓解下来。

（二）原始动机与习得的动机

根据动机形成和发展的路径，人的动机可分为原始动机与习得的动机。

原始动机是与生俱来的动机，它以人的本能的需求为基础。例如：饥、渴、性欲、探究等动机，都属于原始性动机。人受饥、渴的推动而产生觅食、找水的活动，不需要经过学习。人的探究动机也具有与生俱来的性质。例如，婴儿出生后，就对环境中的新事物表示好奇和兴奋，这种原始的动机推动婴儿注视周围的一切，并逐渐产生对事物的摆弄、抓握等行为。人对事物或活动的兴趣与爱好，就是在这种原始动机的基础上发展起来的。

习得的动机是指后天获得的各种动机，或者说，经过学习产生和发展起来的各种动机。例如，初生的婴儿不懂得什么叫恐惧，也不要求得到父母的赞许，因而他们不具有恐惧和获得赞许的动机；以后，儿童在生活中懂得了什么叫恐惧和赞许，因而会在这些动机的支配下产生相应的行为。人们要求参加一定的社会团体，与周围人进行交往，并获得一定的成就，这些更是通过后天的学习形成和发展起来的。

（三）长远的、概括的动机与暂时的、具体的动机

根据影响范围和持续时间不同，动机可分为长远的、概括的动机和暂时的、具体的动机。

长远的、概括的动机对活动意义的认识深刻，持续作用的时间长，比较稳定，影响的范围也广；暂时的、具体的动机常由对活动本身一时的兴致所致，持续的时间短，受个人的情绪影响，不够稳定等等。例如，大学生立志要刻苦学习、报效社会，这种动机是长远的、概括的动机；如果是为了一次考试得高分而刻苦学习，那么这就是暂时的、具体的动机。人既要有远大目标，也要有近期目标，并将这两种动机结合起来，或者促使暂时的、具体的动机向长远的、概括的动机转化，努力使长远的、概括的动机成为动机系统中的主导动机。

（四）高尚动机和低级动机

根据动机的性质和社会价值，动机可分为高尚动机和低级动机。

高尚动机能带来良好的社会效应，对社会发展产生积极影响，并能持久地调动人的积极性。低级动机违背社会公德与人民利益，只是为了满足个人的私欲或低级趣味，不利于社会发展。例如，钻研遥感技术，发明无人机飞机，如果是为了报效国家、服务于社

会，就属于高尚的动机；否则，为了满足个人的偷窥心理就属于低级动机。

（五）主导动机和辅助动机

根据动机对活动作用的大小，动机可分为主导动机和辅助动机。

人的活动往往不是单一动机推动的，而是多种动机共同作用的结果。其中，主导动机通常对活动具有决定作用；而辅助动机则起加强主导动机的作用。例如，学生努力学习的动机，可能是为了得到好的分数，或是为了让父母高兴，或是赢得同学的尊重，或是喜欢某一学科，或是回报社会等等。在这一系列的动机群中，学生最看重的、对学生的学习行为起决定作用的动机就是主导动机，其他的动机就称之为辅助动机。个体的活动为这两种动机所激励，并由动机的总和支配。

（六）有意识的动机与无意识的动机

根据动机的意识水平，人的动机可分为有意识的动机和无意识的动机。

有意识的动机是指人能清楚意识到的动机。即发生在主体意识水平之上，个体能意识到自己的行为动机，也能意识到自己的行为在追求什么样的目标，它在人的动机体系中占据主导地位。但是，在自我意识没有发展起来的婴幼儿身上，他们的行为动机是无意识的；在成人身上，也有无意识的或没有清楚意识到的动机。例如，定势效应或晕轮效应等，人们意识不到它们的作用，但能在它们的支配下产生各种各样的行为。当一位教师对某个学生的印象好，认为他聪明、勤奋、成绩优秀，因而在评分时不自觉地降低了评分的要求；反之，对印象差的学生，不相信他在考试时会得到优秀的成绩，因而评分时不自觉地提高了评分的要求等。在人们的日常交往、处理工作和各种事务中，在言语交际、批评与自我批评时，人的各种无意识的动机也起着一定的作用。

（七）外在的动机和内在的动机

根据动机的来源，动机可分为外在动机和内在动机。

外在动机是指人在外界的要求与外力的作用下所产生的行为动机。例如，学生为了得到父母、教师的嘉奖或避免受到父母、教师的责备、惩罚而学习。内在动机是指由个体内在需要引起的动机。例如，由于儿童对学习有兴趣，因而积极主动地学习。一般认为，外在动机与内在动机的划分不是绝对的。由于动机是推动人的活动的内部心理过程，因此，任何外界的要求、力量都必须转化为人的内在需要，才能成为活动的推动力量。在外在动机发生作用时，人的活动较多地依赖于责任感、义务感，或希望得到奖赏、避免受到惩罚的目的，其实同样属于需要的范畴。因此，可以认为，外在动机的实质仍然是一种内部动力。在儿童动机发展的早期阶段，外在动机具有重要意义。儿童往往先有外在动机，以后才逐渐发展内在的动机。

四、动机理论

早期的动机理论，都可以看成是人性论的延伸，认为自由意志就是人的动机。后来出现从强调生理性需要转向强调社会性需要的趋势，从内在决定论走向外在决定论，并开始重视人的认知过程在推动人的行为方面的作用。人们研究的角度不同，关注的侧重点不同，就会提出不同的论点，形成不同的看法，从而构成不同的动机理论。

（一）享乐主义理论

这种理论认为，人类的行为动机就是趋利避害，求得最大限度的快乐和最低限度的痛苦。人们根据可能得到的快乐或痛苦的结果决定自己的行为。英国哲学家边沁从功利主义立场出发，批判了禁欲主义，认为人类行为的动机是由痛苦和快乐决定的，人无不以快乐作为生活的目的。他还提出，快乐和痛苦没有质的区别，只有量的不同，可以通过完成他编制的“快乐和痛苦的等级表”来测定人的苦乐。他认为，人们应该追求最持久、最确实、最迫切，而且又是最广泛和最纯粹的快乐，这就是人的幸福。显然，边沁的动机理论过于简单，人类复杂的动机不可能只用快乐就能全部加以概括和包容。

（二）本能理论

在19世纪末和20世纪初，在达尔文进化论的影响下，许多心理学家相信，人的大部分行为是由本能控制的。本能在进化过程中形成，并由遗传固定，作为一种不学而能的行为模式，是人类行为的原动力。如蜘蛛织网和海狸筑坝等，都是在进化过程中形成的本能行为。但是，人们在用本能论对人类行为进行解释时，发现陷入一种循环论证的过程，如为什么人会有攻击行为？回答是人有攻击本能。你怎么知道人类有这种本能呢？回答是人有各种攻击行为等等。此外，本能论列举的许多本能行为（如自信、自卑等），实际上是在学习、经验及文化的影响下形成的。因此，本能论开始受到人们的怀疑与批评，它不能确切地解释人类全部行为的原因。尽管，本能论在弗洛伊德及其他一些心理学家的理论中仍占有一定的位置，但是，后来的心理学家所产生的对本能行为的研究热情，更多地在于探讨控制本能行为的重要因素。如感觉输入机制、待定刺激、学习的作用和中枢机制等，目的是为了揭示影响动物行为的生理因素与环境因素的关系。

（三）驱动理论

针对本能理论存在的问题，20世纪20年代武德沃斯提出了行为因果机制的驱力概念。把驱力理解为个体由生的需要（如食物的需要、性的需要、逃避痛苦的需要）所引起的一种紧张状态，它能激发或驱动个体行为以满足需要、消除紧张，从而恢复机体的平衡状态。后来，赫尔提出了驱力减少理论。他认为，建立在需要基础上的驱力是一种动机结构，它供给机体力量或能量，使需要得到满足，进而减少驱力。例如，剥夺食物产生的饥饿（驱力），会推动个体寻找食物和产生吃的行为，进而使驱力减少。随后，赫尔又提出，人类的行为主要是由习惯支配的，而不是生物驱力支配的，驱力为行为提供能量，而习惯决定着行为的方向。经验和学习在驱力形成中起着重要作用。赫尔进一步提出，有些驱力来自内部刺激，不需要习得，称为原始驱力；有些驱力来自外部刺激，是通过学习得到的，称为获得性驱力。驱力（D）、习惯强度（H）和抑制（I）共同决定了一个个体的有效行为潜能（P），它们的相互关系可以表示为：$P=D\times H-I$。但是，驱力减少理论依然不能解释人类的全部行为。例如，为什么一个人可以通宵达旦地工作？为什么政治家在监狱里可以绝食数日等等，在这些行为中，需要的缺失导致驱力出现相反的效果。

（四）唤醒理论

唤醒理论不同于驱动理论，认为人类的活动常常不是为了减少驱力，而是为了增加驱力，如努力探究新的环境，参加惊险竞技比赛等。赫布和柏林等人提出，人总是被唤醒，并维持生理激活的一种最佳水平，既不太高，也不太低。对唤醒水平的偏好是决定个体行为的一个因素。一般来说，个体偏好中等强度的刺激水平，因为它能引起最佳的唤醒水平。过分的安定会渴望行为的疯狂；长期的紧张又向往安逸的生活。因此，唤醒理论提出了三个原理。

1. 人们偏好最佳的唤醒水平

研究发现，每一个个体都有自己的最佳唤醒水平，高于这个水平上时就需要减少刺激，低于这个水平时就需要增加刺激。刺激水平和偏好之间的关系是一条倒 U 形曲线（钟形曲线）。

2. 简化原理

即重复进行的刺激能使唤醒水平降低。例如，鲁迅笔下的祥林嫂，一开始大家都十分同情她的故事，它的唤醒水平是最佳的。经多次重复后，人们就开始厌烦它，因为它引起的激活水平已经降低了。

3. 个体经验对于偏好具有一定的影响

富有经验的个体偏好于复杂的刺激。如理论修养功底深厚的人更喜欢探讨复杂的理论问题。经验丰富的人也能够帮助个体更好地组织刺激。如初学几何的人，思路比较单一；而有经验的人则能从不同角度思考问题，更容易解决复杂的难题。

（五）诱因理论

以往的动机理论都强调个体行为的内在动力，忽略了外在环境在引发行为上的作用。因此，人们提出了诱因理论。诱因指能满足个体需要的刺激物，它具有激发或诱使个体朝向目标的作用。例如，美食引发人的食欲；权力激发人的追求；热血唤起人的斗志等等。诱因可以是物质的，如食物、时装等，也可以是精神的，如获得名誉、地位等。诱因有积极和消极之分，有吸引力的刺激物称为积极诱因；个体回避的刺激物（如痛苦、贫穷、失败等）称为消极诱因。赫尔接受了诱因这一变量，把它作为行为的决定因素之一，并修改了自己的公式，在其中增加了诱因动机（K）。即：$P=D\times H\times K\times I$。诱因由外在目标激发，转化为个体内在的需要之后，就能推动个体的行为，并有持久的推动力。大多数学者认为，动机是机体诱因和外在诱因相互作用的产物。

（六）动机的认知理论

现代认知理论认为，人对信息的加工过程，会在头脑中形成各种不同的观念。这些观念通过对刺激和行为间的中介作用，不仅能引发行为，而且也能改变行为。期待价值理论认为，达到目标的期待是行为的决定因素。犹如努力学习期待取得好的成绩，勤奋工作期待获得理想的业绩一样，对目标的期待，决定一个人的行为。归因理论则认为，人对成功与失败的因果归因是影响成就活动过程的核心。合理、恰当的归因，有助于调动人的积极性。否则，就会产生相反的效果，降低行为效率。自我效能理论认为，自我效能感是成就活动的关键，人的认知变量如期待、注意和评价等在行为决策中起着重要作用。当个体相信上课认真听讲、下课认真做作业就会取得好的成绩，并相信自己能够做到认真听讲和认真完成作业时，才会对听讲和做作业的行为产生积极的影响。否则，如果出现结果的期待和效果的期待两者不协调或不一致的现象时，就不会产生相应的行为。而成就目标理论则认为，不同个体对自己能力的不同看法，会直接影响个体对成就目标的选择。将成就情境看做是提高自身能力机会的人，会把掌握新知识、新技能和发展能力作为自己追求的目标；而将成就情境看做是对自身能力的一种经验和测量的人，则关心怎样去证明自己的能力，避免得到差的成绩。

总之，上述的几种理论都强调认知的动机功能，关注认知在人的行为中的影响作用，我们把它们统称为动机的认知理论，认知理论越来越受到人们的重视。

第四节　兴趣

兴趣是人们从事活动的强大动力，它能提高人的积极性，使人愉快地参与活动。古人早就提出："知之者不如好之者，好之者不如乐之者。"充分理解兴趣的内涵，了解兴趣的分类和品质，积极探索培养学生良好兴趣的途径，能够帮助学生在从事的各项工作中，收到事半功倍的效果。

一、兴趣的含义

兴趣是人们探究某种事物或从事某种活动的心理倾向，它以认识或探究外界的需要为基础，是推动人们认识事物、探究真理的重要动力。兴趣作为一种认识需要，往往使人对某种事物优先给予注意，并带有积极的情绪色彩。例如，对足球感兴趣的人，总是对足球赛事以及足球明星的刊物、消息等优先加以注意；对音乐感兴趣的人，则对乐器以及有关音乐的书籍、刊物等优先加以注意，甚至报纸上有关音乐的报道，别人议论有关音乐的事，对他都有很大的吸引力，并总是以积极情绪去探究领会和掌握它。兴趣越浓厚，认识就越深刻，情感也就越丰富；反之，认识越透彻，情感体验就越深沉，兴趣也就越浓厚。它们处于良性的互动状态之中。

当兴趣不是指向认识的对象，而是指向某种活动时，这种推动力量往往被称之为爱好。如对体育活动、书法活动的爱好等。无论是兴趣，还是爱好，它们都与人的积极的情绪体验联系在一起。当人们兴趣盎然地进行某种活动、获得某种认识时，他们常常能体验到快慰和满意等积极情绪。

人的认识兴趣在个体的心理发展过程中出现得很早。最初表现为个体对环境的探究活动。婴儿出生后，对环境中出现的新事物即有惊奇和兴奋的反应。年龄稍大的儿童对新玩具，一般表现为注视、抚摩、摇晃、敲打甚至毁坏等。正是在个体生命早期具有的定向探究活动的基础上，才逐渐形成了人对事物和活动的兴趣和爱好。

一般认为，兴趣对人从事的活动具有以下几种作用：首先，对未来活动的准备作用。人对从事的活动总是有所取舍，兴趣不仅影响人的选择，还会影响人的心理预期，为即将从事的活动做好相应的心理准备。其次，兴趣对正在进行的活动具有推动作用。人对自己感兴趣的活动往往表现为乐此不疲，乐意投入更多的精力，具有较大的推动力量，能够取得较好的工作效率。第三，兴趣对活动的创造性态度具有促进作用。兴趣容易使人进入工作的迷恋状态，导致各种奇思妙想的出现，带来不可思议的工作效率，取得令人惊叹的创造性成果。

二、兴趣的分类

人类的兴趣是多种多样的，可以用不同标准对它们进行分类。

（一）物质兴趣和精神兴趣

根据兴趣的内容，可以把兴趣分为物质兴趣和精神兴趣。物质兴趣主要指人们对舒适的物质生活（如衣、食、住、行方面）的兴趣和追求；精神兴趣主要指人们对精神生活（如学习、研究、文学艺术、知识）的兴趣和追求。就中小学生而言，由于人生观和世界观尚未完全形成，无论物质兴趣和精神兴趣都需要师长进行积极的引导，既要杜绝学生在物质兴趣方面的畸形发展，也要防止学生在精神兴趣方面的消极发展和追求。

（二）直接兴趣和间接兴趣

根据兴趣所指向的目标，可以把兴趣分为直接兴趣和间接兴趣。直接兴趣是指对活动过程或活动本身的兴趣。例如，学生因为喜欢外语的语法规则和发音特点而喜欢学外语，就属于直接兴趣；间接兴趣主要指活动产生的结果所带来的兴趣。例如，学生为了将来找到更好的工作而对外语学习产生兴趣，则就属于间接兴趣。直接兴趣和间接兴趣是相互联系、相互促进的，如果没有直接兴趣，活动过程就可能显得很乏味、枯燥；而没有间接兴趣的支持，也就缺少了活动目标，活动过程就很难持久地坚持下去；特别是，直接兴趣和间接兴趣可以相互转化，给从事的活动带来更大、更持久的推动力量。例如，对外语学习的直接兴趣，可以衍生出学习外语的间接兴趣，从而产生综合的学习外语的推动力量；或者是，对外语学习持续的间接兴趣，让学生产生对外语学习活动本身的兴趣，从而培养出学习外语的直接兴趣，同样产生综合的学习外语的推动力量。因此，把人的直接兴趣和间接兴趣有机地结合起来，能够充分发挥一个人的积极性和创造性，这样才能持之以恒、目标明确，取得良好的活动效果。

（三）个人兴趣和社会兴趣

根据兴趣主体的不同，可以把兴趣分为个人兴趣和社会兴趣。个人兴趣是指个体对特定事物或活动的兴趣和追求。如：读书、聊天、化妆等等。社会兴趣是指社会成员对特定事物或活动的兴趣和追求。如：球迷、“粉丝”、追星族等群体的行为，它是部分社会成员普遍需求的一种反映。在现实生活中，我们既要考虑社会群体的兴趣，也要兼顾个体的独特兴趣，两者的相互融合和协调，有助于产生综合的推动力量，营造和谐社会。

三、兴趣的品质

兴趣的品质是衡量兴趣优劣的指标，主要包括以下几个方面。

（一）兴趣的倾向性

兴趣的倾向性指人的兴趣指向或方向，它往往指向个体感兴趣的事物。有的人对自然科学感兴趣，有的人对社会科学感兴趣，这就是人与人之间兴趣的倾向性不同。兴趣的倾向性不是天生的，其差异性主要是由个体后天的生活环境、所受教育和社会实践不同所造成的。

（二）兴趣的广阔性

兴趣的广阔性反映兴趣的空间特性，主要是指个体兴趣的范围和种类。如果一个人“琴棋书画”无所不能、无所不通，拥有广泛的兴趣，那么他就一定会拥有渊博的知识，生活得丰富多彩。例如我国汉代杰出的科学家张衡，正是由于他本人有着广泛的兴趣，才使他不仅在天文学、地理学、数学、机械学方面有所成就，而且他在文学和绘画方面也很有造诣。其文学作品在文学史上占有重要地位，同时又是东汉六大画家之一。相反，如果一个人兴趣狭窄，难免就会知识贫乏、目光短浅、生活单调。但是，如果一个人的兴趣仅仅是广泛而无中心的话，则可能一无所长，难以取得卓越的成就。

（三）兴趣的稳定性

兴趣的稳定性又称为兴趣的持久性，反映兴趣的时间特性，主要是指兴趣保持在某一或某些对象时间上的长短。有的人对事物的兴趣能够长时间保持稳定，可以做到数年乃至数十年如一日，不懈地努力和追求，最终取得成就。例如，居里夫人曾经说过：“我的生活是不能离开实验室的。”达尔文也说过：“我一生的主要乐趣和唯一职务就是科学工作。”与此相反，有的人则缺乏稳定的兴趣，做起事来半途而废、见异思迁，难以在工作和学习中做出突出成绩。儿童早期的兴趣一般波动较大，15 岁以后逐渐趋向稳定。人的兴趣的稳定性与一个人的理想、信念和意志品质结合起来培养，更容易取得良好的效果。

（四）兴趣的效能

兴趣的效能是指兴趣推动人行动所产生的效果和作用。同样是对音乐感兴趣，有的人只是停留在低层次的感知水平上，只要有音乐伴听，就会感到满足，没有进一步去感悟、去欣赏、去理解；有的人对音乐感兴趣，则是积极地探讨、分析、研究、迷恋，甚至追逐，沉醉其中，涅槃重生，开拓创新，进入“青出于蓝而胜于蓝”的境界。显然，后者的兴趣效能远远高于前者。如果兴趣不能产生实际效果，则就是一种无效的兴趣。

四、兴趣的培养

兴趣的培养问题可以从不同角度加以阐述。既可以从分析兴趣与心理活动过程的关系入手，分别探讨人的兴趣在认识过程、情绪情感过程以及意志过程的有效培养途径。也可以从兴趣的品质出发，着眼于提升人的兴趣的内涵，由此提出兴趣的培养主张等等。一般认为，兴趣的培养主要从以下几个方面进行。

（一）加强知识储备，夯实兴趣的基础

兴趣作为认识活动过程中表现出来的一种心理倾向，必然与人的知识修养存在着紧密的联系。知识越丰富，兴趣就越广泛；知识越贫乏，兴趣就越单一，甚至格调低下。培养写诗的兴趣，就需要了解诗歌作品的相关知识，体验诗歌的意境，掌握写诗的基本技能，逐步诱发出诗歌习作的兴趣。离开知识的积累，兴趣就失去了产生的基础，兴趣的培养就会成为空中楼阁，无从做起。

（二）积极开展活动，培养直接兴趣

直接兴趣是人对事物或活动本身的兴趣，离不开人的感官体验。某种活动的体验越深刻、越强烈，相应的直接兴趣就越容易被培养和激发出来。学校可以借助充实而富有内涵的内容，新颖而又别致的方式，开展丰富多彩的活动，激发学生参与活动的热情，不断培养学生参与活动的兴趣，并在活动中实现外部的积极影响向学生内部力量的转化，促使学生全面地成长和发展。

（三）加强目的教育，培养间接兴趣

间接兴趣是活动结果所带来的兴趣，与活动的目的密不可分。心理学的研究和教学经验表明，具有明显的社会意义的知识，对于学生的兴趣倾向有着特殊的影响，具有稳固而又持久的特点。学校需要加强目的教育，树立远大理想，强化间接兴趣的作用。特别是，将直接兴趣与间接兴趣两者有机地结合起来，促进两者相互转化，形成综合的推动力量，有利于学生心理素质的提高。

（四）针对自身的兴趣特点，培养良好的兴趣品质

由于每个人所处的环境不同、接受的教育及主体条件各异，所以每个人的兴趣都带有鲜明的个性色彩。这也是我们培养学生兴趣的一个前提条件。针对兴趣广泛而不集中的学生，就应加强中心兴趣的培养；针对兴趣单一而不广泛的学生，就应加强兴趣广泛性的培养；针对兴趣短暂易变的学生，就应加强兴趣稳定性的培养；针对兴趣消极被动的学生，就应加强兴趣效能性的培养等等。因势利导，因材施教，扬长补短，化腐朽为神奇，努力达到事半功倍的教育效果。

练习题

一、选择题

1. 人的积极性的源泉是 （　　）

A. 动机　　B. 需要　　C. 兴趣　　D. 信念

2. “江山易改，本性难移”，这说明了人格的 （　　）

A. 整体性　　B. 稳定性　　C. 独特性　　D. 社会性

3. 担心领导打击报复，可以归结为 （　　）

A. 生理需要　　B. 安全需要　　C. 社交需要　　D. 尊重需要

4. “狼孩”的故事，说明了人格的 （ ）

A. 整体性 B. 稳定性 C. 独特性 D. 社会性

5. 张三积极参加歌咏活动，把它作为将来的一条就业渠道对待，这样的兴趣从其指向性来看，属于 （ ）

A. 物质兴趣 B. 精神兴趣 C. 直接兴趣 D. 间接兴趣

6. 张三喜欢文学，李四喜欢艺术，两者在兴趣品质上的差别是 （ ）

A. 兴趣的指向性 B. 兴趣的广阔性 C. 兴趣的稳定性 D. 兴趣的效能

二、辨析题

1. 人的需要产生后，就一定会出现满足需要的行为。
2. 根据需要层次来看，只有人的低层次需要全部得到满足，才能产生更高层次的需要。
3. 动机是由需要转化而来的。
4. 兴趣的效能是指兴趣推动力量的大小。

三、简答题

1. 简述个性的基本特征。
2. 试述马斯洛需要层次理论的含义。
3. 谈谈动机驱动理论给我们的启迪。
4. 简述学生兴趣的培养。

四、材料分析题

某办学条件较差的乡村学校，学校宿舍漏雨，食堂桌凳不配套，道路不平整。后来收到社会的一笔捐款，校长打算用来修路、建花坛、美化校园。不料受到学校老师和学生的批评。认为这笔捐款应该首先用来修缮宿舍、配备食堂桌凳，而道路平整和修建花坛，可以缓缓再办。请问：老师和学生的批评为什么发生？能否从理论上加以说明？

参考答案

一、选择题

1. B 2. B 3. B 4. D 5. D 6. A

二、辨析题

1. 不对。从需要的产生到行为发生，需要满足两个条件：第一，需要必须达到足够的强度。第二，现实中存在能满足需要的诱因(客观事物或目标)。否则，人的行为不会发生。

2. 不对。低层次的需要得到一定程度的满足，就能产生高层次的需要。而不是全部满足。

3. 对。动机的产生是以需要为基础的。当需要达到足够的强度，并在现实中存在能满足需要的诱因，需要就会转化成动机，推动人的行为发生。

4. 对。兴趣的效能是指兴趣推动人行动所产生的效果和作用。推动力量越大,说明效能越高;否则,说明效能较低。

三、简答题

1. 个性的基本特征主要有:整体性、独特性和共同性、稳定性和可变性、生物性和社会性。

2. 马斯洛的需要层次理论主要包括以下几个方面的观点:

(1) 人有生理需要、安全的需要、归属与爱的需要、尊重的需要、求知和理解的需要、审美的需要和自我实现的需要等七种需要。它们像阶梯一样从低到高,按层次逐级递升,但次序不是完全固定的,可以变化,也可以有种种例外情况。

(2) 每个人都有需要,低层次需要获得一定程度的满足后,才会出现更高层次的需要。当多种需要未获满足前,首先应该满足迫切需要;只有迫切需要满足以后,才能体现后续需要的激励作用。

(3) 需要的满足是驱使人行为的动力,获得基本满足的需要就不再是一种激励力量。但是,低层次需要得到一定程度的满足后,就会追求更高层次需要的满足,而每一个层次需要的满足都有非常丰富的内容。因此,从需要入手影响人的行为,也就有了十分丰富的内涵。

(4) 人的低级需要可以通过外部条件满足;而高级需要则需要通过内部因素满足,而且也是无止境的。高层次的需要发展后,低层次的需要仍然存在,只是对行为影响的程度大大减小。人在同一时期可能存在几种需要,但只有主导需要才对行为起决定作用。任何一种需要都不会因为更高层次需要的发展而消失,各层次的需要相互依赖和重叠。

(5) 一个国家多数人的需要层次结构,是与国家的经济发展水平、科技发展水平、文化和受教育的程度直接相关的。在发展中国家,生理需要和安全需要占主导的人数比例较大,而高级需要占主导的人数比例较小;在发达国家,则刚好相反。

3. 驱动理论认为,无论是原始驱力,还是获得性驱力,它都能推动人的行为发生,减少驱力。因此,根据驱力的大小,我们可以预测、调节,甚至控制人的行为。

4. 培养学生的兴趣可从以下几个方面进行:(1) 加强知识储备,夯实兴趣的基础。(2) 积极开展活动,培养直接兴趣。(3) 加强目的教育,培养间接兴趣。(4) 针对自身的兴趣特点,培养良好的兴趣品质。

四、材料分析题

该校长的做法不符合马斯洛的需要层次理论的基本原理。马斯洛认为,每个人都有需要,低层次需要获得一定程度的满足后,才会出现更高层次的需要。当多种需要未获满足前,首先应该满足迫切需要;只有迫切需要满足以后,才能体现后续需要的激励作用。该校办学条件差,首先需要满足低层次的需要和迫切需要,宿舍漏雨和食堂桌凳不配套,都属于低层次的需要和迫切需要,应该首先给予考虑解决,只有这些需要达到一定程度的满足后,才能考虑其他需要的满足。

第七章　个性心理特征

教学目的和要求：

1. 了解个性心理特征的结构、不同气质类型的特点、性格的结构、能力发展的趋势和个别差异。

2. 掌握气质、性格、能力、智力、智商等概念的含义。

3. 理解气质与性格之间的关系、能力与知识之间的关系、气质在实践中的作用，以及影响能力和性格发展的因素。

4. 熟悉智力理论，能运用多元智力理论和三元智力理论对课堂教学活动进行科学分析。

教学重点：智力理论，能力发展的趋势和个别差异，不同气质类型的生理基础和特点，影响性格形成和发展的因素。

教学难点：智力理论和性格理论的现实意义，气质在实践活动中的作用。

个性心理特征作为人的心理活动差异性的集合，是在人的心理活动中经常表现出来的比较稳定的、典型的心理特性。它渗透在人的心理活动过程之中，反映人的心理活动的独特面貌，可以从不同角度加以解读。深入分析能力、气质和性格等个性心理特征的内涵，科学地理解和把握个性心理特征的本质，结合人的心理过程加以综合探讨，有助于我们形成人的完整的心理活动的立体画面，更为准确地认识人的心理活动规律。

第一节　能力

能力是反映人的心理发展水平的指标之一，一直受到社会的广泛关注。正确理解能力的内涵，加强能力与智力之间关系的探讨，有助于恰当地分析影响能力发展的因素，理智地对待人与人之间客观存在的能力差异，树立智力测验的科学态度。

一、能力的概述

正确认识能力的内涵，科学地阐述能力与知识的关系，区分能力的不同种类，能够帮助我们进一步剖析能力的实质，更好地指导教育工作实际。

（一）能力的含义

能力是指人们成功地完成某种活动所必须具备的个性心理特征。

写作离不开人的思维、想象等能力，唱歌离不开音乐表现和节奏感觉等能力，教学离不开教学组织、言语表达等能力。能力直接影响人的活动效率，是人成功完成某种活动的基础和必要条件。

人的能力不是天生的，必须通过活动得以表现，并在活动中形成和发展。所以，能力与活动是紧密相联的。

人类的活动纷繁复杂，往往需要多种能力的组合才能完成。当个人将多种能力独特地组合起来，比较顺利、有效地完成某项活动，就意味着该个体具有某一方面的才能；如果才能高度发展，则表明，该个体是某一活动领域的天才。如：数学天才、音乐天才、军事天才等等。

（二）能力与知识

能力与知识的关系既相联系，又相区别。一方面，能力是学习知识、掌握知识的前提，它直接影响学习和掌握知识的难度、速度和程度。能力强的人，学习知识又快又好，理解深刻，记忆牢固，善于运用；而能力差的人，学习知识困难重重，理解肤浅，死搬硬套。另一方面，知识的学习和掌握有助于能力的形成和发展。数学知识的学习和掌握，可以提高学生的计算和推理能力；语文知识的学习和掌握，则可以提高学生的写作能力。两者往往具有相互促进的作用。

能力与知识虽然存在着一定的相辅相成的关系，但是，并不存在绝对的对应关系。因为两者不属于同一范畴。能力作为人的个性心理特征，是一种心理水平的概括；而知识作为人类历史经验的总结，是一种经验的概括。因此，知识的学习和掌握与能力的发展不同步。只有知识的学习和掌握达到举一反三、熟能生巧的地步，才有可能促进能力的形成和发展。

（三）能力的种类

人的能力种类繁多，可以从不同的角度进行分类。

1. 一般能力和特殊能力

能力按照涉及的范围可以分为一般能力和特殊能力。

一般能力又称普通能力，是指各种活动所共同需要的能力，是人所共有的最基本的能力。具体包括观察力、记忆力、注意力、想象力和思维力等等，它适用于广泛的活动范围，是保证各项活动顺利进行的前提。人们通常把一般能力的综合体称之为智力，即：传统意义上的智力。

特殊能力又称专门能力，是完成某项专门活动所必须具备的能力。它只适用于特殊活动领域。例如：节奏感是从事音乐活动的特殊能力，身体协调能力是从事体育活动的特殊能力，而色彩辨别能力则是从事绘画活动的特殊能力。这些特殊能力都是顺利进行相应活动的基本保证。

一般能力和特殊能力密切相联，存在于每一个个体之中。各种特殊能力的形成和发展需要以一般能力为基础；而特殊能力的发展，也会促进一般能力的发展。任何一项活动的成功完成,既需要具有一般能力,又需要具有与某种活动有关的特殊能力,它们是一般能力和特殊能力共同作用的结果。

2. 认知能力、操作能力和社交能力

能力按照功能的不同可以划分为认知能力、操作能力和社交能力。

认知能力是指接收、加工、储存和应用信息的能力,主要包括知觉、记忆、注意、思维和想象等方面的能力。学习成绩的好坏往往直接反映认知能力水平的高低。它是人们成功地完成活动必须具备的最基本和最重要的能力。

操作能力是指借助于肢体进行操纵、制作和运动的能力,如:手工制作能力、艺术表现能力、体育运动能力、实验操作能力等等。操作能力是在操作技能的基础上发展起来的,同时,也成为顺利地掌握操作技能的重要条件。

认知能力和操作能力紧密相联。往往是认知能力中必然渗透有操作能力,而操作能力中也一定需要借助于认知能力。两者相互协调,共同保证某项活动的顺利完成。

社交能力是指人们在社会交往活动中所表现出来的能力。如:组织管理能力、言语感染能力、人员协调能力等,它能保证个体与社会相适应,并被社会接纳,是个体适应社会生活环境的基本能力。

3. 模仿能力和创造能力

能力按照参与活动性质的不同可以划分为模仿能力和创造能力。

模仿能力是指仿效他人的言行举止而从事相似活动的能力。例如:儿童模仿父母说话的语气、表情,学画过程中的临摹,产品的仿造等等。美国心理学家班杜拉认为,模仿是人们彼此之间相互影响的重要方式,也是实现个体行为社会化的基本历程之一。

创造能力是指产生新思想、发现和创造新事物的能力。它有狭义和广义之分。当某种活动中表现出来的能力对整个社会来说独特而有意义时,就是狭义上的创造能力;当某种活动中表现出来的能力是对创造者个体来说独特而有意义时,就是广义上的创造能力。相比较而言,狭义的创造能力具有更大的社会价值和意义。然而,无论是狭义上的创造能力,还是广义上的创造能力,它们都是成功地完成某种创造性活动所必需的条件。其中,创造思维和创造想象起着十分重要的作用。

模仿是创造的前提和基础,创造是模仿的提升和发展。所以说,创造能力是在模仿能力的基础上发展起来的,它是模仿能力基础上的更高层次的能力。其实,模仿能力和创造能力的划分只是相对的,模仿能力中包含有创造能力的成分,创造能力中包含有模仿能力的成分,两种能力相互渗透,相互联系,在活动中得以和谐与统一。

二、能力与智力的理性分析

能力与智力之间的关系问题是学术探讨的热门话题。从最初的单因素论到现代的多元智力理论,智力从原点出发,经过漫长的探索,其实又回到了原点,完成了一个从起点到终点的心路历程,达到智力向能力的自然回归。

(一) 智力的含义

智力又称为智能,是与能力相关联的概念,一直受到广大心理学工作者的关注,至今尚无统一的定义。归纳起来,主要有以下几个方面的表述。

(1) 智力是个体学习的能力。

(2) 智力是个体抽象思维的能力。

(3) 智力是个体适应环境的能力。

(4) 智力是智力测验所测验的结果。

(5) 智力是抽象思维能力、解决问题能力和学习能力的综合体现。

上述几种智力的表述反映了不同学者从不同角度对智力含义的分析,也揭示了人们对智力含义的认识实现了从单一智力观向综合智力观的转变、从静态智力观向动态智力观的转变。智力就是人的各种能力的综合体现,它将根据不同的活动需要组合成不同的能力综合体,保证当前活动的顺利完成。我国学者认为,智力是一种综合的认识方面的心理特性。主要包括观察力、记忆力、思维力、想象力和注意力等。其中,抽象概括能力是核心成分,创造力是其高级表现。

(二) 智力理论

人们对智力问题的认识,走过一段漫长的心路历程。从对智力成分、要素的认识,到对智力结构的分析,以及对智力操作过程和作用的探讨,主要形成三大流派。

1. 智力因素理论

(1) 单因素论者认为,人的智力只有一种。即指总的能力。例如:高尔顿、比奈、推孟等人都认为,智力是单因素的,就是智力测验量表测量出来的结果,用智商加以表达。

(2) 斯皮尔曼的二因素论。英国心理学家斯皮尔曼认为,智力由一种单一的一般因素(普遍因素)和一系列的特殊因素构成,也称为G因素和S因素。任何一种作业都必须依靠这两种因素协同完成。其中,一般因素是智力的首要因素,属于不同智力活动的共享因素,是智力结构的关键和基础,在相当程度上是遗传的结果,也是智力测验所要测量的对象。特殊因素主要有:口语能力、计算能力、机械能力、注意力和想象力等五个因素,它们与一般因素一起,以不同的姿态参与某种单一的具体活动。斯皮尔曼认为,每一个人的一般因素和特殊因素都不相同,即使具有同样的特殊因素,在程度上也是不同的(见图7-1)。

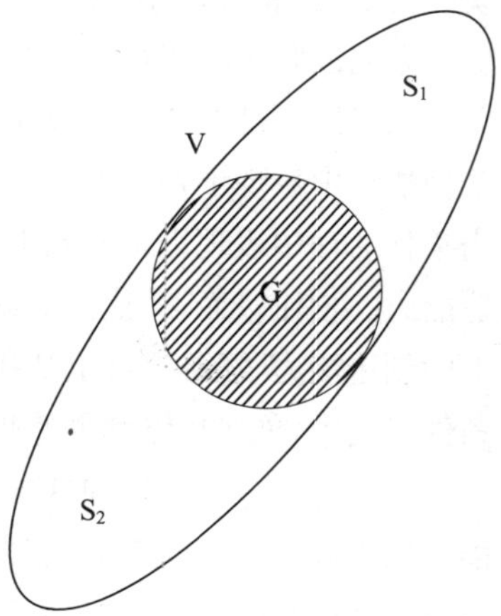

图7-1 斯皮尔曼的二因素论

(3) 瑟斯顿的群因素论。美国心理学家瑟斯顿认为,智力包括七种平等的基本能力。即:计算(N)、语词流畅(W)、语词理解(V)、记忆(M)、推理(R)、空间知觉(S)和知觉速度(P)。这些基本能力的不同搭配，便构成每一个独特的智力结构，参与完成不同的智力活动。后来他发觉，七种基本能力不是彼此独立、互不相关的，而是存在着内在的联系。在评价一个人的智力水平时，分析七种能力的次级因素更为重要。至此，瑟斯顿的群因素论与斯皮尔曼的二因素论已经达到了融洽与和谐。我们把斯皮尔曼的二因素说称为"一般因素——群因素理论"，而瑟斯顿的群因素说，则称为"群因——一般因素理论"。

(4) 卡特尔的流体和晶体智力理论。1966年，美国心理学家雷蒙德·卡特尔在分析二因素论和群因素论的基础上，提出在一般因素中包含有流体智力和晶体智力。流体智力又称为液体智力，是指以生理活动机能为基础的、不依赖于文化和知识背景而对新事物学习的能力。通常指一般学习与行为的能力，由速度、能量、快速适应新环境的测验来度量，如注意力、知识整合力、思维的敏捷性、逻辑推理测验、记忆广度测验、解决抽象问题和信息加工速度测验等。晶体智力是以经验为基础的后天习得的能力，它与个体的文化知识、经验积累有关。指个体已获得的知识和技能，由词汇、社会推理以及问题解决等测验来度量，如知识的广度、判断力等。液体智力随着年龄的增长逐步下降，而晶体智力则随着年龄的增长逐步提高(见图7-2)。

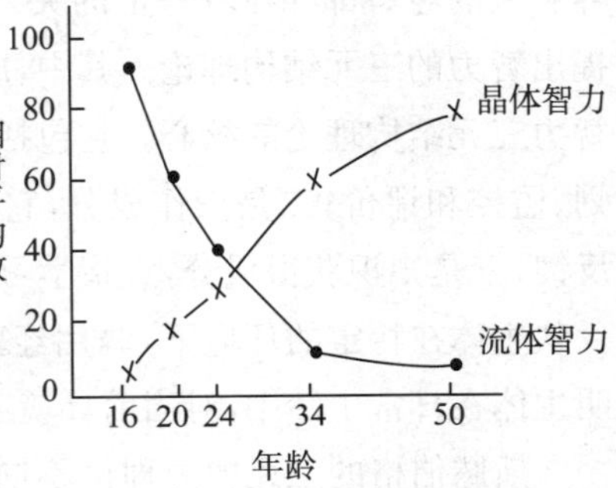

图7-2　卡特尔的液体智力和晶体智力

2. 智力结构理论

(1) 吉尔福特的智力三维结构模型。美国心理学家吉尔福特用因素分析法研究智力，不承认一般因素的存在，认为智力因素应该是相互独立的。他提出智力结构可以从操作、内容和产物三个维度去考虑。操作就是心理活动方式，反映智力的第一个维度。具体有六种：认知、记忆记录、记忆保持、分散思维、集中思维和评价。内容体现智力的第二个维度，反映引起智力活动的材料类型。包括视觉、听觉、符号、语义和行为五种。产物是指智力活动的结果，是智力的第三个维度。具体包括单元、类别、关系、系统、转换和蕴含六种，从简单产物到复杂产物构成一个序列(见图7-3)。

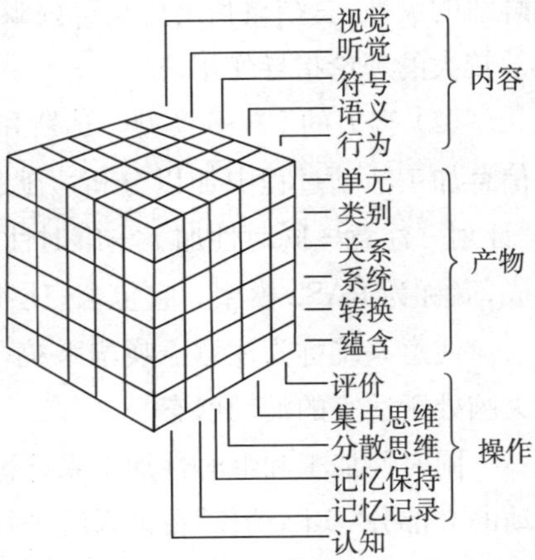

图7-3　吉尔福特的智力三维结构模型

(2) 皋南的智力层次结构模型。英国心理学家皋南在二因素理论的基础上，提出按层次排列的智力结构。智力的最高层次是智力的一般因素(G因素);第二层次分为言语和教育因素及机械和操作因素两个大因素群;第三层次有几个小因素群构成,即:言语理解、数量、机械信息、空间能力和手工操作等;第四层次由特殊因素构成。阜南的理论在一定程度上得到近几年脑科学研究的支持。

3. 智力的信息加工理论

(1) 智力的三元结构理论。美国心理学家斯滕伯格认为,智力与外在世界、内在世界和人的经验都存在着一定的关系,智力理论就应该围绕这三个维度加以阐述。由此提出智力的三元结构理论。其中,成分亚理论是阐述解决问题时的各种心理过程,也是智力三元结构理论的核心。它包括三个层次的成分:一是元成分,它对执行过程进行计划、监控和评价;二是操作成分,它接受元成分的指令,进行各种认知操作,并提供信息反馈;三是知识获得成分,意指学习新问题的解决及解决问题的策略等等。经验亚理论反映主体在特定的环境下,调用经验作出适应特定情境的智力行为。情境亚理论则说明主体在日常生活中,对当前环境适应、选择和改造的智力行为。

斯滕伯格的三元智力理论不同于以往的智力因素理论和智力结构理论,其突出贡献主要表现在两个方面:第一,丰富了智力的内涵。无论是因素理论,还是结构理论,都带有"自恋"倾向,把智力抽象出来"就事论事"地探讨智力的实质问题,不善于把智力与其他事物联系起来进行分析。三元智力理论把智力与人的内外世界及以往的经验联系起来,从不同角度对智力进行多方面的解读,无疑是对智力更全面、更具体的阐述。第二,拓展了研究的视角。以往的智力理论偏向于对智力"本身"进行剖析,忽视了联系其他事物考察智力活动的过程,容易陷入孤芳自赏、曲高和寡的境地。而三元智力理论从智力活动的具体操作实际出发,揭示了智力与其他事物之间的关系,赋予三元智力理论鲜活的灵性,总结概括出更具有说服力和社会价值的结论,对社会特别是教育领域起到了较大的理论指导作用。

(2) 智力的PASS模型。达斯和纳格利里等人认为,探讨智力问题必须把智力置于信息加工活动过程中加以分析。他们在20世纪90年代提出智力的PASS模型。即:"计划—注意—同时性加工—继时性加工"模型。由每个认知过程的第一个英文字母构成,简称为PASS模型。它包含三层认知系统和四种认知过程。

注意系统称为注意—唤醒系统,起激活和唤醒作用,是整个智力系统的基础,它使大脑处于适宜的活动状态。

同时性加工和继时性加工系统称为信息加工系统,是智力的主要操作系统,智力活动的大部分"实际动作"在该系统进行,两者并列统称为编码—加工系统,处于整个系统的中间层次。

计划系统位于整个系统的最高层次,主要从事智力活动的计划性工作,在智力活动中确定目标、制定策略,起监控和调节作用。

三个系统动态协作,保证了智力活动的正常运行。

PASS模型作为一种新的智力理论，其突出之处在于打破了传统智力理论的静态智力观，从动态层面深入分析了智力活动的内部过程，深化了人们对智力问题的认识。

(3) 加德纳的多元智能理论。1983年美国心理学家、教育家霍华德·加德纳在充分实证分析基础上提出，智能是“个体用于解决和产生出为一种或多种文化或环境所珍视的问题和产品的能力”。个体的智能结构本质上是多元的，主要由七种相互独立又相互补充的智能构成。

视觉—空间智能：这种智力包括对物体的形状、结构、空间关系的精确感知能力和空间关系形式化能力，用于导航或环境中的移动、看地图和绘画等等。

音乐—节奏智能：这种智力主要包括敏锐的音调、旋律、节奏感知能力、音乐欣赏和创作能力，用于演奏乐器、唱歌或欣赏和创作音乐方面等等。

逻辑—数学智能：这种智力主要包括敏感的辨别能力，逻辑或数学的思维方式，归纳推理能力，用于解决抽象逻辑、数学问题以及逻辑推理等问题。

言语—语言智能：这种智力主要包括语音、语义、语法和言语表达与分析能力，渗透在所有语言能力之中，以及语言和文字的理解和表达。

身体—动觉智能：这种智力主要包括身体和动作的协调、控制能力，熟练的器械操作能力。

人际—交往智能：这种智力主要包括对他人情绪、动机、意向的辨别，明了人际关系和暗示，并做出恰当反应的能力。如富有同情心，且善解人意。

自知—内省智能：这种智力主要包括明了自己的情绪、动机、意向的能力，自尊、自律的能力，对于自己的内部世界具有极高的敏感性。

后来，他又增加了两种智能。一个是自然—观察智能：主要指对周围环境自然物种特征的敏感性、观察与分辨能力，以及强烈的好奇心和求知欲。还有一种智能是存在智能：主要表现在哲学家、神学家、生活导师身上，能够使用集体价值观念和本能，理解他人和周围世界的能力。

加德纳的多元智力理论明显不同于以往的智力理论，它已经跳出“就智力研究智力”的框架，而是从智力的载体——人这个更高层次的角度来俯视智力的实质问题，确立了朴素并且非常经典的理念：与主体有关的一切活动都是智力活动的具体体现。实际上也就宣告了人们围绕智力内涵进行探索历程的结束，实现了智力向能力的皈依，由此带来智力观、人才观、教育观的革新，被人们称为智力理论发展的里程碑。加德纳多元智力理论给予我们的启迪主要表现在以下几个方面。

第一，从抽象到具体。智力不是一个抽象的概念，它应该是活生生的客观事实。智力水平的高低主要不是测试出来的，而是应该在现实生活中表现出来的，与具体的生活情景结合起来。不能像传统智力那样，满足于测试的结果，停留在“纸上谈兵”，不能真正揭示智力的实质。因此，探讨智力问题必须与具体的活动联系起来，必须关注社会文化因素在人的智力活动中的重要影响作用。同时还要考虑，人的智力结构是独特的，它与具体的活动是相对应的，人在具体的活动中运用相应智力的独特组合解决现实问题的能力，才是智力的真实表现，也才是智力评价的根本所在。

第二，从静态到动态。传统的智力测验习惯于静态分析，强调“一锤定终身”，忽视人的发展变化，缺少描绘人的动态发展历程。它们借助常模、标准分数，热衷于给学生“贴标签”，忘却了智力测验促进学生发展的最终目的。评价学生应该着重于评价学生的发展过程，帮助学生对自己的强项和弱项有所认识，了解自己过去、现在和将来的发展趋势，为个人的发展提供合理化的建议。只有从动态的角度对人的智力发展状态进行分析，才能真正体现智力测验的根本目标，否则，就会本末倒置，违背智力测验的初衷，陷入极端而无法自拔。

第三，从统一到多样。人的智力发展离不开社会文化的影响，离不开个体独特的生活经历，应该体现在活动的方方面面，表现出丰富性、多样性的特点。然而，传统的智力测验往往借助书面符号着眼于语言和数理逻辑能力的评价，以主流文化背景下的标准为依据，企图反映所有人的所有能力，必然是片面和不合理的。尽管，传统的智力测验有其科学、合理的一面，但是，它带来的效果却是“只见树木，不见森林”，将会越来越失去它的适用性。

第四，从单维到多维。人的发展不是单一发展的轨迹，而是一个全面立体的画面。它不仅仅包含语言、数理逻辑等认知能力，还包含情感、价值体系、自我反省等更多内容。人的发展不能仅靠智力测验的方式加以鉴定，还需要档案资料、轶事报告等手段全面衡量，它能动态、真实地反映人的发展全貌。评价的渠道不应该单一，而应该通过老师、同学、家长、社会及本人等多方面地展开，它能保证评价的全面和客观。

总之，在教育活动中，加德纳多元智力理论要求我们面向每一个学生，面向每一个学生的每一个方面。

三、能力的发展

人的能力的发展是一个动态变化的过程。既有成长上升的时期，也有下降衰退的时候，受主客观各种因素的影响，反映出不同个体能力发展的不同特点，有待于我们深入地探讨。

（一）能力的发展趋势

大量研究表明，人在出生后的头几年是智力发展最快的时期，随后逐步缓慢，到达一定年龄就停止增长，并随着人的衰老开始下降。1970 年，贝利采用纵向研究法，对相同的被试在不同年龄阶段（从出生到 36 岁）进行智力测验。他借助于“贝利婴儿量表”“斯坦福—比奈量表”和“韦克斯勒成人智力量表”对相关人员进行测量，发现智力随年龄增长而逐渐增长，一直到 26 岁左右，随后保持水平状态，直至 36 岁后开始下降（见图 7-4）。

韦克斯勒在 1955 年编制成人智力量表时，通过对 1700 名被试分层取样，进行统计表明，34 岁之前是智力发展的高峰期，以后逐渐下降，60 岁之后迅速下降（见图 7-5）。

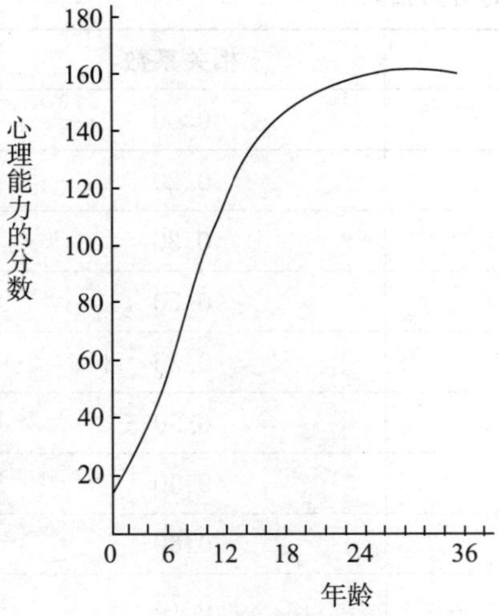

图 7-4　贝利智力发展曲线

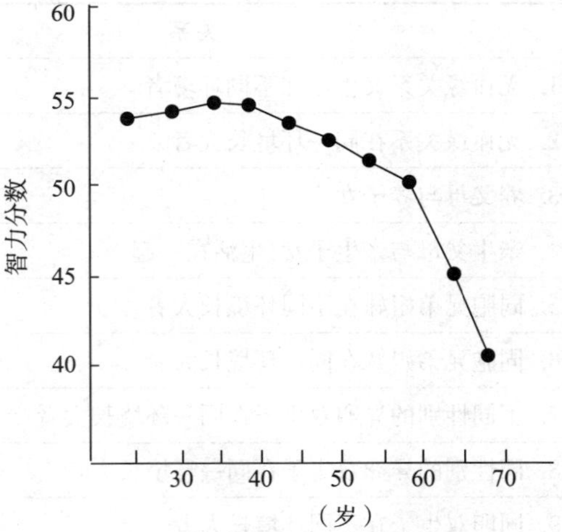

图 7-5　韦克斯勒的智力年龄变化

还有不少学者研究表明，人的不同能力的发展，以及能力不同侧面的发展和衰退也是不同的。瑟斯顿研究发现，知觉速度、空间知觉、推理能力、计算能力和记忆能力发展较早；语词理解和语词流畅能力发展较迟。若以成年人为标准，如果要达到成年人能力80%的水平，则知觉速度为 12 岁，推理能力为 14 岁，语词理解为 18 岁，语词流畅为 20 岁以后。

韦克斯勒针对年龄在 16～75 岁之间的 2052 名被试，运用“韦克斯勒成人智力量表”进行测量。结果表明：言语和操作方面的智力在 25 岁左右达到最高峰，以后随着年龄的增长，都逐步下降。其中，言语方面的智力下降较慢，操作方面的智力下降较快。

（二）影响能力发展的因素

长期以来，围绕影响能力发展的因素问题，不同的学者提出不同的看法。有的强调遗传因素的作用，所谓“一两遗传胜过一吨教育”，就是这一类学者的典型看法。他们通过对不同血缘关系智力相关因素的分析，特别是双生子智力相关因素的分析，令人信服地提出了遗传因素在人的能力发展中的重要作用。

从表 7-1 中可以看到，环境因素虽然在智力的形成和发展中发挥着一定的作用，但是，更为突出的是：同卵双生子的智力发展高度相关，相关系数达到 0.88；而无血缘关系的人员之间智力的形成和发展相关较低。这个结论具有一定的科学依据。人的素质，特别是大脑等高级神经系统的生理解剖特点，符合遗传规律，必然影响人的智力的形成和发展，构成人的能力发展的前提和基础。

表 7－1　不同血缘关系者的智力相关

关系	相关系数
1. 无血缘关系又生活在不同环境者	0.00
2. 无血缘关系在同一环境长大者	0.20
3. 养父母与养子女	0.30
4. 亲生父母与亲生子女(生活在一起)	0.50
5. 同胞兄弟姐妹在不同环境长大者	0.35
6. 同胞兄弟姐妹在同一环境长大者	0.50
7. 不同性别的异卵双生子在同一环境长大者	0.50
8. 同性别的异卵双生子在同一环境长大者	0.60
9. 同卵双生子在不同环境长大者	0.75
10. 同卵双生子在同一环境长大者	0.88

也有的学者认为,环境教育等后天因素在人的能力发展中起着关键作用(见图 7－6)。“给我一打健全的儿童,一个由我支配的环境,我可以保证,无论这些儿童的祖先如何,我都可以把他们培养成为任何一个人,或者是政治家、军人、律师,抑或是乞丐、盗贼”。这种观点就是这类学者的经典表述。他们把后天环境的影响看成是能力形成和发展的重要因素。

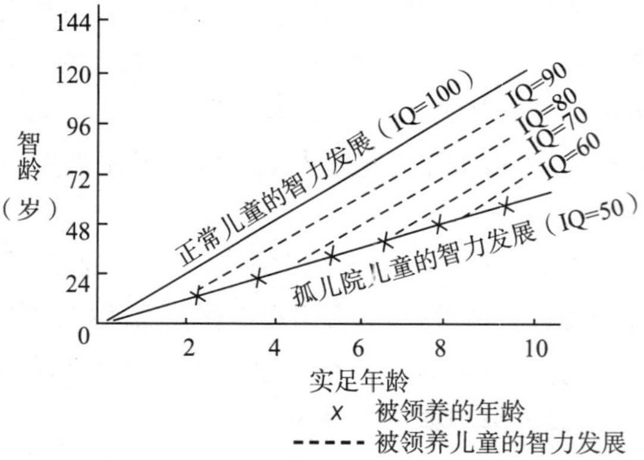

图 7－6　智力发展与环境

脑科学的研究表明,新生儿出生以后,营养的质量直接影响婴幼儿脑细胞的发育,并进而影响人的智力的发展。早期教育、家庭环境及社会生活方式也都从不同角度激发大脑不同区域的不同功能,同样对人的智力发展产生一定的影响。至于学校教育就表现得更为突出,它通过有目的、有计划、有系统的教育活动,促进学生在掌握知识、技能的同时,开发智力,培养能力。凡此种种,一系列后天环境教育的影响都为人的能力的形成和发展带来现实的作用。

目前,越来越多的人认为,用遗传决定论或环境决定论来解释影响能力发展的因素问题都具有极大的片面性,不能正确诠释智力发展的本质。个体智力的形成和发展是遗传和环境两大因素交互作用的结果。图 7－7 表示,一个人的遗传只能确定个体智力发展的大概区间,可能达到的最低点和最高点;最终达到的智力发展水平,则由后天的环境和教育起决定作用。前者提供可能性，后者提供现实性，它们的交互作用共同影响智力的形成和发展。

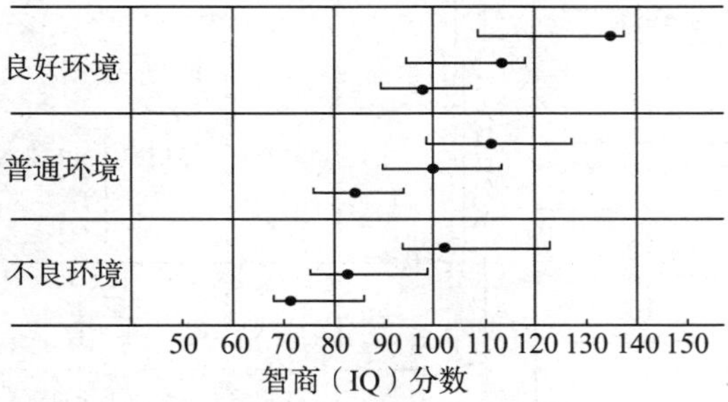

图 7－7　遗传限内环境对智力发展的影响

说明：(1) 图中九条横条表示九名智力高低不同者之遗传限，愈长者其遗传限愈大。

(2) 横条上的圆点表示各个体在智力测验上实际表现的 IQ 分数。

（三）实践活动和个性品质在能力发展中的作用

人的能力的形成和发展不是在真空中完成的，离不开人类的社会生活实践。我国古代思想家王充早就指出“施用累能”和“科用累能”。即能力是在使用中积累的；在不同职业的活动中积累的能力也是不同的。炼钢工人辨别火焰温度的能力、染色工人区分不同程度黑色丝线的能力以及农民判断土壤水分的能力等等，都是在实践活动中形成和发展的。离开了社会实践活动，即使有良好的素质和环境，能力也不可能得到发展。

社会实践活动对人的能力形成和发展的影响，还表现在通过影响人的个性品质的形成，从而间接地影响人的能力的形成和发展。研究表明，用斯坦福—比奈量表对 140 名 4～14 岁的儿童进行重复测验，结果发现，具有强烈学习动机的 35 名儿童智力发展速度大大加快；而缺乏学习动机的另外 35 名儿童智力生长速度则明显下降。由此可见，动机、勤奋、谦虚和坚强的毅力等个性品质都对智力的形成和发展具有重要的意义。

（四）能力发展的个别差异

1. 能力发展水平的差异

人的能力发展客观存在着个体差异。由于先天素质的不同，后天环境教育水平的不同，家庭、社会等各方面的综合影响，必然影响人的能力发展。首先，表现为人的能力发展水平的差异。如果把全人类的能力发展水平进行统计分析，人类的智力差异可以分为不同的层次（见表 7－2）。全人类的智力分布呈现正态分布，也称为常态分布。即：两头小，中间大（如图 7－8 所示）。

表 7－2　智力的分级表

智商	级别	所占比例(%)
139 以上	非常优秀	1
120～139	优秀	11
110～119	中上	18
90～109	中智	46
80～89	中下	15
70～79	临界	6
70 以下	智力迟钝	3

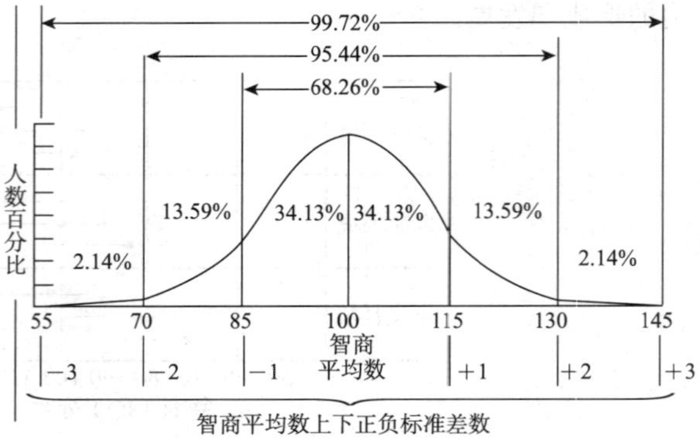

图 7－8　智商正态分布图

自从智力测试量表实施以来，人们越来越关注智力超常儿童和智力落后儿童。前者作为社会精英的培养对象；后者作为社会关心的弱势群体。不少学者展开了一系列相关的研究。

一般认为，超常儿童是指智力发展显著地超过同年龄常态儿童的水平，或具有某方面突出发展的特殊才能，能创造性地完成某种或多种活动的儿童。人们习惯地把智商在 140 以上的儿童称为天才儿童，而智商在 70 以下的为智力落后儿童。后来，许多心理学家认为，仅用智力测验来鉴别天才儿童是有局限的。1972 年美国联邦教育部根据多年研究的结果规定，一般智商的儿童只要在以下的一个方面有突出表现，就可以称为天才。即：① 特殊学习能力倾向；② 创造性思维；③ 领导才能；④ 视觉和演奏艺术；⑤ 心理运动能力。1978 年美国心理学家任朱利认为，天才儿童不仅仅是指智力方面的内容，还应该关注非智力因素。因此，天才儿童应该：① 具有超过一般水平的能力。包括一般能力，也包括特殊能力；② 工作的责任心强，力图完成任务，有强烈的动机、浓厚的兴趣、热情、自信和有毅力；③ 较高的创造力。任朱利认为，天才儿童是这三方面的心理成分相互作用的结果。

我国的一些学者也认为，超常儿童的心理结构不仅包括优异的智力和创造力，还应该包括良好的个性倾向和品质。我国超常儿童研究协作组通过多年的研究发现，超常儿童的共同特点是：① 浓厚的认知兴趣，旺盛的求知欲；② 思维敏捷，理解力强，有独创性；③ 敏锐的感知觉，良好的观察力；④ 注意力集中，记忆力强；⑤ 进取心强，自信，勤奋，有坚持性。此外，超常儿童的个性发展速度和水平也明显地高于常态儿童。他们社会适应性比较好，情绪比较稳定，意志坚强，喜欢并善于智力活动，动机效能高，特别是成就动机的水平较高等等。

但是，超常儿童也会有自卑感和不圆满感，这往往是他们抱负水平高，习惯于把自己的短处和别人的长处相比较而造成的。他们也常常因为理想自我和现实自我之间差距很大而带来遗憾。并由于表现出来的想法和做法不易为同龄人接受，因此，在人际关系上往往感到不尽如人意，产生孤独感，影响社会关系的协调等等。

所谓的智力落后儿童是指智力发展明显低于同龄儿童平均水平，并有适应行为障碍的儿童。智力落后儿童又称低常儿童、弱智儿童、智力不足儿童、智力残疾儿童等。人们往往根据下列三个指标来评判：第一，智商明显低下。一般把智商在70以下的儿童确定为低常儿童。第二，社会适应不良。低常儿童往往对周围自然环境和社会环境感到不适应，不能从事简单劳动，生活自理能力很差，在学校学习跟不上学校正常的教学进度等。第三，问题发生早。低常儿童的智力问题一般在早年的发育阶段就有所表现，他们可以在1岁就出现，在18岁以前都很明显。

智力落后儿童是当今世界面临的一个重大的医学和社会问题。首先要倡导优生优育的政策，降低智力落后儿童的出生率。其次要尊重智力落后儿童的人格，给予更多的人文关怀。第三，采用正确的方法帮助智力落后儿童，提供恰当的教育措施，把病理诊断和治疗、心理治疗和教育措施紧密地结合起来，促进智力落后儿童的智力发展，尽早地回归人类社会的正常生活。

2. 人才早熟早晚的差异

（1）人才早熟表现。人的能力在少年期或童年期，甚至幼儿期就表现出来，往往被称为人才早熟。唐朝诗人杜甫5岁就能吟诗作赋，少年王勃13岁就写出了著名的《滕王阁序》，“落霞与孤鹜齐飞，秋水共长天一色”的名句流传至今。当代的宁铂2岁半就能背诵诗词30多首，13岁考入中国科技大学少年班。德国的高斯，3岁就能纠正父亲的计算错误，19岁就能攻克一个世界级的数学难题，为自己赢得“数学王子”的称号。奥地利作曲家莫扎特从小就显示出惊人的音乐天赋，5岁开始谱曲，8岁创作交响乐，11岁创作歌剧，最终成为世界级的音乐大师。美国著名科学家维纳3岁时就能阅读，14岁哈佛大学毕业，19岁获博士学位，成为控制论的创始人。诸如此类的杰出人物，都是从小就表现出能力发展的较高水平。

（2）中年成才表现。不少学者认为，30～45岁是人的智力活动的最佳年龄，也是个人对社会贡献最多的时期。有人对诺贝尔奖获得者进行调查发现，在325位诺贝尔奖获得者中有301人是在30－50岁之间取得研究成果。美国心理学家李曼对大量的科学家、艺术家和文学家进行了分析，研究他们的年龄与成就的相关问题，结果表明，25～40岁是成才的最佳年龄。他的研究还表明，从事不同学科的人，最佳创造年龄是不同的（见表7-3）。

表7-3 不同学科的最佳创造平均年龄

学科	最佳创造的平均年龄(岁)
化学	26～36
数学	30～34
物理	30～34

续表

学科	最佳创造的平均年龄(岁)
实用发明	30～34
医学	30～39
植物学	30～34
心理学	30～39
生理学	35～39
声乐	30～34
歌剧	35～39
诗歌	25～29
小说	30～34
哲学	35～39
绘画	32～36
雕刻	35～39

(3) 大器晚成表现。人的能力的表现不仅有人才早熟、中年成才,还有晚年表现出来的,我们通常称之为大器晚成。我国医学家和药学家李时珍完成巨著《本草纲目》时,已经61岁;画家齐白石显露出他的绘画才能时,是40岁以后的事;美国生物学家、遗传学家摩尔根发表基因遗传理论时,已经60岁了;英国的达尔文直到50岁以后才开始写作《物种起源》一书。

人的能力表现时间为什么有早有晚?直到现在,也无法得出科学的结论。可能是遗传因素的影响,也可能是环境教育的作用,或者是社会发展的必然所致,甚至是各种因素交互影响的结果。但无论怎样,只要是人的能力得到充分的展现,就是一件值得庆幸的事,它一定对人类社会的发展起着积极的推动作用。

3. 能力类型的差异

(1) 一般能力的类型差异。人的心理活动在知觉、记忆、言语和思维方面存在着类型差异,必然带来能力类型的不同。

在知觉方面,人的类型差异有:① 综合型。知觉的概括性和整体性较强,但分析能力较弱。② 分析型。知觉的分析能力较强,对事物的细节感知清晰,但对事物的整体知觉较弱。③ 分析综合型。兼有上述两种知觉类型的特点。

在记忆方面,根据人记忆的方法不同可以分为不同的类型:① 视觉型。视觉识记的效果较好,画家多属于这种类型。② 听觉型。听觉识记的效果较好,音乐家多属于这种类型。③ 运动型。有运动觉参加时识记效果较好,运动员大多属于这种类型。④ 混合型。运用多种表象识记时效果较好,一般人大都属于这种类型。

在记忆方面，也可以根据个人识记不同材料效果和方法划分不同的类型：① 直观形象记忆型。这种人识记物体、图画、颜色和声音的能力较强。很多的艺术家属于这种类型。② 抽象记忆型。这种人识记词和概念及数字的能力较强。数学家是这种类型的典型代表。③ 中间记忆型。这种人对上述两种材料的识记效果都较好。一般人都属于这种类型。

在言语和思维方面，不同的类型差异有：① 生动的思维言语型。这种人在思维和言语过程中有丰富的形象和情绪因素。② 逻辑严谨的思维言语型。这种人的思维和言语表现为概括的、逻辑联系占优势。③ 中间型。处于上述两种类型之间。

(2) 特殊能力的类型差异。特殊能力的类型差异是指从事同一活动可以由能力的不同组合来完成。例如，同是从事音乐工作的人，一个可能具有强烈的曲调感和很高的听觉表象能力，但节奏感弱；另一个可能具有很好的听觉表象能力和强烈的节奏感，但曲调感较弱；第三个可能具有强烈的曲调感和音乐节奏感，但听觉表象能力较弱。三人虽然都是优秀的音乐工作者，但是，他们三人在音乐才能的结构方面存在着差异。

由于人的活动是人的一般能力和特殊能力协同完成的结果。所以，当一般能力或特殊能力或某一项能力在品质、程度或组合上的不同，都会带来能力类型的不同，同样表现为人的能力的个别差异。

四、能力的测量

能力测量就是按照某一标准对人的能力发展状态进行数量化的表达过程。可以从不同的角度对其进行分析。按能力种类分，有智力测验、特殊能力测验和创造力测验。按测验方式分，有个人测验和团体测验。按能力内容表达形式分，有文字测验和非文字测验等等。能力的测量已经在社会的许多领域得到广泛的运用。

（一）智力测验

自从弗朗西斯·高尔顿开始了对心理学研究工作的量化处理方式以来，智力测验才真正地在第一次世界大战以后的法国教育领域走上了历史舞台。由于同年龄的学生发展水平参差不齐，给学校教师带来较大的困惑，面对同一教室的学生，不能保证所有的学生都能进行有效的教学。因此，不少教师纷纷向法国教育行政部门提出请求，希望把特殊的学生筛选出来，送到特殊的教育机构，接受专门的教育。心理学家比奈和其助手西蒙接受了这项工作以后，通过大量的调查研究，以日常生活中的常识问题为素材，编制成一个个的智力测试题目，用于测试不同年龄段的儿童，在 1905 年出版了第一版的“比奈—西蒙量表”。并以此为基础，于 1908 年和 1911 年进行了两次修订，逐渐在各国流传开来，引起全世界心理学家的广泛关注。1916 年美国斯坦福大学的 L. M. 特曼教授对“比奈—西蒙量表”进行了修订，首次将德国学者斯特恩提出的智商概念运用到智力测验中，编制成“斯坦福—比奈量表”，从而进一步发展和完善了智力测验的评定方法，促进了智力测验在社会上的推广和应用。

智商是智力商数的简称，用公式表示就是：$IQ=MA/CA\times 100$。其中，IQ 表示智商，

MA表示被试的心理年龄或智力年龄，CA表示被试的实际年龄。按此公式计算，大多数正常人的智商为100左右；智商超过130的人可以视为智力超常；智商低于70的人，则视为智力落后。由此得出的智力商数称为比率智商。

经过若干年的使用和修订，1986年的“斯坦福—比奈量表”已经涉及了较为广泛的内容，包含了词汇分测验、珠子记忆分测验、算术分测验、语句分测验、图形分析分测验、理解分测验、谬误分测验、数字记忆分测验、仿造和仿画分测验、物品记忆分测验、矩阵分测验、数列分测验、折纸分测验、语文关系分测验和等式分测验等15个分测验。用以评估语言推理、数量推理、抽象—视觉的推理和短时记忆等四个领域的认知技能，赢得社会广泛的赞誉。但是，在实际的操作使用过程中，“斯坦福—比奈量表”也暴露出自身的致命弱点。当一个被试达到一定的年龄以后，心理年龄将不可能有更大的增长。但是，实际年龄却在逐年上升。结果，该被试的智力商数就会表现为逐年下降。显然，这是一种荒谬的现象。

美国心理学家韦克斯勒首创离差智商，用以代替比率智商，完成了编制智力量表工作的一项改革创新。他陆续发表了三套“韦克斯勒智力量表”，包含言语和操作两个分量表，分别为4～6岁、6～16岁和17～74岁的人群服务。

韦克斯勒提出的离差智商公式是：离差智商＝100＋15Z。其中，$Z=(X-\overline{X})S$。Z代表标准分数，X代表个体测验得分，$\overline{X}$代表团体平均测验分数，S代表团体分数的标准差。也就是说，个人测得的心理年龄不再是像“斯坦福—比奈量表”那样，与实际年龄相比，而是与同年龄段的平均心理年龄相比。这就避免了实际年龄逐年上升、智力商数逐年下降的尴尬现象，甚至可以比较和评估任意两个不同国家、不同民族、不同性别、不同年龄的人的智力发展水平，开拓了智力量表更为广阔的使用空间。

（二）其他能力测验

智力测验虽然越来越得到社会的青睐，但难以反映特殊活动中所需要的特殊能力。因为大量的研究已经表明，智力与各种特殊能力之间的相关不大，更不宜用来反映人的创造能力。只有在对特殊活动进行分析的基础上，找出特殊活动所需要的心理特征，特别是核心心理特征，才能编制出相应的测验题目，完成特殊能力的测量工作。因此，为了满足特殊工作的需要，不少心理学家开始编制特殊能力的测试量表。目前，国际上比较流行的特殊能力测验主要有：音乐能力测验、美术能力测验、数学能力测验、文书能力测验、机械能力测验、飞行能力测验等等。此外，南加利福尼亚大学的发散性思维测验、托兰斯创造思维测验、芝加哥大学的创造力测验等等，也在一定程度上对创造能力的测试起到了良好的积极作用。

第二节　气质

人的气质主要受先天因素的影响，渗透在人的各项活动之中。分析不同的气质理论，剖析气质的生理机制，能够帮助我们更好地把握人的气质的实质，区分不同气质的类型，指导人们的学习、工作和生活。

一、气质的概述

心理学上的气质一词不同于日常生活中的气质用语。前者是指人的心理活动的稳定的动力特征；后者等同于人的风度。所谓心理活动的动力特征主要是指心理过程的强度、速度和稳定性及指向性等等方面的特点。例如：情绪体验强度大小、知觉反应速度快慢、注意的保持时间长短以及活动指向于人的内部世界或是外部事物等等，都被称之为心理活动的动力特征。

气质不是一时的冲动，而是比较稳定的动力特征，在人的各项活动中都能得到体现。一个脾气急躁的人，做事往往比较麻利，说话语速较快，等人时坐立不安，遇事沉不住气等等。气质应该使人的整个心理活动都带有个人独特的色彩。那些偶然情况下的突发事件中的行为反应，不能简单地归结为人的气质特征。

人的气质生而就有所表现。有些婴儿安静、平稳、害怕陌生人；有些婴儿好动、喜吵闹、不害怕陌生人。诸如此类的特点往往伴随人的一生。虽然，后天的环境和教育等因素会对人的气质特征产生一定的影响，甚至改变。但是，先天的烙印是难以磨灭的。因此可以认为，气质既有稳定的一面，又有可塑性的一面，它是稳定性和可塑性的辩证统一。

二、气质理论

围绕人的气质问题，不同的学者有不同的看法。有的看重个体的情绪方面；有的强调气质的生理因素；还有的重视个体在动作反应上的特征等等，归纳起来，影响较大的气质理论主要有以下几种。

（一）气质的体液说

古希腊学者恩培多克勒提出，人体由四根构成，血液是火根，呼吸是空气根，液体是水根，固体是土根。“四根”配合恰当，身体就会健康，并且体现出机体结构的特征。例如，美术家手的“四根”配合得好，所以能绘画；演说家舌的“四根”配合得好，因此善于演讲。古希腊著名医生希波克拉底将恩培多克勒的“四根说”发展成为“体液说”。他提出，人体内有四种性质不同的体液：血液、黄胆汁、黑胆汁和黏液。分别来自于心脏、肝脏、胃部和脑部，它们对应火根、空气、土根和水根。正是这四种体液的不同组合，构成不同的机体状态。四种体液调和，人就健康幸福；否则，就会感到痛苦。后来，经后人的进一步发展，气质就简化为四种类型。即：多血质、胆汁质、黏液质和抑郁质。也就是说，血液所占比例高的是多血质；黏液所占比例高的是黏液质；黄胆汁多的是胆汁质；黑胆汁多的是抑郁质，它们将赋予个体不同的气质特点（见表 7-4）。

表 7－4　希波克拉底的气质体液说

人体内的主要体液	体液来源	气质名称	所含体液的成分	气质特征Ⅰ	气质特征Ⅱ
血液	来自心脏	多血质	以血液为主	热＋湿	春天
黏液	来自大脑	黏液质	以黏液为主	冷＋湿	冬天
黄胆汁	来自肝脏	胆汁质	以黄胆汁为主	热＋干	夏天
黑胆汁	来自胃	抑郁质	以黑胆汁为主	冷＋干	秋天

气质的体液说显然没有科学根据，但是它所罗列的四种气质名称，即：多血质、黏液质、胆汁质和抑郁质已经成为心理学的专用术语，一直沿用至今。

（二）气质的体型说

德国精神病学家克瑞奇米尔认为，正常人与精神病患者之间没有质的不同。不同体型的正常人在气质上也带有精神病患者的某些特征：矮胖型的人具有躁狂抑郁症的特征；瘦长型的人具有精神分裂症的特征；强壮型的人具有癫痫症的特征等等。因此，他将人的气质分为躁郁气质、分裂气质和黏着气质，并伴随有相应的行为倾向（见表 7－5）。

表 7－5　体型与气质、行为倾向的关系

体型	气质	行为倾向
瘦长型	分裂气质	不善交际、沉静、孤僻、神经过敏
矮胖型	躁郁气质	善交际、活泼、乐观、感情丰富
强壮型	黏着气质	固执、认真、理解迟钝、情绪暴发性

美国心理学家谢尔顿受克瑞奇米尔的影响，把人的体型分为三种主要类型——内胚叶型（肥胖）、中胚叶型（强壮）和外胚叶型（瘦弱），它们分别对应不同的气质类型——内脏紧张型、身体紧张型和头脑紧张型（见表 7－6）。

表 7－6　体型、气质类型和行为

体型	气质类型	行为倾向
内胚叶型	内脏紧张型	动作缓慢、爱好社交、情感丰富、情绪舒畅、随和、有耐心
中胚叶型	身体紧张型	动作粗放、精力旺盛、喜爱运动、自信、富有进取性和冒险性
外胚叶型	头脑紧张型	动作生硬、善思考、不爱交际、情绪抑制、谨慎、神经过敏

克瑞奇米尔和谢尔顿的研究揭示了气质与体型相关，但是，现代科学并不能真正阐述气质与体型之间的因果关系。他们实际上都夸大了生物因素的作用，忽视了社会生活环境及教育对气质的重要作用。

（三）气质的血型说

日本学者古川竹二根据人的血型的不同把气质划分为 A 型、B 型、O 型和 AB 型四种，A型血的人温和，老实稳妥，多疑，怕羞，依赖他人，受斥责就丧气；B型血的人感觉灵敏，恬静，不怕羞，喜交际，好管闲事；AB型血的人兼有A型和B型两种血型人的特征；O型血的人意志坚强，好胜霸道，不听指挥，喜欢指使他人，有胆识，不愿吃亏。许多学者认为，血型说与体型说存在同样的问题，没有什么科学根据。

（四）气质的激素说

美国学者伯曼认为，激素是由内分泌细胞分泌的高效能化学物质，对人的生理和心理活动影响重大。他根据人的某种内分泌腺发达程度的不同，把人划分为甲状腺型、脑垂体型、肾上腺型、副甲状腺型、胸腺型和性腺型，并具有不同的气质特点。

1. 甲状腺型

甲状腺分泌增多者精神饱满、不易疲劳、知觉敏锐、意志坚强、处事和观察迅速、容易动感情甚至感情迸发。甲状腺分泌减少者可能发生痴呆症。

2. 脑垂体型

脑垂体分泌增多者性情强硬、脑力发达、有自制力、喜欢思考、骨骼粗大、皮肤粗糙、早熟、生殖器发达。脑垂体分泌减少者身材短小、脂肪多、肌肉萎弱、皮肤干燥、思想迟钝、行动懦弱、缺乏自制力。

3. 肾上腺型

肾上腺分泌增多者雄伟有力、精神健旺、皮肤深黑时干燥、毛发浓密、专横、好斗。肾上腺分泌减少者体力衰弱、反应迟缓。

4. 副甲状腺型

副甲状腺分泌增多者安定、缺乏生活兴趣、肌肉无力。副甲状腺分泌减少者注意力不易集中、妄动、容易激动。

5. 胸腺型

胸腺位于胸腔内，幼年发育，青春期后停止生长，逐渐萎缩。如果成年胸腺不退化者，则表现为单纯、幼稚、柔弱、不善于处理工作。

6. 性腺型

性腺分泌增多者常感不安，好色，具有攻击性。性腺分泌减少者则性的特征不显现，易发生同性恋，进攻行为少。

现代科学研究表明：激素对人的气质确有影响。但是，各个激素之间实际上是相互联系、相互制约的，它们共同构成内分泌系统发挥作用，不可能孤立地以某一两种激素对人产生作用。更何况，人的内分泌腺的活动直接或间接地受神经系统的调节和控制。因此，激素说逐渐被淡化，开始为高级神经活动学说所替代。

三、气质的生理基础

气质的生理基础极其复杂，与人的整个身体组织都有关系。一般认为，高级神经活动类型是气质的主要生理基础。

(一) 神经过程的基本特性

俄国学者巴甫洛夫认为,人的高级神经活动具有兴奋和抑制两个基本过程。这两个神经过程具有强度、平衡性和灵活性三个基本特性。

1. 神经过程的强度

神经过程的强度是指个体的大脑细胞经受强烈刺激的程度或持久工作的能力。它是人的高级神经活动的重要指标。研究表明:在一定范围内,刺激能引起高级神经活动过程的兴奋。但是,当刺激很强时,并不是都能引起所有个体的高级神经活动过程做出相应的兴奋反应。只有神经过程的强度足够强的人,才能对很强的刺激仍能形成和保持条件反射;否则,就会进入内抑制状态。

2. 神经过程的平衡性

神经过程的平衡性是指高级神经活动的兴奋过程和抑制过程两者强度相当,保持相对平衡状态。否则,就会出现兴奋过程过强,或者抑制过程过强的现象。

3. 神经过程的灵活性

神经过程的灵活性是指个体的高级神经活动过程的兴奋过程和抑制过程相互转换的速度。无论是从兴奋过程转换成抑制过程,还是从抑制过程转化为兴奋过程,都是一种灵活性的表现。人与人之间存在着一定的差异。有的人灵活性强,转换相对容易;有的人灵活性弱,转换相对困难。

神经过程的三个基本特性不是一成不变的,在训练的情况下,可以发生改变。它们相互联系,相互影响,通过不同的组合,构成不同的高级神经活动类型,奠定不同气质类型的生理基础。

(二) 高级神经活动类型

从神经过程的三个基本特性出发,可以构成若干种高级神经活动类型。主要有兴奋型、活泼型、安静型和抑制型四种。

1. 兴奋型

这种类型的神经活动过程强而不平衡,兴奋过程强于抑制过程,是一种容易兴奋、不受约束的类型,所以也称为不可遏制型。

2. 活泼型

这种类型的神经活动过程强而平衡、灵活,兴奋过程和抑制过程都较强,并且相互转化便捷,是一种反应灵敏、活泼,能很快适应变化的类型。

3. 安静型

这种类型的神经活动过程强而平衡、不灵活,兴奋过程和抑制过程虽然都较强,但两者转化不易。表现为行为坚韧而迟缓的特点。

4. 抑制型

这种类型的神经活动过程无论是兴奋过程,还是抑制过程都很弱,条件反射的形成慢,难以接受强烈的刺激。

一般认为，上述的兴奋型、活泼型、安静型和抑制型四种高级神经活动类型分别对应胆汁质、多血质、黏液质和抑郁质四种气质类型，绝大多数人都是四种典型气质的不同混合，它们是四种典型气质类型的生理基础（见表 7－7）。

表 7－7　高级神经活动类型、气质类型及其行为特点

神经类型(气质类型)	强度	均衡性	灵活性	行为特点
兴奋型(胆汁质)	强	不均衡		攻击性强，易兴奋，不易约束，不可抑制
活泼型(多血质)	强	均衡	灵活	活泼好动，反应灵活，好交际
安静型(黏液质)	强	均衡	惰性	安静，坚定，迟缓，有节制，不好交际
抑制型(抑郁质)	弱			胆小畏缩，消极防御反应强

（三）气质类型

根据高级神经活动类型的不同对气质类型进行分类，这是一种传统的分类方法。现代心理学又提出了一些划分人的气质类型的指标。

1. 感受性

感受性是指人对内外适宜刺激的感受能力。它用感觉阈限的大小来测量。是反映神经活动过程强度特性的一种指标。

2. 耐受性

耐受性是反映人对客观刺激在时间和强度上的耐受程度。它也是衡量神经活动过程强度特性的一种指标。

3. 反应的敏捷性

反应的敏捷性是指心理反应的速度和心理过程进行的速度。它主要是衡量神经活动过程灵活性的一项指标。

4. 可塑性

可塑性是指人根据外界情况的变化而改变自己适应性行为的可塑程度。可塑性主要是衡量神经活动过程灵活性的一项指标。

5. 情绪兴奋性

情绪兴奋性是指以不同的速度对微弱刺激产生情绪反应的特性。它不仅反映神经活动过程的强度，而且也反映神经活动过程的灵活性。

6. 向性

向性是指人的心理活动、言语和动作反应是表现于外还是表现于内的特性。表现于外称为外向性，表现于内称为内向性。外向性表示在神经活动过程中兴奋过程强；内向性表示在神经活动过程中抑制过程强。

上述各种特性指标的不同组合，就构成了各种不同的气质类型。

(1) 胆汁质。胆汁质的人感受性低而耐受性高，不随意反应性强，外向性明显，情绪兴奋高,抑制能力差,反应速度快而不灵活。

(2) 多血质。多血质的人感受性低而耐受性高,不随意反应性强,具有外向性和可塑性、情绪兴奋性高,反应速度快而且灵活。

(3) 黏液质。黏液质的人感受性低而耐受性高,不随意的反应性和情绪兴奋性均低,明显内向,外部表现少,反应速度慢而具有稳定性。

(4) 抑郁质。抑郁质的人感受性高而耐受性低,不随意的反应性低,严重内向,情绪兴奋性高,体验深刻,反应速度慢,灵活性欠缺。

(四) 气质的测量

人的气质可以从不同的角度测量,归纳起来,主要有三种类型。

1. 观察法

人的气质渗透在人的举止言谈之中,通过观察人在日常生活中的行为特征,可以在一定程度上了解和评定人的气质类型。对于具有典型气质类型的人而言,用观察法确定气质类型相对比较容易。但是,对于不太典型或混合型的人来说,用观察法确定气质类型就相当困难了。因此,需要借助于一系列行为观察指标来帮助确定。这些指标涵盖人的不同气质类型,从而构成一个人的总的行为指标,可以对人的气质类型作出较为合理的评判。

2. 问卷法

任何一种气质都是某些气质特质的集合。深入剖析不同气质的特质群,能够达到对不同气质类型的正确解读。许多气质的测试量表都是按照这种原理编制的。如:瑟斯顿气质量表、艾森克个性问卷、斯特里劳气质调查表、内向—外向测验、陈会昌的气质量表、安菲莫夫检查表、EAS 气质问卷等等。

3. 实验法

随着科学技术的进步,心理测量的方法也日新月异。针对构成气质类型的心理特性:感受性、耐受性、反应的敏捷性、可塑性、情绪兴奋性和向性等等,或者是高级神经活动的基本特性:强度、平衡性和灵活性等等,用实验仪器对其进行数量化的测试和表达,达到科学阐述人的不同气质类型的目的。

四、气质在实践活动中的作用

气质作为建立在高级神经活动类型基础上的一种个性心理特征,往往渗透在人的各项活动之中,并对人的各项活动产生一定的影响。了解人的气质特点,掌握人的心理活动规律,有助于提高人的工作效率。

(一) 因材施教

由于人的气质主要受先天因素的影响,改变人的气质的教育工作收效甚微。因此,教师的工作重点应该放在了解学生的气质特征、寻找适合学生气质特点的最佳策略和教育方法方面。《论语·先进篇》中早就提出"因材施教"这一基本的教育原则和教育方法,我们要做到"一把钥匙开一把锁",不断提高教育质量。例如,对于多血质的学生既要大胆放手使用，鼓励思维灵活的学习状态，又要促使他们在各种有意义的活动中培养踏实、专一的精神；对于胆汁质的学生，在欣赏他们大胆、泼辣作风的同时，更要提醒他们学会控制自己，耐心帮助他们养成自制、坚韧的习惯，平稳而镇定地开展学习活动；对于黏液质的学生，在充分肯定他们有条不紊、耐心学习、踏实工作的同时，又要热情鼓励，允许他们有充分的时间考虑问题和做出反应，引导他们在学习中主动、积极地探索新问题，生动活泼、机敏地投入集体活动之中；对于抑郁质的学生，不仅要积极肯定学生学习细心，乐于思考和钻研的特点，而且还要注意不应在公开场合指责、批评他们，甚至也不宜在公开场合表扬他们，善于安排适当的工作鼓舞他们前进的勇气，提供更多的机会让他们参加集体活动，在活动中培养和磨练意志的坚韧性及情绪的稳定性。

（二）人际交往

学习和了解气质类型，有助于提高人际交往的效果。首先，我们承认，人的气质类型没有好坏之分，任何一种气质类型都有积极的一面，也都有消极的一面。面对不同气质类型的学生，教师应该一视同仁，不能抱有某种歧视的态度，并引导学生学会尊重每一个人的人格。其次，了解人的气质特点，能够帮助人们分析自己和他人，自己具有什么优点和缺点？别人具有哪些长处和不足？在充分了解自己和他人的基础上，善于汲取别人的优点，弥补自身的不足，不断加强学习，提高自身修养。第三，知晓人的气质特点，有助于人们学习和掌握人际交往的方法和技巧。主动积极、善于倾听、真诚待人、相互理解等等，营造良好的人际关系，促进自身各项工作的顺利开展。

（三）职业指导

人的气质类型具有不同的特点，不同的工作岗位需要不同的素质。如果把两者合理地匹配起来，无疑能提高工作效率。一般认为，要求持久、细致的工作对黏液质和抑郁质的人较为合适；而要求迅速灵活反应的工作则对多血质和胆汁质的人较为适合。如果工作的性质与人的气质特点不相符合，不仅影响工作的效率，还会给从事工作的人带来无尽的烦恼。特别是对于一些特殊职业而言，如：飞行员、宇航员、潜水员、雷达观测员等等，对人的气质特征有其特定的要求，必须经过专门的心理测定，进行严格的选择和训练，才能使他们胜任这类工作。当然，对于一般工作来说，由于不同气质类型的人的各种特征之间可以互相补偿，因此，整个群体的共同活动对工作的效率影响并不明显。

第三节 性格

性格是与人的各种心理活动有着紧密联系的个性心理特征，是人与人之间差异的集中体现。正确理解性格的内涵，科学地掌握区分性格的类型和分析性格的方法，探讨影响性格形成和发展的因素，有助于我们有的放矢地开展教育教学工作，促进学生的成长和发展。

一、性格的概述

性格是人的最重要的个性心理特征之一，往往容易与气质的内涵相混淆。我们可以从对两者的分析比较中，有效地把握气质与性格的内涵，打好进一步学习的基础。

（一）性格的含义

性格一词原为希腊文雕刻的意思，后来泛指人或事物相互区别的特征。如：诚实、勇敢、谦虚、勤劳、果断以及虚伪、怯懦、骄傲、懒惰、优柔寡断等等。性格就是人在对现实的稳定的态度和习惯化了的行为方式中所表现出来的个性心理特征。

人的性格是通过人对现实的态度和行为方式来体现的。人对现实的态度表明人"做什么"的问题；而人的行为方式则反映了"怎样做"的问题。一般认为，人对现实的态度决定着他的行为方式，而人的行为方式又体现了他对现实的态度。两者是一个辩证统一体。

人的性格不是生而就有的，也不是一蹴而就的，而是在人的实践活动中，在与客观世界相互作用的过程中逐步形成和发展起来的。人的性格一旦形成，就会构成一定的态度体系，贯穿人的全部行动中，表现出相对稳定的特点。因此，人的性格特征是指经常性的、习惯性的、表现出来的特征，而不是特殊情况下偶尔表现出来的特征。正如一个性格怯懦的人，在情急之下，也会做出惊人的举动，我们不能就此称之为具有勇敢的性格。当然，我们强调性格的稳定性，不是否定性格的可塑性。性格的稳定性反映了一个人的性格的主流，而性格的可塑性则体现了一个人性格的支流末节，两者共同构成人的性格的整体。

人对现实的态度和行为方式是与人的意识倾向和世界观紧密联系在一起的，直接反映人的好坏，体现了一个人的本质属性。而且，人的性格最能反映人与人之间的差异。所以，性格是具有核心意义的个性心理特征。

（二）性格和气质

性格和气质都是人的个性心理特征，关系十分密切，以至于西方许多心理学家都把性格和气质统称为人格。但是，一般认为，性格和气质既有区别又紧密联系。

从气质和性格的生理基础来看，气质是以高级神经活动类型为基础的，受先天因素的影响大，变化比较难或比较慢；性格是在条件反射基础上逐步形成的，受后天因素的影响大，变化相对容易和快些。从气质和性格的反映内容来看，气质反映的是人的行为的动力特征，与行为的内容无关，因此无好坏善恶之分；而性格反映的是个体与社会之间的关系，涉及人的行为的内容，因而有好坏善恶之区别。

性格和气质也是相互联系、相互渗透和相互制约的。一方面气质影响性格形成的速度，赋予性格独特的色彩。例如，胆汁质的人更容易形成勇敢的性格，黏液质的人更容易形成稳重的性格。多血质气质的人的勤劳可能表现为忙碌得风生水起；而抑郁质气质的人的勤劳则可能表现为默默无闻、踏实细心地工作。另一方面，性格可以在一定程度上掩盖或改造人的气质。例如，弱型气质的人，由于担任小学一年级的班主任，长期的工作实践逐渐形成大胆泼辣的性格特点；而性格勇猛的人，由于长期生活际遇的挫折，可能表现出懦弱的气质特点。因此，可以认为，具有不同气质类型的人可以形成同样的性格特征；而具有同一气质类型的人也可以形成不同的性格特征。

二、性格的结构

性格涉及人的心理活动的方方面面，可以从不同的角度加以分析。一般认为，性格的结构可以从静态和动态两个方面进行探讨。

（一）性格的静态结构

人的性格是由不同方面的性格特征组成的。主要表现为四个方面的特征。

1. 性格的态度特征

人的性格的态度特征可以从人与社会的各种关系方面分析，既有积极的一面，也有消极的一面。

（1）对社会、对集体和对他人态度的特征。积极的特征有：公而忘私、关心集体、真诚待人、热情好客等等；消极甚至负面的性格特征有：假公济私、自私自利、冷酷无情、虚伪、孤僻等等。

（2）对工作和学习的态度的特征。积极的特征有：勤劳、认真、细心踏实、创新等等；消极甚至负面的性格特征有：懒惰、马虎、粗心毛糙、墨守成规等等。

（3）对自己的态度的特征。积极的特征有：谦虚、自尊、自信、严于律己等等；消极甚至负面的性格特征有：骄傲、自卑、自负、放任等等。

2. 性格的意志特征

性格的意志特征是指人在对自己行为的自觉调节、控制方式及调节、控制水平方面的性格特征。具体包括：

（1）对行为目的明确程度的特征。积极的特征有：目的性、独立性等等；消极甚至负面的性格特征有：盲目性、易受暗示性等等。

（2）对行为的自觉控制水平的特征。积极的特征有：主动性、自制力等等；消极甚至负面的性格特征有：被动性、冲动性或任性等等。

（3）在长期工作中表现出来的特征。积极的特征有：恒心、坚韧性等等；消极甚至负面的性格特征有：见异思迁、虎头蛇尾等等。

（4）在紧急或困难情况下表现出来的特征。积极的特征有：勇敢、沉着冷静、果断等等；消极甚至负面的性格特征有：怯懦，惊慌失措、优柔寡断等等。

3. 性格的情绪特征

性格的情绪特征是指人在情绪活动时在强度、稳定性、持久性和主导心境等方面表现出来的性格特征，主要包括：

（1）情绪强度特征。情绪强度特征表现为个人受情绪影响程度和情绪受意志控制的程度。例如：有人情绪体验比较微弱，容易用意志加以控制；有人情绪体验比较强烈，难以用意志进行控制。

(2) 情绪稳定性特征。情绪稳定性特征表现为情绪起伏波动的程度。是喜怒无常或是喜形于色;还是不动声色或是心如止水等等。

(3) 情绪持久性特征。情绪持久性特征表现为个人受情绪影响时间持续的程度。

(4) 主导心境特征。主导心境特征是指某种心境在一个人身上占据主导地位的表现。例如,有人经常开心,往往被称为乐天派;有人经常忧伤,被人称为苦瓜脸;有人主导心境支配的时间长;有人主导心境支配的时间短等等。

4. 性格的理智特征

性格的理智特征是指人在认知过程中所表现出来的性格特征。如认知活动特点、风格等等。主要包括:

(1) 感知方面的性格特征。人在感觉和知觉方面的特征有:主动观察型或被动观察型、局部感知型和整体感知型、记录罗列型和解释概括型、快速型和精确型等等。

(2) 记忆方面的性格特征。人在记忆方面的特征有:主动记忆型和被动记忆型、直观形象记忆型和逻辑思维记忆型,有快速记忆型,也有保持持久型等等。

(3) 想象方面的性格特征。人在想象方面的特征有:主动想象型和被动想象型、幻想型和现实型、狭窄想象型和广阔想象型等等。

(4) 思维方面的性格特征。人在思维方面的特征有:独立型和依赖别、分析型和综合型等等。

性格的上述四个方面的特征不是孤立的,而是相互联系、相互影响的,并以独特的方式结合在一起,在个体身上得以体现,形成不同于他人的性格。这也是性格一词的本义。其中,最主要的性格特征是性格的态度特征。因为它直接体现了一个人对事物所特有的、稳定的倾向,也是一个人的本质属性和世界观的反映。

(二) 性格的动态结构

性格的结构不是机械、僵化不变的,而是在内外环境的交互影响下处于动态变化之中。可以从以下几个方面加以阐述。

1. 各种性格特征之间存在联动

由于性格特征之间存在着内在联系,人的一些性格特征就存在着联动的特点。例如,一个热爱生活、乐于奉献的人,在性格的理智特征方面就会表现出勤于思考、富于幻想的特征;在性格的情绪特征方面就会表现出充满激情的特征;而在性格的意志特征方面就会表现出不断进取的特征等等。

2. 各种性格特征具有不同的组合

由于性格是在内外环境的交互影响下形成和发展的,因此,性格特征的组合必然与环境相适应。有时候需要攻击,有时候需要温柔,有时候需要不露声色。在一定的情况下表现的是性格的这一面,在另一种情况下表现的则是性格的另一面。正如鲁迅先生所说的那样:“横眉冷对千夫指,俯首甘为孺子牛。”性格这种不同场合存在不同侧面的表现,反映了人类性格的丰富性和真实性。只有在各种不同的环境下多方面去考察一个人的性格，才有可能达到对一个人的性格全面的了解。

3. 性格的可塑性

性格是在主客观的相互作用中形成的，也是在主客观的相互作用中发生变化的。例如，一个具有骄纵性格的孩子，在集体的生活学习中，有可能改变不良的性格特征。一个自信满满、奋发进取的人，因为人生经历的坎坷，有可能出现颓废的性格特点。对于教育工作者来说，人的性格的可塑性往往体现着教育的技巧和魅力。

三、性格的理论

性格的理论主要分为类型论和特质论两大类。类型论是借助于人的一种或少数几种主要的特质来划分人的性格；特质论则是凭借人的多种特质来说明人的性格。前者是一种对性格进行分类的理论，后者是一种对性格进行分析的理论。

（一）性格的类型理论

1. 机能类型说

英国学者培因根据智力、情感和意志在个人身上所占优势程度的不同，将人的性格划分为理智型、情绪型和意志型。

情绪型性格的人情绪体验深刻，言行举止易受情绪左右；意志型性格的人其行动目标明确，行为主动，具有果断、自制、持久而坚定的特性；理智型性格的人通常用理智来衡量一切，并以理智支配自己的行动。这种类型划分是一种以机能心理学理论为基础的，它脱离人的心理生活内容和倾向性，把性格只看作心理过程或能力的简单组合。

2. 向心说

瑞士学者荣格根据“力必多”在人的活动中的倾向性将人的性格分为内倾型、外倾型。

内倾性的人处事谨慎，深思熟虑，顾虑多，处事缺乏决断力，但一旦下定决心办某件事总能锲而不舍，交际面狭窄，适应环境比较困难。

外倾性的人感情外露，自由奔放，当机立断，不拘小节，独立性强，善交际，活动能力强，但也有轻率的一面。

荣格提出的“力必多”是一种假想的本能的能量，以它作为划分性格类型的基础，并没有考虑人的性格的社会实质。而且，这种分类只有质的区别，没有量的差异，显得过于简单。

3. 独立性说

奥地利学者阿德勒按照个体独立性程度的不同，将人的性格划分为独立型和顺从型。

独立型的人不易受外来事物的干扰，具有坚定的信念，能独立地判断事物、发现问题、解决问题，易于发挥自己的作用。

顺从型的人倾向于以外在参照物作为信息加工的依据，易受附加物的干扰，常不加批判地接受别人的意见，应激能力差。

4. 文化—社会类型说

德国学者斯普兰格根据人的价值观的不同,将人的性格划分为理论型、经济型、审美型、社会型、权力型和宗教型。并提出这六种类型是理论(理想)的模型,具体的个人通常是以某一种类型为主,并兼有其他类型的特点。

理论型的人以追求真理为目的,精神生活是人的主要活动,情感退到次要地位。总是冷静而客观地观察事物、探讨理论,力图把握事物的本质。对实践活动缺乏兴趣,面对实际问题往往束手无策,缺乏生存竞争能力。

经济型的人以经济观点看待一切事物,视经济价值为最高价值,用功利的眼光评价事物的价值,从纯经济观点看待人类,把人类看成生产者、消费者或购买者,以获取财产和利益为其生活目的。

审美型的人以美为人生的最高追求,对实际生活不大关心,总是以美为标准来评价事物的价值。自我完善和自我欣赏是他们的目的。

社会型的人以爱他人为人生的最高价值,具有奉献精神,努力增进他人或社会福利,并把母爱看作是社会型人的最高和最普遍的形式。

权力型的人崇尚权力,并努力去获得权力。有强烈的支配欲,并乐意被人支配。

宗教型的人信仰宗教,生活在信仰中。他们富有同情心,以慈善为怀,以爱人爱物为目的。

这种理论既没考虑作为文化价值的社会矛盾,也没考虑意识形态所具有的阶级因素,更不考虑人的个性倾向性形成所依据的生活经历。缺乏说服力与科学性。

(二) 性格的特质理论

性格的特质理论认为,特质又称为特性,是英语 trait 的译名,它是构成人的性格的基本单位。性格特质在时间上具有稳定性,在空间上具有普遍性,它们可以因人而异形成不同的组合,构成不同人的性格。因此,我们可以通过对性格特质的了解和剖析来预测人的行为。研究性格特质的侧重点不同,也就形成不同的特质理论。

1. 奥尔波特的特质论

美国心理学家奥尔波特是性格特质论的创始人。他认为,特质分为共同特质和个人特质。共同特质是在共同的生活方式下形成,普遍存在于每一个人身上的同一文化形态下群体都具有的特质。共同特质是一种概括化的性格倾向。个人特质是个人所独有的性格倾向,能够表现个人的真正特质,每个人都不相同。

根据个人特质对于个体性格影响和意义的不同,它可以被划分为三个重叠和交叉的层次:① 首要特质(cardinal trait)。它代表一个人的性格最独特之处,也是个人最重要的特质,往往每个人只有一个。② 主要特质(central trait)。又称为重要特质,它由几个彼此相联系的主要特质所组成,是构成人的性格的重要成分。③ 次要特质(secondary trait)。这是在特定场合下出现的特质,也是个体无足轻重的特质。三种特质交错在一起,共同组合成人的性格整体。

2. 卡特尔的特质论

美国心理学家卡特尔虽然同意奥尔波特的观点，可以把性格的特质分为共同特质和个人特质。但是他觉得，用表面特质（surface trait）和根源特质（source trait）来描述人的性格可能更能说明问题。表面特质有35个，直接与环境接触，常常随环境的变化而变化，可以从外部的行为进行观察。根源特质有16个，隐藏在表面特质的后面，深藏于性格结构的内部，它是建构人的性格的基础。根源特质必须以表面特质为中介，通过特殊的分析方法才能发现。它们相互独立，普遍存在于不同年龄的个体身上，以不同的强度出现，体现出人与人之间的性格差异。从图中可以看出，自我居于中心位置，根源特质（5、6）在自我的外周，表面特质（1、2、3、4）在根源特质的外周（见图7－9）。由此，卡特尔与他的同事一起，编制出个性测试量表，通过测试人的16种根源特质来描述人的个性，并在国际上得到广泛应用。

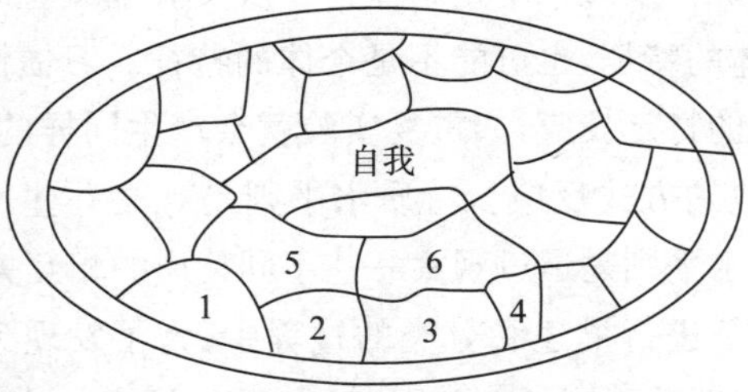

图7－9　卡特尔的自我、表面特质和根源特质

3. 艾森克的特质论

英国心理学家艾森克从特质理论出发，结合因素分析法和传统的实验心理学方法，经过长期的研究，提出自己独特的个性理论。他认为，个性有三个基本维度。即：外内向、神经质和精神质。它们主要受生物因素的影响，具有较强的稳定性，在不同国家、不同文化影响下的个体身上都有普遍的反映。

从外内向的维度来看，外向的人不容易受周围环境影响，难以形成条件反射，在个性上具有情绪冲动和难以控制、好交际、善社交、渴望刺激、冒险、粗心大意与爱发脾气等特点。外向的人从外表上看上去似乎是不大可靠的人。内向的人容易受周围环境影响，非常容易形成条件反射，在个性上具有情绪稳定、好静、不爱社交、冷淡、不喜欢刺激、深思熟虑，喜欢有秩序的生活和工作、极少发脾气等特点。内向的人从外表上看似乎是一个略带悲观色彩而可靠的人。

从神经质的维度来看，得分高的人情绪不稳定，表现出高焦虑。这种人喜怒无常，容易激动。得分低的人情绪稳定，情绪反应缓慢而且轻微，容易恢复平静。这种人稳重、温和，并且容易自我克制，不易焦虑。艾森克认为，神经质就是情绪性，它与植物性神经系统特别是交感神经系统的机能相联系。如果这两个维度进行不同的组合，就会构成四个组合类型。即：稳定外向型，包括善交际、开朗、健谈、易共鸣、随和、活泼、无忧无虑、领导力八种特质；稳定内向型，包括被动、谨慎、深思、平衡、有节制、可信赖、性情平和、镇静八种特质；不稳定外向型，包括敏感、不安、攻击、兴奋、多变、冲动、乐观、活跃八种特质；不稳定内向型，包括忧郁、焦虑、刻板、严肃、悲观、缄默、不善交际、安静八种特质。它们分别可以与多血质、黏液质、胆汁质、抑郁质四种气质类型相对应。

从精神质的维度来看，得分高的人表现倔强、固执、粗暴强横和铁石心肠的特点，往往缺乏同情心，富有攻击性；得分低的人表现温柔、善感的特点，善解人意，与人为善等等。

艾森克不仅采用特质的概念来分析人的性格，而且还采用了类型学的观点来对人的性格进行分析。他认为，人的行为分为类型、特质、习惯性反应和特殊性反应四个水平。类型是观察到的特质的集合体，正如外向或内向那样属于上位概念；特质是观察到的个体行为倾向的集合体，正如固执、活泼那样属于下位概念，在特质之下又有习惯性反应和特殊性反应。特殊性反应水平是个体在一次实验性试验时的反应或对日常生活经验的反应，可能是个体的特征，也可能不是个体的特征。习惯性反应水平是在同样环境中可以导致再次发生的特定反应，如重复实验就会产生同样的反应；如果生活情景重新出现，有机体会以相似的方式反应。特质水平则是观察一些不同的习惯反应的相互关系得出来的。而类型水平则是通过观察一些不同特质的相互关系得出来的结果。

艾森克在对心理特征进行描述和分类的过程中，为了发现为数最少的独立因素或独立变量，又进一步提出四种不同类型的因素：① 普遍因素。这些因素对所有的试验都是共有的。② 群因素。这些因素在某些试验中是共有的，在另一些试验中并不出现。③ 特殊因素。在特殊情况下才出现的因素。④ 误差因素。只有在某一偶然机会才出现的因素。行为的四种水平和四种类型的因素相一致(如表 7 - 8 所示)。

表 7 - 8　行为水平与因素

层次	行为水平	因素
1	类型	普遍因素
2	特质	群因素
3	习惯性反应	特殊因素
4	特殊性反应	误差因素

4. 五因素模型

1961 年诺曼用词汇学方法对卡特尔的特质变量进行分析后提出了五因素模型，后经许多学者研究达成共识，并于 20 世纪 90 年代提出，人类存在五个相对稳定的人格因素。

(1) 开放性(openness to experience)：反映出想象、审美、情感丰富、求异、创造、智能等特质。

(2) 尽责性(conscientiousness)：显示了胜任、公正、条理、尽职、成就、自律、谨慎、克制等特质。

(3) 外倾性(extraversion):表现为热情、社交、果断、活跃、冒险、乐观等特质。

(4) 宜人性(agreeableness):反映出信任、直率、利他、依从、谦虚、移情等特质。

(5) 情绪不稳定性(neuroticism):包括焦虑、敌对、压抑、自我意识、冲动、脆弱等。

这五个特质的英文的头一个字母构成了“OCEAN”一词,代表了人格的海洋。在此基础上编制出“大五人格因素测定量表”,简称FFM,目前已成为世界上应用极为广泛的人格测定量表之一。

性格特质理论通过研究人的行为特点来描述人的特质,并用特质群来阐述人的性格,具有一定的科学性和可操作性。但是,用分离的特质来解释性格,倾向于从量上分析性格,容易忽视性格的整体性。更何况,有些特质理论过分强调特质的遗传因素和稳定性,忽视了社会环境的作用,这都反映了特质理论的欠缺和不足。目前,把类型论与特质论结合起来,用于探讨和分析人的性格,已经成为心理学研究发展的新趋势。

四、性格的形成和发展

围绕影响性格形成和发展因素的探讨,犹如探讨影响能力形成和发展的因素一样,同样经历着从各执一词到趋向于认同的心路历程。现在坚持遗传决定论或环境决定论的学者已经很不多见,更多的学者认为,性格是遗传因素和环境因素相互作用的结果。由于性格与气质相比较,后天环境因素的影响相对较大,因此,人们更多地关注后天环境因素在人的性格形成和发展中的作用。

(一) 家庭在性格形成中的作用

家庭是人出生后的最初环境,也是制造人类性格的工厂。社会和时代的要求,都要通过家庭在儿童心灵上打下深深的烙印。一般认为,童年期是一个人性格形成和发展的关键时期,因此,家庭在人的性格形成和发展中的作用就显得特别重要。

1. 亲子关系和父母榜样

父母与子女之间的关系是儿童最早建立的人际关系,直接影响儿童的身心发展。幼小的儿童离不开父母的关爱,他们依赖父母,寻求安全。如果父母对子女是慈爱和温暖的,儿童就会感到安全、温馨,儿童的心理就能得到正常发展;如果父母对子女的态度是冷淡和憎恨的,甚至是敌意的,儿童就会失去安全感,还可能导致精神疾病的发生。研究表明,缺乏母爱的儿童往往会形成不合群、孤僻、任性和情绪反应冷漠等等不良性格特征。缺少父亲关爱的儿童往往会在性别的社会化方面出现欠缺。

在子女的心目中,父母主要扮演三类角色:生活需要的供给者,感情的爱抚者;模仿的对象,学习的榜样;朋友和参谋。三类角色在不同的年龄段所占的比重不同。一般认为,随着年龄的增长,父母在子女心目中的角色逐渐从第一种让位于第二种、第三种。但是,应该承认,父母是孩子的第一任教师,是孩子学习的榜样。社会信仰、规范和价值观等首先需要通过父母的“过滤”才能传给子女。父母的一言一行潜移默化地影响孩子的性格发展。

2. 教养方式

许多研究表明，父母的教养态度在儿童性格的形成和发展上发挥着特别重要的作用。美国心理学家皮克等人通过谈话法、测验法等研究，分析美国青少年的性格特征。结果表明，青少年性格特征的发展与父母对子女的教养态度密切相关(见表7-9)。

表7-9　父母教养态度与儿童的性格特征的相关系数

父母教养态度	儿童的性格特征				
	意志坚强	情绪稳定性	自发努力	友好态度	敌对行为
信任	0.74	0.60	0.27	0.44	－0.40
民主	0.43	0.16	0.36	0.33	－0.40
容忍	0.56	0.53	0.05	0.19	－0.10
严厉	－0.16	－0.08	－0.38	－0.38	0.40

从表7-9可以看出，儿童的敌对行为与严厉态度的相关系数高。儿童的良好性格特征与信任、民主、容忍的态度的相关系数高。其中，意志坚强与父母的信任态度相关系数最高，达到0.74，与父母的严厉态度则呈负相关；情绪稳定性、自发努力和友好态度等项目也都与家长的严厉态度呈负相关。

北京大学许政援教授与全国十个地区进行协作，用问卷法调查了2254名3～6岁幼儿的父母教育方式与幼儿性格特征之间的关系。认为现实生活中也能看到，良好的教育方式对儿童优良性格品质的形成起积极作用。

溺爱的教养方式容易养成孩子自我中心的特点，意志相对薄弱，长大后缺少为他人考虑的习惯。专制的教养方式可能带来两种极端的特点：懦弱、没有主见或粗暴、有敌对情绪。喜怒无常的乱管教是最糟糕的教养方式，往往导致孩子缺少是非观、情绪不稳定等等。民主型的教养方式应该有孩子的话语权，并能被长辈或父母所采纳和执行。在民主型的教养方式下，孩子性格活泼、开朗，乐于与人交往，容易形成积极、良好的性格。

3. 家庭结构

家庭结构主要有三种类型：大家庭、核心家庭和残缺家庭。大家庭是指几代同堂的家庭；核心家庭是指一对夫妇和一个孩子组成的家庭；残缺家庭是指单亲家庭或离异家庭。大家庭由于有家风和家规等因素的影响，子女容易形成细心、稳重、顾全大局等性格特点。但是，由于人多嘴杂，教育观点不一致，导致孩子无所适从，容易形成胆小、懦弱、焦虑等不良性格特征。对于核心家庭来说，如果经济条件相对优裕，生活比较悠闲，往往营造出宁静、愉快的家庭氛围，促使孩子形成乐观、愉快、自信、待人和善等性格特点；否则，在家庭冲突、气氛紧张的氛围下，孩子情绪不稳定，容易形成紧张、焦虑、对人不信任等性格特点。残缺家庭因为给孩子造成了较大的心理创伤，往往给孩子带来不良性格影响，出现自卑、孤僻、怯懦和粗暴等特点。

4. 出生次序

孩子的出生次序对性格形成和发展的影响，主要是因为家长对不同次序出生子女的态度不同所致。国外的许多研究表明，长子或独生子女由于较多地得到父母的重视和关爱，各方面的表现都比较优秀。高尔顿对许多著名科学家的出生顺序进行了统计，发现长子及独生子女的比例相当高。贝尔蒙特的研究表明，长子智力测验的成绩比非长子孩子的成绩更高。在美国阿波罗登月工程技术人员中，长子和独生子女占有一半以上。但是，从国内的情况来看，由于中国传统文化的影响，对于不同次序出生的孩子给予不同的态度和要求。长子因为得到父母的重视，承担家族的希望，所以，责任心强，任劳任怨，但也较为霸道；最小的孩子因为较多地得到父母的宠爱，也能得到兄长或姐姐的谦让，故较为聪慧、娇气和懒惰；而中间的孩子由于处于“被遗忘的角落”，在“夹缝中求生存”，往往具有忍耐、倔强的特点。

对于独生子女的看法，国内虽然没有达成共识，但是国外的研究大多持有否定的态度。他们认为，由于父母的溺爱以及缺少与兄弟姐妹相处的经验，容易带来道德品质上的问题和性格上的缺陷。

（二）学校在性格形成和发展中的作用

学校是孩子从家庭走向社会的演练场，它将对孩子进行有目的、有计划的系统教育。学生不仅要学习知识、掌握技能、发展智力、培养能力，还要接受一系列的社会规范，养成一定的生活习惯，参与各种集体活动，进行思想品德教育，从不同层次和角度通过不同方式影响学生性格的形成和发展。

教师是学生的榜样，已经替代甚至超越父母成为学生心目中的偶像。特别是在小学低年级学生的身上，这样的反映尤为突出。教师的言传身教以及处理各种问题的方式方法，都对学生性格的形成带来潜移默化的影响。

同学是学生走向社会的初识朋友。一起的活动和游戏，共同的学习及交流，凝聚出纯洁的友谊，留下美好的回忆。共同参与和碰撞，相互探讨和启迪，彼此认可和欣赏，理解了平等，懂得了谦让，不知不觉中改变了学生性格中的基因。

课堂教学和社团活动是学生的实践过程，不断完成外在内容向内部事实的转化。艰苦的学习活动，培养了学生坚持性、主动性、独立性和探究性等良好的性格特征；集体活动和社团活动具有系统、明确的分工，培养了学生组织性、纪律性、合群、利他、自尊心和责任感，克服自私、孤独等不良性格特征。

教材和课外阅读资料是学生的心灵鸡汤，提供不同口味的营养元素，滋润学生的心田，丰富学生的精神世界。任何一本教材都包含着社会对未来社会公民提出的某种水平的要求，任何一本图书都是某些人文精神和价值取向的体现。学生通过教材、图书等课外阅读资料的学习，不仅学习了系统的科学知识，而且逐步形成科学的世界观、人生观和价值观，对学生良好性格特征的形成和发展产生重要影响。

（三）社会实践在性格形成和发展中的作用

社会实践是主客体相互作用的过程，是人性格形成和发展的孵化器。人长期从事某项职业，必须反复扮演某种角色，形成和发展某项职业所要求的性格特征。例如：科学工作者需要实事求是，善于独立思考，一丝不苟；教育工作者应该耐心细致，循循善诱，诲人不倦；文艺工作者则要求活泼开朗，富于想象，感情丰富等等。研究表明，不同的体育运动项目对性格特征具有不同的要求（见表 7-10）。

表 7-10　各项运动与性格特征

运动项目	主要品质	次要品质	更次要品质
球类运动	主动性 独立性	顽强、果断、勇敢	自我控制、坚定性
击剑、摔跤	主动性 独立性	果断、勇敢	自我控制、顽强、坚定
跑，滑冰、滑雪、骑自行车、游泳、划船	顽强性	自我控制、坚定性	主动性、独立性、果断性、勇敢
艺术体操、技巧、举重、田径、跳跃、投掷、花样滑冰、射击	顽强性、自我控制	勇敢	主动性、独立性、果断性
滑雪、跳水、障碍项目、骑马、登山、摩托车、跳伞	勇敢、果断	顽强、自我控制	主动性、独立性

可以认为，不同的社会实践，需要不同的性格特征与之相匹配，从而形成和发展不同的性格特征。

（四）主观因素在性格形成和发展中的作用

人的性格是在实践活动中通过主客体的相互作用形成和发展的。任何环境因素都是性格形成和发展的外因，它必须通过人的主观因素才能发挥作用。人的主观能动性的发挥，心理发展水平和类型都会不同程度地影响人的性格的形成和发展。个体的理想、信念和世界观等主体因素也都对接受外界影响起着决定性的作用。

必须承认，上述几个影响性格形成和发展的因素都是在社会文化的大背景下发挥作用的。社会的风俗习惯和风气不可避免地影响各种因素作用的发挥。因此可以认为，社会的风俗习惯和风气同样是影响性格形成和发展的重要因素。

五、性格的测量

性格的测量如同其他心理品质的测量一样，可以采用观察法、调查法、实验法等研究方法进行。但是，由于性格与其他心理素质相比较，表现出更多社会环境因素的影响。因此，性格的测量也就具有了它的特殊性。一般认为，性格的测量可以分为自陈量表测验和投射测验。

（一）自陈量表测验

自陈量表测验就是让被试按自己的意见，对自己的性格特质进行评价的一种方法。测验量表通常由一系列问题组成，一个问题陈述一种行为，要求被试按照自己的情形来回答。常用的自陈量表有:明尼苏达多相个性问卷、加州心理问卷、卡特尔 16 种个性问卷和 YG 性格问卷等等,它们都在国际上得到广泛的应用。

（二）投射测验

以西格蒙德·弗洛伊德的心理分析理论为依据。认为虽然人对一些受到压抑的无意识的内驱力不易觉察,但是它影响着人们的行为。在投射测验中,当受测者面对一系列的模糊刺激做出反应时,受测者的动机、态度、情感以及性格等,就会在回答问题的过程中和反应的内容中不知不觉地投射反映出来,从而了解受测者的若干性格特征。常用的投射方法有罗夏克墨迹测验和主体统觉测验。但是,目前的投射测验还缺少方便、有效的信度和效度标准,影响了投射测验量表的广泛应用。

练习题

一、选择题

1. 初中生小黄热爱班集体,学习认真,对自己要求严格,小黄的这种性格特征属于（　　）

A. 态度特征　B. 理智特征　C. 情绪特征　D. 意志特征

2. 小林诚实、内向、谦虚、勤劳,且具有亲和力。这些描述的是（　　）

A. 性格特征　B. 能力特征　C. 气质特征　D. 认知特征

3. 活泼好动、热情健谈的人的气质类型属于（　　）

A. 胆汁质　B. 多血质　C. 黏液质　D. 抑郁质

4. 反应迅速、有朝气、活泼好动、动作敏捷、情绪不稳定、粗枝大叶的人属于（　　）

A. 胆汁质　B. 多血质　C. 黏液质　D. 抑郁质

5. 神经系统的基本特性为强、平衡、不灵活的气质类型是（　　）

A. 胆汁质　B. 多血质　C. 黏液质　D. 抑郁质

6. 有人早慧,有人大器晚成,这种差异是（　　）

A. 能力的类型差异　B. 能力发展水平的差异

C. 能力表现早晚的差异　D. 能力分布的差异

7. 张三的智商是“99”,说明张三的智力发展水平是（　　）

A. 优秀　B. 较高　C. 中等　D. 较差

8. 一个人一般智力的核心是（　　）

A. 观察力　B. 记忆力　C. 想象力　D. 抽象概括力

9. 人的性格在社会评价上（　　）

A. 全是好的　B. 全是坏的　C. 有好有坏　D. 没有好坏

10. 人在感知、记忆、思维等认知风格方面的性格特征是（　　）

A. 性格的态度特征　B. 性格的情绪特征

C. 性格的意志特征　D. 性格的理智特征

二、辨析题

1. 智力水平越高,学习成绩越好。
2. 液体智力属于人类的基本能力,它受文化教育的影响较大。
3. 知识越多,能力越强。
4. 多血质是最好的气质类型。
5. 个性具有稳定性,说明人的个性是一成不变的。
6. 张三的学习成绩一般,但是歌唱得很好,后来成为歌唱家,说明张三的智力发展水平较高。

三、简答题

1. 简述传授知识和发展智力之间的辩证关系。
2. 试述气质与性格的关系。
3. 简述能力与知识、技能的关系。
4. 简述多元智力理论。

四、材料分析题

1. 张红同学喜爱体育活动,表现突出,作为特长生进入某重点中学。但是,由于学习成绩较差,常被同学嘲笑为四肢发达、头脑简单。班主任老师了解情况后,批评了某些同学的做法,并且指出:“张红同学并不比其他同学笨,因为他的体育成绩很优秀,说明他的运动智力超常,同样是一个聪明的学生。”请问:老师的说法是以什么样的理论为依据的?该理论给我们教育工作者的启迪是什么?
2. 某小学有四个学生。张三热情、直率,做事果断,但有点急躁,容易发怒,常与同学争吵打架;李四活泼可爱,情绪多变,动作敏捷,说话快,写字慌,上课不专心;王五沉着有耐心,说话迟缓,对人冷漠,不好交往,学习特别认真踏实,但脾气执拗;刘六柔弱易倦,富于自我体验,爱写日记,胆小怕事,做事格外细心。请分析说明这四名学生各属于什么气质类型,如何针对他们的特点进行教育?

参考答案

一、选择题

1. A 2. A 3. B 4. A 5. C 6. C 7. C 8. D 9. C 10. D

二、辨析题

1. 错误。智商与学习成绩之间确实存在正相关,即智商越高,一般学习成绩越好;智商越低,一般学习成绩越差。但它们并不是因果关系,一个人学习成绩的影响因素很多,比如个人的努力程度等因素。此外,智商不是一成不变的。虽然智力受遗传影响较大,智商保持相对稳定,但智商并不是一成不变的。

2. 错误。液体智力是一种以生理为基础的认知能力,凡是新奇事物的快速辨识、记忆、理解等能力，比如记忆广度等，在性质上即属液体智力。其特征是：对不熟悉的事物，能以迅速准确的反应来判断彼此间的关系。一般人在20岁后，液体智力的发展达到顶峰，30岁以后将随年龄的增长而降低。此外，心理学家们也发现，液体智力属于人类的基本能力，受教育、文化的影响较少。因此，在编制适用于不同文化的文化公平测验时，多以液体智力作为智力比较的基础。

3. 错误。知识和技能是能力的基础，但是，只有那些能够广泛应用和迁移的知识和技能，才能转化为能力。所以，知识掌握得多，并不说明能力一定强；只有善于把掌握的知识灵活运用和迁移，才能促进能力的发展。

4. 错误。人的气质主要受先天因素的影响，既有积极的一面，也有消极的一面，它不影响人的前途，不具有社会评价意义，所以不存在哪种气质好和哪种气质不好的问题。

5. 错误。个性的稳定性是相对的，不是绝对的。人的个性是在社会实践中能动地形成的，必然受社会环境的影响，并在社会环境的影响下发生改变。如果个性是一成不变的，那么，教育的作用和功能就无法实现。

6. 正确。传统的智力观认为，智力主要包括观察力、记忆力、想象力、思维力和注意力等认知方面的能力，这些能力与学习成绩具有较大的相关。现代智力观认为，智力应该与人的所有活动相关。不仅表现在学习方面，还应该包括与人交往、音乐活动、体育活动以及自我反省等等方面。张三虽然学习成绩一般，但是，他具有较好的音乐才能，所以认为，张三的智力发展水平较高。

三、简答题

1. (1) 掌握知识是发展智力的基础。(2) 智力发展是掌握知识的重要条件。(3) 防止单纯抓知识教学或只重能力发展的片面性。(4) 掌握知识与发展智力相互转化的内在机制。

2. 气质与性格既有区别，又有联系。它们的区别是：(1) 气质主要是先天的，较难改变，也没有好坏之分；性格主要是后天形成的，有较大的可塑性，并有好坏之分。(2) 气质与性格具有相对独立性，同一种气质类型的人可以有不同的性格特点，不同气质类型的人也可以有类似的性格特点。

气质与性格的联系是：(1) 不同气质可以给个人性格染上独特的色彩；(2) 某一种气质更容易促使个体形成某种性格特征；(3) 性格在一定程度上可以掩盖和改变气质。

3. 能力与知识技能既有区别，又密切联系。区别是：(1) 它们属于不同的范畴。能力是心理水平的概括；知识是社会历史经验的概括；技能是活动方式的概括。(2) 知识技能的掌握与能力的发展不同步。一方面能力的发展比知识技能的掌握要慢得多；另一方面，人的知识技能可以随着年龄的增长而不断积累，但是能力随着年龄的增长，却是一个发展、停滞和衰退的过程。

联系是：(1) 知识和技能的掌握是能力发展的基础。当知识技能的掌握达到灵活运用和广泛迁移时，就能转化为能力。(2) 知识技能的掌握需要以一定的能力为前提。

4. 多元智力理论是由美国心理学家加德纳提出。他认为,人的智力是多元的,主要有以下七种相互独立又相互补充的智能构成。

视觉—空间智能:这种智力包括对物体的形状、结构、空间关系的精确感知能力和空间关系形式化能力,用于导航或环境中的移动,看地图和绘画等等。

音乐—节奏智能:这种智力主要包括敏锐的音调、旋律、节奏感知能力、音乐欣赏和创作能力,用于演奏乐器、唱歌或欣赏和创作音乐方面等等。

逻辑—数学智能:这种智力主要包括敏感的辨别能力,逻辑或数学的思维方式,归纳推理能力,用于解决抽象逻辑、数学问题以及逻辑推理等问题。

言语—语言智能:这种智力主要包括语音、语义、语法和言语表达与分析能力,渗透在所有语言能力之中,以及语言和文字的理解和表达。

身体—动觉智能:这种智力主要包括身体和动作的协调、控制能力,熟练的器械操作能力。

人际—交往智能:这种智力主要包括对他人情绪、动机、意向的辨别,明了人际关系和暗示,并作出恰当反应的能力。富有同情心,且善解人意。

自知—内省智能:这种智力主要包括明了自己的情绪、动机、意向的能力,自尊、自律的能力,对于自己的内部世界具有极高的敏感性。

后来,他又增加了两种智能。一个是自然—观察智能:主要指对周围环境自然物种特征的敏感性、观察与分辨能力,以及强烈的好奇心和求知欲。还有一种智能是存在智能:主要表现在哲学家、神学家、生活导师身上,能够使用集体价值观念和本能,理解他人和周围世界的能力。

加德纳的多元智力理论明显不同于以往的智力理论,它已经跳出"就智力研究智力"的框架,而是从智力的载体——人这个更高层次的角度来俯视智力的实质问题,确立了朴素并且非常经典的理念:与主体有关的一切活动都是智力活动的具体体现。由此带来智力观、人才观、教育观的革新,被人们称为智力理论发展史上的里程碑。

四、材料分析题

1. 符合加德纳的多元智力理论。他认为,与主体有关的一切活动都是智力活动的具体体现,人的不同活动反映了人的智力的不同方面。传统智力理论过于狭窄,局限于语言和数理逻辑能力等范围,关注的是人的认知活动,忽略了对人的发展具有同等重要性的其他相关内容。我们在教育工作中,要关注每一个学生,关注每一个学生的每一个方面。

2. 张三属胆汁质;李四属多血质;王五属黏液质;刘六属抑郁质。对张三等胆汁质的学生教育,应尽量避免冲突,不应激怒他们,而要耐心启发,帮助其养成自制的好品质。对李四等多血质的学生教育,应严格要求,培养扎实、专一和克服困难的精神。对王五等黏液质的学生教育,要动之以情、晓之以理,不能操之过急,允许其有考虑问题的时间和做出反应的足够时间。对刘六等抑郁质的学生教育,要加倍关怀和体贴他们,避免公开批评,鼓励其积极进取、勇敢前进。

第八章　学生心理发展与教育

教学目的和要求：通过本章的学习，理解并掌握皮亚杰认知发展的四个阶段、维果茨基的最近发展区思想、埃里克森的心理—社会发展理论。掌握中小学学生身心发展的特点，能用理论简单分析、解决中小学教育教学和中小学生身心发展的实际问题。

教学重点：理解并掌握皮亚杰认知发展阶段论、维果茨基心理发展的文化历史理论、埃里克森的心理—社会发展理论。

教学难点：掌握中小学学生身心发展的特点，理论联系实际指导中小学学生健康发展。

心理发展是个体随着年龄的增长，在相应环境的作用下，整个反应活动不断得到改善、日趋完善、复杂化的过程。由于篇幅限制，本章重点介绍皮亚杰认知发展阶段理论、维果茨基心理发展的文化历史理论、埃里克森的心理—社会发展理论与中小学学生身心发展的特点，希望能帮助中小学教师运用理论分析，解决中小学教育教学和中小学生身心发展的实际问题。

第一节　心理发展概述

人的心理发展是一个动态变化的过程。既有积极正向的变化，也有消极负向的变化；既有快速发展的时期，也有缓慢流淌的阶段；既包含一般的普遍规律，也包括特殊的个别差异。纵向分析人之一生的心理发展变化过程，不仅有助于深入地理解心理活动的实质，而且便于广大教育工作者探寻教育的最佳契机，有的放矢地做好教育教学工作，促进学生发展。

一、心理发展的含义

心理发展是指个体从出生、成熟、衰老直至死亡的整个生命进程中所发生的一系列心理变化过程，是一种体现在个体内部的连续而又稳定的变化过程。学生的心理发展是指个体的心理从不成熟到成熟的成长过程。具体表现为四个方面：① 从不分化到逐渐分化。② 从无意性为主到有意性为主。③ 从反映事物的外部现象到反映事物的本质属性。④ 对事物的态度由不稳定到逐步稳定。

二、心理发展的基本特征

心理发展具有四个基本特征:① 连续性和阶段性:连续性特征是指在心理发展过程中,后一阶段的发展总是以前一阶段的发展为基础的,而且又在此基础上萌发出下一阶段的新特征,表现出心理发展的连续性。阶段性特征是指在心理发展过程中,当某些代表新特征的量积累到一定程度时就会取代旧特征,从而处于优势的主导地位,表现为阶段性的间断现象。② 定向性和顺序性:这是指在正常条件下,心理的发展总是具有一定的方向性和先后顺序。尽管发展的速度可以有个别差异,会加速或延缓,但发展是不可逆的,阶段与阶段之间也是不可逾越的。③ 不平衡性:心理的发展可以因进行的速度、到达的时间和最终达到的水平而表现出多样化的发展模式。一方面表现为个体不同系统在发展的速度上、发展的起讫时间与到达成熟时期上的不同进程,另一方面也表现为同一机能特性在发展的不同时期有不同的发展速率。④ 差异性:任何一个正常学生的心理发展总要经历一些共同的基本阶段,但在发展的速度、最终达到的水平以及发展的优势领域往往不尽相同,表现出个体之间的差异性。

三、心理发展的影响因素

影响心理发展的因素虽然可以罗列许多,但是,概括起来主要可以归结为两类,一是遗传因素,二是环境因素。它们的交互作用共同影响人的心理发展。

(一) 对遗传和环境问题认识的转变

是强调遗传因素对发展的影响,还是强调社会条件对发展的制约?遗传与环境之争,即天性与教养之争,是贯穿发展心理学历史的红线之一。其哲学基础是“先天论”和“经验论”之争。历史上关于两者的争论大致经历了三个阶段。

1. 绝对决定论

20 世纪以前,学者们认为遗传和环境在心理发展中的作用是不可调和的,持“非此即彼”的观点。主张心理发展是由遗传决定的观点,称为遗传决定论;主张由环境决定的,叫做环境决定论。遗传决定论的代表人物是英国的高尔顿,他在《天才的遗传》(1869)一书中断定“人的能力得自遗传”。曾说过“一两遗传胜过一吨教育”。显然,遗传决定论具有明显的片面性。环境决定论的代表人物是美国的华生。他从行为主义心理发展观出发,认为环境和教育是行为发展的唯一条件,主张教育万能论。他的名言:“给我一打健全的儿童,一个由我支配的环境,我可以保证,无论这些儿童的祖先如何,我都可以把他们培养成为任何一个人,或者是政治家、军人、律师,抑或是乞丐、盗贼,而不管他的天赋、爱好、能力、倾向性以及他祖宗的种族和职业。”这种武断地否认遗传在心理发展中的作用的观点,显然也是片面的。

2. 共同决定论

20 世纪中叶,人们发现,遗传因素和环境因素在心理发展中的作用都不能否认,只是两者的作用不同而已。于是提出了两者相加或者相乘的共同决定论。共同决定论的代表是“辐合论”的倡导者斯腾。他认为遗传和环境都会影响心理发展,所占比重因事而异。格塞尔认为支配发展的因素主要有两个——成熟和学习。格塞尔的理论——成熟优势论，主要来自双生子的研究。他认为某种机能的生理结构未达成熟之前，学习训练是不能进行的，只有在达到足以使某一行为模式出现的发育状态（“成熟状态”）时，训练才能奏效。实质上格塞尔的成熟优势论还是偏向遗传决定论或内因论的。

3. 相互作用论

在共同决定论的基础上，皮亚杰、法国的瓦龙、德国的沃纳及苏联的维列鲁学派，他们从不同的方面阐述遗传因素与环境因素在儿童心理发展过程中的相互联系、相互影响的动力作用。遗传与环境相互作用论的观点逐渐为多数学者所接受，相互作用论的代表人物是皮亚杰。遗传和环境这两种因素在心理发展中的作用是相互依存和渗透的，任何一个因素作用的大小、性质都依赖于另一个因素，它们之间不是简单的相加和会合；两个因素之间有相互转化和渗透的关系，即当前对环境刺激做出某种行为反应的有机体，是它的基因和过去环境相互作用的产物。个体的生物遗传规定了发展的潜在可能范围，而个体的环境教育条件则确定他在此可能范围内的现实水平。即没有环境因素，遗传因素的作用无从体现；反之，如果没有遗传因素作为最初的基础，环境也就无从施加影响。

（二）遗传因素作用的可控性与可变性

遗传因素对心理发展的作用并不是注定不变的，也不是不可以控制的。这表现在某些遗传因素所决定的不良倾向可以通过环境的作用得到防止和纠正；人们也可以利用环境来促进良好遗传的发展方向。例如，苯丙酮尿症这种遗传性疾病，通过适当处理与之有关的环境，遗传的作用就会在很大程度上受到限制；又如，体征一般受亲代遗传因素所制约，但是由于整个生活环境的改变和提高，身高和体重之类的体征一般会高于亲代；再如，环境在心理机能发展方面的作用可以通过环境的贫乏化和环境的丰富化两方面得以说明。

四、心理发展的历程：阶段性和连续性

学者们对心理发展的历程有两种不同的观点，这就是心理发展的阶段性和连续性的问题。

（一）心理发展的阶段论与连续论

1. 阶段论

阶段论认为心理发展的进程是不连续的，是分阶段进行的，各个不同的发展阶段都有与其他年龄阶段不同的心理的质的规定性。遗传决定论者、交互作用论者通常主张阶段论。

2. 连续论

连续论观点主张心理发展是连续的，是没有什么阶段的。他们认为阶段论者只看到表面现象，没有发现不同年龄阶段之间心理发展的渐进的变化。环境决定论者通常主张连续论。

（二）发展阶段的划分及其理论依据

划分心理发展的阶段应以心理发展事实为依据，也有的学者采取心理发展以外的其他指标作为依据，如以生理发展的指标来划分，以与种系发展的阶段相对应来划分，还有以现行学制，即强调儿童心理的实际应用方面来划分的。各学者所依据的材料不同，所持的观点也有区别，所以出现不同的阶段划分。

1. 皮亚杰以认知发展的标准划分心理发展阶段

当代发展心理学最有影响的理论是皮亚杰的认知发展理论。皮亚杰认为人的心理（智力、思维）既不是来源于先天的成熟，也不是来源于后天的经验，而是来源于主体的动作。主体通过动作对环境的适应是心理发展的真正原因。皮亚杰以主体适应环境的主导方式，即以认知结构的性质为依据把儿童心理发展划分为四个阶段：感知运动阶段、前运算阶段、具体运算阶段、形式运算阶段。

2. 弗洛伊德按力必多的发展划分心理发展阶段

精神分析学派的创始人弗洛伊德主张心理发展的动力来自于性本能并强调人有追求自我快乐的本能。弗洛伊德把与生存本能联系并用以满足机体的性的需要的心理能量称为力必多。在儿童发展的不同时期力必多集中投放于身体的特定部位，以此为标准将儿童的心理发展分为不同的阶段：口唇期、肛门期、前生殖器期、潜伏期、生殖期（青春期）。

3. 埃里克森以人格特征为标准划分个体心理发展阶段

新精神分析学派的代表人物埃里克森的心理发展观与弗洛伊德的区别在于他既承认生物因素的影响，也重视社会因素在心理发展中的作用。他认为个体人格的发展过程是自我与周围环境相互作用和不断整合的过程。他以人格特征为标准把个体一生划分为八个阶段，同时指出了每一个阶段的主要发展任务。

另外，柏曼以生理发展标准划分心理发展阶段，列昂节夫以儿童的主导活动为标准划分儿童心理发展阶段，施太伦以种系演化作为分期标准划分儿童心理发展阶段。从上述不同学者对心理发展阶段的划分中可以看到，由于观点和划分依据的区别，各种划分是有差异的，同时也可以看到不同学者所划分的阶段在儿童的年龄上还是大同小异的。在我国的儿童心理学教材中也有不同的阶段划分，通常采用的是把年龄和学制相结合，分为婴儿期（1 岁前）、前幼儿期或婴儿晚期（1～3 岁）、幼儿期（3～6 岁、7 岁）、童年期（6 岁、7～11 岁、12 岁）、少年期（11 岁、12～14 岁、15 岁）、青年初期（14 岁、15～17 岁、18 岁）。

（三）心理发展的阶段性和连续性是统一的

上面介绍了几种发展阶段的划分，这并不能作为对连续发展论的否定的依据，但是可以说明阶段性的存在。事实上心理发展既有阶段性，又有连续性，两者是统一的。

1. 心理发展速度的变化

心理并不是匀速发展的，有发展的快速期和进展较为缓慢的平稳期。由于发展速度上的这种不平衡，心理进展的连续性就被快速期中断，成为不连续的进程。也就是说，以发展的快速期作为分界点，发展的进程呈现出一个个不同的阶段。

2. 阶段性与连续性的统一

心理的发展包含着量变和质变的矛盾运动过程。在心理发展的快速期，起主导作用的心理过程或心理特征发生急速的更替，这就是一种质的飞跃，表现为阶段的划分。每一种心理过程或心理特征都不是在瞬间产生的，在产生之前都有孕育过程，即在质的飞跃之前有量的逐步积累；在新的心理过程或心理特征形成之后，还要继续发展，积累新质，准备新的飞跃；即使在发展的快速期，也不是将前后发展进程截然分割，快速期本身也有一段发展过程，也包含着一定的渐变。所以说，在心理发展的任何时刻都体现着质变和量变的统一关系，都表现为阶段性与连续性的统一。

五、年龄和教育与心理发展的关系

分析学生的心理发展过程，不可避免地涉及学生的年龄阶段。这里所说的年龄阶段有两层含义。一是表示时间的长短；二是表明心理发展阶段与年龄阶段的大致对应关系。但是不能由此就认为心理发展就是由年龄决定的。

首先，必须承认心理发展是心理在时间上的变化过程，离开时间就无从谈心理的发展。人的成长所经时间以年、月计算，这就是年龄。年龄是心理发展的一个时间维度。其次，应该看到，作为心理的生理基础的机体是随年龄而发展的；个体与环境相互作用的经验也随个体年龄增长而积累。因此，心理的发展有一个随年龄的增长而发展的趋势，表现出心理发展水平同年龄之间有一个大致对应的关系。再次，心理发展在不同的年龄阶段都会出现本阶段所特有的典型特征，这些特征具有相对的稳定性，从而表现出与年龄阶段的大体对应关系。但是这种对应关系并不是绝对的，而是相对的。

特别需要指出的是，心理是在时间维度上发展的，主要由遗传决定的生理成熟程度，即用年龄来表示。个体与环境相互作用的经验与年龄只是大致对应关系，在不同环境和教育的影响下，儿童心理发展水平可能在一定程度上提前或推后，表现出发展中的个别差异和不平衡性。这说明心理发展与年龄的关系不是因果关系。

对于人的心理发展来说，遗传素质是它的生物前提，遗传素质为心理发展提供可能性。而环境和教育的作用则为人的心理发展提供现实性。教育传授人类的文化知识，同时对引导和促进心理的发展发挥着特别重要的作用。

研究表明，在某些心理过程或心理特征发展的不同时期，教育引导和启发的效果也不一致。在发展的快速期即将出现前的一段时间效果最好，因此这个时期被称为引导和启发的最佳有效期，被认为是儿童最易接受有关教育影响的时期。否则，处理得不好的教育也能在某种程度上对心理发展起着延缓的作用。

当然，教材和教法更要符合儿童心理发展特点、适合儿童的认知发展规律，并具有适度挑战性，不仅可以提高教育效果，而且有利于促进儿童认知的发展。

第二节　心理发展的基本理论

个体的成长充满了许多奥秘，一直是广大学者关注的热门话题。人怎样获取知识、积累经验？人的个性如何形成？人的心理发展究竟存在什么样的规律？诸多问题的研究诞生了各种不同的理论和学派。影响较大的有皮亚杰的认知发展理论、维果茨基的心理发展的文化历史理论和埃里克森的心理社会发展理论。

一、皮亚杰的认知发展理论

瑞士的让·皮亚杰(1896—1980)是认知发展领域最有影响的一位心理学家，他所创立的关于儿童认知发展的学派被人们称为日内瓦学派。皮亚杰的理论充满唯物辩证法，坚持从内因和外因相互作用的观点来研究儿童的认知发展。

(一) 心理发展的实质

皮亚杰认为，心理既不是起源于先天的成熟，也不是起源于后天的经验，而是起源于动作。动作就是主客体的交互作用，既包含着主体，又包含着客体，它是认识的源泉，是主客体相互作用的中介。皮亚杰的认知发展观摆脱了遗传和环境的争论与纠葛，旗帜鲜明地提出内因和外因相互作用的辩证关系，把人的心理发展看成是主体与客体相互作用的结果：第一，在心理发展中，主体和客体之间是相互联系、相互制约的关系，即两者相互依存，缺一不可。第二，主体和客体是相互转化的互动关系。先天遗传因素具有可控性和可变性，在环境的作用下，可以改变遗传特性。第三，主体和客体的相互作用受个体主观能动性的调节。心理发展过程是主体自我选择、自我调节的主动建构过程。当然，儿童最早的动作是与生俱来的无条件反射。儿童通过多种无条件反射反应外界的刺激，发出自己需求的信号，与周围环境相互作用。随之而发展起来的各种活动与心理操作，都在儿童的心理发展中起着主体与环境相互作用的中介作用。

(二) 四个基本概念：图式、同化、顺应和平衡

皮亚杰认为智力的本质是适应，“智慧就是适应”，是一种最高级形式的适应。他用四个基本概念阐述他的适应理论和建构学说，即图式、同化、顺应和平衡。

1. 图式

图式是指动作的结构或组织，这些动作在相同或类似的环境中由于不断重复而得到迁移或概括。图式本质上是一种动作结构，而不是知识结构或经验结构。图式具有对客体信息进行整理、归类、改造和创造的功能，以使主体有效地适应环境。婴儿早期就有一种先天的吸吮图式，经过练习和概括，这种图式便能运用到其他客体上，如吸吮手指、吸吮橡皮奶头、吸吮玩具等。皮亚杰认为图式是认知结构的最基本单元，最初的图式来自无条件反射，在此基础上，随着儿童的成熟，儿童对客体的动作不断演变出新

的更复杂的图式，不断充实和丰富儿童的认知结构，表现出儿童的成长和发展。

2. 同化

同化是指把外部环境中的有关信息吸收进来并结合到儿童已有的认知结构中，即个体把外界刺激所提供的信息整合到自己原有认知结构内的过程。同化过程是主体过滤、改造外界刺激的过程，通过同化，加强并丰富原有的认知结构。在认知发展过程中，当我们遇到客体时，第一反应就是力图将其纳入已有的认知结构（或图式）中，用已有的认知结构或图式去把握它。可见，同化是认知结构数量的扩充（图式扩充），是一种量变。

3. 顺应

顺应是指原有认知结构无法同化新环境提供的信息时所引起的儿童认知结构发生重组与改造的过程，即个体的认知结构因外部刺激的影响而发生改变的过程。原有的伸手拿玩具的图式够不着远处的玩具，必须运用拖拉床单的新图式，才能拿到玩具。顺应的结果导致认知结构性质的改变（图式改变）。

4. 平衡

平衡是指由同化和顺应过程均衡所导致的主体结构同客体结构之间的某种相对稳定的适应状态。平衡是主体发展的心理动力，是主体的主动发展趋向。皮亚杰强调主体在认知发展建构过程中的主动性，即认知发展过程是主体自我选择、自我调节的主动建构过程，是一个不断从低层次的平衡向高层次平衡的过渡过程。也就是说，认知个体（儿童）通过同化与顺应这两种形式达到与周围环境的动态平衡。当儿童能用现有图式去同化新信息时，他处于一种平衡的认知状态；而当现有图式不能同化新信息时，平衡即被破坏，而修改或创造新图式（即顺应）的过程就是寻找新的平衡的过程。儿童的认知结构就是通过同化与顺应过程逐步建构起来，并在“平衡—不平衡—新的平衡”的循环中得到不断的丰富、提高和发展。

（三）心理发展的影响因素

皮亚杰将影响儿童心理发展的各种要素进行了分析，将之归纳为四个基本因素，即成熟、经验、社会环境、平衡化。

1. 成熟

成熟指的是有机体的成长，特别是神经系统和内分泌系统等的成熟。成熟的作用是给儿童心理发展提供可能性和必要条件。皮亚杰认为，儿童的智慧起源于动作，而儿童的某些动作行为模式的出现，有赖于相应的神经通路和躯体结构的成熟（格塞尔也证明了动作的发展依赖于生理的成熟）。皮亚杰认为，生理的成熟是心理发展的必要条件，而非充分条件。因此，如果没有教育，计算能力和思考能力是不能随着生理的成熟自然而然出现的。

2. 经验

经验分为两种：一种是物理经验，另一种是数理逻辑经验。物理经验是指个体作用于物体抽象出来的物体的特性：如大小、形状、重量等。数理逻辑经验是指个体作用于物体，从而理解动作之间的协调的结果。例如：五六岁的儿童从经验中发现，一组物体的总和同它们的空间排列位置无关，也和它们被计数的次序无关。皮亚杰以一位数学家回忆童年时期获得这类经验的故事来证明这一观点：沙滩上玩石子，把10粒石子排成一行进行数数。发现无论从哪一端开始数，其结果都是10。然后再把石子用不同的形式排列，结果数出的数目仍然是10。物理经验与数理逻辑经验的区别是：物理经验源于物体本身，数理逻辑经验不是从客体本身抽象出来的，而是从主体自己施加于客体之上的动作中抽象出来的（即从主体自身的动作中抽象出来的），数理逻辑经验不存在于客体本身。

3. 社会环境

社会环境主要是指社会生活、文化教育、语言等。皮亚杰认为，社会环境因素是影响心理发展的必要条件，儿童所处的社会环境较好，则使儿童从较低级的发展阶段向较高级的发展阶段发展的速度加快，反之，如果教育不良，则儿童一个发展阶段向高级发展阶段的过渡的时间就会推迟。但是，儿童智慧发展的顺序，即感知运动阶段—前运算阶段—具体运算阶段—形式运算阶段，是不会随社会环境改变的。这说明社会环境是认知发展的必要条件，而不是充分条件。

4. 平衡化

平衡化是指个体在与环境相互作用的过程中的自我调节。平衡化是认知发展的内在动力，是影响认知发展各因素中最重要的、决定性的因素。平衡化的作用基于两个方面：其一，成熟、经验和社会环境三个因素的作用必须加以协调，这种协调作用正是平衡化的功能；其二，每一阶段的认知结构的形成和发展过程，都是连续不断的同化和顺应的自我调节活动过程，这种自我调节正是平衡化的实质所在。

（四）认知发展阶段

皮亚杰把认知发展视为认知结构的发展过程，认知结构是一种抽象的功能结构，是一种由动作或心理运算所形成的抽象结构（运算是内化的、可逆的、守恒的动作，具有整体性）。根据认知结构的质的不同，可以把儿童的心理发展划分为四个阶段。

1. 感知运动阶段（0～2岁左右）

这个阶段的儿童的主要认知结构是感知运动图式，儿童借助这种图式可以协调感知输入和动作反应，从而依靠动作去适应环境。通过这一阶段，儿童从一个仅仅具有反射行为的个体逐渐发展成为对其日常生活环境有初步了解的问题解决者。由于缺乏象征性功能（即缺乏事物或动作的表象），因此其思维依赖于感知觉和实际的物质活动，即其智力处于感知运动水平。皮亚杰认为感知运动阶段具有重要的地位：形成儿童所有认识的基础，作为其日后知觉发展和智慧发展的起点；形成一定数量的基本情绪反应，决定其日后感情的发展。所以在这个阶段皮亚杰又将其划分为六个子阶段进行研究。① 第一子阶段（出生～1个月）反射练习期。② 第二子阶段（1～4、4.5月）习惯动作时期。图式是在简单的动作图式基础上形成的。③ 第三子阶段（4.5～9个月）有目的的动作逐步形成时期段，称有目的的动作逐步形成时期。④ 第四子阶段（9～11、12 个月）手段与目的的分化并协调期。⑤ 第五子阶段（11、12 个月～1.5 岁）开始以尝试错误的方式发展新的动作图式。⑥ 第六子阶段（1.5～2 岁）感知动作结束、前运算开始时期。

皮亚杰认为，感知动作阶段儿童在认知上有两大成就：主体与客体的分化和因果关系的形成。最初的婴儿分不清自我与客体，客体对儿童来说只是忽隐忽现的不稳定的感觉图像，儿童不了解客体可以独立于自我而客观地存在。儿童只认为自己看得见的东西才是存在的，而看不见时也就不存在了。当客体在眼前消失，儿童依然认为它是存在的，这就是皮亚杰所称儿童建立了“客体永久性”。客体永久性的建立标志着儿童已把主客体分化开来（年龄约在 1 周岁），完成了“哥白尼式的革命”，即从以自我为中心变成把自己看成是无数客体中的一个。

儿童最初的动作都是无目的的，或者说是任意的。在儿童的动作与客体的相互作用中，逐渐产生了动作与由动作造成的对客体影响的结果的分化，以后又扩及到动作与客体间的关系，使动作的目的性越来越明确，这就意味着因果认识产生了。

2. 前运算阶段（2～6、7 岁）

儿童将感知动作内化为表象，建立了符号功能，可凭借心理符号（主要是表象）进行思维，从而使思维有了质的飞跃。皮亚杰将前运算阶段分为两个小阶段。一个是前概念或象征思维阶段（2～4 岁），这一时期儿童已出现象征功能，运用象征符号进行思维，儿童象征性游戏的出现是象征思维开始的标志。另一个是直觉思维阶段（4～6、7 岁），思维直接受直觉到的事物的显著特征所左右。前运算阶段的特点主要有以下五个。

（1）泛灵论。儿童无法区别有生命和无生命的事物，常把人的意识动机、意向推广到无生命的事物上。随着年龄增长，泛灵观念的范围逐渐缩小。4～6 岁儿童把一切事物都看成和人一样是有生命、有意识、活的东西，常把玩具当做活的伙伴，与它们游戏、交谈；6～8 岁儿童把有生命的范围限制在能活动的事物；8 岁以后开始把有生命的范围限于自己能活动的东西；更晚些时候才将动物和植物看成是有生命的，皮亚杰认为，前运算期的儿童处于主观世界与物质宇宙尚未分化的混沌状态，缺乏必要的知识，所以思维常是泛灵论的。

（2）自我中心主义。由于这一时期儿童的心理表现与直接知觉到的事物的形象的联系非常密切，因而形成了这一时期的另一个特点：自我中心。所谓自我中心是指儿童往往只注意主观的观点，不能向客观事物离中，只能考虑自己的观点，无法接受别人的观点，也不能将自己的观点和别人的观点协调。皮亚杰曾做过一个著名的实验——“三山实验”：在一个立体沙丘模型上错落摆放了三座山丘，首先让儿童从前后、左右不同方位观察这座模型，然后让儿童看四张从前后、左右四个方位所摄的沙丘的照片，让儿童指出和自己站在不同方位的另外一人（实验者或娃娃）所看到的沙丘情景与哪张照片一样。前运算阶段的儿童无一例外地认为别人在另一个角度看到的沙丘和自己所站的角度看到的沙丘是一样的！这个实验证明了这一阶段的儿童采取了一种自我中心的我向思维，还不具备观点采择能力——从他人的角度来看待事物的能力。

(3) 不能理顺整体和部分的关系。要求儿童同时考虑整体和整体的两个组成部分的关系时，儿童多半给出错误的答案。这说明他们的思维受眼前的显著知觉特征的局限，而意识不到整体和部分的关系。

(4) 思维不可逆。思维的可逆性是指在头脑中进行的思维运算活动，有两种：一种是反演可逆性，认识到改变了的形状或方位还可以改变回原状或原位。如把胶泥球变成香肠形状，幼儿会认为，香肠变大，大于球状了，却认识不到香肠再变回球状，两者就一般大了。另一种是互反可逆性，即两个运算互为逆运算，如 A＝B，则反运算为 B＝A；A＞B，则反运算为 B＜A。幼儿难以完成这种运算，他们尚缺乏对这种事物之间变化关系的可逆运算能力。

(5) 缺乏守恒。守恒是指掌握概念的本质特征，所掌握的概念并不因某些非本质特征的改变而改变。守恒的反面是不守恒。前运算阶段的儿童认识不到在事物的表面特征发生某些改变时，其本质特征并不发生变化。不能守恒是前运算阶段儿童的重要特征。例如，同形状的两个杯子，倒入同样多的水，然后其中的一杯倒入另一个细长的杯子中，要儿童判断哪一个杯子里水多，儿童要么注意到杯子的长度，要么注意到杯子的宽度。主要是因为这个阶段思维不可逆，具有直观性，思维依赖于知觉表象，认识依赖于直接感知到的具体形象。

3. 具体运算阶段(6、7 岁～11、12 岁)

在本阶段内，儿童的认知结构由前运算阶段的表象图式演化为运算图式。具体运算阶段有如下特点。

(1) 具体性。即运算离不开具体事物和事物的表象，这时儿童所具有内化的、可逆的、守恒的、具有整体性的动作，只有在事物形象或表象的支持下才能进行，否则便不能进行。有些问题在具体事物的帮助下可以顺利解决，但在口头叙述的情况下进行逻辑推理则比较困难，难以理解寓言故事的内涵。如以关系的传递性问题为例，给儿童看两根棍子 A 和 B，其中 A 比 B 要长一些，儿童能正确辨别 A 长于 B；再给儿童看两根棍子 B 和 C，B 比 C 要长一些，儿童也能辨别 B 比 C 长。这时，即使不将 A 和 C 这两根棍子直接进行比较，儿童也能推断出 A 比 C 长。这是以具体形象的方式呈现，儿童能顺利解决。如果完全用语言的方式呈现类似的问题，问：“小王比小明高一些，小明又比小张高一些，那么三人之中谁最高？”对此处于具体运算阶段的儿童往往感到困难，因为这一问题纯粹是用语言符号来表述的，而不涉及具体形象。因此，在具体运算阶段，运算离不开具体的物质材料和表象，脱离了具体事物和事物的表象，运算便无法进行，故具体运算阶段的特点是“具体性”。因此，小学中低年级的教学要强调“直观教学”。

(2) 具有可逆性。是指在心理中进行的动作既可以在一个方向上进行，也可以在另一个方向上进行。可逆性有两种，即反演可逆性和互反可逆性，反演可逆性支配类的系统，互反可逆性支配关系的系统。反演可逆性的特征是反演性运算与相应的正运算结合而消去整个结果。如：5＋2－2＝5；互反可逆性的特征是原运算和它的互反运算相结合产生一个等值。例如：A＞B（原运算）与B＜A（互反运算）在逻辑上等值。“甲是乙的爸爸”（原运算）和“乙是甲的儿子”（互反运算）在逻辑上等值。具体运算阶段的儿童已经具备这两种可逆性。

（3）具有守恒性。在前运算阶段，儿童产生了内化的动作表象，但是因为思维的直观性而无法进行可逆的操作，因此不能达到守恒。只有当动作既是内化的、又是可逆的，才算达到了守恒。守恒是通过儿童思维的同一性、补偿性、可逆性实现的。当思维达到了守恒以后，儿童能认识到物体不会因形状和位置或状态的变化而导致质量的改变。换句话说，儿童可以把握事物的本质，不为事物具体的和表面的变化所迷惑。守恒包括有质量守恒、重量守恒、面积守恒、体积守恒、长度守恒等。具体运算阶段儿童并不是同时获得这些守恒的，而是随着年龄的增长不断获得的。

（4）祛除自我中心。具体运算阶段的儿童祛除了“自我中心”，能设身处地地理解他人的思想和情感。能以他人的身体为中心辨别左右。

（5）群集结构的形成。群集是数理逻辑中的一个概念。群集结构实际上是一种分类系统。皮亚杰以群集运算来说明具体运算阶段儿童思维的特征。群集运算的典型特点是能对事物的类进行整体的分析与综合，正确地分类、排序，并进行不同的组合。

4. 形式运算阶段（11、12岁及以后）

这个时期儿童的思维形式能够从具体内容中解放出来，能够提出假设，凭借演绎推理、归纳推理解决抽象问题。其智力活动达到抽象逻辑思维阶段。形式运算的特点如下。

（1）思维已能摆脱具体事物的束缚，把内容与形式分开来，开始相信形式具有必然的推理效力，脱离了具体事物。如进行纯粹的逻辑运算、代数运算等。

（2）已经能够进行“假设—演绎推理”。假设—演绎推理是先提出各种解决问题的可能性，再系统地判断和评价正确答案的推理方式。假设—演绎的方法分为两步，首先提出假设，提出各种可能性；然后进行演绎，寻求可能性中的现实性，寻找正确答案。形式思维本质上是“假设—演绎推理”，只问推理过程是否正确，而不问实际内容是否正确。例如：“一切生物起源于火星，则人也起源于火星。”

（3）开始能理解和掌握隐喻。处于具体运算阶段的儿童，思维依赖于具体事物和事物的表象，因此对隐喻的理解只能局限在相关的表象上，难以理解寓言故事的内在含义。而处于形式运算阶段的儿童，已能超越隐喻的表象，理解隐喻之后的抽象的、本质的含义。比如给处于具体运算阶段的儿童和形式运算水平的儿童讲《刻舟求剑》《曹冲称象》《守株待兔》这三个寓言故事，问：哪两个故事是相似的？一般处于具体运算水平的儿童认为《刻舟求剑》与《曹冲称象》是相似的；而达到形式运算水平的被试认为《刻舟求剑》与《守株待兔》是相似的。

皮亚杰认为，人在认知发展过程中，个体依次经历了感知运动阶段、前运算阶段、具体运算阶段和形式运算阶段这四个阶段，每个阶段都大致地对应一定的年龄范围，而且，每个阶段都以行为的质变为特征。这一发展次序是不能颠倒的，也是不可跨越的；但这几个阶段又是相互关联的，后一个阶段的思维都是以前一个发展阶段的发展为基础的，又将前一阶段的思维形式整合到后一个阶段的、更为高级的思维形式中去。

（五）皮亚杰发展理论对教育的影响

皮亚杰的发展理论对教育教学实践有很大的影响。许多心理发展研究与课程论都是建立在皮亚杰的理论基础上的。他的理论对教育工作者的理论研究和实践探索都有重要的价值。

1. 教学内容应适应儿童的认知发展水平

不主张教给儿童那些明显超出他们发展水平的材料，即不主张毫无根据或人为地加速儿童的发展，但同时过于简单的问题对儿童的认知发展作用也不大。教学设计只有在符合思维发展特点的基础上才能加速思维的发展。儿童的学习得有准备，教材的结构和顺序要适应认知发展的先后次序，学校课程教材的难度一定要配合学生认知发展的水平，在确定课程的难度时要经过设计和实验并充分论证。只有了解学生的学习准备状态，才能恰当地选择教材、介绍新知识的最佳时间、决定最佳的呈现方式、确定合适的教学速度。简言之，学生身心发展是有规律的，应依据这些规律和特点开展教育活动。

2. 教学应充分发挥学生的主体性

皮亚杰的认知发展理论，认为思维的产生是主客体的相互作用。个体的主体性很重要。作为主体的学生，在与外部环境（或者说是教育环境）不断地相互作用过程中，增进了知识和思维的发展。在这种相互作用中，学生构成了矛盾的主要方面，是活动的主体。“图式”理论充分体现了教育教学中学生是主体的思想。今天，我们要进行素质教育，就是要通过教育教学的优化、科学化来对学生施加影响，全面开发每个学生的潜能，必须强调重视学生的主体性、自主性。

3. 教学应强调活动的重要性

皮亚杰认为，活动是联结主客体的桥梁和中介，认识的形成主要是一种活动的内化作用。也就是说只有儿童自己具体地和自发地参与各种活动，才能形成他们自己的认知。只是观察别人的活动，包括教师的活动在内，并不能形成新的认识结构。所以在课堂教学中应把活动放在第一位。教师要充分调动学生的各种感官，鼓励学生多动口、多动手、多动脑，让学生在活动中，在解决问题中进行学习。同时，社会交往在儿童认知发展中的作用不可低估，可以帮助儿童摆脱自我中心状态，促进智力与道德发展。

4. 教育应重视学生的个别差异

皮亚杰认为，由于影响儿童心理发展的因素不同，儿童会按自己的速度和自己的兴趣来学习，这就会使有的儿童认知快些，有的儿童慢些。因此，教学内容和方法要考虑到这种差异性。教学要重视个别儿童的兴趣，了解他的认知发展的具体情况，让每个学生都在符合他们身心发展规律的基础上接受教育，按照各自的发展步调发展，加强个别化教育。

5. 教学活动要不断打破学生已有的平衡状态，帮助学生建立新的平衡状态

在教学过程中，教师一方面要提供与学生已有经验相关的内容；另一方面，又要提供与已有经验相矛盾的内容。这样，既可以让学生巩固原有知识、经验，又可以打破学生原有知识平衡状态，让学生产生知与不知的矛盾，进而激发学生学习新知识、解决新矛盾的兴趣，最终获得新的平衡状态。

6. 教育要重视学生自我调节能力的培养

皮亚杰强调平衡是儿童认识发生和发展的内在机制与动力，证明了认知是主体在不断寻求平衡模式的过程中不断发展能动性的结果。因而，在现代教育改革中，必须重视培养学生的自我调控能力，不断完善学生认知结构的自我调节系统。通过教学方法、教学模式的变化，创设各种问题空间，让学生在自己发现问题、解决问题的过程中加强对自身认知结构的监控和调节，提高学生自我调控能力，从而不断地更新和建构自己的知识结构。

二、维果茨基的认知发展理论

维果茨基与皮亚杰是同时期的人物，与皮亚杰不同的是维果茨基的理论更强调文化、社会对儿童认知发展的影响。维果茨基从批判关于人的心理及其发展的生物学观点出发，主张把历史研究作为建立人类心理学的基本原则，提出"心理发展的文化历史理论"。

（一）文化历史发展理论

维果茨基认为，个体心理在发展的过程中融合了两种心理机能：低级的心理机能与高级的心理机能。所谓低级心理机能是生物进化的结果，是人和动物所共有的，包括知觉、不随意注意、形象记忆、情绪、冲动性意志、直观的动作思维等。所谓高级心理机能是以"语言"为中介，是人类历史发展的结果，是人类所特有的。人类个体只有在掌握了人类经验的基础上才能形成各种高级心理机能。高级心理机能包括观察、随意注意、抽象思维、高级情感、意志等，不同于低级心理机能。它们是随意的、主动的；反映水平是概括的、抽象的；实现过程的结构是间接的，以符号或词为中介；它们是社会文化历史发展的产物，受社会规律制约的；并在人际的交往过程中产生和不断发展。维果茨基强调，研究儿童心理的发展，必须依据历史的观点，在社会环境中去考察儿童高级心理机能的发生发展过程，特别是心理结构的质变过程。

维果茨基提出了著名的"两种工具"说，即"物质生产工具"和"精神生产工具"。精神生产工具也即心理工具，是指人类社会特有的语言和符号，它能使人的心理机能发生质的变化，使人在低级机能的基础上上升到高级阶段，从而形成各种高级心理机能。由于语言符号是人类社会文化发展的产物，它必然受社会文化历史发展规律的制约，从而导致个体心理尤其是人的高级的心理机能的发展，也必然受社会文化历史发展的制约。

维果茨基认为，人的高级心理机能亦即随意的心理过程，并不是人自身所固有的，而是在与周围人的交往过程中产生与发展起来的，受人类文化历史的制约。其实现的具体机制是通过物质工具，如刀斧、计算机等，以及精神工具，如各种符号、词和语言等实现。

在维果茨基看来，由于儿童自出生以来就处在特定的社会环境之中，他的成长过程必然伴随着他所处的社会文化环境中语言文字符号的学习，并在学习和运用语言文字符号的过程中，以其所掌握的心理工具为中介，促使高级心理机能逐步从低级心理机能的基础上发展起来。在整个认知过程中，虽有生物成熟的影响，但成熟更多的是对低级心理机能（如各种感知觉）的制约作用，而对高级心理机能而言，主要受社会文化环境的影响。

（二）心理发展观

维果茨基认为发展是指心理的发展。即一个人的心理（从出生到成年），是在环境与教育影响下，在低级的心理机能的基础上，逐渐向高级的心理机能的转化过程。

根据心理机能由低级向高级发展的过程，维果茨基归纳为四个方面的表现：① 随意机能的不断发展。随意性是指心理活动的主动性、有意性，随意机能由主体按照预定的目的而自觉引发的心理活动。儿童心理活动的随意性越强，心理水平越高。② 抽象—概括机能的提高，也就是说各种机能由于思维（主要是指抽象逻辑思维）的参与而高级化。③ 各种心理机能之间的关系不断地变化、组合，形成间接的、以符号或词为中介的心理结构。儿童的心理活动越复杂、越间接、越简缩，心理水平越高。④ 心理活动的个性化。维果茨基强调个性特点对认知发展的影响，认为儿童意识的发展不仅是个别机能由某一年龄阶段向另一年龄阶段过渡时的增长和提高，更主要的是其个性的发展，整个意识的增长与发展。个性的形成是高级心理机能发展的重要标志，个性特点对其他机能的发展具有重要作用。

维果茨基认为，儿童心理发展的原因主要有三点：一是人的高级心理机能，并不是人自身所固有的，而是在与周围人的交往过程中产生与发展起来的，是受人类的文化历史所制约的。二是从个体发展来看，儿童在与成人交往过程中通过掌握高级的心理机能的工具——语言、符号这一中介环节，使其在低级的心理机能的基础上形成了各种新质的心理机能。三是高级的心理机能是不断内化的结果。维果茨基认为，高级的心理机能来源于外部动作的内化，这种内化不仅通过教学，也通过日常生活、游戏和劳动等来实现。另一方面，内在的智力动作也外化为实际动作，使主观见之于客观。内化和外化的桥梁便是人的活动。

由此可见，维果茨基的心理发展观，是与他的文化—历史发展观密切联系在一起的。他强调，心理发展过程是一个质变的过程，心理发展的高级机能是人类物质产生过程中发生的人与人之间的关系和社会文化—历史发展的产物。

（三）教学与发展的关系

在教学与发展的关系上，维果茨基提出了三个重要的问题：一个是“最近发展区”思想；一个是教学应当走在发展的前面；一个是关于学习的最佳期限问题。

1.“最近发展区”的思想

维果茨基感兴趣的是儿童发展的潜能，而不是儿童在某一特定点的发展水平，因而，他提出了“最近发展区”的概念。他把“最近发展区”界定在“儿童现有的独立解决问题的水平”和“通过成人或更有经验的同伴的帮助而能达到的潜在的发展水平”之间的区域。也就是说，最近发展区是儿童在有指导的情况下，借助他人帮助所能达到的解决问题的水平与独自解决问题所达到的水平之间的差异，实际上是两个邻近发展阶段间的过渡阶段。由于两个水平之间的差异是不断变化发展的，因此，需要在一个动态评估环境中测查最近发展区。

在最近发展区内，成人或是同伴的帮助的实际形式是多样的：如用模仿的方法示范、列举实例、启发式提问、由成人进行监督，以及最重要的——作为发展的积极因素的集体活动等。“最近发展区”理论给我们提供了一条理解儿童发展的途径，其蕴涵的重要思想是：儿童的发展主要是通过与成人或更有经验的同伴的社会交往而获得的。维果茨基说：“如果儿童在最近发展区接受新的学习，其发展会更有成果。在这个区内，如能得到成人帮助，儿童比较容易吸收单靠自己无法吸收的东西。”

2. 教学应当走在发展的前面

教学走在前面的思想是维果茨基对教学与发展关系问题的最主要的理论。也就是说，教学“可以定义为人为的发展”，教学决定着智力的发展，这种决定作用既表现在智力发展的内容、水平和智力活动的特点上，也表现在智力发展的速度上。教学应着眼于学生的最近发展区，为学生提供带有难度的内容，调动学生的积极性，发挥其潜能，超越其最近发展区而达到下一发展阶段的水平，然后在此基础上进行下一个发展区的发展。在维果茨基看来，最近发展区对智力发展和成功的进程，比现有水平有更直接的意义。他强调教学不应该指望于儿童的昨天，而应指望于他的明天。只有走在发展前面的教学，才是好的教学。因为它使儿童的潜在发展水平不断提高。

3. 关于学习的最佳期限问题

怎样发挥教学的最大作用，维果茨基强调了“学习的最佳期限”。依据最近发展区的思想，最近发展区是教学发展的最佳期限，即发展教学最佳期限，在最佳期限内进行的教学是促进儿童发展最佳的教学。教学应根据最近发展区设定。如果只根据儿童智力发展的现有水平来确定教学目的、任务和组织教学，就是指望于儿童发展的昨天，面向已经完成的发展进程。这样的教学从发展意义上说是消极的。它不会促进儿童发展。因此，开始某一种教学，必须以成熟与发育为前提，但更重要的是教学必须首先建立在正在开始形成的心理机能的基础上，走在心理机能形成的前面，这样才有可能产生潜在水平和现有水平之间的矛盾，而这种矛盾又可引起儿童心理机能间的矛盾，从而推动儿童的发展。

由此可见，教学的作用表现在两个方面：一方面教学决定着儿童发展的内容、水平和速度等；另一方面教学也创造着最近发展区。因为儿童的两种水平之间的差距是动态的，它取决于教学如何帮助儿童掌握知识并促进其内化。教学不等同于发展，也不能立竿见影地决定发展，但如果从教学内容到教学方法都不仅考虑到儿童现有的发展水平，而且能根据儿童的最近发展区给儿童提出更高的发展要求，则更有利于儿童发展。可以说把握“最近发展区”，能加速学生的发展。

（四）“内化”学说

内化是指个体将社会环境中吸收的知识转化到心理结构中的过程。维果茨基是“内化”学说最早推出人之一。他指出，教学的最重要的特征便是教学创造着最近发展区这一事实，也就是教学激起与推动学生一系列内部的发展过程。从而使学生通过教学而掌握全人类的经验内化为儿童自身的内部财富。维果茨基的内化学说的基础是他的工具理论。他认为，人类的精神生产工具或“心理工具”，就是各种符号。运用符号就能使心理活动得到根本改造，这种改造转化不仅在人类发展中，而且也在个体的发展中进行着。儿童早年还不能使用语言这个工具来组织自己的心理活动，心理活动的形式是“直接的和不随意的、低级的、自然的”。只有掌握语言这个工具，也能转化为“间接的和随意的、高级的、社会历史的”心理技能。新的、高级的、社会历史的心理活动形成，首先是作为外部形式的活动而形成的，以后才“内化”，转化为内部活动才能“默默地”“在头脑中进行”。

在内化过程中，语言发展中的自我中心言语起着重要的作用。自我中心言语的出现表明儿童的符号系统已经开始内化，儿童在没有他人的帮助的情况下也能够思考和解决问题，对自己的行为已经具有一定的自我调节能力。皮亚杰认为自我中心言语是一种非社会性言语，是2～7岁儿童特有的自我中心意识的表现。而以维果茨基为代表的苏联心理学家则认为自我中心言语是由外部言语向内部言语转化的一种过渡形式，是由言语的交际机能向言语的自我调节机能转化的一种过渡形式。这种自我中心式言语并不是儿童不成熟的表现，而是其认知发展过程中的一个阶段。随着儿童的成熟，自言自语逐渐变为默不作声的言语，但仍然很重要。

（五）维果茨基理论对教学的影响

维果茨基的思想体系是当今建构主义发展的重要基石，他的思想强烈地影响到建构主义者对教学和学习的看法。建构主义者们不再局限于仅仅强调教学的结果和各种外部变量，开始注重影响教学有效性的各种内部变量，如一些背景性或过程性变量。在维果茨基思想的启发下，教育研究者对学习和教学进行了大量理论建设和实际探索。

1. 研究者在维果茨基搭建支架的基础上，提出了支架式教学

皮亚杰认为儿童的认知发展必须先于教学，儿童只有处于特定的阶段，才能掌握某些概念。与此观点相反，维果茨基认为，教学与发展相互影响，甚至教学要先于发展。显然，维果茨基更强调教学在儿童认知发展中的重要作用。那么教学如何促进发展呢？基于维果茨基的认知发展理论，教师可采取教学支架。即当儿童试图解决超出他们当

前知识水平的问题时，教师所给予的支持和指导。给予教学支架的目的就是最终使学生能够独立完成任务，帮助他们顺利通过最近发展区。在课堂上支架式教学的要点是：首先，强调在教师指导的情况下学生的发现活动。其次，教师指导成分将逐渐减少，最终要使学生达到独立发现的水平，将监控学习和探索的责任由教师向学生转移。在运用支架式教学时，要保证提供的支架一直使学生处于其最近发展区内，在学生能力有所发展的时候，随着学生认知发展的变化而调整。同时，为了更好地形成学习者的认知冲突，实现有效教学，教学支架既不能太难，也不能太容易。教师常常在学生学习有一定挑战性任务时使用到教学支架。

2. 教学是交互作用的动力系统

按照维果茨基的最近发展区观点，教师必须在教学中给学生提供处于其最近发展区内的并且难度适当的学习材料。而最近发展区是个动态的区域，因此教师需要不断地获得有关学生发展的反馈信息。按照这种观点，在教学中实行交互式教学是非常必要的。交互式教学包括教师和学生之间的相互对话。在教学活动的起初，教师先给学生进行示范，然后学生和教师轮流充当教师角色。比如，在语文阅读的教学中，教师给学生示范如何根据学习内容提出问题，如何恰当地回答，然后由学生充当教师向其他同学提出问题。在这个过程中，学生也检测到自己对材料的理解水平。这种相互作用的对话不仅对学生的知识，也对教师的认知结构进行了精细加工和重新建构。此外，交互式教学的合作性质也有助于产生非竞争的、情感支持的教学背景，最终提高学生的自我效能感和内部动机。

3. 维果茨基的理论对合作学习有一定的指导作用

合作学习强调同伴交往在完成任务过程中的作用，在合作学习模式下，学生会有意识地模仿专家或同伴的行为来思考和完成具体的任务。在合作的社会性背景下，学生会对所运用的心理策略进行明确或不明确的模仿、证明和辩论，情绪、动机、个性等心理要素会以直接或间接的方式影响到学生的学习。因此，教师要尽量组织、安排能力水平不同的学生进行合作学习。接受能力较强的同伴的指导是促进儿童在最近发展区的最有效的一种方式。

4. 维果茨基的理论对情境学习有一定的指导性

学生不是被动地接受知识，而是自主积极的“学徒式学习者”。任何学习都是处在一定的社会或有实际意义的背景下，包括学习者原有的经验、所处的社会文化系统，课堂中与同伴的相互作用等多方面。这些背景尤其是社会性作用，将从不同途径影响到学习的过程与结果。因此，教师在教学的过程中，要引导学生从旁观者逐渐过渡到教学活动的参与者，在社会性互动中获得知识与技能。

维果茨基从历史唯物主义的观点较为全面地阐述了儿童心理发展中的教育与发展的辩证关系，即教育不等于发展，但也不受限于发展，在一定范围内教育可促进发展。他理论体系中的许多观点，如社会历史背景对儿童发展的重要作用，语言以及高级思维的发展阐述过程，最近发展区的概念以及相关理论，与成人同伴的相互作用在儿童学习中的重要作用等，已经为越来越多的研究者和教育人员所接受和重视。

三、埃里克森的社会化发展理论

埃里克森理论形成于一个剧烈动荡的时代。20 世纪 30 年代美国资本主义社会的经济大萧条以及社会活动，使整个社会呈现一种病态。埃里克森面对社会现状，深感弗洛伊德的精神分析学说已不足以应付当时的社会需求，于是，他沿着安娜·弗洛伊德强调自我的适应性功能的路线，创立了新的精神分析学说。埃里克森接受了弗洛伊德的人格结构说，但他不主张把一切活动和人格发展的动力都归结为“性”的方面，而强调社会文化背景的作用，认为人格发展受文化背景的影响和制约。埃里克森将人的发展中的人格结构，即整个心理过程的重心，从弗洛伊德的本能过程转到自我过程，把人的发展动机从潜意识扩展到意识领域，从先天的本能欲望转移到现实关系中。埃里克森认为，在人的心理发展过程中，自我与社会环境是相互作用的。个性的发展受生物的、心理的和社会的三个方面因素的影响，并从情绪、道德和人际关系的整体发展角度来研究个性。由于埃里克森的心理发展过程是以自我为主导、将个人内心生活与社会任务结合起来的过程，所以又称为心理一社会发展理论。

（一）埃里克森心理发展的八个阶段

与皮亚杰不同，埃里克森把发展看作是一个经过一系列阶段的过程，每一阶段都有其特殊的目标、任务和冲突。他认为每一阶段的发展中，个体均面临一个发展危机，每一个危机都涉及一个积极的选择与一个潜在的消极选择之间的冲突。个体解决每一个危机的方式对个体的自我概念以及社会观有着深远的影响。早期阶段中的问题的不良解决所造成的损失，可能会在后期的阶段中得到修正，但往往会对个体一生的发展造成间接而深远的影响。因此有人称他的理论为发展危机论。埃里克森把人的心理发展分为以下八个阶段，同时指出了每一个阶段的主要发展任务。

第一阶段为婴儿期（0～1.5 岁），获得基本信任感而克服基本不信任感阶段。发展的任务是获得信任感，克服不信任感，体验着希望的实现，儿童获得的积极成果是身体舒适和安全感。所谓基本信任，就是婴儿的需要与外界对他需要的满足保持一致。这个阶段婴儿对母亲或其他代理人表示信任，婴儿感到所处的环境是个安全的地方，周围人们是可以信任的，由此就会扩展为对一般人的信任。婴儿如果得不到周围人的关心与照顾，他就会对外界特别是对周围的人产生害怕与怀疑的心理，以致会影响到下一阶段的顺利发展。

第二阶段为儿童早期（或称学步期，1.5～3 岁），获得自主感而避免怀疑感与羞耻感阶段。发展任务是获得自主感，克服羞耻感和疑惑，体现着意志的实现，积极的成果是坚持的能力和自主的能力。个体在第一阶段处于依赖性较强的状态下，什么都由成人照顾。到了第二阶段，儿童开始有了独立自主的要求，如想要自己穿衣、吃饭、走路、拿玩具等，他们开始去探索周围的世界。这时候，如果父母及其他照顾他们的成人，允许他们独立地去干一些力所能及的事情，并且表扬他们完成的工作，就能培养他们的意志力，使他们获得了一种自主感，能够自己控制自己。相反，如果成人过分爱护他们，处处包办代替，什么也不需要他们动手；或过分严厉，这也不准那也不许，稍有差错就粗暴地斥责，甚至采用体罚。例如，孩子由于不小心打碎了杯子、尿湿了裤子，成人就对其打骂，使孩子一直遭到许多失败的体验，孩子就会产生自我怀疑与羞耻之感。

第三阶段为学前期（或称游戏期，3～6、7 岁），获得主动感而克服内疚感阶段。发展任务是获得主动感和克服内疚感，体验着目的的实现；积极的成果是掌握新任务的主动性。个体在这个阶段的肌肉运动与言语能力发展得很快，能参加跑、跳、骑小车等运动，能说一些连贯的话，还能把自己的活动扩展到超出家庭的范围。除了模仿行为外，个体对周围的环境（也包括他自己的机体）充满了好奇心，想知道自己的性别，也想知道动物是公是母，常常问问这、动动那。这时候，如果成人对于孩子的好奇心以及探索行为不横加阻挠，让他们有更多机会去自由参加各种活动，耐心地解答他们提出的各种问题，而不是嘲笑、禁止，更不是指责，那么，孩子的主动性就会得到进一步发展；表现出很大的积极性与进取心。反之，如果父母对儿童采取否定与压制的态度，就会使他们认为自己的游戏是不好的，自己提出的问题是笨拙的，自己在父母面前是讨厌的，致使孩子产生内疚感与失败感（所谓内疚感，就是认为自己做错了事情，做坏了事情），这种内疚感与失败感还会影响下一阶段的发展。

第四个阶段为学龄初期（6、7～11、12 岁），获得勤奋感，避免自卑感阶段。发展任务是获得勤奋感，克服自卑感，体验着能力的实现，积极的成果是创造力发展和掌握技能。本阶段儿童开始进入学校学习，开始体会到持之以恒的能力和成功之间的关系，开始形成一种成功感。本阶段的儿童面临来自家庭、学校以及同伴的各种要求和挑战，他们力求保持一种平衡，以至于形成一种压力。由于智力不断地得到发展，特别是逻辑思维能力发展迅速，他们提出的问题很广泛，而且有一定的深度。他们的能力也日益发展，参加的活动已经扩展到学校以外的社会。这时候，对他们影响最大的已经不是父母，而是同伴或邻居，尤其是学校中的教师。他们很关心物品的构造、用途与性质，对于工具技术也很感兴趣。这些方面如果能得到成人的支持、帮助与赞扬，则能进一步加强他们的勤奋感，使之进一步对这些方面发生兴趣。儿童在不同的社交范围内的活动经验，以及完成任务和从事集体活动的成功经验增强了儿童的胜任感，其中的困难和挫折则导致了自卑感。这些成功的体验有助于儿童在以后的生活中建立勤奋的特质，表现为乐于工作和较好的适应性。显然，成年人对儿童在各种活动中表现出的勤奋给予鼓励是必要的。学生在这一阶段危机未解决好，往往是其以后学业颓废的重要原因。教师对学生行为的评价对儿童的自我概念具有重要影响。埃里克森也劝告做父母的人，不要把孩子的勤奋行为看作捣乱，否则孩子会形成自卑感，认为自己不如别人，应该鼓励孩子努力获得成功、努力完成任务，激发他们的勤奋感与竞争心，以使他们有信心获得好成绩，还要鼓励他们尽自己最大努力与周围的人发生联系，进行社会交往，使他们相信自己是有能力的、聪明的，任何事情都能做得很好，即使是参加赛跑，也会认为自己是跑得很快的。总之，使他们怀有一种成就感。

第五阶段为青年期(11、12～17、18岁)，获得同一感，防止同一性混乱阶段。这一时期相当于少年期和青春初期。

青少年对周围世界有了新的观察与新的思考方法，他们经常考虑自己到底是怎样一个人，他们从别人对他的态度中，从自己扮演的各种社会角色中，逐渐认清了自己。此时，他们逐渐疏远了自己的父母，从对父母的依赖关系中解脱出来，而与同伴们建立了亲密的友谊，从而进一步认识自己，对自己的过去、现在、将来产生一种内在的连续之感，也认识自己与他人在外表上与性格上的相同与差别，认识自己的现在与未来在社会生活中的关系，这就是同一性，即自我同一感。

埃里克森认为，这种同一感可以帮助青少年了解自己以及了解自己与各种人、事、物的关系，以便能顺利地进入成年期。否则就会产生同一性的混乱。如：怀疑自我认识与他人对自己认识之间的一致性；做事情马虎，看不到努力工作与获得成就之间的关系。同一性混乱，还表现在对领导与被领导之间的共同点与差异看不清，要么持对立情绪，要么盲目顺从等。在两性问题上也会发生同一性的混乱，认识不到两性之间的同一与差异等。埃里克森注意到前面几个阶段中冲突的健康解决会成为本时期的良好基础，从而使个体获得自我同一感。

埃里克森还提出了“合法延缓期”这个概念，他认为这时的青年在渡过儿童期之后，自觉没有能力持久地承担义务，感到要做出的决断未免太多太快。因此，在做出最后决断以前要进入一种“暂停”的时期，用以千方百计地延缓承担的义务，以避免同一性提前完结的内心需要。虽然对同一性寻求的推延可能是痛苦的，但它最后是能导致个人整合的一种更高级形式和真正的社会创新。

如果说以上五个阶段是针对弗洛伊德的五个阶段提出的，那么以下的三个阶段就是埃里克森的独创。这三个阶段的提出使他的发展理论更加完善。

第六阶段为成年早期(18～25岁)，获得亲密感，避免孤独感阶段。这一时期相当于青年晚期，发展任务是获得亲密感，避免孤独感，体验着爱情的实现，积极的成果是亲密关系的获得。亲密感，是人与人之间的亲密关系，包括友谊与爱情。亲密的社会意义，是个人能与他人同甘共苦、相互关怀。亲密感在危急情况下往往会发展为一种互相承担义务的感情，它是在共同完成任务的过程中建立起来的。如果一个人不能与他人分享快乐与痛苦，不能与他人进行思想情感的交流，不相互关心与帮助，就会陷入孤独寂寞的苦恼情境之中。

第七阶段为成年中期(25～50岁)，获得繁殖感，避免停滞阶段。这是中年期与壮年期，是成家立业的阶段。主要获得生殖感，避免停滞感，体验着关怀的实现，积极的成果是关怀后代。这里的繁殖是广义上的，不仅包括人的繁衍后代，而且还包括人的生产能力和创造能力等基本能力与特征。这一阶段有两种发展的可能性，一种可能是向积极方面发展，个人除关怀家庭成员外，还会扩展到关心社会上其他人，关心下一代以至子孙后代的幸福。他们在工作上勇于创造，追求事业的成功，而不仅是满足个人需要；另一种可能性是向消极方面发展，即所谓“自我专注”，就是只顾自己以及自己家庭的幸福，而不顾他人的困难和痛苦，即使有创造，其目的也完全是为了自己的利益。

第八阶段为成年晚期（50岁以后直到死亡），获得完善感，避免失望感阶段。这是老年期，亦即成熟期。主要为获得综合的完善感，避免失望和厌恶感，体验着智慧的实现，积极的成果为体验完成人生的使命感。如果前面七个阶段积极的成分多于消极的成分，就会在老年期汇集成完善感，回顾一生觉得这一辈子过得很有价值，生活得很有意义。相反，如果消极成分多于积极成分，就会产生失望感，感到自己的一生失去了许多机会，走错了方向，想要重新开始又感到为时已晚，痛不胜痛，于是产生了一种绝望的感觉，精神萎靡不振，并因而害怕死亡。

埃里克森在分析每个阶段时，都提出一些积极的建议。例如，他认为，一个人不应该对任何人都信任，不信任感也有一点用处，有了不信任感后，对于外界的危险会有一种准备，对于外界不愉快的事情可有一种预期，否则一遇社会挫折就感到不可思议或束手无策，不利于自我的成长。但埃里克森认为，在人际关系中信任与不信任感要有一定的比例，信任感应该多于不信任感，以有利于心理发展。他还认为，自主感也不能无限制地发展，也必须有一定的怀疑感与羞耻感，如果过分相信自己，以后就不容易适应社会准则，变得独断专行。他提出，自主感应强于怀疑感与羞耻感。儿童的勤奋感中也应该有一点失败的经验，以便今后能经受住失败的挫折，但又不能过分地经常地遭受失败，否则就会产生自卑感。

（二）埃里克森自我发展阶段理论的价值

以上是埃里克森自我发展的八个阶段，从中可以看到自我的形成与社会文化因素的关系，也可以看到自我与社会生活在个体人格发展中的作用。他的八个阶段是他临床经验的总结，尚缺乏严格的科学事实作依据，但比起弗洛伊德强调本能的生物学观点来，重视了社会文化因素在自我意识形成与发展中的作用，他的理论有相对的合理性，对心理学研究和教育实践都有较大的启发意义。

首先，人格的发展是自我与社会文化相互作用的产物，各个阶段心理危机的产生和危机的解决都与环境作用密切相关。因此，在人格发展的问题上，不但要重视自我教育的作用，而且还应特别重视学校、家庭和社会对个体的教育作用。

其次，其理论指出了人生每个阶段的发展任务及所需要的支持帮助，有助于教育工作者了解中小学生在不同发展阶段所面临的各种冲突，从而采取相应的措施，因势利导，对症下药。如在学校教育中，小学生正处于第四阶段，中学生正处于第五阶段，埃里克森的理论有助于我们的教育适应中小学的发展。小学阶段主要帮助学生适应勤奋和自卑危机，中学阶段主要适应同一性和角色混乱的危机。

再次，人格的发展是一个完整的连续作用的过程，前一阶段的发展任务若未顺利完成，可在后面的阶段继续完成。良好的人格品质可以通过教育加以补救，因而，对人格教育应持乐观态度。

第四，埃里克森的人格终生发展论，为不同年龄段的教育提供了理论依据和教育内容，任何年龄段的教育失误，都会给一个人的终生发展造成障碍。它也告诉每个人你为什么会成为现在这个样子，你的心理品质哪些是积极的，哪些是消极的，在哪个年龄段形成的，给你以反思的依据。有研究表明，埃里克森自我发展的八个阶段在具体的年龄段上的划分有些偏前，因此如果我们看到自己所属的心理发展阶段小于自己的生理年龄时不必沮丧。

第三节　学生个体的社会化

人从出生开始，就意味着社会化过程的展开。在与环境的互动中，个体需要了解自己和周围社会环境，形成健康的自我意识。由于遗传因素的影响以及后天生活环境和教育的不同，导致学生的社会化过程出现个别差异。前者揭示个体社会化的共性；后者体现个体社会化的个性。抓住个体社会化的共性和个性，有助于理解个体社会化的实质，准确把握个体社会化的深刻内涵。

一、学生自我意识的发展

人刚出生时多处于自我封闭的状态，无法分辨外界与自己。一直到七八个月大才会逐渐衍生出“我”的概念，也才逐渐分得清自己与外在世界的不同和与他人的不同。自我意识的发展，一般要持续到 20 岁以后，在人生不同的发展阶段，具有不同的特点。

（一）自我意识的含义及作用

自我意识是对自己身心活动的觉察，即自己对自己的认识。具体包括认识自己的生理状况（如身高、体重、体态等）、心理特征（如兴趣、能力、气质、性格等）以及自己与他人的关系（如自己与周围人相处的关系、自己在集体中的位置与作用等）。

自我意识在个体发展中具有十分重要的作用。首先，自我意识是认识外界客观事物的条件。当一个人还不知道自己并无法把自己与周围相区别时，他就不可能认识外界客观事物。其次，自我意识是人的自觉性、自控力的前提，对自我教育有推动作用。只有当人意识到自己是谁、应该做什么的时候，才会自觉自律地去行动。一个人意识到自己的长处和不足，就有助于他发扬优点、克服缺点，取得自我教育的良好效果。再次，自我意识是改造自身主观因素的途径，它使人能不断地自我监督、自我修养、自我完善。可见，自我意识影响着人的道德判断和个性的形成，尤其对个性倾向性的形成更为重要。

（二）自我意识的特性

自我意识作为人对自身的认识，可以分为两个部分。即：主观的我和客观的我。前者是对自己身心活动的觉察者；后者是被觉察者。其特性一般概括为以下几个方面。

1. 意识性

意识性是指个体对自己以及自己与周围世界的关系有着清晰、明确的理解和自觉的态度，而不是无意识或潜意识。从马克思主义哲学的角度来看，这种自我意识是主体我对客体我的一切主观能动的反映。

2. 社会性

自我意识是个体长期社会化的产物。这不仅因为它是在社会实践中产生的，而且因为它的主要内容是个体社会属性的反映。对自我本质的意识，不是意识到个体的生理特性，而是意识到个体的社会特性，意识到个体的社会角色，意识到个体在一定的社会关系和人际关系中的地位和作用，这是自我意识发展成熟的重要标志。

3. 能动性

自我意识的能动性不仅表现在个体能根据社会或他人的评价、态度和自己实践所反馈的信息来形成自我意识，而且还能根据自我意识调控自己的心理和行为。

4. 同一性

心理学研究表明，自我意识一般需要经过 20 多年的发展，直到青年中后期才能形成比较稳定、成熟的自我意识。虽然这种自我意识有可能因个体实践的成败和他人的评价的改变而发生变化，但到青年期以后，个体会对自己的基本认识和态度保持同一性。正因为自我意识的同一性，才会使个体表现出前后一致的心理面貌，从而使自己与其他人的个性区别开来。

（三）自我意识的结构

自我意识的结构主要从自我意识的活动形式来分析，即从知、情、意三方面加以探讨，是由自我认知、自我体验和自我调节（或自我控制）三个子系统构成的。因此，自我意识也叫自我调节系统。

自我认识是主观自我对客观自我的认识与评价，是自我意识的认知成分。它是自我意识的首要成分，也是自我调节控制的心理基础，它又包括自我感觉、自我概念、自我观察、自我分析和自我评价。自我分析是在自我观察的基础上对自身状况的反思。自我评价是对自己能力、品德、行为等方面社会价值的评估，它最能代表一个人自我认识的水平。对学生进行自我认识训练，重点应放在三个方面：第一，让学生能认识到自己的身体特征和生理状况。第二，让学生认识到自己在集体和社会中的地位及作用。第三，让学生认识到内心的心理活动及其特征。自我评价是自我意识发展的主要成分和主要标志，是在认识自己的行为和活动的基础上产生的，是通过社会比较而实现的。由于学生自我评价能力不高，往往不是过高就是过低，大多属于过高型。因此，要提高学生的自我评价能力，就应学会与同伴进行比较，通过比较做出评价。还应学会借助别人的评价来评价自己，学会用一分为二的观点评价自己。由于自我评价是自我认识中的核心成分，它直接制约着自我体验和自我调控，所以，对学生进行自我意识训练，核心应放在自我评价能力的提高上。

自我体验是自我意识在情感方面的表现。自我体验是主体对自身的认识而引发的内心情感体验,是主观的我对客观的我所持有的一种态度,如自信、自卑、自尊、自满、内疚、羞耻等都是自我体验。自尊心、自信心是自我体验的具体内容。自尊心是指个体在社会比较过程中所获得的有关自我价值的积极的评价与体验。自信心是对自己的能力是否适合所承担的任务而产生的自我体验。自我体验往往与自我认知、自我评价有关,也和自己对社会的规范、价值标准的认识有关,良好的自我体验有助于自我监控的发展。对学生进行自我体验训练,就是让学生有自尊感、自信感和自豪感,不自卑,不自傲,不自满,随着年龄增长让学生懂得做错事感到内疚,做坏事感到羞耻。

自我调节是自我意识的意志成分。自我调节主要表现为个人对自己的行为、活动和态度的调控。它包括自我检查、自我监督、自我控制等。自我检查是主体在头脑中将自己的活动结果与活动目的加以比较、对照的过程。自我监督是一个人以其良心或内在的行为准则对自己的言行实行监督的过程。自我控制是主体对自身心理与行为的主动的掌握。一般认为,自我调节是自我意识中直接作用于个体行为的环节,它是一个人自我教育、自我发展的重要机制,也是自我意识的能动性的表现。提高学生自我监控能力,应让学生学会如何借助于外部压力,发展自我监控能力。即实现学生的行为由外控制向内控制的转变。

(四)自我意识的健全与培养

自我意识的三个结构是一个相互联系、相互影响的辩证统一体,培养和健全自我意识,必须齐抓共管,促进三种成分的和谐与提高。

1. 正确的自我认知

“人贵有自知之明”,全面而正确的自我认知是培养健全的自我意识的基础。自我认知是从多方面建立的,既有自己的认识与评价,也有他人的评价。我们不妨自己认真仔细地想一想,用尽量多的形容词描述自己,要忠实于自己的内心。在此基础上,进行第二步,他人对自己的描述,描述父母眼中的我、同学眼中的我、老师眼中的我、恋人眼中的我、兄弟姐妹眼中的我,你再寻找这些描述中共同的品质,将其归类。你描述的维度越多,你越会找到比较正确的自我。

2. 客观的自我评价

一个人必须建立在正确的自我认知基础上,正确的自我悦纳、积极的自我体验、有效的自我控制。自我悦纳是自我意识健康发展的关键所在。悦纳自我首先要接纳自己、喜欢自己、欣赏自己,体会自我的独特性,在此基础上体验价值感、幸福感、愉快感与满足感;其次是理智与客观地对待自己的长处和不足,冷静地看待得与失。积极的策略是:关注你自己的成功,并将优势积累,每个人身上都有着无数的闪光点,重点在于寻找你自己的闪光点并将其构成亮丽的人生风景线。

3. 积极的自我提升

提高自我效能感是个体在一定情境下对自我完成某项工作的期望与预期。当人们期望自己成功时,他必然会尽自己最大的努力,并在面临挑战性任务时,会表现出更强的坚持力,从而增加了成功的可能性,自我效能感高的人一般学业期望较高,也就是说,自我效能感与成就动机呈正相关性。

另一条途径是克服自我障碍,我们经常会有这样的感觉:体验对自己能力程度的焦虑带来的不安全感,这便是一种自我障碍。我们听说了太多的这样的故事:由于考试前身体不好,所以在大考中没有取得好成绩。这便是典型的自我障碍,为自己的考试不成功找到了适当的借口。一个渴望自我发展的人必须主动克服自我障碍,进行积极的自我提升与自我尝试。积极的自我在尝试中会发现自己的新的支点。

4. 关注自我成长

自我的发展需要不断的自我反思、自我监控。但将成长作为一条线索贯穿于人的始终时,整理自己成长的轨迹显得尤为重要。依照发展过程,深刻了解与把握自己。要记住:自我体验永远是个体的,当我们在分享他人自我成长的硕果时,也在促进我们自己的成长。

二、学生的个别差异

学生的个别差异是指不同个体之间在行为方面相对稳定的不相似性。学校环境中的个别差异具有一定的复杂性,需要在教师教学的同时灵活处理。了解学生的个体差异,按照教学对象的不同提供不同的学习需求,是教师实施有效教学的重要条件。

(一) 个体的学习风格差异

任何一种学习风格,它都具有独特性和稳定性,也都与个性相互影响、和谐共存。从不同的角度解读学习风格的内涵,可以达到对其本质的认识。

1. 学习风格

学习风格是指人们在学习时所具有的或偏爱的方式,换句话说,就是学习者在研究和解决其学习任务时,所表现出来的具有个人特色的方式。吉尔福特认为,学习风格是指个体在处理不同类型信息时的能力偏好。有的人善于处理图形信息,也有的人善于处理符号信息,还有的人善于处理语义信息,这就形成了不同类型的学习风格,即图形型、符号型和语义型。

凯夫等人认为:学习风格是学生对学习方法的定向或偏爱,它表明某特定学生在教学过程中通常喜欢采纳的学习方式。在中国,比较公认的是谭顶良先生对学习风格所下的定义:学习风格是学习者持续一贯的带有个性特征的学习方式,是学习策略和学习倾向的总和。学习策略是指学习者为完成学习任务或实现学习目标而采取的一系列步骤,其中某一特定步骤称为学习方法。学习倾向是每一个体在学习过程中会表现出的不同偏好,包括学习情绪、态度、动机、坚持性以及对学习环境、学习内容等方面的偏爱。有些学习策略和学习倾向可随学习环境、学习内容的变化而变化,而有些则表现出持续一惯性。那些持续一贯地表现出来的学习策略和学习倾向,就构成了学习者通常所采用的学习方式,即学习风格。

2. 学习风格的种类

学习风格的种类可以从不同的角度划分，根据感觉通道的不同，一般分为视觉型学习者、听觉型学习者、动觉型学习者。根据认知特点的不同，一般分为场依存性和场独立性（文科、社会科学与数学和自然科学）；反思型和冲动型（逻辑与直觉）；整体性和系列性（整体与局部或多维与单一）；深层加工和表层加工（复杂概念体系与简单概念体系）。还有的根据感觉定向（视觉、听觉、触觉）、反应方式（单独与合作、主动与被动、依赖与自主）、思维模式（局部与整体、有条理与直觉）三个维度划分学习风格；或者根据知觉偏好（视觉、听觉、动觉）、物理环境需要（声音、光线、温度）、社会环境偏好（单独、同伴、多样化）、认知方式（场依存—场独立性、具体体验、抽象概括）、最佳学习时间（早上、中午、晚上）、动机和价值观（价值观、动机、态度）等六个维度划分学习风格。

3. 学习风格的要素

学习风格由生理要素、心理要素和社会要素三大因素构成。学习风格的生理要素包括个体外界环境生理刺激、一天内时间节律以及在接受外界信息时对不同感觉的偏爱等。例如：声音、光线、温度、活动性与坐姿、学习时间、感觉通道等等。

学习风格的心理要素是在认知、情感、意动三个心理层面上的不同偏好。例如：在认知要素上主要包括知觉风格、对信息的同时性加工和继时性加工、记忆风格、思维风格、解决问题风格等等。在情感要素上主要包括：理性水平、成就动机、焦虑水平和控制点等等。

在意动要素上主要包括：学习坚持性、言语表达、冒险与谨慎、动作操作等四个方面。

社会要素主要表现在以下两个方面：① 独立学习与结伴学习。即：喜欢独立学习的人，在学习时他们宁愿独立思考、解决问题。相反，喜欢结伴学习的人，他们乐于与他人一起学习，在集体的环境中相互合作、相互激励、相互督促，增进学习效率，导致“社会促进作用”中的“结伴效应”。② 竞争与合作。有些学生更倾向于通过竞争激发学习动机，而有些则偏爱合作学习。

（二）性别差异

性别就是我们通常所称的“男性”和“女性”，是根据生物学特征对人类群体的基本界定。性别角色是被社会认可的男性和女性在社会上的一种地位，也是社会对男性和女性在行为方式和态度上期望的总称。个体要适应社会、发展自我，就需要学会认识自我的性别，并选择相应的性别角色。根据身体结构和功能来确认自己是男性或女性，就是性别认同。根据社会对性别角色的要求来确认自己则是性别角色认同。根据社会对性别认同和性别角色认同的过程，也即性别定型化的过程。围绕性别差异的探讨可以从三个方面进行。

1. 确实存在的性别差异

美国心理学家麦考比和杰克林分析了 1500 多项研究，发现只有下面四种性别角色的稳定差异是有真凭实据的。第一,女性的语言表达能力胜过男性。女孩的言语技能发展比男孩早些,但直到青少年期之前,这种差异都还非常小,成年以后,女性在语言能力上的优势逐渐明显。第二,男性在视觉和空间能力测验(空间知觉:从不同角度识别相同图形)中胜过女性。第三,男性在算术推理,尤其是在靠视觉和空间技能的几何和三角推理上胜过女性。在视觉和空间能力上的差异最早出现在8～10岁,但直到青少年早期(12～13岁)之前,男性的数学能力并不能超过女性。第四,男性在体力上胜过女性,而且在言语上比女性更富于攻击性。

最近的研究又陆续发现了一些确有根据的性别角色的稳定差异。例如,男性一般比女性更加积极,更喜欢冒险,更善于发起和接受非攻击性的激烈的滚打游戏,更容易出现阅读能力缺陷、语言障碍、情绪失调和各种心理疾病。从大约5岁以后,女孩和女人比男孩和男人对婴儿更感兴趣,更易做出反应。女孩比男孩向别人提出的要求少些,对成人在游戏中提出的社会性建议反应更敏感,且能更好地遵从成人提出的要求,当面临一个难题或要实现一个群体目标时,她们比男孩更依赖于合作和讨论,而不像男孩那样有个人主见。麦考比在归纳了一些较新的资料之后提出,老谚语中说的男孩比女孩更难养育的话看来是确有根据的。但是,这些性别差异只反映了群体的平均水平,它们也许能、也许不能说明某个特定个体的行为。譬如,有的男人像最善于照顾人的女人那样对婴儿感兴趣,不少女孩和女人像最优秀的男孩和男人那样,在数学上取得成绩。所以尽管整体上男女之间存在差异,但这些稳定差异并不一定适合于某些人。换句话说,我们不能根据一个人的性别来预测他的攻击性、数学技能或语言能力,只有在计算群体平均数时才能发现性别差异。

2. 可能造成两性差异的特性

在其他一些社会特性方面的两性差异的证据只能供人们参考,例如,人们一般认为女性比男性更加怯懦、胆小和忧虑,尽管这方面的资料是有些矛盾的。在压力情境下对儿童进行的观察研究常发现在怯懦或胆小行为方面并没有性别差异。但是,女性可能比男性报告的怯懦或胆小更多些,而且她们往往认为她们的情绪反应比男性更深刻和强烈。儿童期的女孩子更加听从父母、教师和其他有权威的人的要求。但她们并不是"容易被说服的",她们比男孩子更不容易听从同辈伙伴的要求和指导。虽然有资料证明女孩比男孩更善于照顾人(而且可能更善于移情),但很少有证据支持女孩比男孩品德更高尚这一说法。

3. 关于性别差异的一些未经证实的看法

还有一些广为传播的性别角色的稳定类型,属于未经证实的判断或根本没有事实依据的"文化的神话"。表8-1列出了这些被人们广泛接受的"神话"。

表 8-1 关于性别差异的一些未经证实的看法

看 法	事 实
1. 女孩比男孩更加"善交际"	两性对社会性刺激有同等的兴趣,对社会强化物有同样的反应,同样熟练地向社会榜样学习,在一定年龄,男孩比女孩花更多的时间和伙伴一起玩。
2. 女孩比男孩更容易受暗示	大多数研究都发现,儿童的服从性并没有性别差异。而且男孩有时比女孩更容易接受同伴群体中与自己不同的价值观念。
3. 女孩比男孩自尊心弱	在整个儿童期和青少年期,两性的自我满足感和自信心非常相似;但女性认为她们的社会能力较强,男性认为他们更富于支配性和影响力。
4. 女性比男性善于完成简单重复性工作,男性更善于完成需高认知加工水平的任务	证据并不支持这些断言。在学习记忆、概率的学习和概念形成等方面,未发现哪一种性别占优势。
5. 男孩比女孩更富于"分析性"	在分析性认知方式测验和逻辑推理测验中,男孩和女孩之间没有差异,但在完成需要视觉和空间能力的任务时,男孩做得好些。
6. 女孩的成就动机较弱	这种差异并不存在!女性成就动机较弱的神话之所以能长久流传,也许是因为男性和女性的成就动机指向不同的目标。

为什么这些不正确的看法会长期流传?也许是因为这些刻板印象太强有力了。这里有一个古老的真理,如果关于人类群体的一个广泛流传的东西被人们相信,那么,这个群体的成员就会按照人们期望的方式去行动,而且容易引起人们的注意,使大家相信的东西逐渐固定下来,而且变得越来越强有力;如果群体的一个成员不按照人们期望的方式去行动,他的行为就容易被忽略,使人们普遍相信的东西受到保护。这种经过筛选的选择性注意过程在关于人们所期望的男性和女性行为方面也是长期存在的。只有在否定的证据的不断冲击下,这些长期流传的神话的影响才会逐渐消失。这就是说,性别角色的固定印象好像一种根深蒂固的认知图式,人们就是用它来解释男性和女性的行为的。显然,这些未经证实的或不正确的性别角色固定印象对男性和女性起着重要的影响作用。

4. 学校教育与性别差异

在日常生活中,关于男女智力差异的讨论,常常听到三种说法:一种认为男女的智力水平是交替领先的。就是说,初中以前,女孩比男孩的智力要高;初中以后,男孩开始超过女孩,此后女孩智力高的日趋减少,到 20 岁左右能与男性竞争者已为数不多。另一种认为男的就是比女的聪明,主要根据是著名的科学家和领袖人物男的远比女的多。第三种认为男女智力都一样,说男的比女的智力高是男尊女卑的旧思想,新社会男女智力没有区别，男人能干的女人也能干，甚至女的比男的干得还好。

上述三种看法似乎都有一定的合理性，实际上都是从社会上男女的职业现象的表现去描述的，并没有解释其实质性的问题。我们在学校工作中需要做好以下几方面的工作。

(1) 教学材料和语言方面。在教学中，教师要注意教学材料的选择和语言的使用。教师需要检查所用教材和材料，避免使用含有性别偏向的观点和图片，如“男孩有泪不轻弹”“女人是水做的”等言论，不要给男女生灌输性别歧视的思想，如男生比女生聪明、有出息；避免使用一些含有性别偏向的语言，如“女流之辈”“妇道人家”“祸水”等词语。

(2) 学科和兴趣方面。教师要鼓励学生积极参与不同学科的学习，不能认为数学是男生的专长，诗歌是女生的专长。教师要鼓励学生根据自己的兴趣爱好选择职业或参与活动，而不是根据社会文化中的刻板印象打压学生兴趣。

(3) 课堂教学和活动方面。在课堂上，教师要给予男女生同样多的注意，对男女生提问的次数、问题的性质要差不多，对男女生所给予的反馈质量、数量也要相当。教师在布置任务或安排活动时，给予男女学生同等的参与、承担领导角色的机会。教师要让男生和女生有均等的机会参与各种活动，若有体力活动，也不要把女生排除在外。教师不能只指派男生为小领导，女生只能做小秘书和后勤部长。避免男女分开组织活动、放学时让男女生分开列队回家，教室里男女生不能同桌等等。本来中小学生异性朋友间的交往就很少，在这种刻意的安排下，他们更羞于跟异性来往，性别刻板印象也无形中被强化了。研究表明在鼓励男女生合作的团体里，学生们很少形成性别能力差异的刻板印象。

(4) 尝试“双性化”教育。所谓“双性化”即融男性和女性行为特征于一体。这种行为模式的传播，有利于性别角色传统观念冲突的消除。学校教育在尝试“双性化”教育的过程中，要注意以下几个方面的问题。

第一，“双性化”不等于“中性化”，双性化理论认为双性化是一种非常理想的性别模式，它集合了男性和女性的性别优点，而“中性化”可以说是“无性化”，是社会性别最不突出的一类群体，它没有显著的男性气质和女性气质。

第二，不论是男生还是女生，都应在发挥自己“性别”优势的同时，注意向异性学习，克服自己性格上的弱项，促进身心的全面发展和人格的完善。因此，鼓励学生向异性学习也要掌握“分寸”。要是男生学过了头，就会显得“娘娘腔”；女生学过了头，就会成为“假小子”，这自然就不是“双性化教育”的初衷了。

第三，在向异性学习的过程中，应该鼓励学生多学习对方身上的优点，而非缺点，既不能让女生学习男生的粗野，也不能让男生学习女生的柔弱。

第四，关于“双性化”是否从各个方面都优于男性化或女性化倾向，当前的研究并未能得出一致的结论。一些研究发现，双性化的人具有更强的适应性，能够依据当前情境的要求调整自己的行为；双性化的儿童和青少年具有更高的自尊，而且比传统性别特征的同伴更受欢迎，适应状况也更为良好。但也有研究发现，具有过多异性性别特征的儿童，往往处于被同伴拒绝的边缘，自尊水平较低。一项针对小学四年级到初中二年级学生性别角色和适应状况的研究发现，适应良好的男生和女生将自己看作自身性别群体的典型成员，但同时也认为自己有探索异性领地的自由（Eganetal，2001）。因此，“双性化”并不等同于“男女无别”，双性化教育应该是顺着学生先天的性别倾向来引导，让男生和女生首先认同自己的典型性别倾向，乐于做一个男孩或女孩，然后再从学习异性特质中受益。

第四节　中小学生的心理发展特点

一、小学生的心理发展特点

在小学阶段，小学生的生活从以游戏为主导转为以学习为主导。通过教和学的双向互动，系统地学习知识，发展学会学习的能力，养成良好的学习态度，促进自身心理的发展。

（一）小学生的认知发展

从小学生的感知觉发展来看，小学生的视觉、听觉、运动觉逐步趋向完善。大肌肉运动觉成熟较早，小肌肉运动觉发展较迟，肢体动作还不够灵活协调。在形状知觉方面，对几何图形的认识仍有许多局限，时常混淆其非本质特征和本质特征，立体几何图形知觉水平不高。在方位知觉方面，初入学儿童对前后、上下容易分辨，但对左右不易分辨（如踏步、写字母 b、d、p、q 会出现错误）。5～7 岁较稳定地辨别自己的左右方位；7～9 岁初步掌握左右方位的相对性，但常需直观表象作支持；9～11 岁能较灵活地掌握左右概念。在时间知觉方面，儿童入学后逐渐掌握数概念和计时工具，学会利用中介物来认识时间，对时间的知觉得以迅速发展。但对时间单位的理解与他们的生活经验有直接关系。

从小学生的注意发展来看，随年龄的增长，有意注意在认识中的地位、作用不断提高，由初期的无意注意占主导，发展为后期的有意注意占主导。注意的范围（广度）、稳定性、分配、转移均明显增长。

从小学生的记忆发展来看，一方面，记忆容量增加。小学儿童的数学记忆广度已经与成人水平相当。另一方面，出现有意识记超过无意识记成为记忆的主要方式、意义记忆在记忆活动中逐渐占主导地位以及词的抽象记忆的发展速度逐渐超过形象记忆等特点。此外，小学生通过复述（背诵）、归类、系列化等方式，学会了记忆策略的运用。

因此，培养儿童的记忆能力，提高小学生的记忆效果，需要丰富儿童的知识和经验；提高言语和思维的发展水平；利用记忆发展特点，促进记忆发展进程；帮助学生编织记忆之网。

从小学生的思维发展来看，小学生的思维获得飞跃发展，10 岁左右是形象思维向抽象逻辑思维过渡的转折期，出现质的变化，导致新的思维结构的形成。但是，逻辑思维在很大程度上受具体形象性的束缚。尤其是小学低年级或三年级以下，他们的逻辑推理需要依靠具体形象做支柱，甚至要借助直观来理解抽象概念。

（二）小学生自我意识的发展

小学儿童自我意识是在幼儿期已有发展的基础上不断发展、不断深化的过程，离不开儿童与环境相互交往过程，教育和调节儿童与环境的关系对儿童自我意识的发展起着重要作用。其发展进程可分为如下三个阶段：从小学一年级到三年级处于上升期中的快速发展期。小学三年级到五年级处于平稳过渡期。小学五年级到六年级处于第二个上升期。就小学阶段整体而言，发展的趋向表现为从具体向抽象概括水平过渡。

从小学生的自我评价能力来看，评价的内容增多，涉及身体外表、行为表现、学业成绩、运动能力、社会接纳程度等方面。社会支持因素对儿童自我评价起着非常重要的作用。其中，父母和同学的作用最重要。自我价值的评价与情感密切联系。悦纳自己的儿童，情绪最快乐；对自己评价不良的儿童，经常产生悲哀、沮丧的消极情绪。而且，小学儿童的自我评价与学业经验、同伴交往、自信心等都有密切关系。

从小学生的自我控制能力来看，由于受认知策略的影响，以及榜样的作用，特别是家庭教育对儿童自我控制能力的影响，儿童自我控制能力存在显著的个体差异。

（三）小学生的人际关系

与幼儿相比，小学儿童的交往对象同样主要是父母、教师和同伴，但其交往关系、性质与幼儿有完全不同的特点。

从亲子关系来看，亲子关系的变化主要表现在以下几个方面。首先，父母与儿童的交往时间减少。不仅儿童和父母待在一起的时间明显减少，而且父母关注儿童的时间也有所减少。其次，在小学时期，父母教养关注的重点转移。在学前期，父母主要处理诸如儿童发脾气、打架等问题。现在则更多考虑是否应该要求儿童做家务，是否应该监督儿童的友谊模式，是否鼓励儿童与特殊个体交往，应该如何监督儿童在家庭之外的活动，特别是学习活动等。再次，在小学期间，儿童和父母的冲突数量也减少了。当冲突产生时，父母与儿童开始具有解决冲突的选择性模式。另外，父母通常认为学龄儿童比学前儿童好控制些，父母对儿童的控制力量也在变化。随着年龄的增长，儿童越来越多地自己做出决策，父母和儿童对其行为共同调节。

从同伴关系来看，小学生的社会交往主要是指儿童与同龄伙伴的交往。伙伴交往是儿童社会性发展的非常重要的途径。小学儿童的同伴经历、与同龄人结合的伙伴关系对他们的人格发展和社会性（包括道德）发展，具有不可忽视的作用。他们在特有的儿童社会中，通过解决个人与集体之间的矛盾、个人与伙伴成员之间的矛盾，学会理解他人的观点和立场、经验协同和合理竞争。他们在这种横向的人际交往中学习社会生活所必需的技能和态度，使社会性发展进入一个新的阶段。

一般认为,小学儿童的伙伴关系的发展过程可以分为三个时期。① 依从性集合关系期(小学一二年级)。儿童在踏入学校这个新的环境的初期阶段,相互之间的关系尚处于薄弱地位。依从作为权威人物的教师就是这个时期的特征。② 平行性集合关系期(小学三四年级)。儿童之间通过非常活跃的活动交往、学习生活和各种集体组织的交流,开始按照接近关系、外在因素相似性以及个人需求的雷同性等,组成团伙并经常在一起活动。于是在这个时期出现了与伙伴协同的社会交往趋势。③ 整合性集合关系期(小学五六年级)。儿童对父母和教师的依从关系明显下降,更注重的是与朋友间所共有的价值观,更关注自己在同伴中的威信和地位,更重视同伴对自己的评价。研究表明,对同伴的依存性从小学二年级到小学五六年级一直表现上升趋势,五六年级是伙伴关系依从性的高峰期。也是儿童开始结成伙伴关系的人数比率最高的时期。

从师生关系来看,由于小学教师对学生的关心帮助既比幼儿园教师严肃,又比中学教师具体而细致。因此,小学教师在学生心目中更具权威性,对儿童的影响重大而深远。同时,学生的学业成绩、活动表现、外貌等也影响教师对学生的评价。一般认为,女生的师生关系比男生更为积极,学业表现好的学生有更积极的师生关系。研究也表明,教师的支持将使学生的学业成绩得到提高。

二、中学生的心理发展特点

中学阶段是个体生理迅速发育直至达到成熟的时期。也是心理发展迅速而又不平衡的时期。该阶段的主要特点是身心发展不平衡、自我成熟感和半成熟现状之间的矛盾及这些矛盾所带来的心理和行为的特殊变化。因而也被称为发展的困难期或危机期。

(一) 生理发展的加速及对心理活动的冲击

中学阶段是个体生长发育的鼎盛时期,也是初步性成熟的初期阶段。这个时期的身体和生理机能都发生急剧的变化,成为生长发育的第二加速期(第一加速期是 0～1 岁)。儿童的身高、体重、肩宽、胸围等成长速度迅速增加;乳房发育、体毛发生、变声等第二性特征,以及月经初潮、遗精现象也都开始出现。特别是在早熟的学生身上,表现得更为明显。

成熟感使得中学生希望尽早摆脱童年期的一切,寻找到新的行为准则,获得一种全新的社会评价。性发育的日趋成熟,滋生了对性的渴望。但又无法公开表现这种愿望和情绪。在这些心理和生理的内驱力作用下,他们会体会到一种强烈的冲击和压抑,从而感到种种困惑和烦恼。生理发育的加速和心理发展的相对缓慢,使得学生身心发展不和谐与不平衡,导致学生的自我调节能力脆弱,引起心理发展上的种种矛盾,并容易出现心理及行为偏差。可能在情绪情感、性格特征、行为表现等方面出现种种问题,甚至容易出现某些身心症状。如支气管喘息、心脏神经症、肠道运动失调、神经性食欲不振、不安神经症、强迫神经症、口吃以及厌学、失足行为乃至自杀等。

中学生心理活动的矛盾性主要表现在以下几方面:① 生理上的成人感与心理上半

成熟现状之间的矛盾。② 心理断乳与精神依赖之间的矛盾。③ 心理闭锁性与开放性之间的矛盾。④ 高傲和自卑的纠结。⑤ 否定童年又眷恋童年的矛盾。

（二）中学生的认知发展

中学生的感知活动已相当精确和概括，观察能力有时比一般成人更加精细、深刻和全面；理解性记忆已取代机械记忆占主导地位，记忆广度达到一生的顶峰，对各种材料记忆的成绩也都达到高峰，学习中能采用按系统、意义、分类进行归纳和对各学科作交叉综合性记忆的方法，能抓住教学内容的重点和中心环节；智力活动带有明显的随意性，即能把自己的注意力集中和稳定在毫无直接兴趣的、比较抽象、枯燥和困难的学习任务上，并能在比较复杂的学习活动中分配自己的注意力；思维活动不再受思维内容的局限，可以依据假设进行逻辑推理，能运用形式运算解决诸如组合、包含、比例、排除、概率及因素分析等逻辑课题。中学生的思维已经具有建立假设的能力和抽象思维的推理能力。

（三）中学生自我意识的发展

自我意识是个性发展水平的标志，也是推动个性发展的重要因素。中学阶段是自我意识发展的突变时期，主要受生理因素、心理因素和社会因素的影响。中学阶段的自我意识具有以下特点。

1. 成熟感和独立意向发展

由于生理上的迅速发育，中学生开始意识到自己已经长大成人。随着这种成熟感的产生，他们希望参加成人的活动，希望得到别人的尊重，希望别人把他当成人看待，让自己享受与成人相同的权利。实际上他们仍需要依附于家庭和成人，因此常产生独立与依附的矛盾。如果这时父母或成人还把他们当小孩看待，他们便会产生不满和抵触情绪，认为这是大人对他们的束缚和监视。正因为如此，到了中学阶段常与父母和老师“对着干”，往往故意表现出反抗情绪和疏远意图。

2. 自我的分化

自我有两种，一是观察者的自我，另一是被观察者的自我，即主观自我和客观自我。这两种自我由最初的混沌状态开始渐渐分化。中学生开始认识自己的同时，试图按照自己的愿望塑造自己、统一自己，这是中学生个性重组的表现。因此，主观自我里包含着理想化的自我。如果客观自我与理想自我间的距离太远，可能是心理不健康的表现。中学生沉溺于自我观察和自我陶醉中，会使自己脱离现实、陷入孤立，乃至怀疑自己的不真实性，导致人格解体。

3. 自我意识的强度和深度不断增加

中学生强烈地渴望认识自己、了解自己，研究自己的相貌和体态，注意自己的服饰与仪表，在乎别人对自己的看法与评价。当青年人聚集在一起时，往往把自己看作是一个被别人观察的对象，而较少把自己看成是一个观察者。他们常以为自然界和社会的有些法则只对别人发生作用，而对自己是个例外。这种想法可能会促使青少年去冒险。

4. 自我评价逐渐趋于成熟

自我评价是指自我对自己能力和行为的评价，它是个体自我调节的重要机制。中学生自我评价的发展表现在三个方面，一是评价的独立性日益增强；二是自我评价逐渐从片面性向全面性发展；三是对自己的评价已从身体特征和具体行为向个性品质方面转化。

5. 有较强的自尊心

中学生在其受到肯定和赞赏时，会产生强烈的满足感；反之，易产生强烈的挫折感。

6. 道德意识的高度发展

学生到了高中阶段，个体在自我观察、自我评价、自我体验、自我监督、自我控制等自我诸成分上都获得了高度的发展，并趋于成熟。

7. 性意识的发展

性发育的逐渐成熟，促使中学生的性意识急剧发展。他们从对异性的好奇逐渐转化到一种朦胧的对异性的眷恋、向往和接近倾向。在社会生活条件及环境的制约和影响下，他们表面上互相回避疏远，实际上却在敏锐地注意着对方的举止言行和身体变化；表面上在异性面前拘谨、羞涩，实际上常用爱美、出风头、冒险行为，甚至恶作剧来招引异性对自己的注意。他们开始特别喜欢在学习之余搞点美术、摄影、音乐、舞蹈，观看电影、文艺作品等来陶冶自己的情操。

（四）中学生的品德发展

伦理是人与人之间的关系以及必须遵守的行为准则，它是道德关系的概括，伦理道德是道德发展的最高阶段。在整个中学阶段，学生的品德迅速发展，处于伦理形成时期，我们可以视为衡量中学生品德发展水平的指标。根据有关研究与理论，可以将中学生品德发展的基本特征归纳为以下几点。

1. 形成道德信念与道德理想

中学阶段是道德信念和道德理想形成并以此指导行动的时期。中学生逐渐掌握伦理道德，并服从它，表现为独立、自觉地依据道德信念、价值标准等去行动，使学生的道德行为更有原则性、自觉性。

2. 自我意识增强

在品德发展的过程中，中学生更加关注自我道德修养，并努力加以提高。可以说中学生对自我道德修养的反省性和监控性有明显的提高，这为产生自觉的道德行为提供了有效的前提。

3. 道德行为习惯逐步巩固

由于不断地实践、练习，加之较为稳定的道德信念的指导，中学生逐渐形成了与道德伦理相一致的、较为定型的道德行为习惯。

4. 品德结构更为完善

中学生的道德认识、道德情感与道德行为三者相互协调，形成一个较为完善的动态结构，使他们不仅按照自己的道德准则去行动，而且也逐渐成为稳定的个性心理结构的一部分。

5. 品德发展由动荡向成熟过渡

从中学阶段的品德发展可以看到，初中生的伦理道德已开始形成，但具有两极分化的特点。高中生的伦理道德的发展具有成熟性，可以比较自觉地运用一定的道德观念、原则、信念来调节自己的行为。

（五）中学生人际交往的发展

中学生人际交往的对象主要是朋友与同学、老师以及父母。伴随着性的成熟、身体发育的急剧变化、自我意识的形成、认知能力的发展，中学生在人际交往上也日益显示出与小学生完全不同的特点。

1. 友谊占有十分重要和特殊的地位

朋友之间的情谊为友谊，它是建立在理想、兴趣、爱好等一致和互相依恋基础上的一种感情关系。研究表明，儿童时期情感上最依恋的是父母，朋友则处于相对次要的地位。随着年龄的增长，这种情感依恋便逐步由父母转向了朋友，并日益得以确定和加强。有研究表明，大多数人都认为自己结交朋友最多是在中学时期。

2. 小团体现象突出

由于空间上容易接近、年龄相当、品行相同等因素的影响，大多数中学生都加入到非正式的小团体中。这些小团体一般由 3～9 人组成，其成员相互间有高度的忠诚感，在行为方面也有很大的约束力。

3. 师生关系有所削弱

对老师有了新的认识，并有了更高的要求，他们对于喜欢什么样的老师也有了更明确的看法。他们开始评价教师的好坏，有自己喜欢和不喜欢的教师。

4. 易与父母产生隔阂

在情感、行为、观点上与父母逐渐脱离，父母的榜样作用也弱化了，不少中学生觉得与父母难以沟通，有话宁可与朋友讲，也不愿对父母说。无论在价值观念、交友方式、生活习惯，乃至着装打扮等方面，都容易与父母产生摩擦，不断加剧与父母间的心理隔阂。

总之，由于自我意识、独立欲望、自尊心都明显增强，中学生渴望人际交往的同时，容易出现闭锁、防御、自卑、“娇骄二气”等交往心理障碍，应该注意并加以克服。

三、中学生面临的心理社会问题

中学生的心理社会问题指的是中学生在发展过程中所表现出来的不符合或违反社会准则与行为规范，或不能较好地适应社会生活，从而给社会、他人或自身造成不良影响甚至危害的问题。中学生心理社会问题分为成瘾行为、内部失调和外部失调等方面。成瘾行为主要涉及吸烟成瘾、游戏成瘾和网络成瘾等；内部失调主要是指向个体内部的问题，具体表现为认知或情绪上的烦恼、压力，如抑郁、焦虑、青春期精神分裂、自杀倾向等；外部失调主要是指向外部的问题，表现在行为方面，如反社会行为、青少年犯罪等。

练习题

一、选择题

1. 认为心理发展只有量的连续累积、不存在阶段性的理论是 ( )
   A. 心理社会发展理论　　B. 发生认识论
   C. 心理性欲发展理论　　D. 社会学习理论
2. 某儿童认为周围世界绕着他转、月亮跟着他走;他只知道自己有个哥哥,但不知道自己就是哥哥的弟弟。该儿童心理发展所处的阶段是 ( )
   A. 具体运算阶段　　B. 前运算阶段
   C. 后运算阶段　　D. 形式运算阶段
3. 埃里克森认为,青少年期的心理危机是 ( )
   A. 主动对内疚　　B. 亲密对孤独
   C. 同一性对角色混乱　　D. 勤奋对自卑
4. 埃里克森认为,心理社会危机是勤奋对自卑的发展阶段为 ( )
   A. 童年期　　B. 青少年期
   C. 成年初期　　D. 成年中期
5. 根据皮亚杰的认知发展阶段理论,从初中起,思维开始进入 ( )
   A. 具体运算阶段　　B. 二元论阶段
   C. 形式运算阶段　　D. 相对论阶段
6. 强调人格结构中自我的调节作用,通过这种调节作用,个体可以解决发展中的各种危机,从而形成健康的人格的学者是 ( )
   A. 埃里克森　　B. 弗洛伊德
   C. 维果茨基　　D. 班杜拉
7. 弗洛伊德认为人格结构中代表社会道德力量,抑制本能的随时满足的是 ( )
   A. 超我　　B. 本我　　C. 自我　　D. 力必多
8. 皮亚杰认为,( )的儿童获得了象征性机能。
   A. 感觉运动阶段　　B. 前运算阶段
   C. 具体运算阶段　　D. 形式运算阶段
9. 皮亚杰认为( )是影响认知发展的充分必要条件。
   A. 成熟　　B. 经验
   C. 社会环境　　D. 平衡化

二、简答题

1. 简述皮亚杰的主要理论观点。
2. 简述维果茨基提出的最近发展区的思想。
3. 简述埃里克森的心理发展阶段说。
4. 简述自我意识的结构。

5. 中学生的自我意识发展主要表现在哪些方面?

6. 中学生面临的心理社会问题有哪些?

三、论述题

论述埃里克森自我发展阶段理论的价值。

参考答案

一、选择题

1. D　2. B　3. C　4. A　5. C　6. A　7. A　8. B　9. D

二、简答题

1. 皮亚杰认为人的心理(智力、思维)既不是来源于先天的成熟,也不是来源于后天的经验,而是来源于主体的动作。主体通过动作对环境的适应是心理发展的真正原因。皮亚杰以主体适应环境的主导方式,即认知结构的性质为依据把儿童心理发展划分为四个阶段:感知运动阶段、前运算阶段、具体运算阶段、形式运算阶段。

2. 最近发展区为个体现有发展水平与在他人指导下达到的发展水平之间的差异,表现为个体的发展潜力。维果茨基的“最近发展区理论”认为,学生的发展有两种水平:一种是学生的现有水平,另一种是学生可能的发展水平。两者之间的差距就是最近发展区。教学应着眼于学生的最近发展区,为学生提供带有难度的内容,调动学生的积极性,发挥其潜能,超越其最近发展区,然后在此基础上进行下一个发展区的发展。

3. 埃里克森认为在人格发展中,逐渐形成的自我过程在个人及其周围环境的交互作用中起着主导和整合的作用。他提出了人的八个阶段以及每个阶段的发展任务:第一阶段为婴儿期,是从出生到2岁,主要任务是满足生理上的需要,发展信任感,克服不信任感,体验着希望的实现;第二阶段为儿童早期,从2岁到4岁。主要任务是获得自主感而克服羞怯和疑虑,体验着意志的实现;第三阶段为学前期或游戏期,从4岁到7岁。主要任务是获得主动感和克服内疚感,体验目的的实现;第四阶段是学龄期,从7岁到12岁。主要任务是获得勤奋感而克服自卑感,体验着能力的实现。第五阶段是青年期,从12岁到18岁,主要任务是建立同一感和防止同一感混乱,体验着忠实的实现。第六阶段是成年早期,从18岁到25岁。主要任务是获得亲密感以避免孤独感,体验着爱情的实现。第七阶段是成年中期,从25岁到50岁,主要任务是获得系列感而避免停滞感,体验着关怀的实现。第八阶段为老年期(成年晚期),从50岁到死亡,主要任务是获得完善感和避免失望、厌倦感,体验着智慧的实现。

4. 自我意识的结构是从自我意识的三层次,即从知、情、意三方面分析的,是由自我认知、自我体验和自我调节(或自我控制)三个子系统构成。因此,自我意识也叫自我调节系统。

5. 第一,自我意识中独立意向的发展。中学生已能完全意识到自己是一个独立的个体,因此要求独立的愿望日趋强烈。但是,这种独立性的要求是建立在与成人和睦相处的基础上的,与实践时期的反抗性特点有所区别。多数中学生基本上能与父母或其他成人保持一种肯定的、尊重的关系,反抗性成分逐渐减少。

第二,自我意识成分的分化。中学生在心理上把自我分成了"理想自我"与"现实自我"两个部分。

第三,强烈地关心自己的个性成长。中学生十分关心自己个性特点方面的优缺点,在对人、对己进行评价时,也将性格是否完善放在首要位置。

第四,自我评价逐渐趋于成熟:中学生自我评价的发展表现在三个方面,一是评价的独立性日益增强;二是自我评价逐渐从片面性向全面性发展;三是对自己的评价已从身体特征和具体行为向个性品质方面转化。

第五,有较强的自尊心。中学生在其受到肯定和赞赏时,会产生强烈的满足感;反之,易产生强烈的挫折感。

第六,道德意识的高度发展。

总之,到了高中阶段,个体在自我观察、自我评价、自我体验、自我监督、自我控制等自我诸成分上都获得了高度的发展,并趋于成熟。

6. 中学生面临的心理社会问题指的是中学生在发展过程中所表现出来的不符合或违反社会准则与行为规范,或不能较好地适应社会生活,从而给社会、他人或自身造成不良影响甚至危害的问题。中学生心理社会问题分为成瘾行为、内部失调和外部失调等方面。成瘾行为主要涉及吸烟成瘾、游戏成瘾和网络成瘾等;内部失调主要是指向个体内部的问题,具体表现为认知或情绪上的烦恼、压力,如抑郁、焦虑、青春期精神分裂、自杀倾向等;外部失调主要是指向外部的问题,表现在行为方面,如反社会行为、青少年犯罪等。

三、论述题

埃里克森自我发展的八个阶段,从中可以看到自我的形成与社会文化因素的关系,也可以看到自我与社会生活在个体人格发展中的作用。他的八个阶段是他临床经验的总结,尚缺乏严格的科学事实作依据,但比起弗洛伊德强调本能的生物学观点来,侧重了社会文化因素在自我意识形成与发展中的作用,他的理论有相对的合理性,对心理学研究和教育实践都有较大的启发意义。

(1) 人格的发展是自我与社会文化相互作用的产物,各个阶段心理危机的产生和危机的解决都与环境作用密切相关。因此,在人格发展的问题上,不但要重视自我教育的作用,而且还应特别重视学校、家庭和社会对个体的教育作用。

(2) 其理论指出了人生每个阶段的发展任务及所需要的支持帮助,有助于教育工作者了解中小学生在不同发展阶段所面临的各种冲突,从而采取相应的措施,因势利导,对症下药。如在学校教育中,小学生正处于第四阶段,中学生正处于第五阶段,埃里克森的理论有助于我们的教育适应中小学的发展。小学阶段主要帮助学生适应勤奋和自卑危机，中学阶段主要适应同一性和角色混乱的危机。

(3) 人格的发展是一个完整的连续作用的过程，前一阶段的发展任务若未顺利完成，可在后面的阶段继续完成。良好的人格品质可以通过教育加以补救，因而，对人格教育应持乐观态度。

(4) 埃里克森的人格终生发展论，为不同年龄段的教育提供了理论依据和教育内容，任何年龄段的教育失误，都会给一个人的终生发展造成障碍。它也告诉每个人你为什么会成为现在这个样子，你的心理品质哪些是积极的，哪些是消极的，在哪个年龄段形成的，给你以反思的依据。有研究表明，埃里克森自我发展的八个阶段在具体的年龄段上的划分有些偏前，因此如果我们看到自己所属的心理发展阶段小于自己的生理年龄时不必沮丧。

第九章　学习心理

教学目的和要求：理解行为主义、认知学说、人本主义、建构主义等理论；运用学习理论促进教学；掌握学习迁移的分类；理解技能的形成。

教学重点：学习的定义；行为主义学习理论；认知学习理论；建构主义学习理论。

教学难点：学习的理论。

第一节　学习的概述

学习现象在人和动物中普遍存在，人与动物的学习都是对环境的一种适应。学习具有种系发展的连续性，但又有种系发展的飞跃——质的变化。可以从不同角度加以分析。

一、学习的涵义

学习有广义和狭义之分。广义的学习是指个体在特定情境下由于练习或反复经验而产生的行为或行为潜能的相对持久的变化，它是动物和人类生活中的普遍现象。其内涵包括以下几点。

(1) 学习表现为行为或行为潜能的变化。学习会导致个体出现某些方面的变化，这些变化可以是直接可见的行为变化。行为潜能(behavior potentiate)是罗特的人格社会学习理论术语，指在一定情境中产生某种特殊行为的可能性，由行为产生后的强化或强化定势决定。罗特认为，行为不仅指客观的、可观测的，亦包括不能直接观察的内部认知过程。①

(2) 学习行为变化的特点是相对持久的。

(3) 学习是基于反复经验引起的。学习获得的行为既不包含因有机体年龄增长而出现的自然成熟及大脑发育所带来的变化，也不包括因疾病和脑损伤而引起的变化。

与广义的学习相对，狭义的学习主要指的是人类的学习。人类的学习是在社会生活实践活动中，以语言为中介，经思维活动而自觉、积极、主动地掌握人类历史的社会知识经验以积累个体经验的过程。不仅有知识、技能、策略的学习，还包括态度和行为准

① 林崇德. 心理学大辞典(下卷)：上海教育出版社，2003.

则的学习;既有学校的学习,又有持续终生的日常生活中的学习。

学生的学习既不同于人类历史经验的形成过程,也不同于一般条件下人们所进行的学习。它具有以下主要特点。

(1) 学生学习以掌握间接知识经验为主。

(2) 学生的学习是在教师的指导下,有目的、有计划、有组织地进行的。

(3) 学生的学习是一个不断形成和激发学习需要与学习动机的过程。

(4) 学生的学习不仅要掌握科学知识、技能,还要发展智力,培养良好的行为习惯以及促进人格的健全发展。

人类在学习识记的过程中,过度学习是必须的,但也会浪费过多的时间和精力,所以最佳学习效果的学习,也称为过度学习效应,通常是指人们对所学习、记忆的内容达到了初步掌握的程度后,如果再用原来所花时间的一半去巩固强化,使学习程度达到150%,将会使记忆得到强化。

二、学习的分类

学习分类的思想源于第二次世界大战期间,一些心理学家应征入伍从事军事训练,但以行为主义学习理论进行指导,训练效果并不理想。因此,许多心理学家意识到,人类的学习极其复杂,具有不同的类型、不同的学习结果、不同的学习过程和有效学习的条件,必须根据不同类型的学习规律来进行教学方法的指导和评价。

(一) 依据学习水平分类

1970 年美国著名的心理学家加涅,根据学习情境由简单到复杂、学习水平由低级到高级的顺序,把学习分成八类,建构了一个完整的学习层次结构。

(1) 信号学习:即经典性条件作用,学习对某种信号做出某种反应。其过程是:刺激—强化—反应。

(2) 刺激—反应学习:即操作性条件作用,与经典条件性作用不同,其过程是:情境—反应—强化。即先有情境,做出反应动作,然后得到强化。

(3) 连锁学习:是一系列刺激—反应的联合。

(4) 言语联想学习:也是一系列刺激—反应的联合,但它是由言语单位所联结的连锁。

(5) 辨别学习:即学会识别多种刺激的异同并对之做出不同的反应。

(6) 概念学习:对刺激进行分类时,学会对一类刺激做出同样的反应,也就是对事物的抽象特征的反应。

(7) 规则学习:规则指两个或两个以上概念的联合。规则学习即了解两个或两个以上概念之间的关系。

(8) 解决问题的学习:即在各种情况下,使用所学规则去解决问题。

(二) 依据学习结果分类

为了更好地与教学实际相结合,加涅在上述八类学习的基础上,进一步提出了五种学习结果，并把它们看成是五种学习类型。

1. 言语信息

指能用语言文字表达的知识，表现为陈述观念的能力。它帮助学生解决“是什么”的问题。

2. 智慧技能

指应用符号与环境相互作用的能力，是学习解决“怎么做”的问题。

主要指运用概念和规则办事的能力。其中又分五个小类。

(1) 辨别。区分事物差异的能力，如区分两张不同的面孔、区分两个不同的字母。

(2) 具体概念。识别同类事物的能力，如从大量学习用品中识别“铅笔”和“直尺”、从大量动物中识别“猫”。具体概念一般不能下定义，其本质特征是人们在日常生活中逐渐发现并归纳出来的。

(3) 定义性概念。指运用概念定义对事物分类的能力，如圆周率(其符号为 π)，这类概念不能直接通过观察习得，必须通过下定义即 $\pi=c/d$ 即圆周率(π)是圆的周长与其直径之比，而且不论圆的大小，这个比值是固定不变的。学生如果按该定义办事，则他习得了定义性概念。

(4) 规则。当原理或定律指导人的行为，按原理或定律办事时，原理或定律便成了规则。如圆的面积(s)等于圆的半径(r)的平方乘以 π，当学生运用这个定律(公式)计算时，则该定律便成了指导人行为的规则。

(5) 高级规则。由若干简单规则组合而成的新规则。

3. 认知策略

指内部组织起来的、用于调节控制人的认知活动的特殊认知技能，表现为用来调节和控制人的注意、学习、记忆、思维和问题解决的过程。

4. 动作技能

指习得的、协调自身肌肉活动的能力，表现为平稳而流畅、精确而适时的动作操作能力。

5. 态度

指习得的、决定个人行为选择的内部状态，表现为影响着个体对人、对物或对某些事件的选择倾向。

(三) 依据学习方式分类

美国心理学家奥苏伯尔，根据学习进行的方式，把学习分为接受学习与发现学习。根据学习内容与学习者原有知识的关系，把学习分为意义学习与机械学习。

1. 接受学习与发现学习

接受学习是指学习的内容是以某种定论或确定的形式通过传授者传授的，无需自己去独立发现。发现学习是指讲授者不直接把学习内容教给学习者，而让学习者自己独立思考和探索，以发现知识。

2. 意义学习与机械学习

意义学习是指将符号所代表的新知识与学习者认知结构中已有的适当观念建立起非人为的和实质的联系。机械学习是指学习材料不能与学习者原有认识结构建立联系，或者学习者缺乏意义学习的态度，靠死记硬背进行学习。

奥苏伯尔将有意义学习由简到繁，分为如下五类。

(1) 符号表征学习。学习单个符号及符号所表示的具体事物。如“上海”表示一个城市，“车祸”表示某一事件，“小白兔”表示某一动物。当符号如“狗”表示一类事物如犬类，而不论其大小、毛色、习性时，“狗”这个符号所表示的就是狗的概念。

(2) 概念学习。概念是一类事物共同的本质特征。如“三角形”这个概念是所有三角形(不论大小、形状)的本质特征：在同一平面上，有三条边且两两相连接。概念学习意味着掌握一类事物共同的本质特征。例如，掌握三角形这个概念，就意味着能理解三角形是“平面上由三条边两两相连构成的封闭图形”，也意味着学习者能从大量图形(包括三角形和非三角形)中识别三角形。

(3) 命题学习。命题这个术语来自逻辑学，指表达判断的语言形式，由句子把主词和宾词联系而成。例如，“北京是中国的首都”在逻辑学中就是一个命题。在心理学中，命题是语词组合表示的最小意义单位，由两个成分构成：一个成分是两个以上的论题，第二个成分是它们的关系。如“我爱冬天的梅花”这个句子包括两个命题，第一个命题是“我爱梅花”，第二个命题是“梅花是冬天的”。“我”和“梅花”是论题，“爱”和“是”是关系。

命题有两类：一类是概括性命题，如“圆的直径是它的半径的两倍”，指一切圆的所有直径都是它的半径的两倍；一类是非概括性命题，如“月亮绕地球转”。前一类命题往往是揭示几个概念之间的关系，表示某种规律、定理、规划或原理等；后一类命题表示一个事实。所以命题学习包括事实学习和规律、定理或原理学习。后者是掌握概念之间的关系，是有意义学习的核心成分。

(4) 概念和命题的运用。前三类学习是有意义学习的基本类型。在此基础上，是概念和命题(概括性命题)在简单情境中的运用。例如，掌握圆周率之后，当已知圆的半径的条件下，可以利用公式 $c=2\pi r$ 求圆的周长。

(5) 解决问题与创造。解决问题是概念和命题在复杂情境中的运用。学习者遇到的新情境越复杂，新情境与原先学习的情境越不相似，问题解决的难度就越大，要求的创造性程度就越高。创造是解决问题的最高形式。奥苏伯尔认为解决问题涉及问题的条件命题和目标命题、背景命题、推理规则和解决策略。奥苏伯尔提出有意义言语学习理论的主要目的就是阐明其中的限制条件。

(四) 依据学习经验内容不同的分类

以冯忠良等人为代表的我国学者认为，依据教育系统中传递的经验内容不同，可以把学生的学习分为知识的学习、技能的学习和行为规范的学习三类。

1. 知识的学习

包括知识的领会、巩固和应用三个环节，要解决的是知与不知、知之深浅的问题。

2. 技能的学习

其中又分心智技能和操作技能两种，要解决的是会不会的问题。

3. 行为规范的学习

又称为社会规范的学习或接受，是把外在于主体的行为要求转化为主体内在的行为需要的内化过程。其学习既包括社会规范的认识问题，又包括规范执行及情感体验的问题，因此比知识技能的学习更为复杂。

另外，潘菽主编的新中国成立以来出版的第一本《教育心理学》(1980)把学习分为知识学习、动作技能学习、智慧技能学习和社会行为规范学习。与冯忠良的学习分类无实质上的差异，这个学习分类系统符合我国的教育理论。

第二节　学习理论的流派

近百年来，教育学家和教育心理学家围绕学习的发生、学习的方式、学习的规律等问题，从不同角度，运用不同的方式进行了各种研究，也由此形成了各种各样的学习理论。

一、行为主义学习理论

行为主义学习理论又称刺激—反应理论。该理论认为，人类的思维是与外界环境相互作用的结果，即形成"刺激－反应"的联结。条件反射是一种学习现象，最早由俄国生理学家巴甫洛夫发现，并做了详细的研究。

（一）巴甫洛夫的经典条件反射

经典条件反射（又称巴甫洛夫条件反射），是指一个刺激和另一个带有奖赏或惩罚的无条件刺激多次联结，可使个体学会在单独呈现该一刺激时，也能引发类似无条件反应的条件反应。在喂狗食前几秒钟，发出铃声或节拍器响声，接着再将肉末送入狗的口中。开始时，狗听到铃声只注视，并不流口水，吃到食物时，才流口水。但这种操作过程经过若干次后，只要一发出铃声或节拍器声，狗就立刻分泌唾液。很显然，狗对声音做出了反应。这种本来和唾液分泌无关的铃声和节拍器声，由于它们和食物出现的时间接近，现在则可以引起唾液的分泌。这种反应是后天学习得来的，巴甫洛夫称之为条件反射。铃声和节拍器声都是条件刺激，它们受一定条件的制约。则为无条件刺激，它所引起的动物吃食物时流口水的反应为无条件反射，因为它是生来就会的，不是后天学习得来的反射活动(图 9－1)。

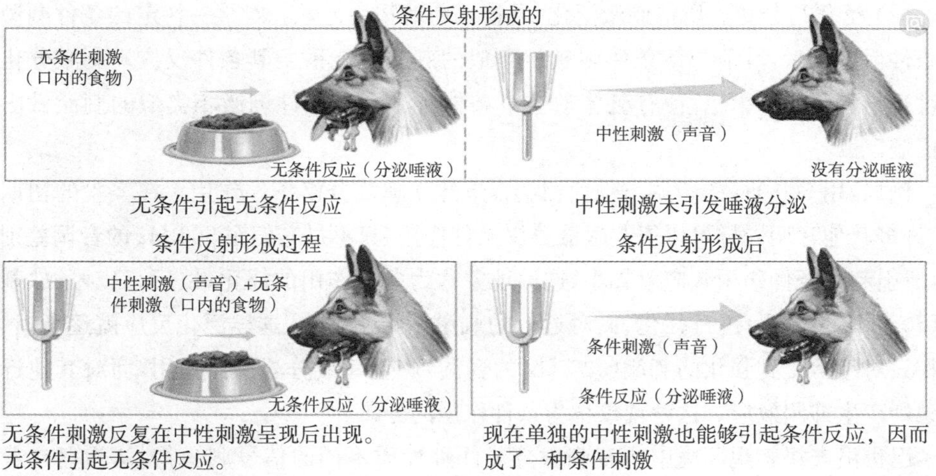

巴甫洛夫的经典实验
巴甫洛夫恰在呈现无条件刺激（口内的食物）之前呈现一中性刺激（声音）。
这个中性刺激后来会变成一种条件刺激，产生一种条件反应。

图 9－1　经典条件反射示意图

表 9－1　条件反射形成不同时期刺激与反应对照表

	刺激	反应
建立前	无条件刺激物(食物)	无条件反应(唾液分泌)
	中性刺激(铃声)	引起注意(但无唾液分泌)
建立中	中性刺激(铃声)	无条件反应(唾液分泌)
	无条件刺激物(食物)	
建立后	条件刺激(铃声)	条件反应(唾液分泌)

在实验中，条件反射的形成说明动物学会了对信号刺激做出反应。基于此，认为，学习是条件刺激(铃声)与条件反应(唾液分泌)之间形成的巩固联系，“所有的学习都是联系的形成，而联系的形成就是思想、思维、知识”。这里的联系就是指暂时的神经联系(表 9－1)。也就是说，学习是大脑皮质暂时神经联系的形成、巩固和恢复的过程。这种学习在日常生活中十分常见，例如谈虎色变就属于经典性条件反射。

经典条件反射具有一系列的基本规律：

(1) 获得和消退。在条件反射建立以后，如果条件刺激重复出现多次，而没有无条件刺激相伴随，条件反应会变得越来越弱，并最终消失，这就是条件反射的消退现象。例如，对以铃声为条件刺激而形成唾液分泌条件作用的狗，只给铃声，不给食物强化，多次以后，则铃声引起的唾液分泌量将逐渐减少，甚至完全不能引起分泌，即出现条件作用的消退。

(2) 泛化与分化。所谓刺激泛化，是指人和动物一旦学会对某一特定的条件刺激做出条件反应以后，其他与该条件刺激相类似的刺激也能诱发其条件反应。刺激分化是通过选择性强化和消退，使有机体学会对条件刺激和与条件刺激相类似的刺激做出不同反应。

例如，用 500 Hz 的音调与进食相结合来建立唾液分泌条件作用。在实验的初期阶段，许多其他音调同样可以引起唾液分泌条件作用，只不过它们跟 500 Hz 的音调差别越大，所引起的条件作用效应就越小，这种现象称为条件作用的泛化；以后，只对条件刺激的(500 Hz 的音调)进行强化，而对近似的刺激不给予强化，这样泛化反应就逐渐消失。动物只对经常受到强化的刺激(500 Hz 的音调)产生唾液分泌条件作用，而对其他近似刺激则产生抑制效应。这种现象称为条件作用的分化。

巴甫洛夫将客观环境中所有刺激分成两种性质不同的信号刺激物，认为存在着两种信号系统，第一信号系统和第二信号系统。用具体事物作为条件刺激而建立的条件反射系统称为第一信号系统；用具体事物的代替物，如符号、语词作为条件刺激而建立的条件反射系统称为第二信号系统。如“看梅生津”是第一信号系统的活动；“谈虎色变”是第二信号系统的活动。

第一信号系统是人与动物共同具有的，依靠它只能对事物直接反映。人除了具备第一信号系统之外，还有第二信号系统，因此可以间接概括地反映现实。第二信号系统是人脑高级神经活动的重要特征。

(二) 斯金纳的操作性条件作用论

斯金纳是美国著名的行为主义心理学家，是操作性条件作用理论的创立者。

虽然他的实验也属于刺激—反应模式，但丰富了这个模式，可以通过“斯金纳箱”实验来说明。把小白鼠放在一个中间有支架的矩形盒子里，盒子一端有些食物，如果小白鼠跑到盒子另一端，有食物的一端就会翘起，触动机关，食物就通过盒子上方的小孔落入盒子里，当小白鼠开始乱闯，发现每次跑到盒子的一端就有食物落在另一端，次数多了，就形成了习惯反应(图 9-2)。

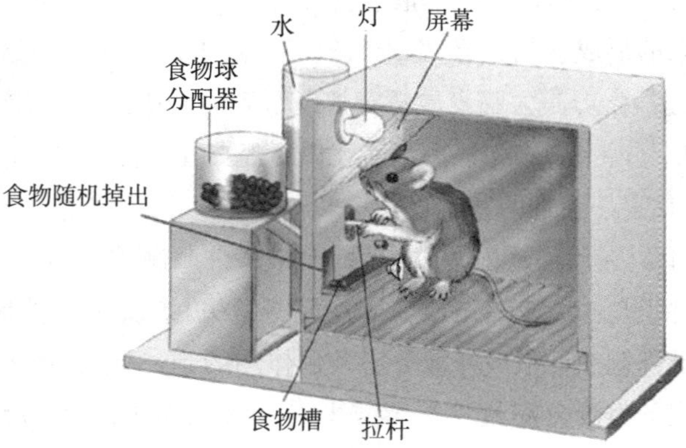

图 9-2　斯金纳小白鼠实验示意图

在实验的基础上，斯金纳认为，学习在实质上是有机体在某种情境中自发做出的某种行为，由于得到强化而提高了该行为在这种情境中发生的概率，即形成了反应与情境的联系，从而获得了用这种反应应付该情境以寻求强化的行为经验。

斯金纳认为，人和动物的行为一般有两种：应答性行为和操作性行为。应答性行为是指由特定刺激引起的，不随意的反射性反应，是经典条件作用的研究对象。而操作性行为不与特定的刺激相联系，是有机体自发做出的随意反应，这是操作性条件反射研究的对象。人的学习几乎都是操作性行为，这种行为主要受强化规律的制约。

斯金纳按照强化的性质，把强化分为正强化和负强化两种类型。当某一行为之后伴随着喜爱的刺激出现时，这一事件为正强化。当某一行为之后伴随着讨厌刺激的解除时，这一事件为负强化。无论是正强化，还是负强化，它们都将导致反应发生概率的改变。

负强化作用的类型分为逃避条件作用与回避条件作用。逃避条件作用是当厌恶刺激出现时，有机体做出某种反应，从而逃避了厌恶刺激，则该反应在以后的类似情景中发生的概率增加，则该反应称之为逃避条件作用。当预示厌恶刺激即将出现时的刺激信号出现时，有机体可以自发地做出某种反应，从而避免了厌恶刺激的出现，则该反应在以后的类似情景中发生的概率便增加，这类条件作用称之为回避条件作用。

当有机体做出以前曾被强化过的反应时，如果在这一反应之后不再有强化物相伴，那么，此类反应在将来发生的概率便降低，称为消退。消退是一种无强化的过程，其作用在于降低某种反应在将来发生的概率，以达到消除某种行为的目的。

当有机体做出某种反应以后，呈现一个厌恶刺激，以消除或抑制此类反应的过程，称为惩罚。与强化对应，惩罚是指刺激的呈现使反应的行为减少。惩罚同样有正惩罚和负惩罚之分。当某一行为之后伴随着讨厌的刺激出现时，这一事件为正惩罚。当某一行为之后伴随着喜爱刺激的解除时，这一事件为负惩罚。强化与惩罚的区别在于，强化的结果是使行为反应的频率增加，而惩罚的结果是使行为反应的频率减少。

斯金纳的强化理论在教学上的主要应用就是他的程序教学的思想。程序教学的过程就是将要学习的大问题分解成若干小问题，按一定顺序呈现给学生，要求学生一一回答，然后学生可得到反馈信息。问题相当于条件反射形成过程中的“刺激”，学生的回答相当于“反应”，反馈信息相当于“强化”。其目的是通过这样的程序教学来提高学生算数、阅读、拼写和其他学科的教学效率。

斯金纳在学术思想上迅速发展，成为了行为主义最有影响力的学者。比较经典性条件反射与操作性条件反射的作用如下（表 9-2）。

表 9－2　经典性条件反射与操作性条件反射对比表

人物	实验	理论	研究对象	过程	地位
巴甫洛夫	狗进食摇铃实验	经典性条件作用理论	应答性行为	先有刺激，后有行为	有限(被动)
斯金纳	迷箱实验	操作性条件作用理论	操作性行为	先有行为，后有刺激	最高(主动)

（三）桑代克的尝试—错误说

桑代克，美国哥伦比亚大学师范学院的教授，是现代教育心理学的奠基人。他以动物为研究对象研究学习过程，提出了尝试错误说(试误说)的观点。

他将饿猫关入笼中，笼外放一条鱼，饿猫急于冲出笼门去吃笼外的鱼，但是要想打开笼门，饿猫必须一气完成三个分离的动作。经观察，猫第一次被放入迷箱时，拼命挣扎，或咬或抓，试图逃出迷箱。终于，它偶然碰到踏板，逃出箱外，吃到了食物。在这些努力和尝试中，它可能无意中一下子抓到门闩、踩到踏板或触及横条，结果使门打开，多次实验后，饿猫的无效动作越来越少，最后进入迷笼就会立即以一种正确的方式去触及机关打开门。桑代克根据实验画出猫的学习曲线。把猫在迷笼中不断地尝试、不断地排除错误，最终学会开门出来取食的过程称为尝试错误学习，并提出了学习的规律，主要观点可以归结如下：

(1) 学习的实质是刺激与反应(S～R)之间的联结。所谓联结就是某情境仅能唤起某些反应，而不能唤起其他反应的倾向。

(2) 联结是一种渐进的过程，是通过不断地盲目尝试与逐步减少错误实现的。在此过程中，随着错误反应的逐渐减少和正确反应的逐渐增加，终于在刺激与反应之间形成牢固的联结。因此，尝试—错误说也称"联结—试误说"。

在大量的动物和人类学习实验的基础上，桑代克还总结了学习的三条规律，即效果律、练习律和准备律。

效果律：指刺激与反应之间的联结加强或减弱受到反应结果的影响。在学习过程中，学习者得到满意的结果，其刺激与反应的联结就会增强；给予烦恼的结果，其刺激与反应的联结就会减弱。效果律逐渐演化为强化理论。

练习律：指联结的强度决定于使用联结的频次。通过学习者的练习和应用，刺激与反应的联结会增强，否则会减弱。练习律包含应用律和失用律两个方面。前者是指反应在情境中用得越多，它们之间的联结就越牢固；后者是指如长期不用这个反应，联结就会趋于减弱。

准备律：有机体对某些反应有所准备时反应就满足，不反应就烦恼。在学习过程中，学习者处于准备状态，给予活动则感到满意；有准备而不活动则感到烦恼；无准备而强制活动，也会感到厌烦。"准备"不是指学习前的知识准备和成熟方面的准备，而是指学习者在学习开始时的学习动机。例如饥饿的猫被关入迷笼后，想逃出去获得食物，这就是学习的准备。一只吃得饱的猫被关入笼内后，根本不想逃出去，此时也就没有触动机关的准备。桑代克的准备率逐渐发展成今天的学习动机。

（四）班杜拉的社会学习理论

美国著名心理学家班杜拉，在研究人类行为形成问题的基础上，于 20 世纪 60 年代创立了社会学习理论。

班杜拉的经典实验是用年龄在 3～6 岁之间的 36 名男孩和 36 名女孩做实验。

每个儿童分别接触不同的实验程序。首先，实验者把一名儿童带入一间活动室。在路上，实验者假装意外地遇到成人榜样，并邀请他过来“参加一个游戏”。儿童坐在房间的一角，面前的桌子上有很多有趣的东西。儿童可以把它们贴在一块贴板上。随后，成人榜样被带到房间另一角落的一张桌子前，桌子上有一套儿童拼图玩具，一根木槌和一个 1.5 米高的充气芭比娃娃。

无论在攻击情境还是在非攻击情境中，榜样一开始都先装配拼图玩具。一分钟后，攻击性榜样便开始用暴力击打芭比娃娃。中间伴有攻击性语言，比如，打他的鼻子，打倒他，把他扔起来，踢他，以及两句没有攻击性的话：他还没受够，他真是个顽强的家伙。这样的情况持续将近 10 分钟，然后实验者回到房间里，向榜样告别后，把孩子带到另一间活动室。在无攻击行为的情境中，榜样只是认真地玩 10 分钟拼图玩具，完全不理芭比娃娃。

结果发现，若被试看到榜样的攻击行为，他们也就倾向于模仿这种行为，而在无攻击行为榜样组和控制组几乎没有出现攻击言行（图 9－3）。

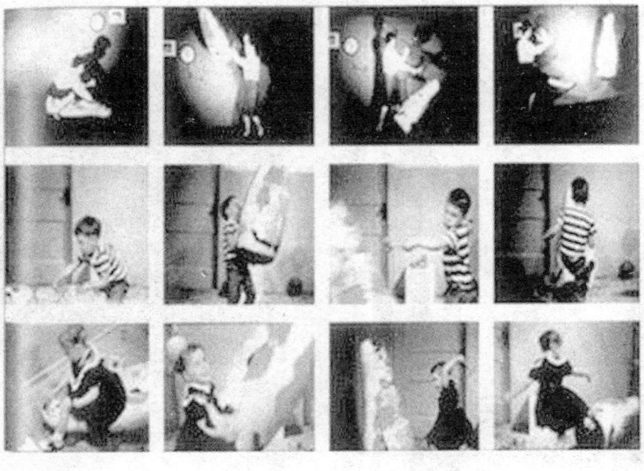

图 9－3　班杜拉经典实验示意图

因此，班杜拉认为，学习是指个体通过对他人的行为及其强化性结果的观察，从而获得某些新的行为反应，或已有的行为反应得到修正的过程。

班杜拉根据信息加工模式对观察学习的过程进行分析后认为，观察学习分成注意、保持、动作再现和动机四个子过程。

(1) 注意过程:对榜样的知觉

(2) 保持过程:示范信息的储存

(3) 动作再现过程:记忆向行为的转变

(4) 动机过程:从观察到行为表现

在动机过程中,观察者的模仿动机存在三种来源:直接强化、替代强化和自我强化。

直接强化是当观察者正确重复了示范行为后就直接给予强化。

替代强化也称为间接强化,指观察者因看到榜样受到强化而受到强化,比如,当学生看到同伴因助人行为得到奖赏,也会受到鼓舞而加以模仿。

自我强化指因个人的行为表现符合或超过自我制定的标准而带来的强化,比如,学生为自己设立了一个成绩标准,他将根据成绩,对自己的行为进行自我奖励或自我批评。在这三种强化中,班杜拉特别强调替代强化及自我强化的作用。

二、认知学习理论

早期的认知学习理论有苛勒的顿悟说、托尔曼的符号学习理论;现代的认知学习理论有布鲁纳的认知—结构学习论、奥苏伯尔的有意义接受学习论和加涅的信息加工学习理论。

(一) 苛勒的完形—顿悟说

认知学习理论是从心理学重要流派之一——格式塔学派发展起来的,兴起于20世纪50年代末。由魏特海默、苛勒和考夫卡三位德国心理学家在研究似动现象的基础上创立。格式塔是德文Gestalt的译音,意即“模式、形状、形式”。指“能动的整体”又称为“完形心理学”。其中,以苛勒的完形—顿悟说最具有代表性。

图9-4　苛勒叠箱问题示意图

图9-5　苛勒接竿问题示意图

他通过对黑猩猩问题解决行为的分析(图9-4、图9-5),提出学习的过程是一种顿悟。即:① 学习是通过顿悟过程实现的。② 学习的实质是在主体内部构造完形。

（二）托尔曼的符号学习理论

美国心理学家托尔曼是一位新行为主义者。但他是一位受格式塔学派影响的学者，经常用动物的动机、认识、预期、意向和目的来描述动物的行为。他的理论被称为目的行为主义、整体性行为主义、符号—完形说或预期说，得到了白鼠学习方位迷宫图的实验验证。他提出的认知学习理论对现代的认知学习理论的发展具有一定的贡献。

位置学习是由新行为主义者托尔曼提出用“认知地图(cognitive map)”来表明动物在这类实验中所习得的东西。报告的位置学习是指动物不仅习得关于目的物的意义，也习得关于刺激情境的意义。

在实验过程中，实验者先训练一些白鼠走迷宫，然后通过手术使白鼠因小脑受伤而无法行走，使这些白鼠仍能缩成一团滚动身体，准确无误地到达目的箱。该结果表明，有机体都不可能依靠原来习得的一系列动觉习惯来正确地到达目的箱，有机体学会的是目的箱的位置。

潜伏学习又称隐匿学习，是美国心理学家托尔曼符号学习理论中的一个重要概念。是指一种无明显的强化，其结果在一定时间后通过作业才显示出来的学习过程。潜伏学习在无奖赏时能够发生，但在有需求时才表现出来。在没有直接奖赏时，收集和储存信息，以备将来之需。

1930 年，托尔曼和 C. H. 杭席克设计了一个实验，研究白鼠学习迷宫过程中食物(强化物)对学习的作用。他们选用 3 组白鼠，甲组无食物奖赏，即目标间无食物；乙组有食物奖赏，甲乙均为控制组；丙组为实验组，延迟受奖，即前 10 天不给食物，从第 11 天起才能在目标间找到食物。实验组的目的在于比较乙组和丙组的成绩，从而探索动物开头几天不给食物而中途给以食物对成绩的影响(图 9 - 6)。

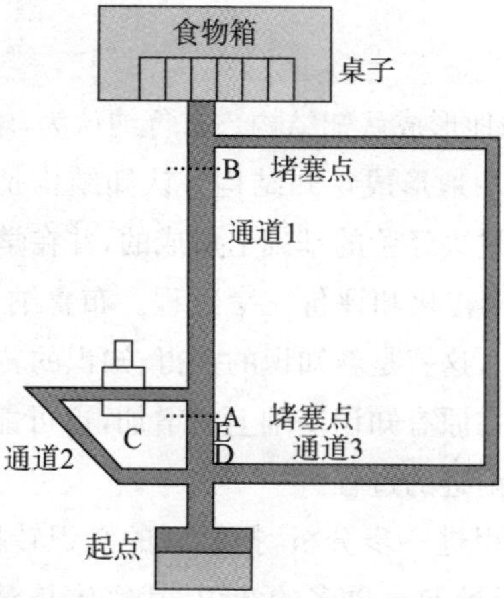

图 9 - 6　白鼠走迷宫实验装置平面图

结果，乙组较甲组更快地逐日减少错误，乙组与丙组比较，丙组从第 11 天开始给的食物，到第 12 天只喂过一次，可是乙、丙两组的错误次数几乎相似，以后丙组甚至优于乙组。托尔曼认为，丙组动物虽然开始时未受奖赏，但动物学会了迷津中的空间关系，形成一种认知地图，“知道”迷宫中的每一部分都有一端不通，另一端则有一个通向别的部分的门。当丙组在第11天给以食物时，近因加强了白鼠对迷宫情境的认识，所以迅速减少错误，甚至比乙组学习更好。所以，这种学习是潜伏的、隐匿的。

托尔曼根据实验认为，外在的强化并不是学习产生的必要因素，不强化也会出现学习。在这个实验中，动物在未获得强化前学习已经出现，只不过未表现出来，托尔曼称之为潜伏学习。潜伏学习的事实也证明学习并不是S－R之间的直接联结。未受奖励的学习期间，认知结构也发生了变化。

托尔曼解释为白鼠在走迷宫的时候根据对情景的感知，在头脑里有一种预期（或者假设）。动物的行为受其预期的指导，因此动物的行为是有目的的行为。潜伏学习似乎表明强化不一定是学习的必要条件。因此，他认为：

(1) 学习是有目的的行为。有机体的一切行为都是指向一定目的的，即总是设法获得某些事物和避免某些事物。

(2) 学习是对“符号—完形”的认知，是形成“认知地图”。根据潜伏学习实验结果，学习的结果不是在强化条件下形成“S－R”的直接联结，有机体在没有受到强化时已经发生了学习。托尔曼主张把S－R公式改为S－O－R，O代表有机体的内部变化，以强调行为反应的内部过程的作用。因此，学习的结果不是“S－R”，真正的学习结果是形成情境的“认知地图”。

(三) 布鲁纳的认知—结构学习论

布鲁纳是美国著名的认知教育心理学家。布鲁纳主张学习的目的在于以发现学习的方式，使学科的基本结构转变为学生头脑中的认知结构。因此，他的理论被称为认知—结构说。

1. 学习观

(1) 学习的实质是主动地形成认知结构。布鲁纳认为，学习的实质不是被动地形成刺激—反应的联结，而是主动地形成认知结构。认知结构是人对外界物质世界进行感知和概括的一般方式，是在过去经验的基础上形成的，并在学习过程中不断变动。

(2) 学习可以分成获得、转化和评价三个过程。布鲁纳认为，学习一门学科包含着三个“几乎同时发生的过程”，这就是新知识的获得、知识的转化和知识的评价。

新知识的获得，可以是在原有知识基础上的增加，也可能是对原有知识的补充或提炼，这种知识的获得一般是渐进的过程。

知识的转化，是对新知识进一步分析，把学到的知识转换成其他形式，以适应新的学习任务。转化的目的在于推导出更多的知识，其实质是对新知识所描述的现象或事物从不同的角度进行类别化（归类），并从与之发生相属关系的类别的相应规则中获得更多的信息。

知识的评价，是对知识转换的一种检验，考察获得知识的方法是否恰当，运用知识是否正确，对知识的合理性进行判断。

2. 教学观

教学的目的是理解各门学科的基本结构。布鲁纳认为，教学的最终目标是促进学生"对学科结构的一般理解"。他要求"不论我们选教什么学科，务必使学生理解该学科的基本结构"。为此，他提出了四条教学原则。

(1) 动机原则。强调教师要注意儿童学习的动机，根据儿童的心理特点，设计教学情境，适当安排教材难度，以激发儿童的好奇心，维持学生的内部学习动机。

(2) 结构原则。强调教师在教学过程中注意使学生掌握学科知识的结构。

(3) 程序原则。强调教师设计和选择最佳的教学程序，教学活动设计时要充分考虑学生已有的经验、学习材料的性质和学生个性差异等因素，仔细设计问题，并排列好事例，以促进学生进行自我发现。

(4) 强化(反馈)原则。教师注意教学过程中的反馈，让学生通过学习反馈知晓自己的学习结果，逐步进行自我矫正，培养学生自我检查、自我强化的能力，有效地提高学习效率。

3. 提倡发现学习

布鲁纳认为，学生掌握学科基本结构的最好方法是发现学习。发现学习是让学生独立思考、改组材料，自己发现知识，掌握原理原则。所谓发现，不只限于发现人类还不知道的行动，还包括用自己头脑亲自获得知识的一切形式。这种方法要求学生像科学家那样去思考、探索未知，最终达到对所学知识的理解和掌握。

发现学习有四点作用：第一，提高智能的潜力，学习者提出解决问题的探索模型，学习如何对信息进行转换和组织。使他能超越这一信息。第二，使外部奖赏向内部动机转移。布鲁纳认为通过发现例子之间的关系而学习一个概念或原则，比起给予学习者这一概念或原则的分析性的描述来，更能激发学生从学习过程中得到较大的满足。第三，学会做出发现的最优方法和策略。如果某人做出有效发现过程的实践，他就能很好地学到如何去发现新的信息。第四，帮助信息的保持和检索。他说"按照一个人自己的兴趣和认知结构组织起来的材料就是最有希望在记忆中'自由出入'"的材料。

(四) 奥苏伯尔的有意义接受学习论

奥苏伯尔是美国当代著名的教育心理学家，他主要从事学校课堂教学环境中学生知识学习过程的研究，并提出了有意义接受学习论。

1. 学习分类

根据不同的角度，奥苏伯尔将学习分为不同的种类。奥苏伯尔认为，学生的学习主要是有意义地接受学习。

2. 有意义学习的实质和条件

奥苏伯尔认为，有意义学习的实质是符号所代表的新知识与学习者认知结构中的有关观念建立起非人为的、实质性的联系。如果学习者并未理解符号所代表的知识，只是依据字面上的练习，记住某些符号的词句或组合，则是一种死记硬背的机械学习。

所谓实质性的联系，是指新的知识与学习者认知结构中已有事物的表象、符号、概念、命题建立起内在联系。这种新旧知识之间的联系是非字面的，是建立在具有逻辑关系基础上的联系，是一种内在的联系。

所谓非人为的联系，是指新知识与学习者原有认知结构中的有关概念建立起一种合理的或逻辑基础上的联系，而不是任意的或人为强加的。

有意义学习的产生是主客观条件相互作用的结果，也就是说，有意义学习不仅受客观条件(学习材料本身性质)的影响，也受主观条件(学习者自身的因素)的影响。

从客观条件来看，第一，意义学习的材料必须要合乎一定的逻辑意义，即新的学习材料本身能与学习者认知结构中原有观念建立实质性和非人为性的联系；第二，新的学习材料是在其学习能力范围之内，并在心理上是可以理解的。通常情况下，学生所使用的教科书或者教材，都是人类对世界认识的总结，是有一定逻辑意义的。

从主观条件来看，第一，学习者必须具有意义学习的心向，即学习者能积极主动地将新旧知识加以联系的心理倾向性。缺乏有意义学习心向的学生常常会面对有逻辑意义或潜在意义的材料也不会主动地寻求新旧知识间的联系，而是机械地按字面的表述死记硬背。第二，学习者的认知结构中必须具有适当的知识，以便与新知识发生内在联系，即建立实质性和非人为性的联系。第三，学习者必须积极主动地使具有逻辑意义的新知识与其认知结构中已有的有关知识经验发生相互作用，使新旧知识牢固地联系在一起，掌握新知识的意义(即新知识获得了一种新的意义)，也使已有的知识结构得到调整和改造。

3. 有意义学习的内部心理机制——同化

按照新旧知识发生联系的方式，奥苏伯尔提出有意义学习的三种不同同化模式。

(1) 下位学习——又称类属学习，是指将概括程度或包容范围较低的新概念或命题，归属到认知结构中原有的概括程度或包容范围较高的适当概念或命题之下，从而获得新概念或新命题的意义。如：学习了分数概念后，再学习真分数和假分数。

(2) 上位学习——是指新概念、新命题具有较广的包容面或较高的概括水平，将一系列已有的观念包含于其下而获得意义。如："苹果""香蕉""橘子"都可归结为"水果"。

(3) 并列学习——又称组合学习，当新概念或新命题与认知结构中已有的观念既不产生下位关系，也不产生上位关系时，它们之间可能存在组合关系。如：质量与能量、遗传与变异。

4. 先行组织者

奥苏伯尔认为，影响意义学习的关键因素是认知结构中起固定作用的观念的可利用性。为此，奥苏伯尔在20世纪60年代根据"逐渐分化"和"整合协调"这两个教学原则，提出"先行组织者"的教学策略。是促进有意义学习的教学策略。

所谓先行组织者是先于学习材料呈现之前呈现的一个抽象概括水平较高的引导性

材料。组织者可以是一个概念、一条定律或一段概括性说明文字。设计“组织者”的目的在于为新知识与旧知识之间搭建一座桥梁，为新的学习任务提供观念上的固定点，增加新旧知识之间的可辨别性，以促进学习的迁移。

先行组织者有两类：陈述性组织者和比较性组织者。

（五）加涅的学习信息加工理论

1974年，著名教育心理学家加涅提出了信息加工的学习模式。加涅把学习看成是一个信息加工的过程，把学习过程看成是信息的接收、储存和提取的过程，认为学习是主体和环境的相互作用的结果，学习者的内在状态和外在条件是相互依存、不可分割的整体。加涅基于学习的信息加工流程，把学习过程划分为八个阶段，并与不同的教学事件相对应。这八个阶段分别为动机阶段、领会阶段、习得阶段、保持阶段、回忆阶段、概括阶段、作业阶段和反馈阶段。

三、人本主义学习理论

人本主义心理学的代表人物有马斯洛和罗杰斯。马斯洛认为人的成长源于个体自我实现的需要，即每个人与生俱来就有自我发挥和完成的欲望，也是潜力得以实现的倾向。因此，学习不能靠外在的强制，只能靠内发。马斯洛认为，理想学校应反对外在学习，倡导内在学习。所谓内在学习，就是依靠学生内在驱动，充分开发潜能，达到自我实现的学习。这是一种自觉地、主动地、创造性地学习模式。这种内在教育的模式会促使学生自发地学习，打破各种束缚人发展的清规戒律，自由地学他想学的任何课题，充分发挥想象力和创造力。

人本主义心理学家认为人的潜能是自我实现的，而不是教育的作用使然，因此在环境与教育的作用问题上，他们认为虽然“弱的本能需要一个慈善的文化来孕育他们，使他们出现，以便表现或满足自己”，但是归根到底，“文化、环境、教育只是阳光、食物和水，而不是种子”，自我潜能才是人性的种子。他们认为，教育的作用只在于提供一个安全、自由、充满人情味的心理环境，使人类固有的优异潜能自动地得以实现。在这一思想指导下，罗杰斯在20世纪60年代将他的“患者中心”的治疗方法应用到教育领域，提出了“自由学习”和“学生中心”的学习与教学观。

罗杰斯认为，情感和认知是人类精神世界中两个不可分割的有机组成部分，彼此是融为一体的。因此，罗杰斯的教育理想就是要培养“躯体、心智、情感、精神、心力融合一体”的人，即情、知合一的人。这种理想化人的模式也被他称之为“完人”或“功能完善者”，而要想最终实现这一教育理想，应该有一个现实的教学目标，这就是“促进变化和学习，培养能够适应变化和知道如何学习的人”。他说：“只有学会如何学习和学会如何适应变化，只有意识到没有任何可靠的知识，只有寻求知识的过程才是可靠的人，才是真正有教养的人。在现代世界中，变化是唯一可以作为确立教育目标的依据，这种变化取决于过程而不是静止的知识。”可见，人本主义重视的是教学的过程而不是教学的内容，重视的是教学的方法而不是教学的结果。

（一）学习观——有意义的自由学习观

罗杰斯认为，根据学习对学习者的个人意义，学习可以分成无意义学习和有意义学习两类。所谓无意义学习，是指学习没有个人意义的材料，不涉及情感或个人意义，仅仅涉及经验累积与知识增长，与完整的人无关。而有意义学习，不仅仅是一种增长知识的学习，而且是一种与每个人各部分经验都融合在一起的学习，是一种使个体的行为、态度、个性，以及在未来选择行动方针时发生重大变化的学习。

对于有意义学习，罗杰斯认为主要包含四个要素。

(1) 全神贯注：学习是学习者自我参与的过程，包括认知参与和情感参与。

(2) 自动自发：学习是学习者自发的，内在动力在学习中起主要作用。

(3) 全面发展：学习是全面发展的、渗透的，它会使学生的行为、态度及人格等获得全面发展。

(4) 自我评估；学习的结果有学习者的自我评价，即他们知道自己想学到什么和自己学到了什么。

（二）教学观——学生中心的教学观

教师的任务不是教学生学习知识，也不是教学生如何学习，而是为学生提供各种学习的资源，提供一种促进学习的气氛，让学生自己决定如何学习。主张废除“教师”这一角色，代之以“学习的促进者”。

促进学生学习的关键在于特定的心理气氛因素，这些因素存在于促进者与学习者的人际关系之中。

促进学习的心理气氛有：真实或真诚、无条件的积极关注以及同理心。

四、建构主义学习理论

建构主义心理学被视为“教育心理学的一场革命”，兴起于 20 世纪 80 年代，是心理学发展史中从行为主义发展到认知主义后的进一步发展。建构主义心理学的先驱应为瑞士著名心理学家皮亚杰，后来在维果茨基、奥苏伯尔、布鲁纳等人的推动下，这一理论得到充分的发展并形成了较为完整的体系。

建构主义主要分为三大类，个人建构主义理论（其中包括激进建构主义、生成学习理论、认知灵活性理论）、社会建构主义理论（其中包括文化内化与活动理论、情境性认知与学习理论）、人本主义学习理论（其中主要包括马斯洛的学习理论、罗杰斯的学习理论）。

（一）建构主义学习理论的基本观点

1. 知识观

建构主义在一定程度上对知识的客观性和确定性提出质疑，强调知识的动态性。

(1) 建构主义认为：知识并不是对现实的准确表征，不是放之各种情境皆准的教条，并不是问题的最终答案；它只是一种解释、一种假设，会随着人类的进步而不断地被“革命”掉，并随之出现新的假设。

(2) 知识并不能精确地概括世界的法则，在具体问题中，我们并不是拿来便用、一用就灵，而是需要针对具体情境进行再创造。

(3) 知识不可能以实体形式存在于具体个体之外，尽管我们通过语言符号赋予了知识一定的外在形式，甚至这些命题还得到了较普遍的认可，但这并不意味着每个学习者都会对这些命题有同样的理解。因为这些理解只能由个体基于自己的经验背景而构建起来，它取决于特定情境下的学习历程。

2. 学习观

建构主义在学习观上强调学习的主动建构性、情境性和社会互动性。

(1) 学习的主动建构性。建构主义认为，学习是获取知识的过程，但知识不是由教师向学生传递，而是学生在一定的情境下，借助其他人的帮助，利用必要的学习资料，通过意义建构的方式而获得。

(2) 学习的情境性。建构主义认为，知识的意义是学生在一定的情境下建构的，知识是不可能脱离活动情境而抽象存在的，学习应该与情境化的社会实践活动结合起来。

(3) 学习的社会互动性。建构主义强调学习需要学习共同体的合作互动来完成，所谓学习共同体是由学习者及助学者(包括老师、专家、辅导者)共同构成的团体，他们彼此经常在学习中进行沟通交流，分享学习资源，共同完成一定的学习任务。

3. 学生观

建构主义在学生观上强调学生经验世界的丰富性和差异性。

建构主义强调，学生并不是空着脑袋走进教室。在学生建构自己的知识的过程中，现有的知识经验和信念起着重要作用。

由于经验背景的差异，调动的知识经验相异，学生对问题的理解、对所接受信息的解释常常各异，在学生的共同体之中，这些差异本身便构成了一种宝贵的学习资源。教师需要在他们已有的经验世界中找到新知识的生长点。

4. 教学观

(1) 教学不能无视学生的这些经验，另起炉灶，从外部装进新知识，而是要把学生现有的知识经验作为新知识的生长点，引导学生从原有知识经验中"生长"出新的知识经验。

(2) 教学不单是知识的传递，而是知识的处理和转换。

(3) 教学就是要增进学生之间的合作，使他看到那些与他不同的观点，从而促进学习的进行。

(二) 建构主义学习理论在教学中的应用

1. 探究性学习

探究性学习是最典型的一种应用。通过真实的问题情境，让学生通过不断地发现问题和解决问题来学习与探究，形成解决问题的技能及自主学习的能力。

2. 支架式教学

这是指教师引导着教学的进行，使学生掌握、建构和内化所学的知识技能，从而使他们进行更高水平的认知活动。简言之，教师为学生的学习提供外部支持，帮助他们完成自己无法独立完成的任务，随着活动的进行，逐步减少外部支持，直到最后完全由学生独立完成任务，把学生的最近发展区转化为现实。

3. 情境教学

建立在有感染力的真实事件或真实问题基础上的教学称为情境教学。知识、学习是与情境化的活动联系在一起的。学生应该在真实任务情境中，尝试发现问题、分析问题、解决问题。

4. 合作学习

合作学习主要是以互动合作（师生之间、学生之间）为教学活动取向的，以学习小组为基本组织形式，来共同达成教学目标。

（三）建构主义学习理论对教育实践的启示

教师要对学生的学习模式、有关的先前知识和对教材的信任状况有所了解，以引导学生对学习材料获得新意义，修正以往的概念。

教师除讲授学习材料之外，还要培养学生学会生成新能力和技巧，结合学习材料的内容组织学生进行一系列认知活动，引导学生学会组织、评价、监督、控制自己的认知过程，最终能使学生独立地进行理解性的学习。

第三节　学习的迁移

迁移是学习的一种普遍现象，任何学习都存在迁移的影响。平时我们所说的举一反三、闻一知十、触类旁通等即是典型的迁移形式。由于迁移的作用，几乎所有的习得经验都是以各种方式相互联系起来。学习迁移贯穿于整个教育教学系统。

一、学习迁移的含义

学习迁移是指一种学习对另一种学习的影响，或习得的经验对完成其他活动的影响。迁移不仅存在于某种经验内部，而且也存在于不同的经验之间。迁移表明了各种经验内部及不同经验之间相互影响，通过迁移，各种经验得以沟通，经验结构得以整合。

因此，促进有效迁移的大量发生具有十分重要的理论意义和实践意义。首先，迁移对提高解决问题的能力具有直接的促进作用；其次，迁移是习得的经验得以概括化、系统化的有效途径，是能力与品德形成的关键环节；最后，迁移规律对学习者、教育工作者以及有关的培训人员具有重要的指导作用。

二、学习迁移的分类

学习迁移多种多样，我们可以根据不同的标准对学习迁移进行分类。

（一）正迁移和负迁移

根据学习迁移的性质，即迁移效果的不同，可以将学习迁移区分为正迁移和负迁移。一种学习能够积极促进另一种学习称为正迁移，也叫“助长性迁移”。例如，学会骑自行车有助于骑摩托车的学习。一种学习对另一种学习起阻碍或干扰作用，称为负迁移。例如，学生学习小数加减法，不会对齐小数点反而对齐末位数的错误。就是以前学过的整数的加减法的“个位数”知识干扰了“小数点对齐”法则的学习。

（二）水平迁移与垂直迁移

根据迁移内容的抽象与概括水平的不同，可以将迁移分为水平迁移和垂直迁移。处于同一抽象和概括水平的经验之间的相互影响是水平迁移，水平迁移也称横向迁移。在水平迁移中，学习内容之间的逻辑关系是并列的，都处于同一抽象和概括层次。处于不同概括水平的经验之间的相互影响是垂直迁移，又称纵向迁移。

（三）一般迁移与具体迁移

根据迁移内容范围的不同，可以将迁移分为一般迁移和具体迁移。将一种学习中习得的一般原理、方法、策略和态度等迁移到另一种学习中去是一般迁移，它的影响比较广泛，也称普遍迁移、非特殊迁移。一种学习中习得的具体的、特殊的经验直接迁移到另一种学习中去，或经过某种要素的重新组合，以迁移到新情境中去是具体迁移，具体迁移也称特殊迁移，影响的范围相对狭窄或单一。

（四）同化性迁移、顺应性迁移与重组性迁移

根据迁移所需要的内在心理机制的不同，可以将迁移分为同化性迁移、顺应性迁移和重组性迁移。不改变原有的认知结构，直接将原有的认知经验应用到本质特征相同的一类事物中去是同化性迁移。将原有认知经验应用于新情境时，需调整原有的经验或对新旧经验加以概括，形成一种能包容新旧经验的更高一级的认知结构，以适应外界的变化是顺应性迁移。重新组合原有认知系统中某些构成要素或成分，调整各成分间的关系或建立新的联系，从而应用于新情境是重组性迁移。

（五）顺向迁移与逆向迁移

根据迁移的方向不同，可以将迁移分为顺向迁移和逆向迁移。先前的学习对后继学习的影响是顺向迁移。后继学习对先前学习的影响是逆向迁移。

三、学习迁移的理论

18 世纪中叶以后，心理学家从不同的角度，对迁移发生的原因、条件、过程以及影响因素等进行了研究和解释，形成了各种各样的迁移理论和解释。早期的迁移理论主要包括形式训练说、共同要素说、概括化理论、关系转换说和当代认知结构的迁移观等。

（一）形式训练说

形式训练说的理论基础是官能心理学。形式训练说即官能心理学认为对官能的训练就如同对肌肉的训练一样，经过训练可以得到加强，而得到训练的官能又可以自动地、无条件地迁移到其他活动中。

形式训练说强调，官能训练应注重训练的形式而不应注重训练的内容，因为内容易忘记，其作用是暂时的，但形式是永久的。

形式训练说是最早的有关学习迁移现象的系统假说。它在开辟学习迁移理论研究的先河方面，具有重大的历史价值，对近现代教育都产生过重要的影响，它对学生学习能力的培养与训练的重视也是可取的。但它偏重形式而忽视学习内容的掌握是错误的。

（二）共同要素说

共同要素说的代表人物是桑代克。1901 年桑代克通过“形状知觉”实验探讨学习迁移问题。实验结果表明：经过训练的某一官能并不能自动、无条件地迁移到其他方面，而是具体的、有条件的，只有当两种情境中有相同要素时才能产生迁移。相同要素也就是相同的刺激与反应的联结，相同联结越多，迁移越大。后来，伍得沃斯把相同要素说改为共同要素说，他也认为当两种情境中有共同成分时，一种学习才会对另一种学习产生影响，迁移才可以产生。

这一理论的实验及结论是对形式训练说的否定，它使人们对迁移的研究有所深入，对当时的教育有着积极的作用。但仅将迁移视为相同联结的转移，在某种程度上否认了迁移过程中认知活动的复杂性。

（三）概括化理论

概括化理论的代表人物是贾德。1908 年，贾德设计了著名的“水下击靶”的实验以探讨学习迁移问题。贾德在 1908 年所做的“水下击靶”实验，是经验类化理论的经典实验。他以五年级和六年级的小学生做被试，分成两组，要他们练习用标枪投中水下的靶子。在实验前，对一组讲授了光学折射原理，另一组不讲授，只能从尝试中获得一些经验。在开始投掷练习时，靶子置于水下 1.2 英寸处。结果，讲授过折射原理和未讲授过的学生，其成绩相同。这是由于在开始测验中，所有学生都必须学会运用标枪，理论的说明不能代替练习。当把水下 1.2 英寸处的靶子移到水下 4 英寸时，两组的差异就明显地表现出来。未讲授折射原理一组的学生不能运用水下 1.2 英寸的投掷经验以改进靶子位于水下 4 英寸处的投掷练习，错误持续发生。而学过折射原理的学生，则能迅速适应水下 4 英寸的学习情境，学得快，投得准。

对此，贾德是这样解释的：理论曾把有关的全部经验，包括水外的、深水的和浅水的经验，组成了整个的思想体系，学生在理论知识的背景上，理解了实际情况以后，就能利用概括了的经验，去迅速地解决需要按实际情况作分析和调整的新问题。

贾德认为，共同成分只是产生迁移的必要条件，而迁移产生的关键在于学习者能够概括出两组活动之间的共同原理，而且概括水平越高，迁移的可能性越大。这一理论被称为概括化理论。

概括化理论强调概括化的经验在迁移中的作用，强调对原理的理解，这一点比共同要素说有所进步。但概括化的经验仅是影响迁移成功与否的条件之一，并不是迁移的全部,它说明不了迁移发生的心理机制。

(四) 关系转换说

关系转换说是格式塔心理学家提出的。1919 年,苛勒通过"小鸡觅食"实验探讨了学习迁移问题。他让小鸡在深、浅不同的两种灰色的纸下面寻找食物。通过条件反射学习,小鸡学会了只有从深灰色纸下才能获得食物奖赏。然后,变换实验情境,保留原来的深灰色纸,用黑色纸取代浅灰色纸。问题是:如果小鸡仍然到深灰色纸下面寻找食物,那就证明迁移是由于相同要素的作用;如果小鸡是到两张纸中颜色更深的那张(即黑色纸)下面寻找食物,那就证明迁移是对关系作出的反应。实验表明:小鸡对新刺激(黑色纸)的反应为 70%,对原来的阳性刺激(深灰色纸)的反应是 30%;而幼儿在做同样的实验时始终对黑色纸的刺激作出反应。

他认为这结果证明是情境中的关系对迁移起了作用,而不是其中的相同要素,被试选择的不是刺激的绝对性质而是比较其相对关系(把在前一种情境中学会的关系即"食物总是在颜色较深的纸下面"迁移到后一种情境中,从而作出了正确的反应)。格式塔心理学家认为,"顿悟"两种学习之间的关系是学习迁移产生的决定性因素。关系转换说与概括化理论不但不矛盾,而且还是对概括化理论的补充,即它是从理解事物关系的角度对概括化的迁移理论进行了重新解释,并通过实验证明迁移产生的实质是个体对事物间的关系的理解。学习者越能发现事物间的关系,则越能加以概括、推广,迁移就越普遍。

该理论强调了学习者的认知因素在迁移中的作用,这是具有积极意义的。

(五) 当代认知结构的迁移观

当代认知心理学家都十分重视认知结构在迁移中的重要作用。其中,奥苏伯尔的认知结构迁移理论代表了从认知观点来解释迁移的一种主流倾向。

奥苏伯尔认为,一切有意义的学习都是在原有学习的基础上产生的,有意义的学习中一定有迁移。原有认知结构的清晰性、稳定性、概括性、可利用性、连贯性和可辨别性等特性不仅影响新知识的理解和记忆,而且也影响迁移。

认知结构有广义与狭义之分。广义的认知结构是指一个人头脑中已有观念的全部内容及其组织,狭义的认知结构是指学生头脑中的关于具体学科领域的所有知识内容及其组织。认知结构变量是指个人认知结构在内容和组织方面的特征,主要包括:可利用性、可辨别性和稳定性。原有认知结构就是通过这三个变量影响新知识的学习。认知结构的可利用性是指学习新知识时,学习者原有的认知结构中是否具有用来同化新知识的适当观念,即是否具有可以利用的起固定作用的观念。认知结构的可辨别性是指学习新知识时,学习者能否清晰分辨新旧知识间的异同,即是否能分辨新的学习内容与同化它的原有观念。认知结构的稳定性是指学习新知识时,学习者用来同化新知识的原有知识是否已被牢固掌握,即学习者头脑中起固定作用的原有观念是否清晰与稳定。如果学生在某一领域的认知结构越具有可利用性、可辨别性和稳定性,学习迁移就越容易产生。

比较传统和当代的学习迁移研究,我们不难发现:传统的学习迁移研究是比较宏观的、粗线条的;而当代的学习迁移研究则是比较微观的、细致的,比较重视学习迁移的认知特性的探讨,对学习迁移过程的认知成分、迁移得以发生的内在机制进行了较为深入的探讨,这就进一步促进了学习迁移研究的深化。

四、促进学习迁移的教学

迁移与教学是辩证统一的关系。一方面,使学生产生最大限度的迁移,是有效教学的主要目标之一,另一方面,真正有效的教学又必须依据迁移规律。要真正做到"为迁移而教",使学生产生最大限度的迁移,教育工作者就必须要了解影响学习迁移的因素,充分利用学习迁移的规律。

(一) 影响学习迁移的主要因素

探讨影响学习迁移的因素,对促进正迁移、防止负迁移的干扰,提高教学效果,具有十分重要的作用。影响学习迁移的主要因素有以下几个方面。

1. 相似性

学习迁移的效果在一定程度上取决于两种学习之间的相似程度的大小。共同要素说认为,先后进行的两种学习之间是否存在某种程度的相似性,即是否存在某些共同的因素,是学习迁移得以产生的根本条件。两种学习之间的共同因素越多,即相似性的程度越高,产生正迁移(积极迁移)的可能性就越大。

学习内容的相似性还可以区分为表面特征的相似和深层结构的相似两种。如果两种学习之间学习内容只有表面的相似性,而深层结构却不同,那么这两种学习之间就容易产生负迁移(消极迁移)。因此,只有当两种学习在内容上具有深层结构上的共同性或相似性时,它们之间才会产生正迁移。

影响学习迁移的相似性不仅仅体现在学习内容上的相似,还可以体现在两种学习中的环境线索、学习结果、学习目标与学习策略、学习过程、学习态度与情感等的相似上。

2. 原有认知结构

原有认知结构对迁移的影响主要表现在以下几个方面。

(1) 学习者是否拥有相应的背景知识。学习者是否拥有相应的背景知识是学习迁移产生的基本前提条件。奥苏伯尔等人的认知结构迁移理论认为,已有的背景知识越丰富,越有利于新的学习,即学习迁移越容易。当然,并不是说拥有了相应的背景知识就一定会产生迁移。因为,有时即使个体拥有迁移所需的相应的经验,但如果这些经验不能被学习者主动地加以应用,它们在个体头脑中就会处于一种惰性状态,因此,也无助于学习迁移的产生。这也是我们教育工作者应该关注的一个方面。

(2) 学习者原有认知结构的概括水平。原有认知结构的概括水平对学习迁移有至关重要的作用。贾德等人的实验表明:相似经验的概括水平越高,越能够适应不同的问题情境，适用范围就越广，学习迁移的可能性也越大，迁移效果也越好；经验的概括水平越低，迁移的范围越小，效果也越差。当然，强调概括化的经验在学习迁移中的作用，并非意味着学生只要掌握了抽象的概念、原理就能实现广泛的迁移，让学生脱离具体事例而孤立地学习抽象的概念、原理，会在一定程度上影响他们学习迁移的有效性。

(3) 学习者是否具有相应的认知技能或认知策略和元认知策略。学习者是否具有相应的认知技能或认知策略以及对认知活动进行调节、控制的元认知策略，会影响到迁移能否产生，及迁移的程度。学习者掌握相应的认知策略和元认知策略是提高迁移发生可能性的有效途径。拥有认知与元认知技能或策略，可以使学习者沿着正确、合理的程序分析问题，采用合适的方式方法解决问题，即可以使学习者知道何时、何处、如何迁移某种经验，这在一定程度上增强了学习过程的相似性。

3. 学习的心向与定势

学习的心向与定势常常是指同一种想象，即先于一定的活动而又指向该活动的一种动力准备状态。定势的形成往往是由于先前的反复经验，它将支配个体以同样的方式去对待后继的同类问题，正因如此，定势在学习迁移过程中也起到一定的作用。

定势对迁移的影响表现为两种：促进和阻碍，即定势既可以成为积极的正迁移的心理背景，也可能成为负迁移的心理背景。

此外，学习者的年龄、智力、态度，老师的教学指导，外界的指导与帮助等等都在不同程度上影响着学习迁移的产生。

(二) 利用学习迁移的规律，促进学生学习迁移

学生学习迁移能力的形成离不开老师的教育教学。因此，如何依据学习迁移的规律，实现为迁移而教的教育目标就成为每一个教育工作者必须思考的一个重要问题。

1. 精选教材

首先，要使学生在有限的时间内掌握大量的有用经验，教学内容就必须精选。教师应选择那些具有广泛迁移价值的科学成果作为教材的基本内容，而每一门学科中的基本知识(基本概念、基本原理)、技能和行为规范都具有广泛的适应性，其迁移价值较大。在教师教授基本概念、基本原理等基本知识的同时，配合具有典型代表性的事例，并阐明概念、原理的适用条件，有助于迁移的产生

2. 合理编排教学内容

精选出来的材料只有通过合理地编排才能充分发挥其迁移的效能，否则迁移效果小，甚至阻碍迁移的产生。从迁移的角度来看，合理编排的标准就是使教材达到结构化、一体化、网络化。

结构化是指教材内容的各构成要素具有科学的、合理的逻辑联系，能体现事物的各种内在关系，如上下、并列、交叉等关系。一体化指教材的各构成要素能整合为具有内在联系的有机整体。为此，在教学内容的编排上，既要防止教材中各要素之间的相互割裂、支离破碎，防止相互干扰或机械重复，又要避免内在逻辑性差的教材和内容。网络

化是一体化的引申，指教材各要素之间上下左右、纵横交叉联系要沟通，要突出各种基本经验的联结点、联结线，这既有助于了解原有学习中存在的断裂带及断裂点，也有助于预测以后学习的发展带、发展点，为迁移的产生提供直接的支撑。

3. 合理安排教学程序

合理编排的教学内容是通过合理的教学程序得以体现实施的。教学程序是使有效的教材发挥功效的最直接、最有效的一个环节。无论是宏观的整体的教学规划还是微观的每一节课的教学活动，都应体现迁移规律。

在宏观上，教学中应将基本的知识、技能和态度作为教学的主干结构，并依此进行教学。在微观上，应注重学习目标与学习过程的相似性，或有意识地沟通具有相似性的学习。简言之，在教学过程中的每一个环节都应努力体现迁移规律。

4. 教授学习策略，提高迁移意识性

授之以鱼，不如授之以渔。教师仅仅教给学生组织良好的信息还是不够的，还必须对学生进行有效的学习指导，使学生了解在什么条件下、如何迁移所学的内容，迁移的有效性如何等等。掌握必要的学习策略及元认知策略是达到这一目标的有效手段。

研究表明，学习策略及元认知策略具有广泛的迁移性，同时它们又能够提高学习者的迁移意识性。结合实际学科的教学来教给学生有关的学习策略和元认知策略，这不仅可以促进学生对所学内容的掌握，而且可以改善学生的学习能力，使学生学会学习，提高迁移的意识性，从根本上促进迁移的产生。

第四节　知识的学习

《教育大词典》的定义是："对事物属性与联系的认识。表现为对事物的知觉、表象、概念、法则等心理形式。"《中国大百科全书·教育》卷的定义是："所谓知识，就它反映的内容而言，是客观事物的属性与联系的反映，是客观世界在人脑中的主观印象。就它的反映活动形式而言，有时表现为主体对事物的感性知觉或表象，属于感性知识，有时表现为关于事物的概念或规律，属于理性知识。"这两个定义都是根据哲学认识论中的反映论给出的，强调知识是客观世界的主观反映。

一、知识的分类及表征

认知心理学把人的认知过程假设为信息加工过程，信息加工的结果就是获得按一定方式储存的信息，也就是获得了知识。当代著名的认知心理学家皮亚杰认为："知识是主体与环境或思维与客体相互交换而导致的知觉建构，知识不是客体的副本，也不是由主体决定的先验意识。"根据皮亚杰的思想及现代认知心理学的观点，我国学者把知识定义为主体通过与其环境相互作用而获得的信息及其组织。储存于个体内的是个体的知识，储存于个体之外的，即为人类的知识。该定义强调知识是后天经验的产物；强调知识获得的过程是主客体相互作用的过程；强调知识的范围广泛，从获得具体信息到机体的认知结构的根本变化，都属于知识范畴。

按反映深度分，有包括反映事物外部属性的外部联系的感性知识；反映事物本质属性的内在联系的理性知识。按反映内容分，有自然的、社会的、思维的知识。按其来源分，有直接知识（人类社会实践中直接获得）和间接知识（通过书本或其他途径获得）。

认知心理学家把广义的知识分为两类：一类为陈述性知识，另一类为程序性知识。陈述性知识是个人具有有意识的提取线索，因而能直接陈述的知识。这类知识主要用来回答“世界是什么”的问题，如“中国的首都在哪里？”“第一次世界大战的原因是什么？”等问题。这类知识也称为记忆性知识或语义知识。程序性知识是个人没有有意识地提取线索，只能借助某种作业形式间接推测其存在的知识，它主要用来解决“怎么办”的问题，如“＋ ＝？”，英语中“将主动语态变为被动语态”等问题，需要应用程序性知识。程序性知识在本质上是一套办事的操作步骤，它们由概念和规则构成。根据运用概念和规则办事的指向性，程序性知识又分为两个亚类：一类为运用概念和规则对外办事的程序性知识；另一类为运用概念和规则对内调控的程序性知识。前一类被称为智慧技能，后一类被称为认知策略。二者的根本区别在于前者运用习得的概念和规则加工外在的信息，后者运用习得的概念和规则来调节、控制自己的加工活动（表 9－3）。

表 9－3 知识的分类表

学习阶段	Ⅰ习得阶段	Ⅱ巩固阶段	Ⅲ提取与运用阶段
学习类型	陈述性知识	1. 陈述性知识 2. 程序性知识	回答是什么的问题 2.1 对外办事 2.2 对内调控

（一）陈述性知识的表征

知识表征是现代认知心理学的核心概念之一，指信息在人脑中记载和呈现的方式，不同类型的知识有不同的表征方式。陈述性知识主要以命题和命题网络的方式表征。

1. 命题

命题指表达判断的语言形式，由系词把主词和宾词联系而成。例如“北京是中国的首都”这个句子就是一个命题。在认知心理学中，命题指语词表达的意义的最小单位。命题由两个成分构成。一个成分是关系，另一个成分是一组论题。论题多由名词、代词表示；关系多用动词表示，有时也用形容词和副词表示。如① 某人安装轮胎；② 高个子女人在打篮球。句子① 表达了一个命题，句中的论题是“某人”“轮胎”，关系是“安装”。句子② 表达了两个命题。第一个命题是“女人在打篮球”，第二个命题是“她是高个子”。句中的论题是“女人”和“篮球”，关系是“高个子”和“在打”。命题用句子表达，但命题不等于句子。命题只涉及句子所表达的意义。认知心理学家通过实验证明，人们在长时记忆中保持的不是句子本身，而是句子所表达的意义，亦即命题。

2. 命题网络

如果两个命题中具有共同成分，通过这种共同成分，可以把若干命题彼此联系组成命题网络。

现代认知心理学家认为，人脑中的知识不可能孤立地储存，总是通过与其他知识建立某种关系而储存，而且只有通过一定的网络系统储存的知识才能被有效地提取利用。图式认知心理学家认为，命题、命题网络适宜解释小的知识单元的表征，对于那些较大的、有组织的知识，就不能用命题、命题网络表征。有人认为整块的系统知识是由图式表征的。例如，人们有关房子的知识，如果用“房子是人们的居处”这一命题表征，则不足以表征出与人有关的“房子”的全部知识。房子还有其他一些属性，如材料、形状、面积等。像“房子”这样的观念就是由它们的许多属性组合而成的。人们将有关这些属性组合的知识储存方式称为图式。

现代认知心理学区分了两类图式。一类是关于客体的图式，另一类是关于事件的图式或做事的图式。前者如人们关于房子、动物、古玩的图式；后者如人们洗衣服、去医院就诊、写作文的图式。后一类图式又称脚本。

整块的知识用图式表征。图式对于新信息的组织和加工，具有重要的意义。已有的图式可以“同化”新的信息，在同化新信息的同时，图式本身也不断得以丰富、发展、改进。

奥苏伯尔用同化概念来解释知识学习的心理机制，提出了知识学习的同化理论。学习的同化理论，把学生原有知识的实质内容及其组织特征，看成是影响新知识学习的最重要变量。强调学生原有的知识在新知识学习中的作用。根据学习的同化理论，知识的习得过程是以文字或其他符号表征的意义，同学习者认知结构中原有相关的观念相联系并发生相互作用以后，转化为个体的意义的过程。要进行知识学习，必须具备的条件是：第一，学生认知结构中必须具有同化新知识的相应知识基础；第二，学习材料必须具有逻辑意义；第三，学生必须具有获得材料的意义的学习动机。第一和第二个条件，为新旧知识的同化提供了可能性。但同化不能自动实现，必须加上学生积极、主动地将新旧知识相互联系并辨明二者的异同的努力。

（二）程序性知识的表征

程序知识以产生式和产生式系统表征。

1. 产生式

现代认知心理学家认为，表征程序性知识的最小单位是产生式。产生式这个术语来自计算机科学。西蒙和纽厄尔认为，人脑和计算机一样都是“物理符号系统”，其功能都是操作符号。计算机之所以具有智能能完成各种运算和解决问题，乃是由于它储存了一系列以 IF/THEN 形式编码的规则的缘故。同样的道理，人脑之所以能进行计算、推理和解决问题，也是由于人经过学习其头脑中储存的一系列以如果/则形式表征的规则。这种规则被称为产生式。产生式是所谓条件—活动（condition—action）规则（简作 C-A 规则）。

表 9 - 4 是加涅描述的最简单的产生式(简作 P)的表示法。产生式中的"如果"部分规定行为必须满足的条件,在第一个产生式中有两个条件,在第二个产生式中有三个条件。"则"部分规定应进行的活动,在第一个产生式中的活动是"表扬"儿童,在第二个产生式中的活动是"识别"与"说"三角形。

表 9 - 4 实施强化和鉴别三角形的产生式

P_1 实施强化的产生式	P_2 鉴别三角形的产生式
如果 目标是要增加儿童的注意行为	如果 已知一个图形是两维的
且儿童注意时间比以前稍微延长	且该图形有三条边
则 对儿童进行表扬	且三条边是封闭的
	则 识别此图形为"三角形"
	并说"三角形"

2. 产生式系统

简单的产生式,只能完成单一的活动,有些任务需要完成一连串的活动,因此需要许多简单的产生式。经过练习,简单的产生式可以组合成复杂的产生式系统。这种产生式系统被认为是复杂的技能的心理机制。如果说,若干命题通过其共同的观念而形成命题网络,那么产生式通过控制流而相互形成联系。当一个产生式的活动为另一个产生式的运行创造了所需要的条件时,则控制流从一个产生式流入另一个产生式(表 9 - 5)

表 9 - 5 产生式流入另一个产生式

P_1	如果我的目标是要将分数相加, 且现在有 2 个分数 则 建立一个子目标,即求出它们的最小公分母。
P_2	如果 我的目标是要将分数相加 且现在有 2 个分数, 且 2 个分数的最小公分母已知, 则 用最小公分母除第一个分数的分母。
P_3	如果 我的目标是要将分数相加 且现在有 2 个分数。 且 2 个分数的最小公分母已知, 且已知结果 1, 则 以结果 1 乘第一个分数的分子和分母。

由表可见,第一个产生式的活动结果已成为第二个产生式的条件之一,第二个产生

式的活动结果又成了第三个产生式的条件之一。

二、知识的习得

知识的习得也叫知识的掌握，“指个体学习人类已有的知识的过程与结果。知识的掌握是个体的认识活动；着重在径直取得前人和他人已有的认识成果，以获得间接知识为主。是在相对短的时间内实现的，无须经历漫长、曲折的摸索过程”。潘菽主编的《教育心理学》中，将知识的掌握分为知识的理解、知识的保持和知识的应用三个阶段。

传统的知识观有其合理之处，但是这样一些观点只能为教学工作提供原则指导。作为教育理论家，特别是教育心理学家，应该在辩证唯物主义认识论指导下深入研究个体习得知识的性质、类型和不同类型的知识习得的特殊过程及其条件，从而为教学工作提供具体有效的指导。

三、概念的学习

概念就是代表一类享有共同特性的人、物体、事件或观念的符号。

（一）概念形成

这种方式可以用奥苏伯尔的上位学习同化模式解释。这种方式下仅适用于具体概念的学习，也适用于定义性概念的学习。例如圆周率（π）是一个定义性概念。在教π这个概念时就可用概念形成的方式，让学生测量圆的直径分别为 1 cm、2 cm、3 cm 和 4 cm 的周长。然后让学生量出周长，若圆的直径为 1 cm，则周长为 3 cm 多，若圆的直径为 2 cm，其周长为 6 cm 多。接着，再让学生计算各圆的周长与直径之比，结果发现它们的值大致相同。最后，教师告诉学生，这个值的精确数为 3.1415…它就是圆周率。为了加深学生的认识，还可以取直径为任意长度的圆，测量其周长，并计算其周长与直径之比。如果测量很精确，那么，这个比值是 3.14 多一点，从而证实了原来的结论。

（二）概念同化

概念同化这种方式可用奥苏伯尔的下位学习模式来解释。奥苏伯尔根据其同化理论，提出了概念学习的另一种方式，他称之为“概念同化”。概念同化是从上位到下位的学习。概念同化所需要的条件不同于概念的形成。它要求学生认知结构中具有同化新概念的适当上位结构，而且，这一上位结构越巩固、越清晰，新的下位概念的同化就越容易发生。在满足这一条件的情况下，教师可以用下定义的方式将概念的本质特征呈现给学生，同时举少量具有典型意义的例子作分析说明，证实定义中涉及的那些共同属性。例如，倘若学生认知结构中已有清晰和巩固的分数概念，学生学习百分数这个下位概念时，只需要给他们呈现百分数的定义，并举少量典型的例子，学生就能习得百分数概念。概念同化中的例子与概念形成中的例子的作用不同。在概念形成条件下，必须同时呈现若干正反例，在概念同化条件下，只需呈现一个例子即够。在概念形成条件下，呈现正反例的目的是让学生发现同类事物的共同本质特征；在概念同化条件下，举例的目的是为了便于学生证实定义中所揭示的共同属性。

（三）概念学习的过程与条件

概念不同于辨别，辨别是反映事物的差异，而概念是反映事物的共同点。大多数概念都包括四个方面：概念名称、概念定义、概念例子和概念属性。而概念学习是能概括同类事物的共同本质特征的。

概念有不同的种类。加涅将概念分为具体概念和定义性概念两种。具体概念指一类事物的共同本质特征可以直接通过观察获得。例如，对鸟类的本质属性“长羽毛”，我们能从各种鸟类身上观察到。定义性概念指一类事物的本质特征不能通过直接观察获得，必须通过下定义来揭示，如物理学中的“功”概念，人们无法直接观察，只能下定义。具体概念和定义性概念性质不同，教学方法也有差异。

1. 具体概念的习得

具体概念的学习在低、幼年级中颇为多见。例如，小学数学中教学生“圆柱体”的概念时。教师首先给学生呈现预先准备的实物如“电池”“易拉罐”“竹笛子”等等，并告诉学生，这些都是圆柱体。然后呈现一些非圆柱体实物，如“粉笔”“胡萝卜”“多棱体”，并告诉学生，这些不是圆柱体。接着请学生仔细观察这些物体的形状特点，并请他们用语言概括出这些特点。最后，学生发现圆柱体的本质属性“上下两个面是大小一样的圆，中间一样粗细”，并能从学具中、生活用品中，正确找出圆柱形物体。

从学生习得圆柱体的概念可以看出，具体概念的习得过程经历了知觉辨别（辨别圆柱体的形状）、假设（圆柱体的上下两个面好像是圆的）、检验假设和概括四个阶段。概念越是复杂，检验和假设间的往复次数越多。由上例也可概括出概念形成的条件，在这个过程中，外界必须为学习者提供概念的正反例证，提供正例，有助于学生概括；提供反例，有助于学生辨别，使概念的概括精确化。另外，学习者必须从外界获得反馈信息，以检验他的假设是否正确。在课堂教学中，这两个外部条件必须由教师来提供，以促进学生具体概念的学习。

这种从辨别例证出发，逐渐发现概念属性的方式，奥苏伯尔称之为概念形成，其心理机制可用奥苏伯尔提出的上位学习模式来解释。学习前儿童通过概念形成的方式习得了许多日常概念，这为他们学习下定义的科学概念提供了前提条件。

2. 定义性概念的习得

定义性概念是能够通过下定义揭示其正例的共同本质属性的概念。其基本学习形式与前面概念形成和概念同化的阐述一致。

第五节　技能的学习

知识与技能是密切相关的概念，一般而言，技能是习得的，分为两种情况。一种情况是先知道规则，然后学会运用规则支配自己的行为从而完成任务。如，2.1＋3.2＝？对于这样的问题，如果学过小数加法的学生能够顺利完成这一任务，那么，这个学生已经掌握了小数的加法技能。另一种情况是行为在先，通过模仿或发现，形成对规则的意识。如，母语学习中，三岁左右的儿童，能够正确地说出“大风吹起了树叶”和“树叶被大风吹起来了”这两种句子，但不知道其中的主动和被动的语法规则。从现代信息加工心理学的观点来看，技能是广义知识中的一种类型，即程序性知识。从某种意义上说，技能的本质是知识的运用，特别是程序性知识的运用，有些程序性知识是技能的执行者能意识到的，有些是其意识不到的。那么技能究竟是什么呢？

一、技能的概述

我国流行的技能理论主要来自苏联20世纪50～60年代的心理学。例如，我国学者把技能定义为“……活动方式”或“……动作方式”，就是直接从苏联心理学借用来的，强调它区别于知识，是通过练习获得的。这些观点有其合理之处，但也存在着一些缺陷。首先，把技能看成是通过练习之后活动方式的掌握，这种技能的定义没有揭示技能与知识的本质联系，也就无法有效指导技能的学习和练习。其次，把智力技能看成是一种已掌握的认知活动方式，这种智力技能观除了未揭示智力技能与知识之间的联系外，也未认识到认知活动的可控性。

《中国大百科全书·心理学》卷把技能定义为：“通过练习获得的能够完成一定任务的动作系统”。《心理学大词典》把技能定义为：“个体运用已有的知识经验，通过练习而形成的智力活动方式和肢体的动作方式的复杂系统。”《教育大词典》的技能定义是：“主体在已有的知识经验基础上，经练习形成的执行某种任务的活动方式。”

目前国内各种教育学或心理学辞书和教科书中流行的分类是：按熟练程度，把技能分为初级技能和高级技能。按性质和特点，把技能分为智力技能和动作技能。

我国学者潘菽认为，动作技能的形成分为掌握局部动作、初步掌握完整动作、动作的协调和完善三个阶段。而关于智力技能的形成，一般教育学和教育心理学教科书仍然沿用苏联心理学家加里培林等人提出的智力活动按阶段形成的学说加以解释。

二、动作技能

动作技能包含有动作成分，但不是若干动作的叠加。只有当人们利用一组动作去完成一项具体任务或解决一个问题时，人们这时的活动能力才被称作动作技能。个体越是经济有效、合理地利用身体动作完成任务，其动作技能的水平就越高，动作能力就越强。围绕动作技能的内涵，不同的心理学家有不同的阐述。

（一）动作技能的定义

我国流行的心理学和教育心理学教科书里，大多认为动作技能是一种通过练习而形成的动作方式或活动方式。西方的一些心理学家对动作技能的定义也是不尽相同的。例如，伍尔福克等把动作技能定义为“完成动作所需要的一系列身体运动的知识和进行那些运动的能力”。加涅认为，“动作技能是一种协调运动的能力”，“动作技能实际上有两个成分：一是描述如何进行动作的规则，即动作程序；二是因练习与反馈而逐渐变得精确和连贯的实际肌肉运动”。尽管西方的心理学家对动作技能的定义不尽相同，但他们都认为，动作技能是一种习得的能力，按一定技术要求，通过练习而获得的迅速、精确、流畅和娴熟的身体运动能力。可通过诸如顺利地书写、跑步、体操、驾驶汽车、操作生产工具、打字等借助骨骼和相应的神经过程实现的活动表现出来。

（二）动作技能的种类

动作技能种类繁多，根据不同的维度可把动作技能分为不同的种类。

（1）根据动作是否连贯，可把动作技能分为连续性的动作技能和非连续性的动作技能。连续性动作技能指一系列的动作一个接着一个、不间断地进行的动作技能。例如，跑步、骑自行车和开汽车等都属于连续性动作技能。非连续性动作技能是指一个动作的开始和结束都十分明显，且持续时间相对短暂的动作技能。例如，投掷、举重和射击等都属于非连续性的动作技能。

（2）根据完成动作技能时所参与的肌肉群的性质不同，可把动作技能分为精细的动作技能和粗大的动作技能。

精细的动作技能是用小肌肉群所完成的动作技能。例如，写字、打字、绣花和制作手工艺品等都属于精细的动作技能。而粗大的动作技能是用大肌肉群所完成的动作技能。例如，跑步、游泳、踢足球和举重等都属于粗大的动作技能。

（3）根据完成动作技能对环境条件的依赖程度，可把动作技能分为开放性动作技能与闭锁性动作技能。

开放性动作技能的主要信息来自外部环境刺激，它的完成与外界刺激密切联系。例如，足球、篮球、排球、乒乓球和拳击等等运动项目中，动作技能的完成和发挥与个体准确地感知、判断和预测对手的活动状况密切相关。闭锁性动作技能的主要信息来自个人的动觉反馈信息。例如体操、跳舞、游泳和跳水等动作技能，主要是依据个人的动觉反馈信息来完成的。

（4）根据完成动作技能时是否使用一定的工具，可把动作技能分为工具性动作技能与非工具性动作技能。

工具性动作技能是指完成技能时必须操作一定的装置或工具，例如，写字、打字或演奏等都属于此类动作技能。非工具性动作技能就是不使用工具或某种装置的动作技能，如跳舞和健身操等。

（三）动作技能形成的阶段

动作技能的形成，是通过练习从而逐步地掌握某种动作方式的过程。一般可分为三个阶段。

1. 认知阶段

动作技能的学习初期，练习者通过接受指导和观察，认识动作的基本原理和要求，并进行初步的操作尝试，在头脑中形成动作印象。练习者对动作的认知，可以从操作说明书或手册中学习，也可以通过观察教师的示范和讲解来学习，或者把这两种学习方式结合起来。

这一阶段的主要特点是领会技能的基本要求，掌握技能的局部动作；注意的范围比较狭窄，只能注意个别动作，精神和全身肌肉紧张；不仅动作速度慢，还会出现多余的动作；不能觉察自己动作的全部情况，难以发现错误和缺点。

2. 联系形成阶段

练习者经过对动作的认知和一定的练习之后，初步掌握了一系列动作，并开始将这些动作联系起来。但各个动作之间的联系仍不紧密，在从一个环节过渡到另一个环节时，常出现短暂的停顿。在这个阶段，练习者要通过进一步的练习使各个局部的动作之间建立起联系。通过动作的交替练习，使各个局部动作形成一个完整的协调的结构体系，即形成连贯的动作技能的整体。

这一阶段的主要特点是技能的局部动作被综合成更大的单位，最后形成一个连贯技能的整体；练习者视觉的控制作用逐渐减弱，而肌肉运动感觉的自控作用逐步增强；注意范围有所扩大，动作间的相互干扰减少，紧张程度有所减弱，多余动作趋于消失；由于技能接近形成，发现自己错误的能力也就逐步增强。

3. 自动化阶段

技能形成的最后阶段是一长串的动作系列已联合成为一个有机的整体并已巩固下来，各个动作相互协调似乎是自动流出来的。这一阶段的主要特点是练习者完成动作技能时，意识的参与减少到最低限度；视觉控制作用减弱，动觉控制作用增强；注意范围扩大，多余动作和紧张状况消失；动作具有高度的准确性和稳定性，并能根据情境的变化或意外事件的出现，顺利完成动作。

（四）动作技能形成的特征

动作技能的形成达到自动化的阶段，与学习动作技能的初期相比较，已形成的技能发生了重大的变化，这种变化主要表现在以下特征上。

1. 意识减弱，动作自动化

在动作技能形成的初期，内部言语起着重要的调节作用，这时技能的各种动作都受意识控制。如果意识控制稍有减弱，动作就会停顿或出现错误。随着动作技能的形成，意识控制逐渐减弱。在熟练期，人们在完成一种技能时，只关心怎样使这种技能服从于当前任务的需要，技能的整个动作系统已经是自动化了的。

2. 能利用微弱的线索

在动作技能形成初期，学习者只能对那些明显的线索发生反应，他不能觉察到自己动作的全部情况，难以发现自己的错误。随着技能的形成，学习者能觉察到自己动作的细微差别，能利用细微的线索，使动作日趋完善。技能相当熟练时，只需根据很少的线索就能做出一系列的反应。

3. 动觉代替了视觉控制

在动作技能形成初期，学习者主要依靠外反馈，特别是视觉反馈来控制行为。随着动作技能的形成，学习者依靠动觉控制行为的能力逐渐增强。技能相当熟练时，学习者仅凭动觉或仅依靠细微的动觉反馈就能操作自如，如钢琴师，不看琴键，仅依赖手的触觉就能弹出流畅的曲子。

4. 错误被排除在发生之前

在连续的动作技能中，操作者需要不断进行尝试和纠正。但熟练的操作者和初学者的尝试与纠正是不同的。初学者主要靠视觉信息，即外部反馈来调节自己的动作；动作偏差出现了才能纠正，而熟练的操作者则主要根据动作感觉的内部反馈来调节自己的动作，动作偏差未出现便能进行纠正，错误被排除在发生之前。例如，熟练的驾驶员可以不必等到汽车偏离理想的运动轨迹太远，就能靠肌肉的内部反馈自行调节，而把事故排除在发生之前。

在不利条件下能发挥出正常水平，衡量动作的熟练程度，不仅应考虑其在正常条件下的操作水平，更重要的是应看其在不利条件下所表现出的操作水平。一般来说，越熟练的动作，越能在外界情况变化的条件下或面临紧急情况时发挥出正常水平。例如，著名足球明星能在对方严密防守时，不被对方所干扰而劲射球门；优秀的飞行员能在恶劣的气候条件下维持协调和准确的操作。紧急情形的突然出现，可能使不熟练者手足无措，但能使熟练者发挥出正常水平。

（五）练习

任何技能都是通过练习而逐渐形成的。练习是以掌握一定的活动方式为目标的反复，练习进程往往用练习曲线来表示。练习曲线也叫学习曲线，是表示一种技能形成过程中练习次数和练习成绩之间关系的曲线，练习曲线反映了练习进程的一般趋势。

1. 练习过程中的基本现象

在各种技能的形成过程中，可以概括出练习过程的一般趋势：练习成绩逐步提高。此外，还常常表现以下两种现象。

(1) 高原现象。高原现象是指在技能形成过程中，练习中期往往出现进步的暂时停顿现象，这就是练习曲线上的所谓“高原期”。

高原期产生的原因：一是成绩的提高往往需要以新的结构和新的方式、方法代替旧的结构和旧的方式、方法；新旧交替，成绩进步常会暂时停止，甚至由于新旧交替的不适应，还会出现暂时的下降。二是练习时间一长，练习兴趣降低，产生厌倦或疲劳等消极情绪也可能导致进步暂时停顿。

(2) 练习成绩的起伏现象。在各种技能的形成过程中，练习成绩时而进步、时而退步而出现的波动为起伏现象。出现起伏现象的主要原因有主观上如学习者的态度、情绪、注意力的变化；客观上如练习环境、练习工具或教师指导方式的改变等。

2. 有效练习的条件

动作技能主要是通过练习形成的，但并非所有的练习都能达到同样的效果。因此，练习必须注意方式、方法，才能提高练习的效率。

(1) 明确练习的目的和要求。每种技能都有其特定的目的和要求。只有明确了技能的目的和要求，理解了技能的性质和特点，练习者才能自觉地组织自己的行动来掌握某种技能。如果缺乏这个条件，机械地重复一种动作方式，就不可能使行动方式有所改善。因此，在练习时，要让学生明确将要练什么、达到什么标准；明确练习的程序和步骤；明确练习应注意的事项，如什么时候最容易发生错误和危险，以及如何进行防范。只有目的要求明确了，才有可能将练习的动作与要学习的动作技能相对照，使思维处于积极状态，充分发挥出主动性，进行有效的练习。

(2) 给学生以正确的示范。动作技能的学习，离不开教师的示范和讲解，一开始就要教给学生正确的动作，以免走弯路。因此，教师的示范动作必须准确，示范时要把动作技能中的每一个动作都清楚地展示出来。另外，把示范和讲解结合起来，一边示范一边讲解，也可促进动作技能的学习。

(3) 让学生知道练习的结果。了解练习的结果是影响动作技能形成的重要条件。每次练习之后，让练习者及时知道练习的结果。知道哪些方面有进步、哪些方面存在着问题，并对结果有所分析，就能对自己的动作做出正确的评价，也就能集中力量克服困难、改正错误，这样就可以使正确动作得到巩固，错误的动作得到纠正。因此，在指导运动技能学习时，教师应及时地、详细地告知学生练习的正确和错误情况，从而提高练习的效果。

(4) 指导学生正确选用练习的方法。练习方法是否得当，也影响着练习的效果。练习的方法有集中练习和分散练习、整体练习和部分练习，每种方法各有长处。选择何种方法，应以技能的性质、学生的年龄、能力和身体素质，以及如何消除疲劳、克服遗忘等因素为依据。选择正确的练习方法可收到事半功倍的效果。

(5) 激发学生的练习动机。动作技能的形成，要经过一个长期而又困难的过程，不想下功夫是很难成功的。因此，学生有无练习的动机，将会影响他投入练习的努力程度，对困难的态度、练习的坚持性，最终影响动作技能的学习。因此，教师应利用适当的方式激发学生的练习动机，并恰当控制动机的激起水平。

三、心智技能

心智技能，又称智力技能、智慧技能、认知技能，是通过学习而形成的合乎法则的心智活动方式。它是一种借助于内部语言在人脑中进行的认知活动方式，如阅读、心算、记忆策略等技能。

(一) 心智技能的阶段理论

1. 加里培林的心智动作按阶段形成理论

对心智技能最早进行系统研究的是苏联心理学家加里培林，他于1959年系统总结了有关的研究成果，提出了心智动作按阶段形成的理论。加里培林认为，心智技能是由一系列的心智动作构成的。心智动作是外部的实践动作的反映，心智动作是通过实践动作的“内化”而实现的。心智动作的形成要经过一系列的阶段，在每一阶段，心智活动的性质与水平都发生相应的变化。

加里培林将心智动作的形成分成五个阶段:一是动作的定向阶段,是智慧技能形成的准备阶段,了解做什么和怎么做。二是物质与物质化阶段,该阶段借助实物或模型、图表等进行学习,促使学生在头脑中形成各种各样的表象。三是出声的外部言语动作阶段,该阶段离开物质和物质化的客体,以出声的外部言语来帮助完成一系列的操作。这是外部的物质与物质化的活动向智慧活动转化的开始。四是不出声的外部言语动作阶段,该阶段特点是智慧活动以不出声的"外部"言语进行。五是内部言语动作阶段,主要特点是智慧技能活动的简略、压缩和自动化。智力活动转化为内部,不需要多少意识参加就能在头脑内自动进行。

2. 安德森的心智技能形成三阶段论

著名认知心理学家安德森认为,心智技能的形成需经过三个阶段,即认知阶段、联结阶段和自动化阶段。

(1) 认知阶段:认知阶段任务是要了解问题的结构,即起始状态、要达到的目标状态、从起始状态到目标状态所需要的步骤、算子。

(2) 联结阶段:这一阶段学习者应用具体的方法来解决问题,主要表现在把某一领域的描述性知识转化为程序性知识,这种转化即程序化的过程。在该阶段,个体逐渐产生一些新的产生式法则,以解决具体的问题。

(3) 自动化阶段:在自动化阶段,个体获得了大量的法则并完善这些法则,操作某一技能所需的认知投入较小,且不易受到干扰。

(二) 心智技能原型的模拟

1. 确立心智技能操作原型的方法及步骤

确立心智技能操作原型可用心理模拟法,用心理模拟法来建立心智活动的实践模式需经过两个步骤——创拟确立模型和检验修正模型。

2. 检验修正模型的方法

(1) 教学心理实验。

(2) 通过计算机将过程分解为一个个具体步骤,直到机器可以执行为止。

3. 心智技能的培养过程

把专家头脑中的经验"内化"为学生自己经验的过程,就是心智技能的培养过程。

(三) 心智技能的分阶段形成

1. 原型定向

原型是指心智活动的"原样",即外化了的实践模式,"物质化"了的心智活动方式或操作活动程序。

原型定向就是了解心智活动的实践模式,了解"外化"或"物质化"了的心智活动方式或操作活动程序,了解原型的活动结构(动作构成要素、动作执行次序和动作的执行要求),从而使主体知道该做哪些动作和怎样去完成这些动作。明确活动的方向。

原型定向阶段相当于加里培林的"活动的定向阶段"。其主要任务是建立起进行活动的初步的自我调节机制，为进行实际操作提供内部控制条件。首先要确定所学心智技能的实践模式（操作活动程序）。其次要使这种实践模式的动作结构在头脑中得到清晰的反映。

原型定向阶段的教学要求是：① 要使学生了解活动的结构，即了解构成活动的各个动作要素及动作之间的执行顺序，并了解动作的执行方式。② 要使学生了解各个动作要素、动作执行顺序和动作执行方式的各种规定的必要性。提高学生学习的自觉性。③ 采取有效措施发挥学生的主动性与独立性。④ 教师的示范要正确，讲解要确切，动作指令要明确。

原型定向的作用是：通过原型定向阶段的教学，学生建立起了关于活动的初步的自我调节机制，从而为进行实际操作提供了内部控制条件。

2. 原型操作

所谓原型操作，就是依据心智技能的实践模式，把主体在头脑中建立起来的活动程序计划，以外显的操作方式付诸实施。这一阶段相当于加里培林及其学派的著作中所称的“物质或物质化活动阶段”。

原型操作阶段的任务就是：该阶段要求学生严格按照实践模式进行实际操作，对动作序列要逐一执行，及时检查操作是否正确、对象是否变化。执行的同时还要作口头报告，促使智慧活动向言语执行水平转化。

原型操作阶段的教学要求：一是要使心智活动的所有动作以展开的方式呈现。也就是说。主体要依据心智活动的原型，把构成这一活动的所有动作系列，依次按照一定的顺序做出，不能遗漏或缺失。而且每个动作完成之后，要及时检查，考查动作的方式是否能正确完成，对象是否发生了应有的变化。二是要注意变更活动的对象，使心智活动在直觉水平上得以概括，从而形成关于活动的表象。三是要注意活动的掌握程度，并适时向下一阶段转化。四是为了使活动方式顺利内化，动作的执行应注意与言语相结合，一边进行实际操作，一边用言语来标志和组织动作的执行。

原型操作的作用是：通过原型操作，学生不仅有了程序性知识，而且通过实际操作获得了完备的动觉映象，这就为原型内化奠定了基础。

3. 原型内化

所谓原型内化，即心智活动的实践模式向头脑内部转化，由物质的、外显的、展开的形式变成观念的、内潜的、简缩的形式的过程。

原型内化阶段的任务就是开始借助于言语来对观念性对象进行加工。这是原型在学习者头脑中转化为心理结构内容的过程。

原型内化包括的三阶段：出声的外部言语阶段、不出声的外部言语阶段和内部言语阶段。

原型内化的教学要求是：① 动作的执行应遵循由出声的外部言语到不出声的外部言语再到内部言语的顺序，不能颠倒。② 在开始阶段，操作活动应在言语水平上完全展开，即用出声或不出声的外部言语完整地描述原型的操作过程(此时已没有实际操作)。然后，再逐渐缩减。③ 在这一阶段也要注意变换动作对象，使活动方式得以进一步概括，以便广泛适用于同类课题。④ 在进行由出声到不出声、由展开到压缩的转化过程中，也要注意活动的掌握程度。不能过早转化，也不宜过迟，而应适时。

(四) 心智技能的培养

1. 激发学习的积极性与主动性

任何学习任务的完成均依赖于主体的学习积极性与主动性。学习的积极主动性取决于主体对学习任务的自觉需要。在培养工作中，教师应采取适当措施，以激发主体的学习动机，调动其学习的积极性。

2. 注意原型的完备性、独立性与概括性

所谓完备性，指对活动结构(动作的构成要素、执行顺序和字形要求)要有清楚的了解，不能模糊或缺漏。所谓独立性，指应从学生的已有经验出发，让学生独立地来确定或理解活动的结构及其操作方式，而不能是教师给予学生现成的模式。所谓概括性，是指要不断变更操作对象，提高活动原型的概括程度，使之具有广泛的适用性，扩大其迁移价值。

在原型建立阶段，一切教学措施都要考虑到有利于建立完备、独立而具有概括性的定向映象。

3. 适应培养的阶段特征，正确使用言语

言语在不同的阶段上，其作用是不同的。言语在原型定向与原型操作阶段。其作用在于标志动作，并对活动的进行起组织作用。所以，这时的培养重点在于使学生了解动作本身，利用言语来标志动作，并巩固对动作的认知。在学生熟悉动作的基础上再提出言语要求。在用语言来标志动作时，用词要恰当，要注意选择表现力强而学生又能接受的词来描述动作。

言语在原型内化阶段，其作用在于巩固形成中的动作表象，并使动作表象得以进一步概括，从而向概念性动作映象转化。这时培养的重点应放在考查言语的动作效应上。在这一阶段上，不仅要注意主体的言语动作是否正确，而且要检查动作的结果是否使观念性对象发生了应有的变化。此外，要随着心智技能形成的进展程度，不断改变言语形式，另外，要注意学生的个别差异。

练习题

一、选择题

1. 按照肌肉运动强度的不同分类，弹钢琴属于 ( )

A. 闭合型操作技能　　B. 开放型操作技能

C. 细微型操作技能　　D. 粗放型操作技能

2. 下列属于连续操作技能的活动是 （　　）

A. 打开收音机　B. 练字　C. 实弹射击　D. 开车

3. 在技能形成的练习过程中，其进步情况的表示方法用 （　　）

A. 图示　B. 坐标　C. 遗忘曲线　D. 练习曲线

4. 在心智技能形成过程中，依据心智技能的实践模式，把主体在头脑中建立起来的活动程序计划，以外显的操作方式付诸实施阶段称为 （　　）

A. 原型启发　B. 原型定向　C. 原型操作　D. 原型内化

5. 下列与成语"谈梅生津"相同的反射是 （　　）

A. 缩手反射　B. 谈虎色变　C. 老马识途　D. 蜘蛛织网

6. 看见路上的垃圾后绕道走开，这种行为是 （　　）

A. 强化　B. 惩罚

C. 逃避条件作用　D. 回避条件作用

7. 教师不能满足"授之以鱼"，更要做到"授之以渔"。强调教学应重视 （　　）

A. 传授知识　B. 发展能力

C. 培养个性　D. 形成品德

8. 学生小辉，由于会打羽毛球，很快就学会了打网球，这种现象为 （　　）

A. 顺向正迁移　B. 逆向正迁移

C. 顺向负迁移　D. 逆向负迁移

9. 李红学习了英语语法后，加深了对以前学过的中文语法的理解。这种现象属于 （　　）

A. 负向迁移　B. 垂直迁移

C. 顺向迁移　D. 逆向迁移

10. 小伟为了获得老师和同学的关注，在课堂上总扮鬼脸，老师和同学都不予理睬，于是他扮鬼脸的行为逐渐减少。这体现了哪种强化原理？ （　　）

A. 消退　B. 负强化　C. 惩罚　D. 正强化

二、辨析题

1. 负强化就是惩罚。
2. 学习迁移是学习过程中常见的现象，它对新知识、新技能的学习起促进作用。
3. 逆向迁移都是负迁移。
4. 学习所引起行为或行为潜能的变化是短暂的。

三、简答题

1. 简述动作技能形成的特征。
2. 简述技能与知识的联系和区别。
3. 简述操作技能形成的阶段。

四、图文题

仔细观察下图，回答问题：

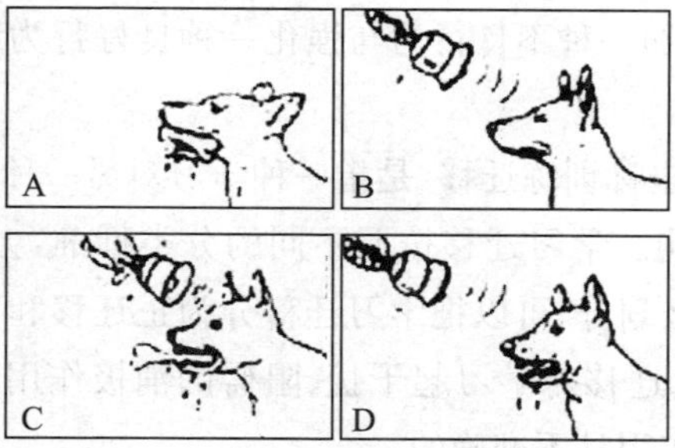

(1) 图A所示的反射属于________反射。

(2) 在图C中，铃声和喂食物多次结合后，铃声就变成了狗将要进食的________。

(3) 图D所示的反射活动叫做________，但是，如果总是只给铃声而不给食物，那么这种反射将会逐渐________。

五、材料分析题

学生A：中学学好英语语法对以后学习英语帮助很大。

学生B：平面几何学得好，以后学习立体几何就简单了，知识之间有很大联系。

学生A：不光知识是这样，弹琴也是，会弹电子琴，学钢琴也快。

学生B：可有时候也不一样，会骑自行车反而影响骑三轮车。

学生A：有意思，学习很奇妙。

请分析材料中两位同学的谈话体现的学习原理。教师应该如何利用这一原理促进学生的学习？

六、论述题

李老师认为，学习就是理解加练习，所以平时她很重视学生的作业量。但是，她发现班上一位学生在作文中老是有很多错别字，每次把错字都用红笔圈出来，并要求学生更正，但是效果不明显。李老师又要求该学生把错字罚抄10遍，谁知在这周的作文里，这些已被重罚了的错别字又出现了。你怎么理解这种现象？

参考答案

一、选择题

1. C 2. B 3. D 4. C 5. B 6. C 7. B 8. A 9. D 10. A

二、辨析题

1. 错误。当有机体做出某种反应以后，呈现一个厌恶刺激，以消除或抑制此类反应的过程，称为惩罚。惩罚与负强化有所不同，负强化是通过厌恶刺激的排除来增加反应将来发生的概率，而惩罚则是通过厌恶刺激的呈现来降低反应将来发生的概率。但是，惩罚并不能使行为发生永久性的改变，它只能暂时抑制行为，而不能根除行为。因此，惩罚的运用必须慎重，惩罚一种不良行为与强化一种良好行为结合起来，方能取得预期的效果。

2. 错误。学习迁移也称训练迁移，是指一种学习对另一种学习的影响，或习得的经验对完成其他活动的影响。学习迁移按照不同的分类标准，会有不同的分类结果。如根据迁移的性质和结果来划分，可以把学习迁移分为正迁移和负迁移，其中正迁移对学习起促进的积极作用，负迁移对学习起干扰、阻碍的消极作用。由此，笼统地说学习迁移对学习新知识起促进作用是不准确的。

3. 错误。逆向迁移是指后继学习对先前学习产生的影响。负迁移也叫"抑制性迁移"，是指一种学习对另一种学习产生阻碍作用。两者本质完全不同。

4. 错误。学习是个体在特定的情境下由于练习和反复经验而产生的行为或行为潜能的比较持久的改变。因此，学习引起的行为变化是持久的而非短暂的。

三、简答题

1. (1) 认知阶段。这一阶段的主要特点是领会技能的基本要求，掌握技能的局部动作；注意的范围比较狭窄，只能注意个别动作，精神和全身肌肉紧张；不仅动作速度慢，还出现多余的动作；不能觉察自己动作的全部情况，难以发现错误和缺点。

(2) 联系形成阶段。这一阶段的主要特点是技能的局部动作被综合成更大的单位，最后形成一个连贯技能的整体；练习者视觉的控制作用逐渐减弱，而肌肉运动感觉的自控作用逐步增强；注意范围有所扩大，动作间的相互干扰减少，紧张程度有所减弱，多余动作趋于消失；由于技能接近形成，发现自己错误的能力也就逐步增强。

(3) 自动化阶段。这一阶段的主要特点是练习者完成动作技能时，意识的参与减少到最低限度；视觉控制作用减弱，动觉控制作用增强；注意范围扩大，多余动作和紧张状况消失；动作具有高度的准确性和稳定性，并能根据情境的变化或意外事件的出现，顺利完成动作。

2. 知识的多少决定着技能掌握的快慢和深浅，技能的掌握又反过来影响知识的学习和发展。由此可见知识与技能的联系是十分密切的。知识与技能又有明显的区别。首先，它们获得的途径不同，知识可以从书本上来，可以靠灌输来获得；而技能只有通过实践和反复练习才能获得，通过反复练习可以使局部动作联合为一个完整的动作技能。一般的学校教育不能代替技能的训练，因此，在从事一种新工作之前，都需要进行技能的训练以提高工作效率。其次，它们在实践中的作用也是不同的，知识只有通过技能才能在生产中发挥作用，要把知识变成生产力必须依靠技能。正是在这个意义上，用人单位更需要掌握了一定技能的人，仅有知识而缺乏技能的所谓"高分低能"的人是不受用人单位欢迎的。

3. (1) 操作的定向阶段是操作技能学习的第一个阶段，是指学习者了解操作活动的结构与动作程序要求，在头脑中建立起操作活动的定向映象的过程。(2) 操作模仿是学习者通过观察，对示范的动作技能进行实际操作仿效，其实质是将头脑中形成的定向映象以外显的实际动作表现出来。(3) 操作整合阶段。是指把模仿阶段习得的动作成分依据其内在联系联结成一个整体，固定下来，成为定型的一体化动作。(4) 操作熟练阶段。是指各个动作环节与各种动作在时间和空间上彼此协调起来构成一个连贯的稳定的动作系统。

四、图文题

(1) 无条件

(2) 刺激

(3) 条件反射　消退

五、材料分析题

这两位同学所谈论的学习原理是学习的迁移理论。学习迁移是指一种学习对另一种学习的影响，它广泛地存在于知识、技能、态度和行为规范的学习中。任何一种学习都要受到学习者已有知识经验、技能、态度等的影响，只要有学习就会有迁移。迁移是学习的继续和巩固，又是提高和深化学习的条件，学习与迁移不可分割。

学生迁移能力的形成有赖于教学，促进迁移的有效教学应从以下几个方面考虑：(1) 确立明确、具体、现实的教学目标；(2) 精选教材内容；(3) 合理组织材料；(4) 合理安排教学程序；(5) 启发学生对所学知识进行概括总结；(6) 教授学习策略，提高迁移意识；(7) 通过反馈和归因控制等方式使学生形成关于学习和学校的积极态度。同时，还应注意防止负迁移的发生。

六、论述题

(1) 学生的罚抄行为在技能形成过程中不是练习行为；(2) 练习指以掌握某种技能活动方式为目的的学习活动，是动作技能形成的基本条件；(3) 练习是指有意练习，即练习者抱有改进其作业水平的目的，而且这种练习需要付出一定的努力；(4) 学生在罚抄过程中，仅仅是机械地完成老师布置的任务，缺乏积极主动的态度，也就没有有意识的纠正，不属于有意练习，所以没有效果。

第十章　影响学习的因素

教学目的和要求：了解学习动机的作用，以及学习态度、学习策略的结构；掌握动机、内驱力、态度、学习策略等概念的含义；理解激发学生学习动机的方法、学习态度与行为的关系；熟悉学习动机理论、不同学习策略的使用，能够应用于实践。

教学重点：学习动机与学习效果的关系、学习动机的归因理论。

教学难点：不同学习动机理论的侧重点、元认知策略与认知策略的区别。

同样进行学习，学习效率与学习结果因人而异、千差万别。它受到很多内在或外在因素的影响。其中包括：学习动机、学习态度、学习策略等。只有深入分析影响学习的一系列因素，把握其中的基本原理，才能在教育工作中更好地激发学生的学习动力、培养学生的学习能力。

第一节　学习动机

人的行为都有一定的原因，心理学家一般用动机（motive）这一术语对人们的行为原因进行描述。所谓动机，是指引发并维持活动的倾向。它涉及这样三个方面的问题：第一，引发行为的起因是什么？第二，使行为指向某一目的的原因是什么？第三，维持这一行为的原因是什么？心理学研究中往往用动机作用（motivation）这一术语来描述个体发出的能量和冲动，指引行为朝向某一目的，并将这一行为维持一段时间的种种内部状态和过程。在教育心理学中，人们更关心学习方面的动机。

一、学习动机概述

在心理学中，围绕动机的内涵，不同的学者有不同的表述。一般认为动机是指引起个体活动、维持已引起的活动，并使该活动朝向某一目标的内在历程。这里提到的活动就是行为。换句话说，动机就是指行为的内部动力。学习动机（motivation to learn）是指激励并维持学生朝向某一目的的学习行为的动力倾向。学习动机与学生的学习兴趣、学习需要、个人价值观、态度、志向水平、外来鼓励、学习后果（如学位、待遇及社会地位等），以及客观现实环境的要求（如考试、竞赛和升学）等诸多因素紧密相联。

在实际学习过程中，学习的动力因素虽然多种多样，但比较常见的有以下三种，即推力、拉力和压力。推力是发自个体内心的学习愿望和需求，它可以通过学生对学习的必要性的认识、对学习的求知欲、对未来的理想等产生。拉力指外界因素对学习者的吸引力,使学生从事学习活动。学位、社会地位等可对学生的学习活动构成拉力。压力指客观现实对学习者的要求,迫使其从事学习活动。考试、家长与学校的要求、社会现实都可以成为压力。这三种因素都可以促使个体进行学习,因此都是学习的动力因素。但是应该指出的是,压力往往难以独立、持久地起作用,必须真正地转化为推力或拉力才能发挥其动力作用。因此,促使主体从事学习活动的直接作用成分只有两个,这就是推力和拉力。作为主体学习愿望的推力,实质上是主体的一种学习需要;作为对主体的学习活动具有吸引作用的拉力,实质上是一种学习期待。因此,学习动机的两个基本成分就是学习需要和学习期待,两者相互作用形成学习的动机系统。

(一) 学习需要及内驱力

学习需要是指个体在学习活动中感到有某种欠缺而力求获得满足的心理状态。它的主观体验形式是学习者的学习愿望或学习意向。这种愿望或意向是驱使个体进行学习的根本动力,包括学习的兴趣、爱好和学习的信念等。从需要的作用上来看,学习需要即为学习的内驱力。所以,学习需要对学习的作用,就称为学习内驱力。奥苏伯尔(1969)在其《学校学习》一书中提出,学校情境中的成就动机主要由以下三个方面的内驱力组成,即认知内驱力、自我提高内驱力和附属内驱力。这三种内驱力就是学习需要的三个组成因素,也就是说在个体内部至少有这三种需要是指向学习的。

认知内驱力是一种要求理解事物、掌握知识,系统地阐述并解决问题的需要。它以求知作为目标,由知识的获得而得到满足。这种内驱力主要是从人类原始的好奇心和探究欲中派生出来的。

自我提高内驱力是指个体由自己的学业成就而获得相应的地位和威望的需要。它可以使学生把学习行为指向在当前学校学习中可能取得的成就,以及在此基础上将自己的行为指向未来学术和职业方面的成就和地位。但它不直接指向知识和学习任务本身,而是把学业成就看做赢得地位和自尊的根源。成就的大小决定所赢得地位的高低,同时又决定着自尊需要的满足与否。所以,它是一种间接的学习需要,属于外部动机。在学习过程中,认知内驱力即内部动机固然重要,但自我提高内驱力即外部动机也是必不可少的。这是因为学生不可能始终坚持以掌握知识为学习目标。

附属内驱力是指个体为了获得长者(如教师、家长等)的赞许而表现出来的把工作、学习搞好的一种需要。它既不直接指向学习任务本身,也不把学业成就看做赢得地位的手段,而是为了从长者那里获得赞许和接纳。这说明学生对长者在感情上具有依赖性。成就动机的三个组成部分在动机结构中所占的比重并非一成不变,通常是随着年龄、性别、个性特征、社会地位和文化背景等因素的变化而变化。在儿童早期,附属内驱力最为突出,他们努力学习获得学业成就,主要是为了实现家长的期待,并得到家长的赞许。到了儿童后期和少年期,附属内驱力的强度有所减弱,来自同伴、集体的赞许和认可逐渐替代了对长者的依附。在这期间,为赢得同伴的赞许就成为一个强有力的动机因素。而到了青年期,认知内驱力和自我提高内驱力成为学生学习的主要动机,学生学习的主要目的在于满足自己的求知需要,并从中获得相应的地位和威望。

（二）学习期待及诱因

学习期待是个体对学习活动所要达到目标的主观估计,它是另一个构成学习动机结构的基本要素。学习期待与学习目标密切相关,但两者不能等同。学习目标是个体通过学习活动想要达到的预期结果,而在个体完成学习活动之前,这个预想结果是以观念的形式存在于头脑之中的。因此,学习期待就是学习目标在个体头脑中的反映。诱因是指能够激起有机体的定向行为,并能满足某种需要的外部条件或刺激物。诱因可以是简单的物体,如食物、水等,也可以是复杂的事情,如名誉、地位等。凡是使个体产生积极的行为,即趋向或接近某一目标的刺激物,称为积极诱因,例如,在激发学生学习积极性的教育措施中,教师所提供的奖品、成绩等都是积极的诱因。相反,消极的诱因可以产生负性行为,即离开或回避某一目标。可以说,学习期待是静态的,而诱因是动态的,它将静态的期待转换成为目标。所以,学习期待就其作用来说也是一种学习的诱因。

二、学习动机的作用

一般说来,学习动机并不是通过直接卷入认知建构过程而对学习产生作用的,而是以学习情绪状态的唤醒、学习准备状态的增强、学习注意力的集中和学习意志的提高为中介来影响认知建构过程的,犹如"催化剂"间接地增强与促进化学反应一样,间接地增强与促进认知建构过程。学习情绪是学生认识客观要求和自身需要之间关系时所伴随的态度体验。如果客观要求与学生的学习需要一致或接近,学生就会产生积极的情绪,表现为对学习有兴趣,喜欢学习;如果两者相反或者无关,就会产生厌学情绪,在学习中采取消极态度。学习准备状态的增强有助于激活相关的背景知识,降低在学习过程中对事物的知觉和反应阈限,大大缩短反应时间,从而提高学习效率。学习注意状态的集中有助于学生克服分心刺激的影响,更好地组织人的心理活动,更有效地进行学习材料的加工处理。意志或毅力反映了学生学习需要或学习驱力的强弱,在学习遇到困难时,毅力强者继续维持学习活动,坚持达到学习目的;毅力弱者就会放弃及中断学习活动。这些中介因素综合起来使学习动机对学习产生以下四个方面的作用。

（一）引发作用

当学生对于某些知识或技能产生迫切的学习需要时,就会引发学习内驱力,唤起内部的激动状态,产生焦急、渴求等心理体验,并最终激起一定的学习行为。

（二）定向作用

学习动机以学习需要和学习期待为出发点,使学生的学习行为在初始状态时就指向一定的学习目标,并推动学生为达到这一目标而努力学习。有的学生可能面临多种学习目标或诱因,这就需要在其中作出选择。这种目标选择既取决于学生对不同目标或诱因的期望强度,又取决于学生已有的知识和经验。

（三）维持作用

在学习过程中，学生的学习是认真还是马虎，是勤奋还是懒惰，是持之以恒还是半途而废，在很大程度上取决于学习动机的水平。学习动机水平高的学生能在长时间的学习活动中保持认真的态度和坚持把学习任务胜利完成的毅力，而学习动机水平低的学生则缺乏学习行为的稳定性和持久性。

（四）调节作用

学习动机调节学习行为的强度、时间和方向。如果行为活动未达到既定目标，动机还将驱使学生转换行为活动方向以达到既定目标。

三、学习动机与学习效率的关系

动机具有加强学习的作用。但是，学习动机强度与学习效率并不完全成正比。过分强烈的学习动机往往使学生处于一种紧张的情绪状态之下，注意力和知觉范围变得狭窄，由此限制了学生正常的智力活动，降低了思维效率。因此，学习动机存在一个最佳水平，即在一定范围内，学习效率随学习动机强度增大而提高，直至达到学习动机最佳强度而获最佳，之后则随学习动机强度的进一步增大而下降。一般情况下，中等动机强度的学习效率最高。但是，学习动机强度与学习效率之间的这种关系因学习者的个性、课题性质、课题材料难易程度等因素而异。动机强度的最佳水平会随学习活动的难易程度而有所变化。一般说，从事比较容易的学习活动，动机强度的最佳水平点会高些，而从事比较困难的学习活动，动机强度的最佳水平点会低些，这就是耶克斯—多德森定律（1908），如图 10－1 所示。

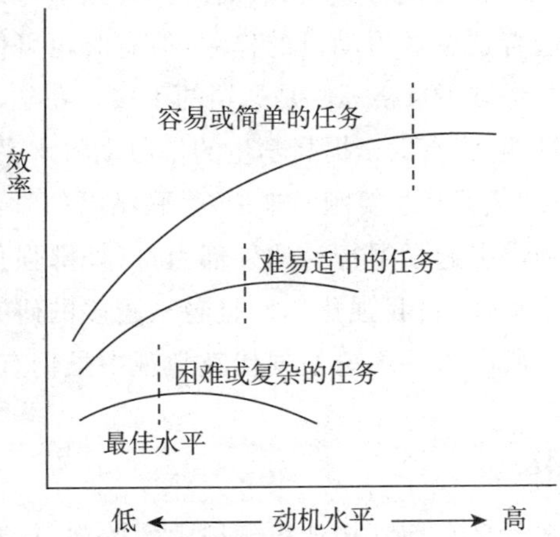

图 10－1　耶克斯—多德森定律

不仅如此，动机强度的最佳点还会因人而异，进行同样难度的学习活动，对有的学生来说，动机强度的最佳水平点高些更为有利，但对于另一些学生，可能最佳水平点低些更为有利。

第二节　学习动机理论

对于学习动机的实质及培养与激发的规律，心理学家提出了种种不同的理论和观点，这些理论从不同的角度解释了人类的学习行为。应用比较广泛的动机理论主要有以下几种。

一、强化理论

学习动机的强化理论是由联结主义心理学家提出来的，他们不仅用强化来解释学习的发生，而且用它来解释动机的产生。联结主义心理学家用S－R公式来解释人的行为，认为动机是由外部刺激引起的一种对行为的冲动力量，并特别重视用强化来说明动机的激发与作用。在他们看来，人的某种学习行为倾向完全取决于先前的这种学习行为与刺激因强化而建立起来的稳固联系，强化可以使人在学习过程中增强某种反应发生的可能性。与此相应，联结学习理论的中心概念是刺激与反应之间的联结，而不断强化则可以使这种联结得到加强和巩固。因此，在学习活动中，采取各种外部手段如奖赏、赞扬、评分、竞赛等，可以激发学生的学习动机，引起其相应的学习行为。学校中的强化既可以是外部强化，也可以是内部强化。前者是由教师施予学生身上的强化手段，后者则是自我强化，即学生在学习中由于获得成功的满足而增强了学习的成功感与自信心，从而增强了学习动机。无论是外部的还是内部的强化，都有正强化与负强化之分，并与惩罚有着千丝万缕的关系。一般来说，正强化和负强化都起着增强学习动机的作用，如适当的表扬与奖励、获得优秀成绩、取消讨厌的频繁考试等便是正强化或负强化的手段。惩罚则一般起着削弱学习动机的作用，但有时也可使一个人在失败中重新振作起来，如频繁的惩罚、考试不及格等便是惩罚的手段。在学习中如能合理地增强正强化、利用负强化、减少惩罚，将有助于提高学生的学习动机水平，改善他们的学习行为及结果。当然，强化动机理论就其主要倾向来说，是联结派的学习动机理论。由于联结派的强化动机理论过分强调引起学习行为的外部力量（外部强化），忽视甚至否定了人的学习行为的自觉性与主动性（自我强化），而且越来越多的研究发现，外部强化过多，会削减学生的内部动机。所以这一理论在现代教学观中虽仍有应用的空间，但需要批判地继承、适当地使用。

二、需要层次理论

需要层次理论是人本主义心理学在动机领域中的体现，马斯洛是这一理论的提出者和代表人物。马斯洛认为人的基本需要有七种，它们由低到高依次排列成一定的层次，即生理的需要、安全的需要、归属与爱的需要、尊重的需要、认知的需要、审美的需要和自我实现的需要。

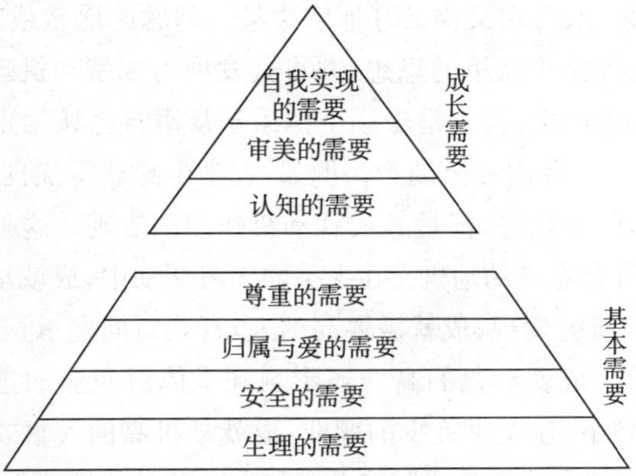

在人的需要层次中，最基本的是生理的需要，如对食物、水、空气、睡眠、性等的需要；在生理的需要得到基本满足之后，便是安全的需要，即表现为个体要求稳定、安全、受到保护、免除恐惧和焦虑等；这之后是归属与爱的需要，即个体要求与他人建立感情联系，如结交朋友、追求爱情等；随后出现的是尊重的需要，它包括自尊和受到他人的尊重；再随后出现的是认知与审美的需要。在上述这些需要得到基本满足之后，便进入自我实现的需要层次。自我实现作为一种最高级的需要，它具有两方面的含义，即完整而丰满的人性的实现以及个人潜能的实现。从学习心理的角度看，人们进行学习就是为了追求自我实现，即通过学习使自己的价值、潜能、个性得到充分而完备的发挥、发展和实现。因此，可以说自我实现是一种重要的学习动机。马斯洛认为，在上述基本需要的满足过程中，各种需要不仅有层次高低之分，而且有前后顺序之别，只有低层次的需要得到基本满足后，才能产生高层次的需要。同时，马斯洛又把这七种需要分为基本需要和成长需要两类。其中，生理的需要、安全的需要、归属与爱的需要、尊重的需要属于基本需要，它们因身心的缺失而产生，因此也称缺失性需要。例如，因饥渴而求饮食，因恐惧而求安全，因孤独而求归属，因免于自卑而求自尊。它们为人类维持生活所必需，一旦它们得到满足，其强度就会降低，因此个体所追求的缺失性目的物是有限的。而自我实现的需要属于成长需要，它区别于缺失性需要的根本特点在于它的永不满足性。也就是说，自我实现的需要的强度不仅不随其满足而降低，相反地会因获得满足而增强，因此个体所追求的成长性目的物是无限的，是永无止境的。需要层次理论说明，在某种程度上学生缺乏学习动机可能是由于某种缺失性需要没有得到充分满足而引起的。如家境清贫使得温饱得不到满足；父母离异使得归属与爱的需要得不到满足；教师过于严厉和苛刻，动辄训斥和批评学生，使得安全需要和尊重需要得不到满足等。而正是这些因素，会成为学生学习和自我实现的主要障碍。所以，教师不仅要关心学生的学习，也应该关心学生的生活和情感，以激发其学习动机。

三、成就动机理论

成就动机这一概念源于20世纪30年代默里的有关研究，他把成就动机定义为一种努力克服障碍、施展才能、力求又快又好地解决某一问题的愿望或趋势。40～50年代，麦克莱兰和阿特金森等接受默里的思想，并将其发展为成就动机理论。成就动机是在人的成就需要的基础上产生的，它是激励个体乐于从事自己认为重要的或有价值的工作，并力求获得成功的一种内在驱动力。例如，大学生想获得优良的学业成绩，想为社会经济发展作出更多的贡献等，都是其成就动机作用的表现。这种动机是人类所独有的、后天获得的具有社会意义的动机。在人类的学习活动中，成就动机是一种主要的学习动机。麦克莱兰的研究发现，成就需要高的人，喜欢对问题承担自己的责任，能从完成任务中获得满足感。成就动机的高低还影响到个体对职业的选择。成就动机低的人，倾向于选择风险较小、独立决策少的职业；成就动机高的人喜欢从事具有开创性的工作，并且在工作中勇于作出决策。阿特金森将麦克莱兰的理论作了进一步深化，提出了影响深远的期望—价值理论。他认为，个体的成就动机强度由成就需要、期望水平和诱因价值三者共同决定，用公式表示：动机强度(T)＝f(需要×期望×诱因)。然而，人们在追求成就时存在两种倾向，即：力求成功和避免失败。力求成功者即在动机成分中，力求成功的成分比避免失败的成分多一些；避免失败者即在其动机成分中，避免失败的成分比力求成功的成分多一些。力求成功者的目的是获取成就，所以他们会选择有所成就的任务，而成功概率为50%的任务是他们最有可能选择的，因为这种任务能给他们提供最大的现实挑战，有助于他们通过努力来提高自尊心和获得心理上的满足。当他们面对完全不可能成功或稳操胜券的任务时，动机水平反而会下降。相反，避免失败者则倾向于选择非常容易或非常困难的任务，如果成功概率大约是50%时，他们会回避这项任务，以防止自尊心受损和产生心理烦恼。选择容易的任务可以保证成功，使自己免遭失败；选择极其困难的任务，即使失败，也可以找到适当的借口，得到自己和他人的原谅，从而减少失败感。针对这种情况，在教育实践中对力求成功者，应通过给予新颖且有一定难度的任务，安排竞争的情境，用严格评定分数等方式来激起其学习动机；而对于避免失败者，则要安排少竞争或竞争性不强的情境，如果取得成功则要及时表扬给予强化，评定分数时要求稍稍放宽些，并尽量避免在公众场合下指责其错误。在实际教学过程中应注意的是，虽然成就动机对学习具有重要影响，但也不能片面地只讲个人的成就和个人的自我提高。教师必须引导学生认识学习的社会价值，把追求个人成就和追求社会进步结合起来，并使个人成就服从于整个社会进步的需要。

四、成败归因理论

人们做完一项工作之后，往往喜欢寻找自己或他人之所以取得成功或遭受失败的原因。这就是心理学家探索归因问题的客观依据。最早提出归因理论的是海德(1958)。他认为，人们具有理解世界和控制环境这样两种需要，使这两种需要得到满足的最根本手段就是了解人们的行动的原因，并预言人们将如何行动。他认为，行为的原因或者在于外部环境，或者在于个人内部。他人的影响、奖励、运气、工作难易等都是外部环境原因。如果把行为的原因归于环境，则个人对其行为结果可以不负什么责任。

人格、动机、情绪、态度、能力、努力等都是个人内部原因。如果把行为的原因归于个人，则个人对其行为结果应当负责。后来，罗特对归因理论进行了发展，提出了控制点的概念，并依据控制点把个体分为内控型和外控型。内控型的人认为自己可以控制周围的环境，无论成功还是失败，都是由于自己的能力或努力等内部因素造成的，他们乐于对自己的行为负责；外控型的人则感到自己无法控制周围的环境，无论成败都归因为他人的影响或运气等外在因素，他们往往对自己的行为不愿承担责任。在海德和罗特研究的基础上，维纳对行为结果的归因进行了系统探讨，发现人们倾向于将活动成败的原因即行为责任归结为以下六个因素，即能力高低、努力程度、任务难度、运气(机遇)好坏、身心状态、外界环境等。同时，维纳认为这六个因素可归为三个维度，即内部归因和外部归因、稳定性归因和非稳定性归因、可控制归因和不可控归因。最后，将三维度和六因素结合起来，就组成了如下表所示的归因模式。

	稳定性		内在性		可控性	
	稳定	不稳定	内在	外在	可控	不可控
能力高低	+		+			+
努力程度		+	+		+	
任务难度	+			+		+
运气好坏		+		+		+
身心状态		+	+			+
外界环境		+		+		+

一般而言，学生通常将成功或失败的原因归因于能力、努力、任务难度与运气等四个因素，而较少归因为身心状态或外界环境(Friezer,1976)。不过，在这四个因素中，研究者对教学过程中的能力与努力归因及其相互作用给予了更多的关注。

五、自我效能感理论

自我效能感指人们对自己是否能够成功地从事某一成就行为的主观判断。这一概念由班杜拉最早提出。20 世纪 80 年代以来，自我效能感理论得到了丰富和发展，也得到了大量实证研究的支持。班杜拉在他的动机理论中指出，人的行为受行为的结果因素和先行因素的影响。行为的结果因素就是通常所说的强化，但他对强化的看法与传统的行为主义不同。他把强化分为三种：一是直接强化，即通过外部因素对学习行为予以强化，如奖励和惩罚便是学习中常用的两种强化形式；二是替代性强化，即通过一定的榜样来强化相应的学习行为或学习行为倾向；三是自我强化，即学习者根据一定的评价标准进行自我评价和自我监督，来强化相应的学习行为。他认为，在学习中没有强化也能获得有关的信息，形成新的行为，强化的作用在于激发和维持学生的学习行为。因此，他认为行为的出现不是由于随后的强化，而是由于人认识了行为与强化之间的依赖关系后而形成的对下一强化的期待。期待就是班杜拉所说的先行因素，但他的期待概念不同于传统的期待概念。传统的期待概念指的只是对行为结果的期待，即个体对自己的某种行为会导致某一结果的推测。而他认为除了结果期待外，还有一种效能期待。即指个体对自己能否实施某种成就行为的能力的判断。当个体确信自己有能力进行某一活动时，他就会产生高度的自我效能感，并会实际去实施那一活动。例如，学生不仅认识到注意听课可以带来理想的成绩，而且还感到自己有能力听得懂教师所讲的内容时，才会真正认真听课。上述内容可用简式表达如下：人——(效能期待)——►行为——(结果期待)——►结果。在这里，班杜拉认为，传统学习理论的研究集中在知识和技能的获得过程上，而传统动机理论的研究停留在提供什么强化(诱因)才能促进行为上。但是，个体在掌握了相应的知识和技能，也知道了行为将会带来的结果之后，并不一定去从事某项活动或做出某种行为，因为它要受到自我效能感的调节。同时，班杜拉也认为，除非学生真正地认为自己在获得知识和技能方面有能力且取得了进步，否则他们是不会感到有效能的，即使他们的行为得到奖励或行为结果优于他人。研究表明，能取得好成绩固然是每个学生的理想所在，但力不从心之感会使人对学习望而生畏。因此，在人们获得了相应的知识和技能、确立了合理的学习目标之后，自我效能感就成为学习行为的决定因素。

第三节　学习动机的培养与激发

学习动机的激发是指在一定教学情境下，利用一定的诱因，使已形成的学习需要由潜在状态变为活动状态，形成学习的积极性。那么，在实际教学中，教师应如何激发学生的学习动机，使他们那种潜在的学习愿望变成实际的主动学习的行为呢？

一、创设问题情境，实施启发式教学

启发式教学与传统的“填鸭式”教学相比，具有极大的优越性。而要想实施启发式教学，关键在于创设问题情境。所谓问题情境，指的是具有一定难度，需要学生努力克服，而又是力所能及的学习情境。简言之，问题情境就是一种适度的疑难情境。作业难度是构成问题情境的重要因素。阿特金森在其成就动机理论中指出，在现实的学习活动中，存在着两类学习者，即力求成功者和避免失败者。由于绝大部分学生属于追求成功的学习者，因此我们主要探讨如何达到成功。如前所述，当问题的难度系数为50%时，学生的学习动机最强。因此，在学习过程中，如果仅仅让学生简单地重复已经学过的东西，或者去学习力不能及的过难的东西，学生都不会感兴趣。只有在学习那些“半生不熟”“似懂非懂”“似会非会”的东西时，学生才感兴趣而迫切希望掌握它。因此，能否成为问题情境，主要看学习任务与学生已有知识经验的适合度如何。如果完全适合(太易)或完全不适合(太难)，均不能构成问题情境；只有在既适应又不适应(中等难度)的情况下，才能构成问题情境。那么，教师应怎样去创设难度适宜的问题情境呢？要想

创设问题情境，首先要求教师熟悉教材，掌握教材的结构，了解新旧知识之间的内在联系；此外要求教师充分了解学生已有的认知结构状态，使新的学习内容与学生已有水平构成一个适当的跨度。这样，才能创设问题情境。

二、根据作业难度，恰当控制动机水平

前面我们已经谈到，学习动机和学习效率之间有着相互制约的关系。因此，在一般情况下，动机水平增加，学习效率也会提高。但是，动机水平也并不是越高越好，动机水平超过一定限度，学习效果反而更差。由此可知，教师在教学时，要根据学习任务的不同难度，恰当控制学生学习的动机水平。在学习较容易、较简单的课题时，应尽量使学生集中注意力，使学生尽量紧张一点；在学习较复杂、较困难的课题时，则应尽量创造轻松自由的课堂气氛，在学生遇到困难或出现问题时，要尽量心平气和地耐心引导，以免学生过度紧张和焦虑。

三、充分利用反馈信息，给予恰当的评定

心理学研究表明，来自学习结果的种种反馈信息，对学习效果有明显影响。这是因为，一方面学习者可以根据反馈信息调整学习活动、改进学习策略；另一方面学习者为了取得更好的成绩或避免再犯错误而增强了学习动机，从而保持了学习的主动性和积极性。例如，在布克和诺维尔的一项研究中，让学生又快又准确地练习减法，每次练习30秒，共练习75次。在前50次练习中，让甲组学生知道每次练习的结果，不断鼓励和督促他们继续努力，并对所犯错误进行分析，而对乙组学生不进行反馈，结果甲组学生的成绩比乙组的好。在后25次练习中，给予乙组充分的反馈信息，而甲组学生不知道学习结果，结果乙组学生的成绩比甲组的好。这一实验说明，有关学习结果的反馈信息，对学习动机具有激发作用，有利于提高学习成绩。所谓评定，是指教师在分数的基础上进行的等级评价和评语。一方面有人认为，外界的等级评定会抑制学生参加竞争的欲望，经常选择一些不太具有挑战意义的任务，久而久之，在某种程度上就会限制学生的学习。而且即使获得成功，由于任务太简单，也不会产生太大的乐趣，成功的体验少。另一方面，认为过分强调外界的评定，也会抑制学生的内在动机。所以，有人提出来没有必要进行等级评定。哈特对此进行了实验验证。他让四组学生猜谜，共给予四个等级的谜语。前两组学生被告知这是游戏，不记分；另两组被试被告知猜谜的结果要进行评定，而且与学业成绩有关。结果，前者选择适合于自己能力的谜语，即选择问题的难度水平恰当，而后者选择的谜语都比较简单，成功之后没有快乐的表情，相反显得较为焦虑。这说明，在有评定的竞争条件下，学生选择的任务都较简单。后来，哈特又对学生的作文进行研究。对前一组学生的作文给予实质性的评定；对后一组学生的作文只给予等级评定，却不指出存在的问题。结果发现：前一状态下的学生一般对学习感兴趣，愿意写作文，获得成功时把成功归因于自己的努力；后一状态下的学生即使成功了，也难以归因于兴趣或努力，只是觉得教师给分高或题目太容易。虽然等级评定有其弊端，但完全废除它也是不实际的，因此，关键在于恰当地评定等级。

四、妥善进行奖惩，维护内部学习动机

在对学生进行评价时，奖励和惩罚对于学生动机的激发具有不同的作用。一般而言，表扬与奖励比批评与指责能更有效地激发学生的学习动机，因为前者能使学生获得成就感，增强自信心，而后者恰恰起到相反的作用。心理学家赫洛克曾于1925年做过一个实验，他把106名四五年级的学生分为四个组，各组内的能力相当，在四种不同的情况下进行难度相等的加法练习，每天15分钟，共练习5天。控制组单独练习，不给任何评定，而且与其他三个组学生隔离。受表扬组、受训斥组和静听组在一起练习，每次练习之后，不管成绩如何，受表扬组始终受到表扬和鼓励，受训斥组都受到批评和指责，静听组则不给予任何评定，只静听其他两组受到表扬或批评。然后探讨不同的奖惩后果对学习成绩的影响。结果如图10-2所示。

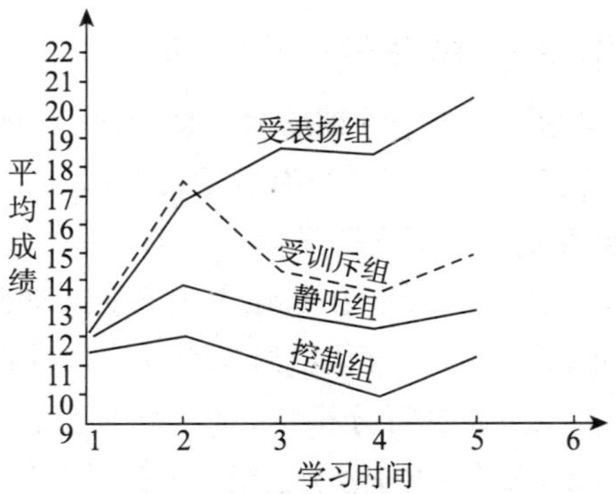

图10-2 奖惩与成绩的关系

从练习的平均成绩来看，三个实验组的成绩优于控制组，这是因为控制组未受到任何信息作用。静听组虽然未受到直接的评定，但与受表扬组和受训斥组在一起，受到间接的评定，所以对动机的唤醒程度较低，平均成绩劣于受训斥组。受表扬组的成绩优于其他组，而且一直不断地直线上升。这表明，对学习结果进行评价，能激发学生的学习动机，对学习有促进作用；适当表扬的效果优于批评，所以在教学中要给予学生表扬而非批评。

虽然表扬和奖励对学习具有推进作用，但使用过多或者使用不当，也会产生消极作用。有许多研究表明，如果滥用外部奖励，不仅不能促进学习，而且可能破坏学生的内部动机。但班杜拉认为，如果任务能提高个体的自我效能感或自我价值感，则外在奖励不会影响内部动机。外部强化物究竟是提高还是降低内部动机，这取决于个体对该强化物的感受与看法。摩根认为个体如何看待奖励非常重要：当个体把奖励视为目标，而任务仅是达到目标的手段时，内部动机就会受损；当奖励被看做提供有关成功或自我效能的信息时，内部动机则会提高。布洛菲总结了有关表扬的文献，提出了怎样使表扬具有最佳效果的建议。他认为有效的表扬应具备下列关键特征：① 表扬应针对学生的良

性行为;② 教师应明确学生的何种行为值得表扬,应强调导致表扬的那种行为;③ 表扬应真诚,体现教师对学生成就的关心;④ 表扬应具有这样的意义,即如果学生投入适当的努力,则将来还有可能成功;⑤ 表扬应传递这样的信息,即学生努力并受到表扬,是因为他们喜欢这项任务,并想形成有关的能力。但事实上,有效地进行表扬也确实不是一件容易的事。在课堂上有大量的表扬没有针对学生的正确行为,而经常给予了那些不值得表扬的行为,或者当学生有进步、值得表扬时,却未能得到表扬。有时,在竞争情境中,某些学生似乎永远得不到表扬,久而久之他们就会失去对学习的兴趣。另外,表扬是否具有内在价值,即是否为学生所期望、所看重,会影响表扬的效用。因此,如何适时地、恰当地给予表扬应引起高度重视。教师应根据学生的具体情况进行奖励,用奖励来吸引学生的注意力,促使学生由外部动机向内部动机转换,对信息任务本身产生兴趣。同时,对于那些在竞争中处于劣势的个体而言,教师应给予更多的关注与鼓励,设置情境使其有成功的体验,以免产生自暴自弃的心理。

五、合理设置课堂环境,妥善处理竞争和合作

学生的学习主要是在课堂上进行的,课堂的合作与竞争环境无疑是影响学习动机的一个重要的外部因素。我们在成就目标理论中谈到,个体在学习过程中,主要受到掌握目标、表现目标和社会目标的支配。至于个体具体选择哪种成就目标,一方面取决于他所持有的内隐能力观念,另一方面取决于外在的课堂环境。

多伊奇在勒温群体动力学理论的基础上提出目标结构理论。他认为,由于团体中对个人达到目标的奖励方式不同,导致在达到目标的过程中,个体之间相互作用的方式也不同。研究表明,个体相互作用的方式主要有相互对抗、相互促进和互相独立三种形式,与此相对应,也存在着三种现实的课堂目标结构:竞争型、合作型和个体型。在竞争型目标结构中,团体成员之间的目标具有对抗性,只有其他人达不到目标时,某一个体才有可能达到目标、取得成功;如果其他人成功了,则降低了某一个体成功的可能性。在这种情境中,个体重视取胜、成功有时更甚于公平、诚实,因此同伴之间的关系是对抗、消极的。在合作型目标结构中,团体成员之间有着共同的目标,只有所有成员都达到目标时,某一个体才有可能达到目标、取得成功;如果团体中某一人达不到目标,则其他人也达不到目标。在这种情境中,个体会以一种既有利于自己成功也有利于同伴成功的方式活动,因此同伴之间的关系是促进的、积极的。在个体型目标结构中,个体是否成功与团体中的其他成员是否达到目标无关,个体注重的是自己对学习的完成情况和自身的进步幅度。在这种情境中,个体寻求对自己有益的结果,而并不在意其他个体是否取得成功,因此同伴之间的关系是相互独立、互不干涉的。大量研究表明,三种课堂结构激发的是学生三种不同的动机系统。

竞争型课堂结构激发以表现目标为中心的动机系统竞争使学生的注意力指向他们自己能够完成学习的能力,而不是指向“怎样”完成目前的学习。所获得的成绩本身并无意义,只有同别人进行相互比较后才变得可以解释,从中鉴别出自己能力的高低。竞

争情境的最大特点是能力归因，学生认为获胜的机会与个人的能力直接相关。当一个人认识到自己有竞争能力时，就会积极活动，争取成功。当认为自己无竞争能力时，自尊就会受到威胁，因而会逃避竞争情境。竞争激发了学生用社会标准进行比较，而社会标准充分地提供了关于一个人的能力信息。在这种情况下，唯独最有能力、最自信的学生的学习动机得到了激发，而能力较低的学生明显感到将会在竞争中失败，他们通常回避这种情境。一般来说，他们所采取的回避竞争和社会比较的方式是，选择极为简单或极为困难的学习任务，而回避中等难度的学习任务。然而，在教学情境中，中等难度的学习（即具有挑战性的学习）是最恰当的学习任务，可以使学生在已经掌握的知识基础上提高更快。埃姆斯研究了竞争对自我评价的影响，结果表明竞争突出了个体对能力的感知。竞争获胜者夸大他们的能力，认为自己比竞争对手更聪明、更优越，而竞争失败者则认为自己天生无能。也就是说，能力的自我感知很容易随着成功的出现而被夸大，随着失败的出现而被贬低。

合作型课堂结构激发以社会目标为中心的动机系统，合作情境涉及为共同目标而工作，因此，在合作情境中常常出现帮助行为。帮助既是援助他人，也是承担合作学习中的工作，帮助和合作是不可分的。研究发现，对于成功的合作小组成员来说，都认为同伴的帮助是取得成功的关键因素。合作情境的另一明显特点是共同努力。学生之间存在着积极的相互依赖关系，他们共同努力，共享成功的奖励。在合作情境中，每个成员都尽全力为集体的成功而工作，积极承担集体义务。当要求儿童在合作性集体中学习时，即使儿童之间的学习具有显著差异，儿童也认为他们的水平、能力是相近的。也就是说，这种关系会引起一种平等的自我评价，强调了“我们共同”的感受。尤其在能力的自我感知上，合作情境下学生注意力的中心放在个体特征之外的集体成就上。在进行自我评价时，集体目标或集体成就显得十分重要，而不仅仅是自我的因素。在成功与失败的集体结果下，即使是成就相近的个体，他们的自我评价也具有差异性。也就是说，个人在成功的集体与在失败的集体中对自己的成就会有不同的评价。

个体型课堂结构激发以掌握目标为中心的动机系统，个体型结构很少注重外部标准，强调自我发展和自身进步。由于个体型结构强调的是完成学习活动本身，即个体对学习本身的兴趣，而不注重他人是否完成学习，因此它强调只要自己努力就会完成学习，获得自我的进步和水平的提高。在这种情况下，往往将成功归因于自己的努力，产生很强的自豪感；失败则会产生内疚感，但也不会认为自己无能，而是通过增加努力或寻找更好的学习方法来争取下次的成功。由于个体化情境强调对学习任务的掌握，注重自己与自己比较，不在意别人的学习如何，因此学生坚信，只要自己努力就会成功。他们对自己表现出自信，相信自己的能力会不断提高，这种学生即使在遇到失败时，也不会否定自己的能力和水平，不会降低自我评价，而是认为自己努力不够或方法不对，坚持认为自己有能力获得成功。总之，三种课堂结构都能在不同的方面激发学生的学习动机，但是大量的研究表明（Slavin，1995），合作型目标结构能最大限度地调动学生的积极性,更有利于激励学生的学习动机和改善同伴关系。不过,要使合作学习有效,必须将小组奖励与个人责任相结合。也就是说,当合作小组达到规定的目标时,必须给予小组奖励。同时,小组的所有成员都必须对小组的成功作出贡献。当每个小组成员对小组的成绩都负有责任时,所有成员才会积极地参与到小组的活动中去,使所有成员都有取得进步的机会;否则,极有可能产生责任扩散或"搭便车"现象。

六、适当进行归因训练

在归因理论模型的指导下,心理学家进行了大量研究。结果表明,学生对学习结果的归因,不仅解释了以往学习结果产生的原因,而且对以后的学习行为也会产生影响。研究表明,不同的归因方式将导致个体不同的认知、情感与行为反应,具体表现在以下四个方面。

(一) 对成功与失败的情感反应

当学生成功时会感到高兴,但只有当将成功归因于内部因素时,个体才会感到自豪与满意;如果认为成功是源于他人或外部力量,则学生的情感反应是感激而不是自豪。相反,如果将失败归因于内部因素,如不努力或无能,则会感到自责、内疚或羞愧;如果归因于外部因素,则会感到生气或愤怒。

(二) 对成功与失败的期望

学生将成败归因于稳定因素时,对未来结果的期待是与目前的结果一致的,也就是说,成功者预期着以后的成功,失败者预期着以后的失败。例如,把失败的原因看做自己能力差,那么个体就会担心下一次还会失败,因为能力是比较稳定的,很难在短时间内得到改变。相反,若将成败归因于不稳定的因素,则对以后成败的预期影响较小。

(三) 所投入的努力

若学生认为失败是由于不努力造成的,即如果自己努力学习,确实有能力取得成功,则他们在以后有可能更加努力,遇到困难也能坚持。若将失败归因于缺少能力,也就是说,即使努力也不能成功,则他们很容易放弃,尽管有些任务是他们以前成功地完成过的。研究表明,后一类学生很容易产生习得无助感。

(四) 自我概念

随着学生年龄的增长,他们越来越坚信能力是一个相对稳定的、不可控制的心理特性。如果不断地成功,则他们的自我概念中就包含着较高的自我效能感,否则自我效能感就会较低。

既然不同的归因方式会影响主体今后的行为,也就可以通过改变主体的归因方式来改变主体今后的行为。这对于学校教育工作是有实际意义的。在学生完成某一学习任务后,教师应指导学生进行成败归因。一方面,要引导学生找出成功或失败的真正原因,即进行正确归因;另一方面,更重要的是,教师也应根据每个学生过去一贯的成绩的优劣差异,从有利于今后学习的角度进行积极归因,哪怕这时的归因并不真实。积极归因训练对于差生转变具有重要意义。由于差生往往把失败归因于能力不足,导致产生习得无助感，造成学习积极性降低，因此有必要通过一定的归因训练，使他们学会将失败的原因归结为努力程度，从失望的状态中解脱出来。只有相信努力会带来成功，那么人们就会在今后的学习过程中坚持不懈地努力，并极有可能导致最终的成功。德韦克曾对一些数学成绩差又缺乏自信的学生进行归因训练。在训练中，让他们解答一些数学题。当他们取得成功时，告诉他们这是努力的结果；当他们失败时，告诉他们这是因为努力还不够。经过一段时间训练后，学生不仅形成了努力归因，而且增强了学习的信心，提高了学习成绩。再如，香克的研究表明，在归因训练过程中，一方面使学生感觉到自己的努力不够，把失败的原因归结为努力因素，另一方面也应对学生努力的结果给予反馈，告诉他们努力获得了相应的结果，使他们不断感到自己的努力是有效的。这样，他们才能真正从无助感中解脱出来，从而不断努力去取得成就。

第四节　学习态度

态度是一种反应倾向性，指导并引发着人的行为。对待学习的态度，自然也就是影响学习的一个重要影响因素。

一、态度的概述

一般认为态度是通过学习而形成的影响个人的行为选择的内部准备状态或反应的倾向性。对于该定义，可以从下面几个方面来理解。第一，态度是一种内部准备状态，而不是实际反应本身。但这种内部状态使得某种行为的出现成为可能。态度经常表现为趋避、喜恶等，这些倾向性可以影响某些行为的出现，但又不是一一对应的。第二，态度不同于能力，虽然二者都是内部倾向。能力决定个体能否顺利完成某些任务，而态度则决定个体是否愿意完成某些任务，即决定行为的选择。第三，态度是通过学习而形成的，不是天生的。

（一）态度的结构

态度结构包含认知成分、情感成分和行为成分。态度的认知成分指个体对态度对象所具有的带有评价意义的观念和信念。比如，怎么样看待雷锋，人们或者认为他高尚，或者认为他犯傻，这就是属于态度的认知成分。态度的情感成分指伴随态度的认知成分而产生的情绪或情感体验，如喜欢、厌恶、同情等等。一般认为，态度的情感成分是态度的核心成分。态度的行为成分指准备对某对象做出某种反应的意向或意图，即行为的准备状态而非实际的行为。一般情况下，态度的上述三种成分是一致的，但有时也可能不一致。

（二）学习态度

学习态度就是指学生个体对学习及其学习情境所表现的一种包括认知、情感和行为倾向等因素的比较稳定的心理倾向。学习态度包括学生对课程学习的态度、对学习材料的态度以及对待教师、学校的态度等等。根据态度的结构理论来理解，学习态度是由认知因素、情感因素以及意向因素三种成分构成其心理结构。一般情况下，这三种成分是相互协调一致的。

二、态度与行为的关系

人们的态度与行为有着非常紧密的关系，所以我们经常从他人的态度来预测其行为。比如张三对李四持有消极的态度，我们就很容易预测在选三好学生的时候，张三不会投李四的票。但是态度与行为之间并非一对一的关系，态度只是一种行为倾向，它并不等于实际行为。为了说明这一点，学者们做了大量的研究工作，最后得出的结论也各不相同。有的高，有的低，二者的平均相关系数从 0.20 到 0.73 不等。而学习态度对学习行为的影响主要来自于以下方面。

（一）认知因素对学习行为的影响

拉姆波特等学者曾经在加拿大的蒙特利尔做了一个实验。让一些英裔大学生与法裔大学生听录音，然后凭声音来判断说话者的个性特征。告知录音是 10 个人朗读同一篇文章，其中 5 人用英语，5 人用法语。但实际上是 5 个人分别用两种语言朗读。在当时英裔加拿大人的社会背景优于法裔。结果是对同一个朗读者，当他以英语朗读时，比用法语朗读时能获得更好的评价。而法裔比英裔更高估计英语朗读者的特征。这个实验证明了一个人很容易根据现成的态度去判断他人。当一个学生喜欢某个学科时，那么她将会认为这一学科的练习题是有趣的、简单的，那么她就会认真地完成它；而对于厌恶的学科，则会认为该科的练习题是枯燥的、难解的，那么就会厌恶它或者轻易地放弃它。学生学习态度中的认知因素对学生判断某一知识的难易会产生影响，从而影响学生的学习行为。

（二）情感因素对学习行为的影响

1. 学习态度影响学习行为的选择

心理学家琼斯曾经做过如下实验研究：他们以两组美国南部的白人大学生为被试者：第一组平时所表现的态度是反对种族歧视，反对黑白人分校的；第二组是种族歧视者，主张黑白人分校。实验过程是：让被试者个别朗读一篇反对黑白人分校为主题的文章，然后请被试者将所读过文章的内容尽量完整地写出来。结果发现，第一组学生，即学习材料和自己态度一致者，成绩明显优于第二组。换言之，如果学习的是和学生自己平时所喜欢的学科或者内容有关的知识，那么这些知识将很容易就被学生所吸收、同化和记忆，而学生所厌恶的，与其信念、价值观违背的知识则容易被阻止或歪曲。由此可见，学习态度的情感因素具有某种过滤的作用。

2. 学习态度影响学习行为的效率

上一观点中所提及的实验，从另一角度来看，可以解释为，学生对于学习和吸收自己所喜欢的学科或者相关的知识时，学习的效率将会比学习厌恶的知识快。也表明了学习态度对于学习效率的影响。

3. 学习态度影响学生对学习环境的反应

"行为的发生会受环境事件的影响,同样的学习行为也受学习环境的影响"。学习环境包括教师、学校等等因素。当学生喜欢某个老师或者是适应了学校的某种教学方式时,就会积极努力地学习。也就是学生在学习态度与教学环境上保持一致时,学习的行为就变得积极主动。反之,当学生对学习环境产生不良态度,即厌恶某个老师或者不适应学校的教学、生活条件等教学环境时,则会逃避学习环境并产生不利于学习的不良行为,如逃学、违反纪律等等。因此,学习态度中的情感因素会影响学生对学习环境的反应,从而影响学生的学习行为。

4. 学习态度影响学生的忍耐力

"忍耐力是指当一个人在遇到挫折以后,对挫折的适应能力或对挫折的容忍力"。很多的研究和实践都证明,一个人对待挫折的忍耐力与其对引起挫折的事物的态度有密切的相关,而学生在学习中对挫折的忍耐力也是与学习态度密切相关的。当一个学生认为学习或者某个学科很有趣,喜欢学习某个学科时,面对学习中遇到的困难与阻力就会不断努力去克服困难、勇往直前。而当一个学生不喜欢学习或者厌恶某个学科时,面对遇到的问题和困难或者解决不了的题目,就会选择逃避,灰心丧气。所以学习态度中的情感因素会影响学生面对困难和挫折时候的忍耐力,从而影响学生的学习行为。

(三)意向因素对学习行为的影响

1. 学习态度影响学习行为的效果

我国国内近几年很多的心理学工作者对于小学的学习问题都进行了实验研究。结果表明,学生的态度直接影响了学生学习行为的效果。学习态度的意向因素表明了态度是一种行为倾向,学生喜欢或厌恶某一学科就会产生相应的行为倾向:喜欢学习的学生,会产生预习知识、上课认真听讲、按时完成老师布置的作业、积极主动努力地学习等的行为倾向,为取得优良的成绩而准备;而不喜欢学习的学生则会产生破坏课堂纪律、不完成作业等行为倾向,因而导致学习成绩差。所以,学生的学习态度与其学习行为的效果有密切的关系。一般情况下,如果其他条件基本相等,学习态度好的学生的学习效果总是胜于学习态度差的。因此,学习态度中的意向因素会影响学习行为的效果。

2. 学习态度影响学习模式

态度作为一种行为倾向,会预定人们的反应状况,会潜在地决定人按什么方式对特定事物采取行为。也就是说态度会决定着个人对事物的反应模式。因此学习的态度也会影响学生的学习模式。我们经常说要培养良好的思维模式,其实也就是一种学习模式,我们的学习态度形成后,那么它就会对我们的学习行为有一定的预定倾向,我们的思维、反应也就会遵循学习态度。当一个学生在思考某个问题时,学习态度会发挥它的作用,如果是得过且过或者厌恶学习的学习态度,那么学生将会随便作答或者放弃作答;如果是认真学习的学习态度,那么学生将会认真思考找出正确的答案。而且每个人均有自己的学习方法和学习模式也是因为学习态度有所不同,所以学习态度中的意向因素会影响人们的学习模式,从而影响学习行为。

第五节 学习策略

在有关学习策略的研究中,学习策略的界定始终是一个基本的问题。对于什么是学习策略,人们从不同的研究角度和方法提出了各自的看法,至今仍然没有达成一个统一的认识。有的被用来指具体的学习技能,诸如复述、想象和列提纲等;有的被用来指较为一般的自我管理活动,诸如计划、领会、监控等;有的被用来指组合几种具体技术的复杂计划。甚至有的与元认知、认知策略、自我调节的学习等术语的含义相互重叠。综合而言,所谓学习策略,就是学习者为了提高学习的效果和效率,有目的、有意识地制订的有关学习过程的复杂的方案。

一、元认知与学习策略概述

元认知就是个人关于自己的认知过程的知识和调节这些过程的能力。它包括两个相对独立的成分:元认知知识,包括有关个人、任务以及策略的知识;元认知控制,包括计划、监控和调节。

学习策略的目的就是帮助学习者控制学习的信息加工系统,以便更好地存储和提取信息。学习策略包括信息流程中所有环节所使用的方法和技术,如注意、复述、精细加工、组织编码等过程以及对它们的控制过程。其中,复述、精细加工和组织是直接对信息进行的加工,属于认知策略,而对信息加工的控制过程则控制着信息的流程,监控和指导认知过程的进行,属于元认知策略,包括计划策略、监控策略(注意策略)和调节策略。

根据学习的信息加工过程、学习策略与元认知的关系,可以知道,学习策略是存储在长时记忆中的元认知知识。它包括认知策略、元认知策略以及资源管理策略。元认知过程则是指在工作记忆中进行的、运用存储在长时记忆中的元认知知识(包括学习策略知识)来管理和控制认知活动的过程,它包含情感调节的过程。元认知过程是使用学习策略的过程,元认知能力则是指执行这一控制过程的能力。这就是说,学习策略是有关学习的动态过程的静态知识,而元认知过程则是使用静态知识的动态过程。

二、学习策略的结构

迈克卡等人将学习策略区分为三种,并对它们之间的层次关系进行了分析。他们认为,学习策略可以分为认知策略、元认知策略和资源管理策略三种。资源管理策略是辅助学生管理可用的环境和资源的策略,对学生的动机具有重要的作用。成功的学生使用这些策略帮助他们适应环境及调节环境以适应自己的需要。

- 学习策略
  - 认知策略
    - 复述策略：如重复、抄写、作记录、画线等
    - 精细加工策略：如想象、口述、总结、做笔记、类比、答疑等
    - 组织策略：如组块、选择要点、列提纲、画地图等
  - 元认知策略
    - 计划策略：如设置目标、浏览、设疑等
    - 监控策略：如自我检查、集中注意、监控领会等
    - 调节策略：如调整阅读速度、重新阅读、复查、使用应试策略等
  - 资源管理策略
    - 时间管理：如建立时间表设置目标等
    - 学习环境管理：如寻找固定地方、安静地方、有组织的地方
    - 努力管理：如归因与努力、调整心境、自我谈话、坚持不懈、自我强化等
    - 其他人支持：如寻求教师帮助、伙伴帮助、使用伙伴/小组学习
    - 获得个别指导等

图 10－3　学习策略

学习策略的成分都是从学习过程的环节或所涉及的诸方面如方法、步骤、手段及组织等提出来的。这些观点存在一些共同点，即都认识到学习策略既包含有直接影响对学习材料的信息加工的成分，又包含有影响信息加工过程的成分，并且还包含有对学习环境、时间及工具等的管理的成分。但是，值得注意的是，所有这些对学习策略种类和层次的分析都是基于对课本阅读这样一种学习活动的研究，这种学习多属于自学。而学校学习活动种类繁多，如听讲、讨论、看录像、用计算机、解决问题等，这些学习活动的策略所包含的成分是否与阅读一样，是值得进一步研究的。

分析学习策略的成分不仅要考虑学习活动的类型，而且还要考虑所获信息的种类。有人认为，学习策略因知识的类型而有所不同。复述策略、精细加工策略和组织策略是针对陈述性知识的，而针对程序性知识，如模式再认或动作系列过程等，其策略是有所不同的。因此，要搞清能适于各种学习活动、各类知识的学习策略的成分，是学习策略研究中值得重视的基础问题。这一问题的解决与学习策略的分类有着直接的关系。

三、复述策略与精细加工策略

如图 10－3 所示，具体的学习策略有很多，不一一赘述，这里着重介绍认知策略的两种具体学习策略——复述策略与精细加工策略。

（一）复述策略

复述策略指在工作记忆中为了保持信息，运用内部语言在大脑中重现学习材料或刺激，以便将注意力维持在学习材料之上的策略。在某些简单的任务中，如查找一个电话号码，人们会用到复述策略。为了在长时记忆中建立信息，人们也需要复述策略。有效地使用复述策略要利用记忆规律。

1. 干扰

干扰会阻碍人们在脑子里复述刚才所学的信息。彼得生等人经过实验发现，在学习了任务后（识记无意义的字符串），进行倒减计算的被试组的遗忘率要大大高于未进

行倒减计算的控制组,倒减计算剥夺了这些被试在头脑中复述这些无意义的字符串的机会,从而无法在短时记忆中保存它们。因此,我们一定要考虑短时记忆的有限容量,在进行进一步学习之前,要在头脑中进行复述,避免干扰。

2. 抑制与促进

抑制和促进前后所学的信息之间的消极影响称之为抑制。当后面所学的信息干扰了先前所学信息在记忆中的保存,这种现象叫做倒摄抑制。当所学的信息干扰了后面信息的学习时,就出现前摄抑制。前后所学信息之间的影响有些则是积极的。学习某件事常常有助于学习类似的事,这种现象叫做前摄促进。反之,后面所学的信息有助于先前信息的学习,如学习数学有助于过去所学的数学知识如乘法口诀表的记忆,这种现象叫做倒摄促进。在所有遗忘的原因中,倒摄抑制可能是最重要的。这一现象就能解释为什么我们很难记住频繁重复的影像,如上周三晚餐的情景。在安排复述时,学习者要尽量考虑抑制和促进的作用。

3. 首因和近因效应

教育心理学中最为古老的发现之一就是,当我们学完一系列词汇后马上加以测验,我们记开始和结尾的几个词一般要比记中间的词效果好得多。人们倾向于记住开始的事情,其原因可能是,由于我们对首先呈现的项目倾注了更多的注意和心理努力,造成了首因效应。在长时记忆中建立新信息时,进行心理复述是很重要的。通常,比较多的心理努力花在首先呈现的项目上。另外,由于在最末了的项目和测验之间几乎不存在其他信息的干扰,造成了近因效应。

(二) 精细加工策略

所谓精细加工策略,就是通过把所学的新信息和已有的知识联系起来,以此来增加新信息的意义,也就是说我们应用已有的图式和已有的知识使新信息合理化。

1. 记忆术

对于一般的学习,记忆术是一种有用的精细加工技术,它能在新材料和视觉想象或语义知识之间建立联系。指一种通过给识记材料安排一定的联系以帮助记忆,并提高记忆效果的方法。记忆术的基础或者是利用视觉表象,或者是寻找语义之间的联系。在记忆名词、种类、系列或项目组等信息时,记忆术非常有用。比较流行的一些记忆术有位置记忆法、首字联词法、视觉联想法和关键词法。

2. 灵活处理信息

精细加工,除了采用记忆术之外,很重要的还要采用一些方法主动对信息进行加工。例如寻找信息之间的意义,主动应用。包括:有意识记、主动应用、利用背景知识。

四、学习策略的促进

人们在学习、阅读时常常使用各种不同的策略,教育心理学家们一直在争论到底哪种学习策略最有效。关于有效学习策略的研究是最令人混乱的了。很少有什么学习策略总是有效,也很少有什么策略总是无效。显然,学习策略的价值依赖于其具体情况和使用。托马斯和罗瓦提出了一套适用于具体学习方法的有效学习原则(Slavin,1994)。

(一) 特定性

学习策略一定要适于学习目标和学生的类型。即通常所说的具体问题具体分析。研究者们发现,同样一个策略,年长和年幼的,成绩好的和成绩差的,用起来的效果就不一样。例如,向别人写出阅读的提要可能是一种有效的学习方法,但对年幼学生来说可能比较困难。同时,还要考虑学习策略的层次,必须给学生大量的各种各样的策略,不仅有一般的策略,而且还要有非常具体的策略,比如各种记忆术。

(二) 生成性

有效学习策略最重要的原则之一,就是要利用学习策略对学习的材料进行重新加工,产生某种新的东西,这就要求学习者进行高度的心理加工。要想使一种学习策略有效,这种心理加工是必不可少的。生成性程度高的策略有:给别人写内容提要,向别人提问,将笔记列成提纲,图解要点之间的关系,向同伴讲授课的内容要求。生成性程度低的策略有:不加区分地画线,不抓要点地记录,不抓重要信息的肤浅的提要等,这对学习都是无益的。

(三) 有效的监控

教学生何时、何地与为何使用策略似乎非常重要,但教师却常常忽视这一点。这可能是因为他们没有意识到其重要性,也可能是因为他们认为学生自己能行。我们要知道,如果交代清楚何时何地与为何使用一个策略,那么我们就更有可能记住和应用它。有效监控的原则仅仅意味着学生应当知道何时、如何应用他们的学习策略以及当这些策略正在运作时能将它说出来。

(四) 个人效能感

我们不能忘记成绩和态度之间的关系,学生可能知道何时与如何使用策略,但是如果他们不愿意使用这些策略,他们的一般学习能力是不会得到提高的。教师一定要给学生一些机会使他们感觉到策略的效力。策略训练课程必须包括动机训练。学生应当清楚地意识到一分努力一分收获。教师要树立这样一种意识:在学生学习某材料时,要不断向学生提问和测查,并且根据这些评价给学生定成绩,由此促进学生使用学习策略,并感到使用学习策略学习就会有所收获。

练习题

一、选择题

1. 在维纳的三维度归因模式中,“努力程度”属于 ( )

   A. 内部的、稳定的、不可控制的

   B. 外部的、不稳定的、可控制的

   C. 内部的、不稳定的、可控制的

   D. 外部的、不稳定的、不可控制的

2. 下列关于学习策略的说法，不正确的一项是　（　）
   A. 凡是有助于提高学习效果和效率的程序、规则、方法、技巧及调控方式均属于学习策略。
   B. 学习策略等于具体的学习方法。是学习方法的集合体。
   C. 学习策略不能与具体的学习方法截然分开，要借助具体的学习方法表现出来。
   D. 学习策略是调节如何学习、如何思考的高级认知能力，是会不会学的标志。
3. 学生由过分重视成绩名次而产生的学习动机属于　（　）
   A. 认知内驱力　B. 自我提高内驱力
   C. 附属内驱力　D. 交往内驱力
4. 学生缺乏学习动机是由于某种需要没有得到充分满足，这种动机理论属于　（　）
   A. 强化理论　B. 成就动机理论　C. 成败归因理论　D. 需要层次理论
5. 以下哪一项不属于态度的成分之一　（　）
   A. 认知成分　B. 情感成分　C. 意志成分　D. 行为成分
6. 以下哪一项学习策略属于元认知策略　（　）
   A. 向自己提问以巩固知识　B. 对学习结果进行反思评价
   C. 及时复习以强化背诵结果　D. 向同伴与老师求助
7. 画线是阅读时常用的一种　（　）
   A. 精加工策略　B. 复述策略　C. 组织策略　D. 资源管理策略
8. 老师在教授课文时采用列提纲的形式来板书，这里，老师使用的学习策略是　（　）
   A. 精细加工策略　B. 组织策略　C. 元认知策略　D. 阅读理解策略
9. “亲其师、信其道”反映的是（　）的作用
   A. 学习策略　B. 学习动机　C. 学习方法　D. 学习态度
10. 关于学习动机与学习效率关系的说法下列哪一个是正确的　（　）
    A. 学习效率随学习动机的增高而不断增高
    B. 学习效率随学习动机的增高而不断下降
    C. 学习效率随学习动机的增高先增高后下降
    D. 学习效率随学习动机的增高先下降后增高

二、简答题

1. 简述成就动机理论及其教育意义。
2. 简述动机的含义及功能。
3. 组织策略的常用方法有哪些？
4. 简述复述策略的方法。
5. 简述态度的结构。

三、材料分析题

1. 张老师在教学中存在这样一种令人尴尬的现象：他讲课不可谓不透、不明、不用功（有

时甚至很卖力)，课下督促检查不可谓不细、不紧、不认真，而学生也付出了较大的努力，师生满以为会取得较大的收获与提高。可最终结果却不尽如人意，付出和希冀相去甚远。

针对这种现象，结合相关理论谈谈李老师应该怎样改变这种情况。

2. 王小天是一个十分聪明的学生，他的最大特点就是贪玩、学习不用功。每次考试他都有侥幸心理，希望能够靠运气过关。这次期末考试他考得不理想，他认为这次是自己的运气太差了。

请运用维纳的归因理论来分析：

(1) 他的这种归因是否正确？这种归因对他以后的学习会产生怎样的影响？

(2) 如不正确，正确的归因应是怎样的？

(3) 对教师来讲，正确掌握维纳归因理论有何意义？

参考答案

一、选择题

1. C 2. B 3. B 4. D 5. D 6. B 7. B 8. B 9. D 10. C

二、简答题

1. 成就动机是个体努力克服障碍、施展才能、力求又快又好地解决某一问题的愿望或趋势。它在人的成就需要的基础上产生，是激励个体乐于从事自己认为重要的或有价值的工作，并力求获得成功的一种内在驱动力。成就动机是人类所独有的，它是后天获得的具有社会意义的动机。在学习活动中，成就动机是一种主要的学习动机。成就动机理论的主要代表人物是阿特金森。他认为，个体的成就动机可以分为两类，一类是力求成功的动机，另一类是避免失败的动机。教师在教育实践中要注意：对力求成功者，要调动其积极性，就应当给予新颖且有一定难度的任务，安排竞争的情境，严格评定分数等方式来激起其学习动机；而对于避免失败者，则要安排少竞争或竞争性不强的情境，如果取得成功则要及时表扬给予强化，评定分数时要求稍稍放宽些，并尽量避免在公众场合下指责其错误。

2. 所谓动机，是指引起和维持个体的活动，并使活动朝向某一目标的内在心理过程或内部动力。动机一般具有以下三种功能：(1) 激活功能，即动机能激发人产生某种活动。(2) 指向功能，即在动机的作用下，人的行为将指向某一目标。(3) 强化功能，即当活动产生以后。动机可以维持和调整活动。

3. 组织策略是为了整合所学新知识之间、新旧知识之间的内在联系，形成良好的知识结构。方法有：(1) 列提纲。列提纲时，先对材料进行系统的分析、归纳和总结，然后，用简要的语词，按材料中的逻辑关系，写下主要和次要观点。(2) 利用图形。如系统结构图、流程图、模式或模型图和网络关系图。(3) 利用表格。如一览表和双向图。

4. 复述策略是在工作记忆中为了保持信息，运用内部语言在大脑中重现学习材料或刺激，以便将注意力维持在学习材料上的方法。(1) 利用随意识记和有意识记。随意识记是一种没有预定目的的、不需要努力的识记。有意识记是一种有目的、有意识的识记。也是我们学习和识记的主要形式。(2) 排除相互干扰。一般来说，前后所学的信息之间存在相互干扰。先前所学的信息对后面所学信息的干扰叫做前摄抑制。后面所学信息对前面所学信息的干扰叫做倒摄抑制。(3) 整体识记和分段识记。对篇幅短小或者有内在联系的材料，可以采用整体识记，就是完整地一遍一遍地去识记，直到记牢为止；对于篇幅较长，或者较难，或者缺乏内在联系的材料可采用分段识记，即将材料分为若干部分或段落，先一段一段地识记，然后把它们整合为一个整体。(4) 多种感官参与学习。在进行复述和识记时。要尽可能运用多种感官参与到当前的学习活动中去，这样能有效地提高学习的效果。多种感官的参与能有效地增强记忆。(5) 复习形式多样化。采用多种形式进行复习，如将所学的知识再用实验证明、写成报告、做出总结、与人讨论以及向别人讲解等。这比单调重复更有利于理解和记忆。(6) 画线。在阅读过程，我们经常一边看书一边在书上勾勾画画，我们采用的就是画线技术或策略。画线是一种信息选择的策略，也是复述的策略。画线策略一般与圈点批注的方法一起使用。

5. 态度结构包含认知成分、情感成分和行为成分。(1) 态度的认知成分指个体对态度对象所具有的带有评价意义的观念和信念。(2) 态度的情感成分指伴随态度的认知成分而产生的情绪或情感体验，如喜欢、厌恶、同情等等。一般认为，态度的情感成分是态度的核心成分。(3) 态度的行为成分指准备对某对象做出某种反应的意向或意图，即行为的准备状态而非实际的行为。一般情况下，态度的上述三种成分是一致的，但有时也可能不一致。

三、材料分析题

1. (1) 从这个案例可以看出，教师只忙于“教”与“检”，学生只忙于“学”与“考”。但是还是没有取得令人满意的效果。因此，可以建议尝试着从学习策略的培养去改变这种情况。

(2) 教师教任何功课，“讲”都是为了达到用不着“讲”。“教”都是为了达到用不着“教”，但是纵观当今学校教育教学的过程，大多数教师只重视讲。缺乏学法及其运用的指导。许多学生对自己认知活动的自我意识和自我体验淡薄，只知道某种学习方法或技能有效，但并不清楚何时选择以及如何运用这些方法或技能，只知道机械地运用，遇到新情况则无所适从，不知所措，而培养学习策略能弥补这一不足。研究表明，对学生进行学习策略训练，不仅是必要的。而且是可行的。培养学生的学习策略不失为提高教学效率和成绩的良好途径。

(3) 学习策略是学习者根据学习情境的特点和变化而采用的达到一种或多种学习目标的学习方式。它不同于具体的学习方法或技能。在学习过程中。影响学习的变量很多，除了学习风格外。还包括学习的目标、任务、要求、学习结果的评价与测验。学生已有的知识水平、学生的能力、性格、气质与个性特点等。学习策略的任务是要充分认识这些变量。并揭示这些变量与学习方法或技能之间的错综复杂的关系。在教学过程中可以从以下几个步骤去培养学生的学习策略。① 培养兴趣,激发学生求知欲。激活并保持良好的注意、情绪与思维状态;② 分析学习情况,选择学习方法;③ 制订周密、详细的计划;④ 执行、监控、整理学习计划。

2. (1) 不正确。他将行为的原因归因为外部的不可控制的因素。这样他就对自己的行为不用负责,因此学习动机不高,学习成绩也不会提高,甚至会越来越差。

(2) 他应该将其归因为自己的内部的可控制因素如不努力。如果他认为学习失败是不努力造成的,那他就会相信只要自己努力,学习一定可以获得成功。

(3) 有助于教师了解心理活动发生的因果关系,有助于根据学生行为及其结果推断出个体的稳定心理特征和个性差异,有助于从特定的学习行为及其结果预测个体在某种情况下可能产生的学习动机,对于改善其学习行为,提高其学习效果也会产生一定的作用。此外,归因训练还有助于提高自我认识。教师要注意培养学生的正确归因,对消极的归因进行辅导。如果一个学生长期处于消极的归因心态就有碍于人格的成长,如惯于逃避的学生,他们经常将失败归为能力不足,将成功归于运气或任务容易。长此以往,成为一种习惯,就会演变为一种习得无助感。

第十一章　品德心理

教学目的和要求：通过本章的学习，能够掌握品德的概念以及品德的心理结构，理解品德与道德的关系，理解道德发展的理论，了解品德的形成与培养及矫正的过程与方法。

教学重点：掌握品德的概念以及品德结构，掌握几种主要的道德发展理论。

教学难点：运用有关理论，有针对性地开展中小学德育工作，提高学校德育的实效性。

培养学生优良的道德品质是实施素质教育的一项极其重要的任务。学生良好的道德品质不是自发形成的，它的形成有其自身发展的特点和规律。研究和掌握学生品德发展的规律，将有利于我们在品德教育中提出恰当的教育措施和方法以提高学生的道德品质。本章从心理学的角度探讨品德的心理实质，品德的形成过程及其规律，阐明品德教育途径和措施的心理学依据。

第一节　品德心理概述

什么是品德？它有哪些称谓？它和道德有什么区别和联系？品德由哪些心理结构所组成等内容将在本节中一一进行介绍。

一、品德的基本界定

品德是道德品质的简称，在我国又称为德性或品行、操行等等。它是指个人依据一定的道德行为准则行动时所形成和表现出来的某些稳固的特征。第一，品德反映了人的社会特性，是个体将外在社会道德规范的要求转化为自身内在需要的复杂过程。它不是先天禀赋，是通过后天学习形成的。第二，品德具有相对稳定性。只是此一时彼一时地偶然表现，不能称之为品德。第三，品德是在道德观念的控制下，进行某种活动或完成某个任务时的自觉行动。也就是说，品德是认识与行为的统一。如果没有形成道德观念或道德认识，即使个体的行为是符合社会道德规范的，也不能说是道德的，反之亦然。例如，精神病人的行为可能是不符合社会道德规范的，但不能说是不道德的；某个学生一贯诚实友爱、热爱集体、乐于助人、勤奋学习、遵守纪律、热爱劳动，我们则认为这个学生具有良好的品德。与品德密切相关的是道德，道德是指由社会舆论力量和个人内在信念系统驱使支持的行为规范的总和。人们按照这些行为规范来支配和调节自己的言行，并以此来要求和评价他人的举止。品德和道德固然都受社会发展规律的制约，但是却不能相互等同，它们既有区别又有联系。

（一）品德与道德的区别

1. 品德与道德所属的范畴不同

道德是一种社会现象，是调整人们相互关系的各种行为规范和准则。人们依据规范来辨别是非、善恶、美丑，指导或调节行为。遵守它们会受到舆论的赞许并感到心安理得；否则，会受到舆论的谴责并感到内疚。它是以行为规范的形式来反映社会生活的，它的产生、发展和变化服从于整个社会的发展规律，属于社会意识形态的范畴。而品德是一种个体现象，是社会道德在个体头脑中的主观映象，其形成、发展和变化既受社会规律制约，又受个体的生理、心理活动规律制约。品德支配和调节着个体的道德行为，属于个体意识形态范畴。

2. 品德与道德所反映的内容不同

道德的内容是社会生活的总体要求，是对一定经济基础的反映，它是调节社会关系的行为规范的完整体系。而品德的内容则是社会道德规范局部的具体体现，是社会道德要求的部分反映。可见，从反映内容上看，道德反映的内容比品德反映的内容广阔得多、概括得多。

3. 品德与道德产生的力量源泉不同

道德产生的力量源泉是社会需要。在社会生活中，人们为了维护共同的利益，协调物质利益关系、人际关系等社会关系，以保障社会的稳定、和谐地发展而制定了共同遵守的道德行为规范，正是这种社会生存和发展的需要赋予了道德的力量。品德产生的力量源泉则是个人的需要。个人为了归属于一定的社会群体，为社会所接纳，就必须遵守一定的社会道德规范，协调个人与社会、个人与集体、个人与他人的关系，正是人的这种社会性需要（归属、交往与尊重的需要）促使人们自觉地按照道德要求发展与完善自我品德。

（二）品德与道德的联系

品德与道德的发展是互动的过程，它们之间的联系十分紧密，主要表现在三个方面。

1. 品德是道德的具体化

品德是一定的社会道德规范在个体头脑中的反映和在个体实践活动中的具体体现。

2. 社会道德风气影响着品德的形成与发展

品德不是与生俱来的，它是个体在社会化的过程中、在社会道德舆论的熏陶和道德教育的影响下，通过自己的实践活动逐步形成发展起来的。因此，社会道德风气的发展变化会在某种程度上影响着个人品德面貌的变化，品德的形成、发展以一定的社会道德为前提。可以说，离开了社会道德，品德就无从谈起。

3. 个体的品德对社会道德状况有一定的反作用

众多的个人品德能构成和影响社会的道德面貌和风气。某些具有代表性人物的品德可以作为社会道德的典范，对社会风气产生深远的影响。如果离开了社会中具体人的道德品质表现，道德就只能成为无实际意义的行为规范了，也就失去了其应有的作用，更谈不上发展了，所以，从某种意义上说，品德是道德的基础。

总之，品德和道德是相辅相成、辩证统一的关系。心理学、教育学研究个体品德，伦理学、社会学研究社会道德。心理学、教育学研究个体品德不能脱离一定的道德环境和规范，心理学对个体品德的研究成果反过来又丰富了社会道德的内容，促进了社会道德的发展。

二、品德的心理结构

研究品德的心理结构，有助于人们了解品德的心理实质，为有效地进行品德教育与培养提供科学的依据。品德的心理结构非常复杂，它是由多种心理因素交互作用的综合结果，是多层次、多水平的有机统一整体。迄今为止，人们在对品德心理成分的划分上意见并不一致。其中具有较大影响力的是“四因素论”，它将品德分为道德认识、道德情感、道德意志和道德行为四种成分。

（一）道德认识

道德认识（知）是指人们对社会道德现象、道德规范及其履行意义的认识，以及在此基础上形成的道德观念、信念。道德认识是品德形成的基础。也是对客观存在的道德关系及处理这些关系的原则、规范的认识。如学生对爱祖国、爱人民、爱劳动、爱公物和爱社会主义的重要意义都有了较好的了解和理解，就表明他们的道德认识达到了一定的水平。道德认识包括道德概念、道德信念、道德评价等方面。

1. 道德概念

道德概念是人对社会道德现象的本质特征和内在联系的反映。道德概念是在丰富的道德表象的基础上，通过分析、综合、抽象、概括的思维活动而形成的。道德概念的掌握对道德认识的形成有着十分重要的作用。人只有掌握了道德概念，才能摆脱行为规范的具体情境，在更广泛的范围内调节和支配自己的行动，使之适合社会行为准则的要求。同时，学生掌握道德知识，常常是以道德概念的形式实现的。学生掌握道德概念是指他们对道德规范有了正确的理解，而不像幼儿那样只是直观地去认识道德现象，而能够概括地掌握是非善恶的道德标准。只有掌握了道德概念，才能评价别人和自己的道德行为并指导自己的道德行为。

2. 道德信念

道德信念指人们将道德知识作为指导个人行动的基本原则，当人们坚信它并决定为之奋斗时，就产生了道德信念。道德信念不是单纯的一种道德认识，它是坚定的道德观点、强烈的道德情感和顽强的道德意志的“合金”。它一经形成就不会轻易地改变。

道德信念是道德动机的高级形式，它可以引起、推动和维持人的道德行动，使人的道德行为表现出坚定性和一贯性。因此，它是道德品质形成中的关键因素。

3. 道德评价

道德评价指学生根据已掌握的道德规范对已发生的道德行为的是非、善恶进行分析判断的过程。道德评价是一种智力活动的过程，在评价中不断地深化道德认识，增强道德情感的体验，确定合理的行动，为道德行为定向。道德评价起着道德裁判的作用，它有助于道德信念的形成。通过道德评价谴责不道德的思想和行为，褒奖合乎道德的思想行为，可以帮助学生巩固和扩大道德经验，加强对道德概念及其意义的理解，使道德认识成为个人行动的自觉力量。

(二) 道德情感

道德情感(情)是伴随着道德认识而产生的一种内心体验。这种情感既反映了人们的道德需要，又表现出人们对客观现实是否符合自己的道德需要而产生的一种态度体验。一般地说，在现实生活中的各种事件或是他人、本人的行为，凡是符合自己的道德认识或自己所维护的道德观念时，就会产生积极的情绪体验，否则就会产生消极的情绪体验。例如，我们对英雄模范人物产生敬佩之情，对损人利己的人产生厌恶的情感，对自己的舍己为人的行为感到欣慰，对自己的过失言行感到羞愧等等。可见，道德情感是一种自我意志监督的力量，它能使人悔过自新，保持良好的行为。

道德情感可以从内容和形式两个方面进行分类。道德情感从内容上分极其多样，而且与道德认识交织在一起。有什么样的道德认识，就有什么样的道德情感。由于时代和阶级不同，道德标准不一样，因此，道德情感也就不同。如荣辱感、羞耻感、责任感、义务感、友谊感、公正感、革命人道主义情感、集体主义情感、爱国主义情感和国际主义情感等等，都是我国青少年应该具有的道德情感。而道德情感从形式上分析，则主要有三类。

1. 直觉的道德情感

直觉的道德情感是指某种情境直接引起迅速发生的道德情感。例如，由于某种情境而引起一种突如其来的羞耻感，抑制了自己的不正当的需要与行为，或在万分危急的情况下采取见义勇为的行为。这种道德情感的特点是：由具体的情境引起，产生迅速突然，对道德行为有着迅速定向的作用，在它的影响下，人可能做出高尚的道德行为，也可能做出卑劣的不道德的行为。这种道德情感看上去似乎缺乏明显的自觉性，但实质上，它是已有的道德认识和道德经验的直接反应，与人们过去在道德实践中受到舆论的影响及取得行为成败的经验有关。

2. 形象性的道德情感

形象性的道德情感是与具体的道德形象相联系的情感体验。它分为由直接感知的具体道德形象(如身边的榜样)所引起的情感体验；和由想象某些具有道德意义的人或事而激起的情感体验。道德形象之所以能引起人们的道德情感体验，在于这些形象具有鲜明、生动的特点，如英雄人物的高大形象及其光辉事迹，具有强烈的感染力，能够引起人们心灵上的激荡，产生深刻、久远的印象，成为引发道德行为的动力；同时，这些具体生动的形象又体现了社会道德标准的典范，引起人们情感上的共鸣，使人们能够更加具体地领会道德要求及其社会意义。

3. 伦理性的道德情感

伦理性的道德情感是指意识到社会道德要求和意义所产生的情感体验。它是与人们的道德信念、道德理想紧密联系的，具有清晰的意识性和明确的自觉性，它是在许多道德经验、情感体验和一定的道德理论基础上形成的，具有较强的概括性。它不仅概括了许多具体的情感和经验，而且把个人的感性认识和理性认识有机地结合在一起，对伦理道德有着较深刻的认识。它的形成是一个渐进的过程，一般到青年期才能形成这种情感水平。一旦形成，就比较稳定。伦理性情感是一种深厚、坚定有力的高级形态的道德情感。

（三）道德意志

道德意志是人们在实现一定的道德行为过程中，克服一切内外的阻力与困难所做出的自觉顽强的努力，它是调节道德行为的内部力量。它体现在实现道德目标过程中的支持与控制行为的力量，例如有的学生常年帮助走路困难的同学上学就是意志支持的结果。道德意志还能使人抵御现实中的各种诱惑，不以外界环境为转移，始终坚持道德行为。道德意志的作用就在于发动与既定目的相符的行动，制止与既定目的相悖的行动。

1. 道德意志的表现

道德意志是道德意识向道德实践转化的过程，是主观见之于客观，观念付诸行动、实践的过程。这一过程集中地体现了人的心理主观能动性的特点。在品德形成的过程中，它主要表现在以下几个方面：首先，自觉地确定道德行为的目的。其次，排除或抑制不道德的欲求。再次，调节与控制消极的情绪。最后，克服道德行为中的困难。人在进行道德活动的过程中，往往会遇到内部和外部、主观和客观的各种干扰与困难，具有坚强道德意志的人，敢于排除干扰，克服各种困难，坚持达到道德目标。

2. 道德意志的过程

形成道德意志的基本过程有决心、信心、恒心三个阶段。决心，是道德意志的第一阶段，是经历动机斗争、确定行动目的、选择行动方式的下决心的阶段；信心，是意志过程的第二阶段，是根据自己的道德信念和道德理想，坚信行为的正确，树立信心的阶段；恒心，是意志过程的第三阶段，是克服困难、坚持行动、坚韧不拔、持之以恒的阶段。

（四）道德行为

道德行为是指人们遵照一定的道德规范所采取的言论和行动。道德行为是衡量一个人的品德水平高低的根本标志。它是品德的外显成分，是实现道德动机达到道德目的的手段。道德行为包括道德行为技能和道德行为习惯，它们与一般的技能、习惯并无本质的区别，只是在完成一定的道德任务时，它们便具有了道德的性质。道德技能的掌握有助于实现道德目的，它将指导道德行为做出对他人和社会具有道德意义的事情，不至于好心办坏事。道德意志调节和控制着人的道德行为，使其贯彻始终，经过多次反复和实践，便形成道德行为习惯。道德行为习惯的形成则是品德形成的客观标志。例如，一个人做点好事并不难，难的是一辈子做好事。因此，只有学生具有良好的道德行为及其习惯，才能使学校的品德教育具有社会价值。

品德心理结构的这四种成分是互相联系、互相渗透、互相影响、有机结合、缺一不可的。它是品德教育中“晓之以理、动之以情、导之以行、持之以恒”的心理学依据。在品德教育和培养中，只有保证这四种成分的协调、平衡发展，才不会造成品德结构上的缺陷，阻碍品德的发展。

第二节　道德发展的理论

关于道德的发展，国内外心理学家进行了大量的研究。特别是 20 世纪 60 年代以来，得出了很多研究成果，这些成果对揭示道德发展的规律有很重要的意义。只有对道德及其发展具有了科学的认识，才能培养学生优良的品德。

道德的发展

围绕道德发展的研究，国外学者开展了一系列有益的工作。皮亚杰、柯尔伯格的道德发展阶段论和班杜拉的社会学习论是最具代表性的三种理论，前者侧重于道德认知发展规律的探索，后者侧重于道德行为方面的研究。这三种理论对于培养学生的道德品质都很富有启发性。

（一）皮亚杰的道德认知发展阶段论

瑞士心理学家皮亚杰在研究儿童道德发展方面作出了突出的贡献，他也是第一个系统地追踪研究儿童道德认知（确切地说是道德判断）发展的心理学家。他在 1932 年出版的《儿童道德判断》一书是心理学研究儿童道德发展的里程碑。皮亚杰采用对偶故事法研究儿童的道德认知发展。他设计了一些包含道德价值内容的对偶故事，要求儿童判断是非对错，从儿童对行为责任的道德判断中来探明他们所依据的道德规则，以及由此产生的公平观念发展的水平。下面就是皮亚杰在研究中所用的一个对偶故事。

A. 有一个小男孩叫约翰，听到有人喊他吃饭，就去开饭厅的门，他不知道门外有一把椅子，椅子上放着一只盘子，盘内有 15 只杯子，结果撞翻了盘子，打碎了 15 只杯子。

B. 一个小男孩亨利，一天趁妈妈不在家，想吃柜子里的果酱，他爬上椅子伸手去拿，由于果酱放得太高，手够不着，结果碰翻了一只杯子，杯子掉在地上打碎了。

皮亚杰对每一个对偶故事都提出了两个问题：① 这两个孩子的过失是否相同？② 这两个孩子中，哪一个更坏一些？为什么？通过大量的实证研究，皮亚杰发现儿童道德判断能力的发展与其认识能力的发展存在着互相对应、平衡发展的关系，这种认识能力是在与他人和社会的关系之中得到发展的。皮亚杰概括出一条儿童道德认知发展的总规律:儿童的道德发展大致分为两个阶段:在10岁之前,儿童对道德行为的判断主要是依据他人设定的外在标准,称为他律道德。在该阶段,道德判断受外部的价值标准所支配和制约,表现出对外在权威的绝对尊敬和顺从的愿望。他们认为规则是必须遵守的,是不可更改的,只要服从权威就是对的。这是比较低级的道德思维阶段。在10岁之后,儿童的判断主要是依据自己认可的内在标准,称为自律道德。他们开始认识到规则不是绝对的、一成不变的,可以与他人合作,共同决定或修改规则,规则只是维护自己与他人的关系。儿童的思维已从自我中心解脱出来,能够站在他人的立场上考虑问题。

皮亚杰在《儿童道德判断》中,把这一过程又详细划分为三个阶段。

(1) 前道德阶段或无律阶段(2～5岁)。这一阶段的儿童开始接受外界的准则,但不顾准则的规定,按照自己的想象在执行规则。这一阶段也是无道德规则阶段,他们的行为既不是道德的,也不是非道德的。规则对他们来说,还不具有约束力。皮亚杰认为,儿童在5岁以前还是"无律期",顾不得人我关系,而是以"自我中心"来考虑问题。

(2) 权威阶段或他律阶段(6～8岁)。这一阶段的儿童对外在权威表现出绝对尊敬和顺从的愿望。他们认为服从、听话就是好孩子,否则就是错的,是坏孩子。儿童把惩罚看作是天意,赞成严厉的惩罚。另外一个表现是对规则本身的尊敬和顺从,即把成人规定的准则,看成是固定不变的。这个阶段的儿童对行为的判断是根据客观的效果,而不考虑主观动机。也有人称该时期为道德现实主义或他律的道德。

(3) 自律阶段(9～11岁以后)。这一阶段的儿童已不把规则看成是不可改变的,而把它看作是同伴间的共同约定,是可以改变的。他们已经认识到同伴间的社会关系,认识到应尊重共同约定的规则。判断行为时,不只是考虑行为的后果,还考虑行为动机。同伴间可逆关系的出现表明儿童的思维已从自我中心解脱出来,认识到规则只是在维护自己与他人的关系,倾向于自觉地遵守,因而导致一定程度的自律。这标志着品德由他律开始进入自律阶段,儿童道德认识开始形成。道德发展到这个时期,不再无条件地服从权威,有人称该时期为道德相对主义或合作的道德。

皮亚杰认为,儿童品德发展阶段的顺序是固定不变的,这些阶段不是绝对孤立的,而是一个连续发展的统一体。在以他律到自律发展的过程中,个体的认知能力和社会关系具有重大的影响。根据皮亚杰的看法,道德教育的目标就是使儿童达到自律道德,使他们认识到道德规范是在相互尊重和合作的基础上制定的,而要达到这一教育目标就必须注意培养同伴之间的合作,注意成人与儿童的关系不应是权威和服从的关系;在儿童犯错误时,要使他了解为什么这样做不好,以发展儿童的道德认识。

(二) 柯尔伯格的道德认知发展理论

美国的教育心理学家柯尔伯格系统地扩展了皮亚杰的理论和方法,开创了道德两难故事法,将儿童的道德的发展划分为三种水平六个阶段。

他所设计的故事中包含着一个在道德价值上具有矛盾冲突的故事,让被试听完故事后对故事中人物的行为进行评价。他还设计了相当完备的评价标准体系,以此来测评被试道德发展的水平。下面就是两难故事法的一个实例。

故事一:海因茨偷药

在欧洲,有一位妇女因患一种罕见的癌症已濒临死亡。医生认为还有一种可以救她的药,即该镇一位药剂师最近发明的一种镭。药剂师以10倍于成本的价值4000元出售该药。病妇的丈夫海因茨向每一位熟人借钱,但总共才凑得药价一半左右的钱。他告诉药剂师:妻子危在旦夕,请他便宜一些售药或允许迟一些日子付款,但药剂师说:"不成!我发明了这种药,正是要用它来赚钱。"海因茨走投无路,闯进该药店为妻子偷了药。

故事二:海因茨偷药以后

海因茨撬门进入药店,他偷到了药,给他妻子服用。第二天的报纸上就刊登了一则偷窃消息。布朗先生是一位警官,他认识海因茨。他想起曾看见海因茨从药店跑出来,意识到偷药的人就是海因茨。

故事讲完后,要求被试回答:这个丈夫该不该偷药?为什么?海因茨是对的还是错的,为什么?布朗先生应该告发海因茨吗?为什么?海因茨倘若被捕,法官该不该给他判刑,为什么?这样的道德两难问题,具有不同道德水平的人会做出不同的判断并提出不同的判断理由。根据被试的回答,柯尔伯格把道德判断分为三个水平,每个水平又各包括两个阶段。于是,提出了三水平六阶段道德发展理论。

1. 前习俗水平

该水平的特点是:个体还没有内在的道德标准,而是取决于外在的要求。他们用来作为道德判断的基准取决于人物行为的具体结果及其与自身的利害关系。这分为两个阶段。

阶段1:惩罚与服从的定向阶段。个体以行为对自身所产生的后果来决定这种行为的好坏,而不管这种后果对人有什么意义和价值。以为任何一件事只要被惩罚了,不管其理由是什么,那一定是错的。避免惩罚和无条件地屈服力量本身就是价值。如,他们说海因茨偷药合理,因为不偷药,妻子会病死,他要受到谴责。也有的说海因茨不该偷药,因为被抓住会坐牢、受罚的。

阶段2:工具性的相对主义定向阶段。个体以行为的功用和相互满足需要为准则,总是以物质上的或实用的方式来解释这些价值的。交换就是"你帮我抓痒,我也帮你抓痒",而不是根据忠义、感恩或公平来进行的。如,赞成偷药的行为者认为妻子过去替海因茨做饭洗衣,现在病了,该去偷。也有的认为,药店老板发明药就是为了赚钱,所以老板是对的。

2. 习俗水平

该水平的特点是:个体能按照家庭、集体或国家的期望和要求去行事,认为这本身就是有价值的,而不大理会这些行为的直接后果。这时他们能够从社会成员的角度来思考道德问题,了解、认识社会行为规范,并遵守执行这些规范。

阶段3:好孩子定向阶段。个体以人际关系和谐为导向,认为凡是讨人喜欢或帮助别人而为他们称赞的行为就是好行为。在进行道德评价时,总是考虑到他人和社会对“好孩子”的期望和要求,并尽量按照这种要求去做。对行为的是非善恶,开始从行为的动机入手来进行判断。如认为海因茨偷药的动机虽然不坏,但是这种行为是违法的,不该这么做。这一阶段的学生道德判断是以个人的行为是否被允许为衡量标准。

阶段4:维护权威和社会秩序的定向阶段。这时个体所作判断的根据是相信规则和法律维护着社会秩序,因此,个人有遵循权威和有关规范去行动的义务。由于情、法、理三者有时难以兼顾,这一阶段的学生判断善恶常会出现相互矛盾的现象。如对海因茨偷药为救治妻子,这合乎情理。但偷窃行为又为法律所禁止,因此偷药又是不应该的。这阶段学生要求履行自己的义务,并要求别人也去遵守。

3. 后习俗水平

又称为原则水平。该水平的主要特点是:是以普遍的道德原则和良心为行为的基本准则。想到人类的正义和个人的尊严,其道德判断超出世俗的法律与权威的标准。

阶段5:社会契约定向阶段。个体开始认识到,法律或习俗的道德规范仅仅是一种社会契约,是由大家商定的,也可以因大多数人的要求而改变。在判断好坏时,认为只有兼爱的行为者才是道德的,错误的行为可以根据其动机是好的而减轻对其责难的程度。但并不因为动机良好而将其错误的行为也看成是正确的。如他对海因茨的行为表示同情,并愿出庭为其辩护,请求减刑。有的发问:法律允许老板不顾人的死活赚钱,对吗?他们认为自己对社会负有某种道义职责,对于社会上的其他成员也同样负有道义上的责任。

阶段6:普遍道德原则的定向阶段。以人生的价值观念为导向,对是非善恶的判断标准超越现实道德规范的约束,以正义、公正、平等、尊严等等这些人类最一般的伦理原则为标准进行思考。并根据自己所选定的原则进行某些活动,行为完全自律。如,他们对海因茨的行为表示赞许,以为这是对允许药店老板牟取暴利的一种反抗。人的生命比财产更宝贵,为了救人危难,甘愿蒙受屈辱和惩罚的行为是高尚的。这种认识突破了既存的规章制度,不是从具体的道德准则,而是从道德的本质上去进行思考与判断。

柯尔伯格认为,儿童道德发展的先后次序是固定不变的,这与儿童的思维发展有关。环境和文化的影响只能决定发展的速度或改变其道德的内容,但不能改变它的发展顺序。在生活中,要让儿童不断接触道德环境和道德两难问题,以促进儿童道德的发展(表11-1)。

表11-1 三种水平六个阶段

三种水平	六个阶段
前习俗水平	惩罚与服从的定向阶段
	工具性的相对主义定向阶段

续表

三种水平	六个阶段
习俗水平	好孩子定向阶段
	维护权威和社会秩序的定向阶段
后习俗水平	社会契约定向阶段
	普遍道德原则的定向阶段

（三）班杜拉的社会学习理论

社会学习理论最初是由美国的心理学家班杜拉在 20 世纪 60 年代提出的。他发现人的许多态度或行为不是通过其行为的直接后果即直接经验获得的，而是通过间接经验获得的。他通过大量的研究证明对新的社会行为的学习更有效的方式是观察学习。观察学习是人们通过观察他人的行为及行为的后果而间接产生的学习，简言之，“通过观察榜样示范而进行的学习”，这也称之为“社会学习”。

班杜拉观察学习理论是建立在他及其合作者所进行的大量实验研究的基础上的。

观察学习的实验研究

在早期的一项研究中，他以学前儿童为对象进行了一个实验。首先让儿童看成人榜样对一个充气娃娃拳打脚踢，然后把儿童带到一个放有充气娃娃的实验室，让他们自由活动。结果发现，儿童也学着成人榜样的动作对充气娃娃拳打脚踢。这说明，成人榜样对儿童行为有明显的影响，儿童可以通过观察成人榜样的行为而习得新行为。

在稍后的另一项实验中，他们对上述研究作了进一步的延伸。他们把儿童分为三组，甲组观看的录像片是一个大孩子在打玩具娃娃，一个成人给他一些糖果作为奖励；乙组观看的录像片是一个大孩子打了玩具娃娃后，成人过来打了他一顿，以示惩罚；丙组儿童看到录像片上大孩子的攻击性行为，既不受奖也不受罚。后来，这些儿童一个个被领进游戏室，里面有大孩子攻击过的玩具娃娃。结果发现：榜样受奖组儿童的攻击性行为最多，榜样受罚组儿童的攻击性行为最少，控制组居中。这说明，榜样攻击性行为所导致的后果是儿童是否自发模仿这些行为的决定因素。

社会学习论认为，榜样的行为对儿童的影响很大。教师和家长把社会的道德规范传递给学生有两种途径，一条是向儿童展示自己的行为实践，一条是言语教诲。班杜拉等人对品德教育的效果也进行了大量实验研究。

口头劝说和榜样行为对儿童利他行为的影响

先让小学三、四、五年级的儿童做一种滚木球游戏，作为奖励，他们在游戏中都得到了一些现金兑换券。然后，把这些儿童分成四组，每组有一个实验者的助手装扮的榜样参与。

第一组儿童和一个自私自利的榜样一起玩，这个榜样向儿童宣传要把好的东西留给自己，不必去救济他人，同时也带头不把得到的现金兑换券捐献出来。

第二组儿童和一个好心肠的榜样一起玩，这个榜样向儿童宣传自己得了好东西还要想到别人，并且带头把得到的兑换券捐献出来。

第三组儿童和一个言行不一的榜样一起玩，这个榜样口里说人人都应该为自己考虑，实际上却把兑换券放入了捐献箱。

第四组儿童和一个言行不一的榜样一起玩，这个榜样则是口里说要把得到的兑换券捐献出来，实际上却只说不做。

实验结果是第二、三组捐献兑换券的儿童比第一组和第四组均明显地多。这清楚地表明劝说只能影响儿童的口头行为，对实际行为则无影响；行为示范对儿童的外部行为有非常显著的影响。

实验结果表明，榜样能对学生的行为产生巨大的影响，模仿是学生向社会学习、形成品德的重要途径。当榜样的行为和说理教育一致时，品德教育会取得最佳的教育效果。当教育者光进行口头教育、自己却不能言行一致时，教育是难以奏效的，而且“身教重于言教”。这样，学生才能通过观察学习获得道德行为。社会学习是通过学习者观察榜样的示范而进行的。榜样应该具备以下五个条件，才能对学习者产生有效的影响。

(1) 榜样的示范要特点突出、生动鲜明，这样才能够引起学习者的注意。

(2) 榜样本身的特点(如年龄、兴趣爱好、社会背景等方面)与观察者愈相似，愈容易引起人们的观察学习。如成人榜样对学生的影响就不如年龄相近的同学榜样的影响大。

(3) 榜样示范的行为对于学习者来讲要具有可行性，即学习者都能够做得到，这是最基本的条件，如果榜样的行为标准太高，使学习者产生“可望而不可即”之感，那么对学习者的影响会受到限制。

(4) 榜样示范的行为要具有可信任性，即学习者相信榜样做出某种行为是出于自然，而不是具有别的目的。

(5) 榜样的行为要感人，使学习者产生心理上的共鸣，这样学习者才会表现出相类似的行为。

总之，观察学习在品德教育中具有重要的作用。人的许多道德行为都是通过观察学习而获得的。所以，在品德教育中，教育者应注意为学生提供良好的可供学习和借鉴的榜样，引导学生学习和保持榜样行为，并为学生创造再现榜样行为的机会，对好的行为给予及时的表扬和鼓励，对错误的行为则给予批评和教育。

(四) 国内品德发展的研究

自从西方现代心理学传入我国以来，我国心理学工作者就开始了对国外有关品德研究理论和方法的消化和吸收，作了一些跨文化的研究。尤其近20年来，品德心理的研究进入了一个新的发展时期。不少学者发表了一系列有关品德研究的论文和著作，形成了我国品德心理学的研究特色。

1. 品德发展阶段论的跨文化研究

我国心理学家李伯黍教授和全国各地的同行协作，沿着皮亚杰和柯尔伯格的路线，对我国4～11岁(有的扩展到13岁、16岁)儿童和青少年学生道德判断发展作了相关研究。研究表明：儿童的道德判断确实如皮亚杰所说“经历着从客观判断(依据行为外在结果)过渡到主观判断(依据行为的动机意向)的发展过程”。中国儿童4岁已经能够摆脱成人的影响，开始做出较多的独立的道德判断，7岁儿童的主观性判断已经有了明显的发展，到了9岁，这种判断已基本上取代了客观性判断。与国外儿童相比年龄均有些提前。中国5岁儿童已经具有了初步的分辨公私关系的能力，作出正确判断的转折年龄在7～9岁之间。在集体观念的发展上，中国一年级小学生已开始出现集体意识，根据以集体的动机做出判断的比例随年龄的增长而递增。李伯黍等人(1987，1991年)曾对国内九个不同少数民族地区儿童的道德判断做过跨文化研究，结果表明：各族儿童的道德认知发展的总趋势是一致的，但在公正观念、惩罚观念、公有观念和行为责任判断的发展上，各族儿童又存在显著的差异。这种差异随着年龄的增长而逐步缩小。比如，在公正观念发展方面，有的民族儿童较多地以服从公正判断的原则，有的民族儿童则多数以公道作为公正原则。又如，在公有观念发展方面，有的民族儿童发展较早，而有的则发展较晚。

显然，不同民族血统、不同文化背景对儿童的道德判断和推理的发展有一定的影响，但这种影响主要体现在道德发展的某些方面，而总体的发展水平大体上是一致的。正如柯尔伯格有关儿童品德发展阶段的跨文化研究所发现的那样，所有的群体都表现出相同的发展模式，阶段顺序具有普遍性。

2. 关于品德发展的新探索

儿童与青少年品德发展的条件主要有三个方面：① 遗传与生理成熟是品德发生、发展的生物学前提。我国的一些心理学家在这方面作了一些新的探索，其中林崇德教授用信息论、控制论和系统论的观点对品德的发展进行了系统的探讨；② 环境教育在品德发展中起决定作用；③ 实践活动是儿童与青少年品德发展的必要基础。

品德发展的动力是儿童与青少年品德的内部矛盾。这种内部矛盾是：在作为主体的儿童与青少年同作为客体的外界事物相互作用的过程中，社会和教育向儿童与青少年提出的要求所引起的新的需要，同他们已有的心理水平之间的矛盾。这个内因或内部矛盾也就是儿童和青少年心理发展的动力。这个观点中有三个重要内容，一是动力产生于活动、实践之中，统一于活动、实践之中，并实现于活动、实践之中。二是新的需要是这对矛盾的活跃的一面。三是新的需要能否获得满足，关键在于原有的心理水平。新的需要在人的品德内部矛盾中代表着新的一面，它是品德发展的动力系统；原有心理水平和原有的品德结构是过去反映活动的结果，它在品德发展的内部矛盾中代表着比较稳定的一面；新的需要和原有心理水平或品德结构的对立统一，构成儿童与青少年品德发展的内部矛盾，形成其品德发展的动力。

从教育措施到儿童与青少年品德得到明显的发展，这个过程不是立刻完成的，而是要经过一定的量变质变的过程。林崇德确定了六个方面品德发展的参数作为品德质变的依据。它们是：时间、速度、稳定程度、协调性、量变与质变及个体差异。

品德发展的年龄特征。品德发展的年龄特征是整个心理发展的年龄特征的一个组成部分。林崇德将儿童与青少年的品德发展分为彼此联系的六个年龄段：① 0～1 岁（婴儿期），主要是适应性时期；② 1～3 岁（幼儿期），这是品德萌芽阶段；③ 3～6(7)岁（学前期），主要是情境性品德发展时期；④ 6(7)～11(12)岁（小学阶段）品德发展协调期；⑤ 11(12)～14(15)岁（少年期），这是动荡性品德发展时期；⑥ 14(15)～17(18)岁（青年初期），这时品德发展的明显特点是成熟性。林崇德的研究还认为：2.5～3 岁，5.5～6 岁，小学三年级、初中二年级是儿童与青少年个性发展，特别是品德发展变化的关键期。他们的品德发展到了青年初期就达到了成熟期。确切地说这个成熟期一般出现在初三末到高二初。到了成熟期，每个人的品德结构和个性特点就基本定型了，保持相对的稳定性。成熟前的可塑性大，应抓紧训练、培养；成熟后并非不能再发展，但可塑性小，较难训练、培养。因此，抓紧成熟前的品德塑造是十分必要的。

第三节　品德的形成与培养

品德的培养与其他知识的教育不完全相同，不能单纯地进行教育灌输，而是提倡给学生提供良好的品德教育和培养的环境和氛围。探讨有利于促进品德形成的途径和方法，为将来开展中小学德育工作提供借鉴。

一、学生品德形成的一般过程

一般认为，品德的形成过程经历依从、认同与内化三个阶段。

（一）依从

依从包括从众和服从两种。

从众是指人们对于某种行为要求的依据或必要性缺乏认识与体验，跟随他人行动的现象。服从是指在权威命令、社会舆论或群体气氛的压力下，放弃自己的意见而采取与大多数人一致的行为。服从可能是出于自愿，也可能是被迫的。被迫的服从也叫顺从，即表面接受他人的意见或观点，在外显行为方面与他人相一致，而在认识与情感上与他人并不一致。

处于依从阶段的品德，其水平较低，但它是一个不可缺少的阶段，是品德建立的开端环节。

（二）认同

认同是在思想、情感、态度和行为上主动接受他人的影响，使自己的态度和行为与他人相接近。认同实质上就是对榜样的模仿，其出发点就是试图与榜样一致。与依从相比，认同更深入一层，它不受外界压力控制，行为具有一定的自觉性、主动性和稳定性等特点。主体虽然对道德行为规范本身仍缺乏清楚而深刻的认识与体验，但由于对榜样的仰慕，在行为上就试图与榜样一致。

（三）内化

内化指将他人的思想观点融合为自己的思想观点，构成一个完整的价值体系。由于在内化过程中解决了各种价值的矛盾和冲突，当个人按自己内化了的价值行动时，会感到愉快和满意；而当出现了与自己的价值标准相反的行动时，会感到内疚、不安。在内化阶段，个体的行为具有高度的自觉性和主动性，并具有坚定性。

二、学生品德形成的影响因素

影响学生品德形成的因素极其复杂，归纳起来有外部因素和内部因素两个方面，外部因素包括家庭教养方式、社会风气、同伴群体等；内部因素主要包括认知失调、态度定势、道德认知、受教育程度、年龄、智力等。

（一）外部条件

影响学生品德形成的外部条件主要对学生品德的发展起着催化作用。它包括家庭与学校的教育状况、人际交往、社会思潮影响等方面。

1. 家庭教养方式

家庭教养方式是最初对儿童的品德形成和发展起重要作用的因素。研究表明，品德特征与家庭的教养方式有密切关系。若家庭教养方式是民主、信任、容忍的，则有助于儿童的优良品德的形成与发展。若家长对待子女过分严格或放任，则孩子容易产生不良的、敌对的行为。它主要是通过三个方面对儿童产生影响。① 家庭的气氛：良好的气氛如和睦温馨的环境有助于儿童形成良好的品德；父母的表率作用以一种潜移默化的形式影响儿童品德的形成。② 父母的教养态度和方式，如父母希望孩子成为什么样的人，获得什么样的道德观念和行为，以及采用什么样的方式来促进他们成长，对儿童的品德形成有很大的影响。一些心理学家的研究表明：对孩子采用说理诱导的方式效果最好；过于严厉的家长作风以及对孩子施行体罚容易使他们产生逆反心理和反抗行为。③ 家长的职业类型与文化程度的不同，对子女的品德也有一定的影响。

2. 社会风气

社会风气由社会舆论、大众媒介传播的信息、各种榜样的作用等构成。作为社会的一个成员，个体不可能与社会隔绝，随着年龄的增加，他们与社会的接触也越来越广泛。社会风气对儿童品德的形成和发展具有潜移默化的影响作用。既可能接受社会上积极因素的影响而形成良好的品德，也可能受其消极影响而变坏。

3. 同伴群体

良好的班集体对儿童的品德发展具有非常重要的意义。归属于某一个团体是个体的一种基本需要，因此，正式的班集体、非正式的小团体等对学生都具有一定的吸引力，他们试图使自己的言行态度与同伴群体保持一致，以得到同伴群体的接纳和认可。青少年的同伴群体，对于青少年的影响，有时候甚至超过教师和父母。

（二）内部条件

1. 认知失调

认知失调理论是美国心理学家费斯廷格提出的。费斯廷格认为，人类具有一种维持平衡和一致性的需要，即力求维持自己的观点、信念、行为的一致，以保持心理平衡。当认知不平衡或不协调时，内心就会有不愉快或紧张的感受，个体就试图通过改变自己的观点、信念或行为，以达到新的平衡。当个体的道德信念或道德行为与事实发生冲突或矛盾时，个体则会通过调整自己的道德认知或者道德行为来达到一种平衡。

2. 态度定势

个体由于过去的经验，对所面临的人或事可能会具有某种肯定或否定、趋向或回避、喜好或厌恶等内心倾向性，这种事先的心理准备或态度定势常常支配着人对事物的预料与评价，进而影响着是否接受有关的信息和接受的量。帮助学生形成对教师、对集体的积极的态度定势或心理准备是使学生接受道德教育的前提。

3. 道德认知

品德的形成与改变取决于个体头脑中已有的道德准则和规范的理解水平与掌握程度，取决于已有的道德判断水平。根据皮亚杰和柯尔伯格的研究，要改变或提高个体的道德水平，必须考虑其接受能力，遵循先他律而后自律、循序渐进的原则。实施道德教育时，不应只注意道德教育的形式，进行道德说教，而应结合学生的实际生活和切身体验，晓之以理。

4. 受教育程度

品德行为是个人价值内化的结果。学生的道德认知和道德判断能力，无疑与教育密切相关。随着受教育程度的提高，道德认知能力和判断能力都有所提高。总体上，教育程度与品德的关系，类似于智力与品德的关系。

此外，个体的智力水平、年龄等因素也对态度与品德的形成与改变有不同程度的影响。

综上所述，内部条件是学生品德发展的自然前提或物质基础，它提供了品德发展的内在可能性；而外部条件是使这种可能性逐步变为现实性的桥梁。在品德发展过程中，内部影响因素和外部影响因素是相互作用的。教育工作者应该重视各种因素在学生品德发展阶段上的不同作用，同时要认识到过分夸大或否定任何一个因素的作用对教育工作都是有害的。

三、学生优良品德的培养

道德品质的培养主要表现在道德认识、道德情感、道德意志和道德行为的形成和发展方面。学生道德品质的培养，可以从不同的方面去进行。有时可从提高道德认识做起，有时可从激发道德情感入手，有时可从培养道德行为和习惯开始。但是，只有在这些基本心理成分都得到相应的发展时，品德才能形成得较为完好。

（一）提高学生的道德认识能力

学生道德认识水平的状况对品德的形成和发展具有重要的作用，因为人们的大部分行为是受认识支配的，只有认识深刻，情感体验才会丰富强烈，才能知道为何行动、怎样行动，并把道德行为坚持下去。因此，道德认识始终贯穿于品德形成的各个方面。道德认识的形成与发展，主要依赖于道德概念的掌握、道德信念的确立和道德评价能力的发展三个维度。

1. 促进学生对道德概念的掌握

道德概念的掌握需要通过社会生活和道德教育，主要依赖于三个条件。

（1）依赖于形象的事件和感性的经验。教育工作者在对学生进行道德教育时，要注意创设道德情境，让学生积累道德经验，提供具体的事例和榜样。这种以道德形象为基础的品德教育，能把抽象道理具体形象化，更具有生动性、感染性和趣味性的特点，有助于学生在潜移默化中，更好地掌握道德概念，提高道德认识。

（2）有赖于道德知识的学习和概括能力的发展。教育工作者要注意对学生进行道德知识的教育和抽象概括能力的培养。教师应当通过思想品德课和其他学科的教学，提供必要的具体事例，帮助学生理解有关道德知识及其意义。同时，要运用变式规律，剔除同类道德现象的非本质特征，突出其本质特征，分清正确与错误的道德概念的界限，帮助学生掌握概念的实质和发展抽象概括能力。

（3）有赖于理解道德行为规范的社会意义和个人意义。教育工作者必须从学生理解道德意义的特点出发，不但让他们知道应该怎样做，而且要了解为什么要这样做，即这样做的目的、意义是什么，引导他们的道德认识逐步向更高的水平发展并自觉地产生相应的行动。

2. 引导学生把道德知识转变为道德信念

教师要善于利用集体的力量来强化学生良好的道德行为，促进学生将道德认识内化为自己的道德信念。此外，教师还要注意防止学生吸取反面经验与体验(即不按道德要求办事反而得到了赞赏，按要求办事反而受到了批评)，因为这种情况会削弱道德要求的说服力，从而阻碍有关知识向信念的转化。

同道德信念相关联的是道德理想。道德理想是关于自己未来道德面貌的稳定的想象。它集中地反映了人在社会中选定的如何做人的最高标准。道德理想来自于道德信念，而人们对道德理想的持续追求，又会使道德信念进一步发展、坚定。

3. 发展学生的道德评价能力

学生道德评价能力的发展与他们的道德认识水平密切相关，也与他们的思维能力发展和心理成熟程度有关。学生的道德评价能力是逐步发展提高的，可以分为四个阶段。

（1）从“他律”到“自律”。即从仿效别人的评价发展到独立地进行评价。最初他们常常只是重复老师或别人的评价，以后才逐步学会独立地进行道德评价。在这个阶段，教育者尤其要注意实事求是地给学生作出评价示范，不要轻率地下结论，以免对他们的道德评价能力的发展产生不良的影响。

(2) 从"结果"到"动机"。即从依据行为的外部结果过渡到依据行为的动机和意向。在评价时,最初只是注意行为的结果和外部原因的分析,往往从直接后果来衡量行为的是非好坏。随着道德认识的提高和个人道德经验的丰富,才渐渐转向对行为动机和行为内部原因的分析。教育者可以采用一些方法,促进学生道德判断能力的发展。如对小学低年级的学生,可采用皮亚杰的对偶故事法,对小学高年级的学生和中学生可以采用两难故事法,还可以利用教材或学生日常生活中的事例在班上展开讨论,教师要做好道德评价的示范,在讨论中,要注意由表及里,由浅入深地对学生进行引导。

(3) 从"对人"到"对己"。即从偏向评价别人发展到学会评价自己。小学低年级学生,由于自我意识尚未形成,在他们的主观世界中很少意识到"我",因而他们只会评价别人的行为,而不善于评价自己的行为。对别人行为的评价也多是按照成人的要求进行。小学高年级学生虽然能进行一些自我评价,但只能叙述一些自己行动的表面现象,不能涉及行动的内部原因和自己的内心活动。到了初中阶段,学生的自我意识开始形成,因而评价自己行为的能力也随之发展起来。到高中阶段的学生能"以人为镜",他们是在评价别人的过程中逐步学会评价自己的。

(4) 从"片面"到"全面"。即从带有较大片面性的评价发展到比较全面的评价。小学和初中学生的道德评价往往总带有表面化、片面性的特点。他们看到一个人在某方面、某场合表现出一种好的行为,就会肯定这个人绝对好,看到别人做错了事,就认为这是个不好的人。同样,他们在评价自己的行为时,也表现出这种片面性和绝对化。他们既可以为一次失误而心灰意冷,也可以为一点成绩而得意忘形。他们的评价容易带有情绪性,以个人的好恶来评判是非,道德评价还欠稳定。到了高中阶段,学生评价自己或别人的行为,才开始带有全面、客观、多层次的性质。评价中思路比较开阔,学会区分主要和次要、一贯与偶然,并把动机与效果、成绩与过错等联系起来分析。同时,他们还能注意到面对不同对象和不同场所时,表达意见的方式方法也应相应地有所变化。

(二) 激发学生的道德情感体验

学生的道德情感不是与生俱来的,而是在后天的社会生活和教育影响下逐步形成的。学生在道德情感发展的过程中,需要教育工作者满怀热情地给予引导和培养。道德情感的培养可以通过多种方式和途径进行,从心理学的角度来讲,主要有以下几种基本的途径。

1. 知情结合,激起学生的道德情感体验

教师在讲述道德范例、分析道德准则时应投入真情,充分发挥表情的信号功能,用表情(包括面部表情、身段表情和言语表情)的感染力,激起学生的道德情感体验。例如,教师在讲述道德范例的时候,满腔热情地加以赞扬,会使学生产生羡慕、向往的情感;在批评一些违反道德要求的行为时,用严厉的态度、否定的词语进行批评,使学生对这些行为产生厌恶、愤慨或羞愧的情感体验。教师要用自己真切的感情感化学生。一种正确的适当的情感的表达，能帮助学生正确地理解道德的社会意义。同时，教师还要注意以理服人，丰富学生的道德知识，提高他们的道德认识水平。常言道："爱之深，责之切。"教育者不但要晓之以理，又要动之以情，只有知情结合，相互促进，才能够收到较好的教育效果。

2. 以美育情，丰富学生的道德情感内容

美育，也称美感教育，是培养学生正确的审美观念、健康的审美趣味和稳固的审美情操的教育实践。美感包括自然美感、社会美感和艺术美感。优美的自然景色能激起人们热爱家乡、热爱祖国的情怀；经常地引导学生对社会现象美丑的评价，不但可以提高他们的道德认识和评价能力，而且有利于他们塑造美好的心灵，蔑视与鞭笞丑恶的行为，让学生了解现实生活中美好的人与事，使他们更加热爱生活、奋发向上；艺术美感中的优秀文艺作品，往往是形式和内容的统一，它们能够深刻地揭示社会生活的本质，具有浓厚的情感色彩和感人的精神力量，能唤起人们对真、善、美的热爱和追求，对假、恶、丑的痛恨和唾弃。可以将它们作为道德情感的教育工具。选择文艺作品时，除了要注意具有思想性，还必须考虑其内容是否贴近学生的生活实践，因为远离学生生活的内容很难引起学生的情感共鸣。总之，美育通过生动、鲜明的形象给人以美的享受的同时，起到净化人的心灵、陶冶人的情操的特殊作用，是道德情感教育的有效方式。

3. 真情感化，促进学生道德情感的发展

教师对学生的情感直接影响着学生道德情感的发展，教师对学生真诚的爱与期望，是一种巨大的教育力量，会激起学生对教师的信任感、亲切感，从而乐于接受教师所讲的道理。这就是"亲其师、信其道"。教师的爱又是学生获得积极情感体验的重要来源。学生取得进步时能得到老师的及时肯定和表扬，碰到困难时能得到老师的关心和帮助，这些都会引起学生高兴、感激等情感体验。这些情感体验可激励学生奋发向上，也有利于他们身心健康。这种积极的情感能为"晓之以理"准备良好的心理环境。此外，教师自身的道德情感对学生有着潜移默化的作用。

移情训练有关材料

1. 如果你是残疾人，在学习、生活、工作中有许多不便，有人因此而取笑你，你的心情如何？你觉得该如何对待残疾人？

2. 岁月的流逝会使黑头少年变成白发老翁。如果你是行动迟缓、无人照顾的老人，你的心情如何？你觉得该怎样对待老人？

3. 如果你获得某种好成绩或某种奖励，你周围的人不但不高兴，反而嫉妒你，你的心情如何？你觉得该怎样对待别人的成功？

4. 如果你在学习、工作、生活中遇到某种挫折，甚至不幸，你的心情如何？你觉得该怎样对待别人的不幸和挫折？

5. 如果你所在的集体，人们都是事不关己、高高挂起、"只扫自己门前雪，不管他人瓦上霜"，生活在这样的集体中，你的心情如何？你觉得该怎样对待集体？

（三）加强学生道德意志的锻炼

道德意志在由道德认识转化为道德行为的过程中起着中介作用。有的学生有了道德认识，也有道德行为的愿望，但由于意志薄弱，不能做出相应的道德行动。有的学生在道德行为中也能付诸实施，但由于缺乏毅力或不能抵制诱惑，而不能坚持到底。所以，进行品德培养必须同时对学生加强道德意志的锻炼。

1. 让学生获得道德意志的观念和榜样，激发意志锻炼的自觉性

研究表明，向学生进行关于意志锻炼必要性的谈话或讨论，可以使其形成意志观念与发展意志的意向，产生锻炼意志的正确动机；提供良好的道德意志榜样，可以激发学生锻炼意志的愿望。为此，教师应该经常向学生介绍一些英雄模范人物的事迹，科学家的传记、跨世纪的人才，或请优秀学生谈他们自己锻炼道德意志的体会和收获。通过这些生动的范例，可以强化学生对锻炼道德意志意义的认识，并可以模仿榜样，在学习和生活中自觉地锻炼道德意志。

2. 有意识地指导学生在实践活动中锻炼道德意志

意志是在克服困难的过程中发展起来的，教师应该有意识地为学生创设一些困难情境，给他们提供某些克服困难的条件，引起学生的动机斗争和意志行动上的努力。道德意志是意志力在道德行为中的表现，但一般的意志力并不能自然而然地转化为道德意志力，它必须通过道德行为的锻炼。例如，一个青年在学习上表现出很强的意志力，他可以克服种种困难，排除各种干扰，攀登科学高峰。但是并不能说明他在道德行为中就一定是道德意志的强者。因为在道德行为情境中，道德意志的表现并不仅仅取决于一般意志力，而且还依赖于道德认识、道德情感和对道德行为中可能产生的后果的估计等。例如一位学生在中午放学回家的路上遇到一个人晕倒在路旁，他可能上前将他扶起、送往医院，成为道德情感和意志的强者；也可能视而不见、一走了之，成为道德情感和意志的弱者。在后一种情况下，他可能怕给自己带来麻烦，影响到自己中午吃饭、休息和下午上课，也可能是因为过分自私，不愿多管闲事等。面对晕倒在地的老人表现出视而不见、一走了之的行为，实际上就是道德意志薄弱的反映。由此可见，为了提高道德意志力，必须在道德行为中加以锻炼。

3. 培养学生抗诱惑的能力

学生常有明知故犯、管不住自己的现象。这是因为，他们在外界一些条件的诱惑下会产生一些不符合道德要求的行为，如违反纪律、考试作弊、拾物归己等。为此，教师可以采用一些措施来增强学生抗诱惑的能力。

（1）说理。在抵制诱惑的情境中，告诉学生被禁止的理由，会产生对行为控制的效果。

（2）榜样的强化。社会学习理论的研究表明，榜样及其能受到的强化，会影响学生抗诱惑行为。因此，应有效地运用榜样对学生进行教育，可以引导学生从别人不道德行为及其后果中吸取经验教训，学会抵制不同诱因的方法，增强抗诱惑的能力。

(3) 善于引发和维持学生积极的心境。研究表明,学生处于积极的心境时,表现出较强的抗诱惑能力;而在消极的心境下,抗诱惑能力降低,就有可能在某些诱因的触动下寻衅闹事;向社会或他人发泄自己的烦闷与不满,做出不道德的事情。反之,如果他感到愉快,对学习和生活充满着信心和希望,则会乐于为集体、为他人做建设性的事情。由此可见,道德意志和心境有着密切联系。因此,教师对学生不要经常地批评、指责、惩罚,以激起他们的焦虑和烦躁,影响他们的心境,甚至让他们因此产生消极、厌恶的情绪,阻碍道德意志的培养和发展,应当注意善于引起和维持学生积极的心境,使其愉快地、主动地接受教育。

(四) 注重学生的道德行为训练

学生的道德品质是通过他的道德行为及其效果表现出来的,只有学生产生了道德行为,品德才会具有社会价值。因此,进行道德行为的训练,对学生道德品质的培养与形成,具有重大意义。为了有效地培养学生具有良好的道德行为习惯,我们需要注意以下几点。

(1) 使学生了解有关行为的社会意义,产生自愿练习的愿望。道德行为习惯是与一定的道德认识、道德情感相联系的自动化的行为动作,一个良好的道德行为习惯,都需要运用自己的行动实践、自觉地练习才能形成,这是转化为道德品质的关键。

(2) 创设重复良好行为的情境,避免重复不良行为的机会。这可以开展"比、学、赶、帮、超"的活动,充分利用表扬和批评的武器,促使形成积极向上的班风,良好的环境氛围,有利于养成良好的道德行为习惯。

(3) 提供道德行为练习与实践的榜样,让学生进行模仿。所提供的榜样应和观察者的条件相近似,要有良好的声誉,并能显示出热情的态度和有教养的举止,这样才能更好地激发观察者产生模仿的意向。

(4) 通过活动使学生明确练习的目的和要求。通过各种有益活动使学生在有意练习中明确练习的目的与阶段要求,要不间断地进行练习,并且让学生知道练习的成效,及时给予强化与反馈。让学生获得成功的体验,同时了解自己存在的不足之处。

(5) 注意矫正不良的行为习惯。要让学生知道坏习惯的害处,增强克服坏习惯的信心。

第四节　学生品行不良的矫正

对学生品行不良的转化与矫正是一项艰苦细致的工作,要注意根据他们的心理特点和犯错误的原因,有的放矢地进行教育和引导。同时又需要家庭、学校和社会紧密配合、协调一致、共同努力,对他们坚持综合教育和协同管理才能取得理想的教育效果。

一、学生品行不良的概念

学生的品行不良是指学生经常违反道德准则或犯有较为严重的道德过错。他们最初的表现是一般的过错行为，如不遵守纪律、小偷小摸、好打架、考试作弊、损坏公物等。这些过错行为虽然在其严重性和稳定性上还没有达到违法的程度，但是如不及时地加以矫正，就会沉积为严重的道德过错，从而形成不良品德。这种学生虽然在整体中只占极少数，但他们危害大，如果不及时地给予教育与帮助，他们就有可能走上违法犯罪的道路，同时还会影响到其他学生道德品质的健康发展。

二、学生品行不良的原因分析

学生的品行不良的形成原因主要包括客观原因和主观原因两大方面。客观原因主要来自家庭方面、学校方面与社会方面，主观原因主要是指学生内部的心理原因。

（一）学生品行不良的客观原因

1. 家庭方面的原因

家庭是学生接受品德教育的启蒙学校，家庭环境中的某些不当教育和环境中的某些不良因素，是形成学生品行不良的一个重要原因。现在家庭教育环境中有四个问题比较突出。

(1) 养而不教，重养轻教。有些父母只重视满足子女的物质需要，而忽视对子女的品德教育。

(2) 宽严失度，方法不当。家长缺乏教育子女的正确原则和方法，出现种种偏向，或者管教不严，错把溺爱当爱护；或者管教过严，错把粗暴当严教，有时这两种偏向还会交替出现。

(3) 要求不一致，互相抵消。有的父母对子女的教育意见不统一，甚至当着子女面唱对台戏，在这种矛盾的情况下，会使子女对道德规范迷惑不解，或对他们的教育无所适从，或学会讨巧、说谎，甚至养成表里不一的“双重人格”。

(4) 言行不检点，身教言教差。有的父母没有给子女做好表率，或者家风不正、行为不检点，或者父母关系不和，甚至离异，造成家庭破裂。父母的这些行为表现，都会对子女产生极坏的影响，或使他们的心灵受到创伤而引起性格变异，导致品行不良。

2. 学校方面的原因

学校是专门培养人的教育系统，学生的品德主要是通过学校教育来培养的。如果教育者思想不端正，教育措施不力，教育方法不当，都可能妨碍学生良好品德的形成，从而造成学生品行不良的蔓延和恶化。现在学校教育中存在着四个比较突出的问题。

(1) 有的教师或领导管教不管导，狠抓智育，甚至只抓升学率，忽视了对学生思想品德的教育。

(2) 有的教师对学生不能一视同仁，缺乏正确的教育思想，对学习成绩差或者有缺点错误的学生教育方法简单粗暴，或对他们冷淡、歧视，使他们失去了自尊心和自信心，或采取息事宁人、姑息迁就的态度，这些都在一定的程度上助长了他们缺点和错误的发展。

(3) 少数教师本身缺乏师德，或者品德不良，直接给学生带来了不良影响。

(4) 学校教育与家庭教育脱节,削弱了教育的力量,甚至相互抵消。

3. 社会方面的原因

随着学生年龄的增大,越来越广泛地接触社会的各个方面,社会对他们的影响也越来越大。从总体看,我们社会主义的社会环境是有利于学生品德健康成长的,但是,对于那些形形色色的腐朽思想和不正之风对学生产生的侵蚀和影响也不能低估。处于成长发展中的青少年、儿童缺乏较为全面的、深刻的分析能力,一些社会允许但不适宜于儿童接触的文艺作品也可能对学生品德的发展产生副作用,对此,教育者应该注意防范,正确地加以引导。

(二) 学生品行不良的主观原因

1. 缺乏正确的道德观念和法制观念淡薄

品行不良的形成与学生道德认识上的错误或无知常有密切的关系。有的学生分不清是非、善恶,以是为非,或者以非为是。有的是由于“意义障碍”不能理解或不能正确理解有关的道德要求和道德准则,如把违反纪律视为“英雄行为”,把包庇同学的错误看作“讲义气”等等。还有的学生接受了社会上腐朽反动的价值观,认为“助人为乐”是“傻瓜”,把“人不为己,天诛地灭”看成是天经地义的事,在利己主义、拜金主义、享乐主义人生观的支配下,他们容易为诱因直接引起的欲望所驱使。其实,学生起初的错误道德认识并不稳定和牢固,以后由于错误的道德行为受到强化,反过来加深了已有的错误认识,加上家庭和学校教育不当或不及时,以及品行不良学生之间的相互影响,随着时间的推移,就逐步形成了各种较为顽固的错误认识。因而他们不能在出现错误举动时加以辨认和制止,在发生错误行动之后,也不能产生忏悔与改正的意向,而在道德堕落的斜坡上越滑越远。

“哥们儿义气”是心中永远的痛

2002 年 4 月 3 日中午,某职业技术学院与市某中学 30 余名学生,在校外上演了一幕群殴争斗的事件。打斗中,技校某学生被某中学学生杨某用匕首刺伤心、肺等要害部位,经抢救无效死亡。技校另有一名学生被刺成重伤、两名轻伤。“4·3”案件受到社会各界普遍关注,人们纷纷呼吁全社会进一步关注校园及周边治安环境,加强青少年的法制教育,关注青少年生存、成长环境的净化工作。然而,人们也意识到,单纯的“打击”并非治本之策,关键在于如何从源头上尽可能杜绝品行不良青少年的产生。据了解,现在的一些品行不良青少年,年龄一般在 14 岁至 17 岁之间,多半家庭条件较差,文化素质、法律意识都极低,追求“哥们儿义气”。“4·3”案件就是一个突出的例子。在询问技校的一个学生为什么要去打架时,他回答:“我们班是最团结的,只要有一个人被欺负,我们全班都要上,只要有一个老乡被欺负,我们全校的老乡都要帮忙。”当公安人员将他们送进看守所,宣布刑事拘留决定的时候,他们每个人都露出了惊讶的目光。其中一位同学的一番话,道出了他由衷的感叹:“哥们儿义气”是我心中永远的痛。(资料来自中国普法网/www. legalinfo. gov. cn)

2. 缺乏道德情感或情感异常

品行不良的学生缺乏道德情感，他们往往是爱憎不分、好恶颠倒。例如，认为给他一点便宜的人是“好人”，认为严格要求和管束他的人可恶。他们同教师、父母和其他一些关心他们的人情感对立、存有戒心，而与他们的“伙伴”却情感相投。在这些品行不良的学生中，不少都是在被打骂、批评、斥责、讽刺中长大的，他们常常遭受各方面的冷遇，因而使他们产生了一种本能的戒备心理。他们既自卑又自尊，往往自己瞧不起自己，又不允许别人蔑视他们。你越是管教他们，他们就认为你是歧视他们，就越反感，就越和你有对立情绪。有的学生情绪消极多变，喜怒无常，容易寻找替罪羊来发泄。或者是闷闷地做坏事，制造恶作剧；或者是在某些诱因的触动下寻衅闹事，以向他人和社会发泄自己的烦闷与不满，甚至把自己的快乐建立在别人痛苦的基础上。这些情感的特点既是品行不良的一种结果，也是引起新的不良行为的重要原因。在某些特殊的情境下，他们可能激情冲动，什么都不顾，丧失理智，爆发出不良的行为，造成严重的后果。

3. 明显的意志薄弱与畸形的意志发展

品行不良的学生往往由于缺乏坚强的道德意志，不能用正确的认识战胜不合理的欲望而发生不良行为。例如，有的学生明知打架、偷窃等行为是错误的，但是由于意志薄弱，经受不住不良诱因的影响，使正确的认识不能见诸行动，所以“明知故犯”，常常不能克制自己的错误行为。当教师对他进行教育，他一面表示“决心改正”，一面又由于缺乏自制力，经不起“伙伴”的挑动和诱惑而重犯错误，有时在改正错误的过程中，时常出现反复。有的学生行为盲目，缺乏自觉性；有的是好奇心强，越是神秘的东西，越想试探一下；有的喜欢模仿，特别是盲目模仿消极的东西；有的是缺乏主见为他人行为所左右等等，由此而导致不道德行为的发生。有的学生企图追求一种畸形的独立，一意孤行，不听从正确的劝告，顽固、执拗地坚持自己的错误行为等等。

4. 由偶然失足到养成不良习惯

一种不良行为的发生，开始可能是偶然的。但是他在侥幸得逞之后，这种不良的行为方式就会与个人欲望的某种满足发生联系，经过多次重复，便养成了不良的行为习惯。不良的行为习惯一旦形成，就会使学生不知不觉地采取类似的不良行为，仿佛不那样做就感到不自然，甚至产生不愉快的情绪体验。于是不良的行为习惯就成了产生不良品行的内部因素。

5. 不健康的个人需要

需要是人的行动的动力源泉。不健康的需要是导致不良行为发生的重要内部原因。如因为不切实际地追求物质享受而产生偷盗行为。

三、学生品行不良的转化与矫正

教育者对于品行不良的学生，应该认识到他们的世界观尚未定型，可塑性很大，应该促使他们向好的方面转化。同时我们应该看到，对不良学生的转化与矫正是一项艰巨、复杂的工作，不能期望一蹴而就，需要耐心细致地做好工作。

（一）培养深厚的师生感情，消除疑惧心理和对立情绪

对于犯错误的学生，教育者不能急于批评指责，而是需要更加地关心、爱护和信任，通过爱的感化来使其消除心理防线。教育实践表明，只要师生感情深厚，对于此类学生的教育就会收到事半功倍的效果。

（二）培养正确的道德观念，提高明辨是非的能力

是非观是关于是非、善恶的观点，它是学生自觉纠正错误而坚持正确行为的重要心理依据。是非观念淡薄或欠缺，缺乏辨别是非的能力，是学生品德不良的重要原因之一，也是品德不良学生的典型心理特点。因此，教育者通过各种形式与方法，提高学生的道德认识，帮助他们明辨是非、美丑、善恶、荣辱等，是矫正学生不良品德的有效手段。

（三）保护和利用学生的自尊心，培养集体荣誉感

品德不良学生，大多有严重的自卑心理，因而自暴自弃、放任自流。但其内心深处，却有强烈的自尊心，渴望能得到别人的理解和尊重。还有的学生盲目自傲，往往用错误的方式或行为表达，明知故犯而不肯悔改。这些自卑感和自傲感都不利于学生处理好本人与他人的关系，是造成学生品德不良的重要原因。因而，教育者在日常工作中，要矫正学生的不良品德，首先要消除学生的自卑心理和自傲感。遵循“己所不欲，勿施于人”的原则，学会尊重他人，使学生知道，只有尊重他人的人才能得到别人的尊重。其次教育者要设法将品德不良的学生置于集体生活之中，为他们提供创建集体荣誉的条件和机会，引导他们为集体争光，维护集体的尊严，帮助他们形成集体荣誉感，逐步培养他们的集体主义精神和爱国主义情感。

（四）锻炼同不良诱因作斗争的意志力，巩固新的行为习惯

道德意志是一个人自觉地克服困难，去完成预定的道德目的、任务，以实现一定道德动机的活动。它是调节道德行为的内部力量。生活中，由于道德意志薄弱，出现的违法乱纪现象比比皆是。教育者可以通过适当地组织活动，有意识地磨炼学生的道德意志。在组织实施过程中，由于不良品德的转变不是直线上升的，有时是曲折的、回转的，甚至暂时回落。因此，教师要有充分的思想准备，不能因为暂时的“倒退”而灰心失望，更不能使用过激的、有损于学生自尊心的言行，恰恰相反，要给予他们更多的关心、爱护，充分的信任和尊重，不然则功亏一篑。

（五）针对学生的个别差异，采取灵活多样的教育措施

学生不良品行的形成，有的是从认识开始，有的是从情感、意志开始，也有的则是从行动开始的。需要认真梳理，区别对待。更何况，学生的个性不同，矫正的方法也应不同。要结合学生的自身情况以及具体的不良行为进行综合分析，从而采取有效的教育措施。矫正学生的不良行为的办法和措施是灵活多样的，切忌把有不良行为的学生看作罪犯，对其实施“关、卡、压”的态度，而应诚心、细心、耐心地帮助他们矫正不良行为。

练习题

一、选择题

1. 皮亚杰在儿童品德心理的发展中采用的主要研究方法是 （ ）
   A. 对偶故事法 B. 两难故事法 C. 动物实验法 D. 情境实验法
2. 柯尔伯格的道德认知发展阶段说中避罚服从取向阶段处于 （ ）
   A. 无习俗水平 B. 前习俗水平 C. 习俗水平 D. 后习俗水平
3. 柯尔伯格的道德认知发展阶段说中普遍伦理取向阶段处于 （ ）
   A. 无习俗水平 B. 前习俗水平 C. 习俗水平 D. 后习俗水平
4. 柯尔伯格在儿童品德心理的发展中采用的主要研究方法是 （ ）
   A. 对偶故事法 B. 两难故事法 C. 动物实验法 D. 情境实验法
5. 衡量学生品德形成与否的关键性要素是 （ ）
   A. 道德情感 B. 道德认识 C. 道德行为 D. 道德意志
6. 品德心理的核心成分是 （ ）
   A. 道德情感 B. 道德认识 C. 道德行为 D. 道德意志
7. 一名小学生决心改掉上课迟到的缺点，可冬天一到，他又迟迟不肯起床，结果还是频频迟到，要对该生进行教育，应着重强化其 （ ）
   A. 道德情感 B. 道德认识 C. 道德行为 D. 道德意志

二、辨析题

1. 人的品德一旦形成，将不再改变。
2. 个体的道德认识与道德行为是一致的。
3. 品德的心理结构具有统一性。
4. 只要运用正面说服的教育方法，所有学生都能教育好，因此，反对纪律处分等强制性的方法。
5. 由于榜样在观察学习中起着重要作用，所以在给学生呈现榜样时，应尽量找德高望重的长者。

三、简答题

1. 简述品德的心理结构。
2. 简述品德形成的一般过程。

四、材料分析题

曾经有过这样一篇报道：一个在国外留学的青年在校成绩很好，也很聪明。毕业后，他以为凭着自己的学识和才华，能够找到一份很好的工作，但是，他应聘了好几家公司都被拒绝了，当他询问拒聘的原因时，得到的答复是：“因为你有三次逃票的记录，我们不会录用一个不诚实的人。”

请根据案例，分析一下如何培养学生的优良品德？

参考答案

一、选择题

1. A 2. B 3. D 4. B 5. C 6. B 7. D

二、辨析题

1. 错误。人的品德是在它的结构的相对稳定性和不断变动性的矛盾运行中形成的。个体品德受到社会发展规律的制约。随着人的发展,社会对他的要求也就不断提高,社会本身也在不断发展变化,原有的与社会要求相适应的品德在新的社会历史条件下又有进一步发展与提高的必要。

2. 错误。道德行为的形成受到主观和客观等各方面的影响。道德认识与道德行为可能是一致的,也可能是不一致的。比如,中学生由于道德意志薄弱,可能会出现"明知故犯"的现象,这就是道德认识与道德行为不一致的现象。

3. 正确。品德的知、情、意、行具有统一性。一个人的思想品德是多种基本心理成分的有机统一。四种成分既各有其重要作用,又相互联系、相互影响,构成品德的完整面貌。学生品德的形成有赖于四种心理成分的协调发展。

4. 错误。在学生的思想品德教育中,说服的方法具有很大作用,但说服的方法不是万能的,必须辅以纪律处分等强制性的方法,才能收到良好的效果。

5. 错误。由于榜样在观察学习中起着重要作用,所以在给学生呈现榜样时,应考虑到榜样的年龄、性别、兴趣爱好、社会背景等特点,尽量与学生相似,这样可以使学生产生可接近感。

三、简答题

1. 品德的心理结构非常复杂,它是由多种心理因素交互作用的综合结果,是多层次、多水平的有机统一整体。它将品德分为道德认识、道德情感、道德意志和道德行为四个成分。

(1) 道德认识是指人们对社会道德现象、道德规范及其履行意义的认识,以及在此基础上形成的道德观念、信念。道德认识是品德形成的基础。道德认识包括道德概念、道德信念、道德评价等方面。

(2) 道德情感是伴随着道德认识而产生的一种内心体验。这种情感既反映了人们的道德需要,又表现出人们对客观现实是否符合自己的道德需要而产生的一种态度体验。而道德情感从形式上分析,则主要有三类:直觉的道德情感、形象性的道德情感、伦理性的道德情感。

(3) 道德意志是人们在实现一定的道德行为的过程中,克服一切内外的阻力与困难所做出的自觉顽强的努力,它是调节道德行为的内部力量。

(4) 道德行为是指人们遵照一定的道德规范所采取的言论和行动。道德行为是衡量一个人的品德水平高低的根本标志。它是品德的外显成分，是实现道德动机达到道德目的的手段。

品德心理结构的这四种成分是互相联系、互相渗透、互相影响、有机结合、缺一不可的。它是品德教育中“晓之以理、动之以情、导之以行、持之以恒”的心理学依据。在品德教育和培养中，只有保证这四种成分的协调、平衡发展，才不会造成品德结构上的缺陷，阻碍品德的发展。

2. 一般认为，品德的形成过程经历依从、认同与内化三个阶段。

(1) 依从。依从包括从众和服从两种。从众是指人们对于某种行为要求的依据或必要性缺乏认识与体验，跟随他人行动的现象。服从是指在权威命令、社会舆论或群体气氛的压力下，放弃自己的意见而采取与大多数人一致的行为。

处于依从阶段的品德，其水平较低，但是一个不可缺少的阶段，是品德建立的开端环节。

(2) 认同。认同是在思想、情感、态度和行为上主动接受他人的影响，使自己的态度和行为与他人相接近。认同实质上就是对榜样的模仿，其出发点就是试图与榜样一致。与依从相比，认同更深入一层，它不受外界压力控制，行为具有一定的自觉性、主动性和稳定性等特点。主体虽然对道德行为规范本身仍缺乏清楚而深刻的认识与体验，但由于对榜样的仰慕，在行为上就试图与榜样一致。

(3) 内化。内化指在思想观点上与他人的思想观点一致，将自己所认同的思想和自己原有的观点、信念融为一体，构成一个完整的价值体系。由于在内化过程中解决了各种价值的矛盾和冲突，当个人按自己内化了的价值行动时，会感到愉快和满意；而当出现了与自己的价值标准相反的行动时，会感到内疚、不安。在内化阶段，个体的行为具有高度的自觉性和主动性，并具有坚定性。

四、材料分析题

道德品质的培养主要表现在道德认识、道德情感、道德意志和道德行为的形成和发展方面。学生道德品质的培养，可以从不同的方面去进行。有时可从提高道德认识做起，有时可从激发道德情感入手，有时可以从培养道德行为和习惯开始。但是，只有在这些基本心理成分都得到相应的发展时，品德才能形成得较为完好。

1. 提高学生的道德认识能力

学生道德认识水平的状况对品德的形成和发展具有重要的作用，因为人们的大部分行为是受认识支配的，只有认识深刻，情感体验才会丰富强烈，才能知道为何行动、怎样行动，并把道德行为坚持下去。因此，道德认识始终贯穿于品德形成的各个方面。道德认识的形成与发展，主要依赖于道德概念的掌握、道德信念的确立和道德评价能力的发展三个维度。

(1) 促进学生对道德概念的掌握；

(2) 引导学生把道德知识转变为道德信念；

(3) 发展学生的道德评价能力。

2. 激发学生的道德情感体验

学生的道德情感不是与生俱来的,而是在后天的社会生活和教育影响下逐步形成的。学生在道德情感发展的过程中,需要教育工作者满怀热情地给予引导和培养。道德情感的培养可以通过多种方式和途径进行,从心理学的角度来讲,主要有以下几种基本的途径。

(1) 知情结合,激起学生的道德情感体验;

(2) 以美育情,丰富学生的道德情感内容;

(3) 真情感化,促进学生道德情感的发展。

3. 加强学生道德意志的锻炼

道德意志在由道德认识转化为道德行为的过程中起着中介作用。有的学生有了道德认识,也有道德行为的愿望,但由于意志薄弱,不能做出相应的道德行动。有的学生在道德行为中也能付诸实施,但由于缺乏毅力或不能抵制诱惑,而不能坚持到底。所以,进行品德培养必须同时对学生加强道德意志的锻炼。培养道德意志品质,可采取以下措施。

(1) 让学生获得道德意志的观念和榜样,激发意志锻炼的自觉性;

(2) 有意识地指导学生在实践活动中锻炼道德意志;

(3) 培养学生抗诱惑的能力。

① 说理。② 榜样的强化。③ 善于引发和维持学生积极的心境。

4. 注重学生的道德行为训练

学生的道德品质是通过他的道德行为及其效果表现出来的,只有学生产生了道德行为,其品德才会具有社会价值。因此,进行道德行为的训练,对学生道德品质的培养与形成,具有重大意义。

(1) 使学生了解有关行为的社会意义,产生自愿练习的愿望;

(2) 创设重复良好行为的情境,避免重复不良行为的机会;

(3) 提供道德行为练习与实践的榜样,让学生进行模仿;

(4) 通过活动使学生明确练习的目的和要求;

(5) 注意矫正不良的行为习惯。

第十二章　学生的群体心理

教学目的和要求：通过本章的学习，了解群体的类别及其特征，掌握影响群体凝聚力的因素，了解群体规范、群体压力、群体舆论及它们的作用，了解人际沟通的分类及功能，熟练掌握高效沟通的原则，掌握模仿、暗示和感染，掌握从众和服从，熟练掌握人际吸引的影响因素，了解合作与竞争的关系，针对非正式群体，应该如何工作。

教学重点：掌握影响群体凝聚力的因素，了解群体规范、群体压力、群体舆论及它们的作用，熟练掌握高效沟通的原则，针对非正式群体，应该如何工作。

教学难点：了解合作与竞争的关系，针对非正式群体，应该如何工作。

学生和成人一样，也生活在群体之中，各种类型的群体都对学生的心理和个性发展发生重要影响。教师面对的不仅是一个个活生生的学生，而且也是生气勃勃的、各有特色的、大小不一的群体。教育的目的是要把每一个学生培养成为德智体美劳全面发展的人才，但是教师如果不了解群体心理，不把群体变成一个坚强的、发展的集体，那么想取得很好的教育效果，无疑是相当困难的。

第一节　群体概述

群体不是个体的简单集合，而是二人或二人以上，为了达到共同的特定目标，彼此相互依赖和相互作用的一个整体。群体的显著标志是，群体内的成员具有共同的信念和群体意识。

社会心理学家霍曼斯通过对群体的剖析发现，任何一个群体，都存在着相互联系的要素：活动、相互作用与感情、群体规范。

群体的特征有以下几种：① 各成员之间相互依附，在心理上彼此意识到对方的存在；② 各成员之间在行为上有共同的规范，彼此相互影响；③ 各成员具有群体意识，即具有“我们同属于一群”、是这个群体中的一员之感受；④ 各成员的心理与行为，以实现某种共同的目标为宗旨。

一、群体类别

按照不同的标准，可以把群体分为不同的类别。

（一）初级群体与次级群体

所谓初级群体，又称为直接群体、基本群体或首属群体，指它的成员相互熟悉、了解，是以感情为基础结成亲密关系的社会群体。典型的初级群体有家庭、邻里、朋友和亲属等。

所谓次级群体，又称间接群体或次属群体，指的是其成员为了某种特定的目标集合在一起，通过明确的规章制度结成正规关系的社会群体。典型的社会组织、学校、企业和政府部门等。

（二）正式群体与非正式群体

正式群体是指具有正规化制度，其成员间的互动采取制度化、规范化的方式，成员的权利、义务以及彼此间关系并没有明确的、成文的规定。

非正式群体则恰恰相反，群体成员之间通过经常性的自由交往，形成了一些不言而喻的规范和角色期望，大家自然地结合在一起。

（三）内群体与外群体

所谓内群体，指成员对其有团结、忠心、亲密及合作感觉的群体，成员在心理上自觉认同并归属于这个群体。一般而言，人们的日常生活大多是在内群体中进行。

外群体，泛指内群体成员以外的其他任何别人的结合。内群体和外群体常常相互隔离，乃至处于对立的地位。当彼此有严重的利益冲突时，比较容易导致抵制、争斗，甚至是侵略等行为。

（四）所属群体与参照群体

所属群体是成员身份所属的群体。它规定着成员的身份及其日常活动。

参照群体也叫渴望群体，是指某些人或群体被当成自己的参照对象，作为自己模仿、学习的榜样，参照群体一般是与所属群体同类的群体。有时，根据成员的不同需要，参照群体也会形成不同的参照群体，同一参照群体在不同时期的意义也会有所不同。

二、群体整体性的制约因素

（一）群体凝聚力

群体凝聚力，又称群体内聚力，是由群体对成员的吸引力，成员对群体的向心力，以及成员之间人际关系的紧密程度综合形成的，使群体成员固守在群体内的内聚力量。

有的群体凝聚力强，有的群体凝聚力弱，群体凝聚力的影响因素主要有以下几种。

1. 群体的领导方式

群体的领导们有其各自的领导方式，而不同的领导方式又会对群体凝聚力的大小产生不同的影响。心理学家勒温和怀特等人经过试验发现，采用“民主型”领导方式的小组比采用“专制型”和“放任型”领导方式的小组成员之间更友爱，思想更活跃，态度更积极，群体凝聚力更高。

2. 群体成员的一致性

这里的一致性是指群体成员的共同性或相似性。如果群体成员有共同的目标、共同的需要、共同的兴趣爱好,则成员之间的行为表现容易达成一致,群体的凝聚力就更强。应该说,群体成员的一致性是凝聚力的基础。

3. 群体规模

群体规模的大小也是影响群体凝聚力的一个重要因素。群体规模过大,成员之间相互接触的机会则会相对减少,彼此之间的关系也会比较淡薄,易造成意见分歧,从而降低群体的凝聚力。若群体规模过小,群体力量不足,又会影响任务的完成。因此,群体的规模,应既能保证群体的工作机能,又能维持群体的凝聚力。一般说,群体规模以七人左右为宜。

4. 外部的影响因素

外部压力也是影响群体凝聚力的一个重要因素。研究证明,当群体遭到外部压力时,群体成员会放弃前嫌,紧密地团结起来一起抵抗外来威胁,从而有利于增强群体成员的团结精神,提高群体的凝聚力。

5. 群体成员需求的满足

任何一个人参加一个群体,总希望群体能满足其一定的需求,既包括物质上的需求,也包括精神上的需求。群体满足个人需求越高,对成员的吸引力就越强。

6. 群体内部的奖励方式

群体内部的奖励方式对群体成员会产生不同的心理影响,进而影响到群体的凝聚力。只强调个人成功,对个人进行奖励,势必造成群体成员之间的矛盾。研究证明,个人和群体相结合的奖励方式易增强成员的集体意识和工作责任,有利于增强群体的凝聚力。

(二) 群体规范

所谓群体规范,是指人们共同遵守的行为方式的总和。群体规范是每个成员必须遵守的已经确立的思想、评价和行为的标准。这些标准为群体每个成员所公认,而且是每个成员必须遵守的。群体规范可以是在群体内正式规定的,但大部分是在群体中自发形成的,并且能潜移默化地影响着个人的行为及人格的发展,起着调节成员活动和关系的作用。

一方面,人们在共同活动中,其心理存在着一种社会标准化的倾向,即人们在对外界事物的共同认知和判断上,发生类化过程,彼此接近,趋于一致,从而导致模式化、固定化,以便于遇到同类事物时尽快做出反应。另一方面,在群体成员的相互作用下,又会产生模仿、暗示、顺从等心理,这样就形成了群体意见的统一。规范正是在这两种因素的基础上产生的。

群体规范一旦形成,就会产生以下作用。

1. 维系群体

群体的存在形式是它的整体性,而这种整体性就表现在群体成员的行为、感情和认识的一致性上。群体规范是这种一致性的标准,它统一着群体成员的意见和看法,调节着他们的行为。没有群体规范，群体就失去其整体性，因而群体便不复存在。

2. 认知的标准化

个人独处时，各人的看法往往是不同的，当他们一旦结合成为群体，就会在判断和评价上逐渐趋于一致，这种统一成员意见、看法的功能，就是群体规范的认知标准化功能。群体规范就像一把尺子，摆在每个成员的面前，约束着他们，使他们的认知、评价有一个统一的标准，从而形成共同的看法和意见，即使有个别人持不同意见，但由于规范的压力和个人的遵从性，也势必使其与规范保持一致。群体规范的这种标准化功能并不是外在的、强迫的，而是内在的、自觉的。它已内化为每个成员的个人意识，在无形中起着作用。成员们在无意识中作出了相同的评价，表现出了一致的看法。

3. 定向行为

群体规范对行为的定向功能，主要是为成员划定了活动的范围，制定了日常的行为方式，告诉人们应该做什么、不应该做什么、怎样做等等。如学生应该尊敬老师、上课应该遵守纪律等，即表明群体规范规定着人们的行为。群体是社会与个人之间的中介，是社会影响个人的具体形式，社会准则要通过群体才能影响个人，这是通过群体规范约束人的行为方式来实现的。

（三）群体压力

群体压力是群体对其成员形成的约束力与影响力，包括信息压力和规范压力两种。

信息压力是指个人信息是有限的、是不够用的，许多时候需要群体所提供的信息，当人们依赖于他人获得社会信息时，他人就获得一种权力，来影响人们的行动或态度。他人对人们就具有了信息性压力。

规范压力是指群体可以用拒绝或否定的强化来惩罚不愿从众的人，或者群体虽然没有施行这种惩罚，而个体相信偏离规范者会遭到惩罚，这种惩罚或者相信被惩罚的压力就是规范压力。

群体压力的大小，既与群体有关，也与个人有关。群体压力的群体因素主要取决于以下四个方面：① 群体意见的一致性程度。如果群体成员意见分散，群体压力就会减小；如果群体成员意见一致性高，群体压力就会加大，个体就不得不与群体保持一致。② 群体的规模和凝聚力。群体规模越大，凝聚力越高，个体就越容易从众。③ 群体的专长。一个群体越有成效，越有某方面的专长，个体对群体就越信任，个体的行为就越容易趋向群体行为。④ 群体的性质。个人的关联群体和个体认为能满足个体愿望的群体易表现从众。一个代表个体愿望、满足个体要求的组织，个体必定愿意顺从。

（四）群体舆论

群体舆论，是指群体对某一问题具有共同倾向性的看法或意见。它是社会意识形态的特殊表现形式，往往反映一定群体的利益、愿望和要求。

群体舆论是群体成员的意见，它对群体生活有重要的影响，既可促进群体的稳定和发展，又可减弱群体的凝聚力与向心力。是群体领导不得不重视的一种力量。

群体舆论的形成，既可来自群体成员的自发，也可来自有目的的引导。在实践中，舆论的形成往往是两种来源相互转化，即先从群体中来，然后经有关权威方面加以传播；或先由有关权威方面提出，然后在群体中传播。群体舆论如果只在群体个别成员中传播，其影响有限；只有经过群体都能接受的传播工具的广泛传播，才能把群体舆论凝聚起来，唤起群体成员对某一问题的注意。随着传播工具的现代化，群体舆论的影响和作用越来越大。

三、中小学生的非正式群体

在班级这个正式群体之外，往往还有若干个非正式群体。中小学生除了受班级这个正式群体的影响外，还受非正式群体的影响，甚至受非正式群体的影响更大。因此，教师应正确认识学生的非正式群体，并积极进行指导。

（一）非正式群体的特点

与班集体相比，非正式群体有以下特点：① 自发性：非正式群体是学生根据某种需要自愿结合而产生的。② 相似性：群员往往有相似的心理特征或心理需求。③ 相容性：彼此以感情为纽带，心理相容，具有很强的凝聚力。④ 畅通性：成员之间信息传递迅速，彼此思想交流畅通，甚至无话不谈。⑤ 权威性：非正式群体有一套不成文的规定，有自己的核心人物，这两者对其成员的影响极大。

（二）做好非正式群体的工作

非正式群体之所以存在，是因为它能满足学生的某些需求。从积极方面来看，非正式群体有利于学生学习同伴的经验，提高社会交往技能和锻炼实践活动能力。从消极方面看，非正式群体的规则又可能和班集体的规则相抵触，不利于班级工作的开展，甚至可能使学生发生违法乱纪的行为。

针对非正式群体，教师可以进行以下工作。

(1) 了解非正式群体的状况。包括非正式群体的主要活动、核心人物，以及班级中大部分人对非正式群体成员的评价。

(2) 对不同的群体，采取不同的方法。非正式群体可以分为积极型、中间型、消极型和破坏型。对积极型的非正式群体要给予支持和帮助，对中间型的要进行积极的引导，对消极型的要进行转化和改造，对破坏型的要进行瓦解。

(3) 做好非正式群体核心人物的工作。非正式群体的活动和作用，往往取决于核心人物的作用。而这些核心人物，往往有不少长处，教师可以引导他们为班级服务。当然，如果是品行有严重问题的核心人物，则必须进行适当教育，既不能听之任之，也不宜采取对抗的态度。

(4) 从改变非正式群体的规范入手。要改变非正式群体中的不良行为，了解并改变不良的行为规范比直接改变个体的行为有效得多。这样，不但不会使非正式成员感到难堪，而且可以使他们参与到改变旧规范，制订并维护新规范的活动中去。

(5) 组织好班集体是削弱非正式群体的最佳途径。如果每个学生都能在班集体中体会到温暖与关爱、体会到责任感与成就感，组织或参加非正式群体的愿望就会大为下降。所以，教师要尽可能组织好班级活动，尽可能使每个学生在班集体中获得心理上的满足。

第二节　人际沟通

在社会活动中，人与人之间需要进行交往，人际交往最基本的方式即是运用语言等人类所特有的符号系统和他人进行信息交流、情感沟通，即人际沟通。人际沟通还在人际关系协调中起着重要作用。人际沟通是人际关系的前提和条件，只有通过相互的沟通，才能产生相互影响、相互了解，才能达到行动上的协调一致，实现共同的活动目标。

一、人际沟通的含义

人际沟通一般指人与人之间的信息交流过程。其过程就是人们采用言语、书信、表情、通讯等方式彼此进行的事实、思想、意见、情感等方面的交流，以达到人与人之间对信息的共同理解和认识，取得相互之间的了解、信任，形成良好的人际关系，从而实现对行为的调节。

完整的人际沟通包括以下几个要素：它们分别是信息源、信息接受者、信息、通道、反馈、障碍和背景。

二、人际沟通的种类

根据不同的标准，人际沟通可以分为不同的类别。

（一）正式沟通和非正式沟通

从组织系统区分，将沟通分为正式沟通和非正式沟通。信息通过组织明文规定的渠道进行的传递和交流是正式沟通。组织内部的文件传达、通知发布、工作布置、工作汇报、各种会议以及组织与其他组织之间的公函往来都属于正式沟通。其优点是信息通路规范、准确度较高。

在正式沟通渠道之外进行的信息传递和交流称为非正式沟通，如人员间的私人交谈及一般流传的“流言”等。因为非正式沟通不但表露或反映人们的真实动机，同时也常提供组织没有预料的内外信息，因此现在的管理者都很重视非正式沟通，重视非正式团体的娱乐活动等。非正式沟通既具有沟通形式灵活，信息传播速度快等优点，又具有随意性和不可靠性等致命的弱点。

（二）下行沟通、上行沟通和平行沟通

根据信息流动的方向，将沟通分为下行沟通、上行沟通和平行沟通。下行沟通是上级向下级传递信息。这种自上而下的沟通能够协调组织内各层级之间的关系，增强各层级之间的联系，对下级具有督导、指挥、协调和帮助等作用。因此，这种沟通形式受到古典管理理论家的重视，今天仍为许多组织所沿用。但是，这种沟通易于形成一种“权利气氛”而影响士气，影响班风学风，并且由于曲解、误解或搁置等因素，所传递的信息

会逐步减少或歪曲。

上行沟通是指由下级向上级传递信息。如学生向老师报告学习情况、提出自己的建议和意见、表述自己的态度等。在组织中，不仅要求下行沟通迅速有效，而且还应保证上行沟通畅通无阻。因为只有这样，管理者才能及时掌握各种情况，从而做出符合实际的决策。但有关研究表明：有时自下而上的信息沟通即使到达了管理阶层，通常也不会被重视，或根本没被注意到，并且在逐层上报过程中内容会被逐层压缩、细节会被一一删去，造成严重失真。

平行沟通是指同级之间传递信息，如班委之间的交流、老师之间的沟通等。这种沟通一般具有协调性质。它有助于加强相互间的了解，增强团结，强化协调，减少矛盾和冲突，改善人与人之间的关系。

（三）单向沟通和双向沟通

根据发信者与接信者的地位是否变换，可将沟通分为单向沟通和双向沟通。

单向沟通只是一方向另一方发出信息，发信者与接信者的方向位置不变，双方无论在语言上还是在表情动作上都不存在反馈信息，发指示、下命令、演讲、报告等都带有单向沟通的性质。

双向沟通即指发信者和接信者的位置不断变化，发信者以协商、讨论或征求意见的方式面对接信者，信息发出后，又立即得到反馈。有时双方位置互换多次，直到双方共同明确为止。招聘会、座谈会等都属双向沟通。

单向、双向沟通各有所长，究竟采用何种方式沟通，要视具体情况而定。如果需要迅速传达信息，应采取单向沟通方式；如果需要准确地传达信息，以采取双向沟通为宜。一般说来，如果工作急需完成，或者工作性质比较简单，或者发信者只需发布指示，无需反馈时，多采用单向沟通方式。

（四）口头沟通和书面沟通

根据沟通形式区分，可将沟通分为口头沟通和书面沟通。

口头沟通是面对面的口头信息交流，如会谈、讨论、会议、演说以及电话联系等。其优点是有亲切感，可以用表情、语调等增加沟通的效果，可以马上获得对方的反应，具有双向沟通的好处，且富有弹性，可以随机应变，但如果传达者口齿不清或不能掌握要点做简洁的意见表达，则无法使接受者了解其真意。沟通时如果接受者不专心、不注意或心里有困扰，则因口头沟通一过即逝，无法回头再追认。

书面沟通即指通过布告、通知、文件、刊物、书信、电报、调查报告等方式进行的信息交流。其优点是具有一定的严肃性、规范性、权威性，不容易在传达中被歪曲；它可以作为档案材料和参考资料，以及正式交换文件长期保存；它比口头表达更详细地供接受者慢慢阅读、细细领会。其弱点是沟通不灵活，感情因素少一些，对文字能力要求较高。

（五）语言沟通和非语言沟通

语言沟通包括口头语言、书面语言、图片或者图形。语言是人际沟通的主要手段。

利用语言交流信息时，只要参与交流的各方对情境的理解高度一致，所交流的意义就损失得最少。特别是语言沟通伴随着合适的副语言和其他非语言手段时更能完美地传达信息。社会心理学家研究语言沟通的重点放在说者和听者是怎样合作以及对信息的理解是怎样依赖于沟通情境和社会背景的。

非语言沟通是用非语言符号而进行的沟通，非语言符号主要包括视觉符号和副语言两大类。是语言沟通的补充形式，有时也单独使用。

视觉符号主要包括面部表情、身体运动和姿势、目光接触、人际距离、衣着等，身体接触也是人们常用的一种非语言符号。

副语言，也称为辅助语言，人们说话的音调、响度、速度、停顿、升调、降调的位置等都有一定的意义，可以成为人们理解言语表达内容的线索。

三、人际沟通的功能

人际沟通和我们生活的层面息息相关，总的来说，具有心理、社会和决策等功能。

（一）心理功能

人际沟通的心理功能主要表现为两个方面：一是为了满足社会需求，二是为了加强肯定自我。

1. 为了满足社会需求和他人沟通

在心理学中认为人是一种社会的动物，人与他人相处就像需要食物、水、住所等同等重要。如果人与其他人失去了相处的机会与接触方式，大都会产生一些症状，如产生幻觉、丧失运动机能，且变得心理失调。但山居隐士们自愿式选择遗世独立是一种例外。我们平常可与其他人闲聊琐事，即使是一些不重要的话，但我们能因此满足彼此互动的需求而感到愉快与满意。

2. 为了加强肯定自我而和他人沟通

由于沟通，我们能够探索自我以及肯定自我。要如何得知自己有什么专长与特质，有时是借由沟通从别人口中告诉你的。与他人沟通后所得的互动结果，往往是自我肯定的来源，人都想被肯定、受重视，从互动中的结果就能找寻到部分的答案。

（二）社会功能

人际关系提供了社会功能，且借着社会功能我们可以发展和维持与他人间的关系。我们必须经由他人的沟通来了解他人。借由沟通的历程，关系得以发展、改变，或者维系下去。因此在与某人做第一次的交谈后，可能会决定和此人保持距离或者接近他抑或远离。

（三）决策功能

人类除了是一种社会的动物之外，也是一种决策者。我们每时每刻都在做决策，不论是接下来是否要去看电视、明天要穿哪一套衣服，还是是否该给对方一个微笑，都是在做决策。但有时可能是靠自己就能决定的，有时候却是和别人商量后一起做的决定。而沟通满足了决策过程中两个功能，一个是沟通促进资讯交换与沟通有影响他人两种功能。而正确和适时的资讯是做有效决策之钥。有时是经由自己的观察,有时是从传播媒体得来的资讯,但也有时是经由与他人沟通而获得的资讯。而今天我们也借着沟通来影响他人的决策,如和朋友去买衣服,他的询问意见与你的传达意见之间的互动就可能会影响到结果。

四、高效沟通原则

日本知名职场顾问、人力采用战略研究所董事长桑原晃弥认为,沟通的方式有很多种,称赞、斥责、道歉等等都是。但是桑原强调,沟通只要错过"时机",就毫无意义,有时候还会造成反效果。所以传达心意,重要的是不可弄错时机,他提出了以下三个关键原则。

(一) 祝福要在"当场传达"

当别人达成某种成果时,最好当场坦率地加以称赞。如果你想"现在很忙,以后再说吧。下次见到他的时候,再告诉他吧!"把称赞延后,你会被视为是嫉妒他人的成功、没有自信的人。错过时机的恭喜,不只无法传达你的心意,甚至会被当作是讽刺或社交辞令。

(二) 道歉要在"事发当天"

比如说,你与别人发生矛盾,即使你认为"我没有错",但是在两人分开的时候,只要一句道歉说"今天给您添麻烦了",第二天你们的关系,就会大为不同。如果你闹意气,把这件事情放着不管,你就错过和好的最佳时机了。

(三) 注意要比"期限还早"

比如说,别人有什么要求的时候,即使没说"请赶快",也要快速回应,这是基本的原则。有些事情确实是要花时间去做的,但是迅速的回应,会提高别人对你的信赖。就算听到答录机讯息、或是收到传真的时候,只要一句"我知道了,详细情况明天再谈"就可以了,只要尽早给对方答复就可以了。

第三节　人际影响

人是社会性动物,是在一定的群体中生活的。在日常生活、工作和学习中,总会与周围的人发生这样或那样的联系,影响着周围的人,同时也受着周围人的影响。

一、人际影响的含义

人际影响是在他人影响下,个人的信念、态度、情绪和行为所发生的变化。人际影响是人际关系中一种普遍存在的现象。通过人际影响,个人往往会按照自己所生活的文化环境中占优势的模式来改变自己的态度或行为。使个人向社会或群体同化方面发展,并使人们的行为发生相应的同化反应。

二、群体行为协调的心理机制

（一）模仿、暗示和感染

模仿、暗示、感染，都是常见的社会心理现象，也是人际影响的重要方式。

1. 模仿

模仿是人们自觉不自觉地仿照，模拟他人的行为。

模仿是普遍存在的一种社会心理现象。模仿的内容非常广泛，从他人的行为动作、穿着打扮，到他人的风度、语言、技巧、技术、性格、工作方式、交往方式以及风俗、习惯、礼节等等，都可以进行模仿。在日常社会生活中，当个体发觉他人对自己很有吸引力和感染力时，就会在行为上仿效他。仿效他人的行为要么是模仿者喜欢的，要么是模仿者希望达到的，要么是模仿者所倾向的。模仿行为不会是对自己有害的。模仿的对象大多是模仿者心中的喜欢和崇拜的榜样。

模仿是人类生存和实现个体社会化的一种手段，是儿童早期生活中学习社会经验的主要形式。是人们学会处理社会关系和人际关系的重要方式之一，而且也是人的各种学习的基础，没有模仿就不可能积极地适应周围环境。在社会生活中模仿占有重要的地位。

2. 暗示

暗示是人际影响的重要方式之一。所谓暗示是指人们用含蓄而巧妙的方式，对别人的心理和行为施加影响的过程。

暗示是通过人与人之间的交往实现的，是暗示者对被暗示者施加影响的过程。这种影响不是由暗示者简单地通知被暗示者，也不是摆事实讲道理、理智地说服对方，更不是强迫、压制对方，而是以十分含蓄的方式给对方某种信息，使对方不分析、不怀疑、不加考虑地予以接受并做出暗示者所希望的反应。

暗示者对被暗示者发出的暗示多采用语言的形式，但也可以用行为的、表情的方式进行。自由市场上做买卖的人，常向顾客介绍他的商品如何价廉物美，这就是语言的暗示。有些做买卖的商贩，为了推销他的商品，故意让其同伙们拥挤在他的摊头，假装路人挤进去抢购，这是行为暗示。有人买到某种商品后喜形于色，这是表情暗示。还有，有些商店出售廉价物品时，往往冠以“出口转内销”之名，以招徕顾客，因为在人们的印象中，出口的东西质量好，出口转内销又会减价，于是大家争相购买，这是信誉暗示。这些语言、行为、表情和信誉，都没有直接“号召”顾客去购买，只是用含蓄的、间接的形式形成暗示以达到目的。

3. 感染

感染是指个体无意识或不自主地接受某些情绪状态影响的现象。它是人际交往中相互影响的一种常见的心理方式。列夫·托尔斯泰写道：“一个用听觉或视觉接受他人所表达的感情的人，能够体验到那个表达自己的感情的人所体验过的同样的感情。”举一个最简单的例子：一个人笑了，听到这笑声的另一个人也高兴起来；一个人哭了，听到这哭声的人也难过起来。在发生情绪感染时,交往双方的情绪互相传递,多次交流,并连锁式地扩散,使某种情绪状态出现在交往各方之中,从而产生共同的行为模式。

感染和暗示都属于人际影响的范畴,都通过巧妙的信息沟通以达到改变心理状态和行为的目的。但他们又是两种不同的人际影响方式:暗示是主动施加影响,具有明确的目的性,感染所造成的影响往往不带有明显的目的性;感染是以双方共同的心理状态为基础,而暗示不一定有共同的心理状态和感受;暗示和模仿是单向性的影响,而感染影响是双向的,乃至多向的。

(二) 从众和服从

从众和服从是个体直接受别人影响的心理现象。

1. 从众

从众是指个人的观念和行为由于群体直接或隐含的引导或压力而与多数人保持一致的倾向。从众在我们的日常生活中十分常见。例如,当你去参加一个朋友的生日宴会,席间有人即兴高歌一曲,尽管他的唱功并不十分出色,大家给他热烈的掌声,在这种情况下你也随大溜给予鼓掌。这就是从众行为。

许多人会想当然地认为女性比男性从众,知识文化水平低的比知识文化水平高的从众;但是没有足够的证据来证明这一观点。

2. 服从

服从是指个体在他人的直接命令下而做出某种行为的倾向。与任何事物一样,对权威或对情境规则的服从有好的一面,也有不好的一面。在任何团体中,都必须要求人们服从相当多的规则,同时服从权威对个体和社会都是有益的。如果所有学生都不遵守班级纪律,那么班级将无法正常运行。如果人们想工作就工作,那么所有部门都将无法正常行使其职能。当然,服从也有其不好的一面,历史上的暴行和大屠杀常常是以服从为借口而制造出来的。

三、社会促进和社会抑制

社会促进和社会抑制是指个体在群体中,由于受别人的影响,活动效果会提高或降低的现象。

(一) 社会促进

社会促进,也称社会助长,指个体完成某种活动时,由于他人在场而提高了效率的现象。特里普利特注意到,自行车骑手在有竞争者时比自己单独练习时骑得快。因此设计了一项实验以探究儿童在有他人在场时是否会做得更快。结果发现,在完成他所设计的工作时,比如,计算简单的乘法,圈出字母等,房间里有人时的效率比只有一人时高。而且,无论在场的他人是一起做同样的工作,还是只作为观众,都能引起社会促进效应。

(二) 社会抑制

社会抑制,也叫社会助弱,指个体完成某种活动时,由于他人在场或与他人一起活动而造成行为效率降低的现象。例如，解困难的数学题，记忆新的语文材料，写作文等等，别人在场时成绩反而不好。

个体行为受群体的影响是表现为社会促进还是表现为社会抑制，主要与活动的内容有关。一般来说，简单的活动多发生社会促进，复杂的活动多发生社会抑制。另外，也和责任是否分明有关，责任分明的易发生社会促进行为，责任不明的易发生社会抑制行为。

第四节　人际关系

人际关系专家戴尔·卡耐基说："一个人的成功，15%是由人的专业知识决定的，85%是因为人际关系因素。"的确，人际关系在当今社会中发挥着至关重要的作用，有好的人际关系，就是帮助你向成功迈进了一大步。

一、人际关系的含义

人与人在相互交往过程中所形成的心理关系，人与人交往关系包括亲属关系、朋友关系、同学关系、师生关系、雇佣关系、战友关系、同事及领导与被领导关系等。

这个概念可以从三个方面理解：① 人际关系表明人与人相互交往过程中心理关系的亲密性、融洽性和协调性的程度；② 人际关系由认知、情感和行为三种心理成分组成；③ 人际关系是在彼此交往的过程中建立和发展起来的。

人际关系的建立和发展需要经历四个阶段。① 人际关系定向阶段。包括对交往对象的注意、选择和初步沟通等心理活动。② 人际关系情感探索阶段。随着双方共同情感领域的发现，双方沟通也越来越广泛，自我暴露的深度与广度也逐渐增加。人们的话题仍避免触及别人私密性的领域，自我暴露也不涉及自己基本的方面。③ 人际关系感情交流阶段。人际关系发展到这个阶段，双方关系的性质开始出现实质性变化，此时人际关系的安全感已经确立，谈话也开始广泛涉及自我的许多方面，有较深的情感卷入。④ 人际关系稳定交往阶段。人们心理上的相容性会进一步增加，自我暴露也更加广泛深刻，可以允许对方进入自己高度私密性的个人领域，分享自己的生活空间和财产。

二、人际吸引

人和人之间的相互喜爱、相互需要、相互依赖就是人际吸引。合群是人类一个最基本的需要，对多数人来说，合群的倾向，即与他人在一起的愿望是很强烈的。从婴幼儿时期起，合群的需要就开始出现了。这时的孩子同一个或更多的成人产生了强烈的依恋关系。

（一）人际吸引的含义

人际吸引是个体与他人之间情感上相互喜欢、相互需要、相互依赖的状态，是人际关系中的一种肯定形式。按吸引的程度，人际吸引可分为亲和、喜欢和爱情。亲和是较低层次的人际吸引，喜欢是中等程度的吸引，爱情是最强烈的人际吸引形式。

（二）人际吸引的影响因素

有些人对别人有强烈的吸引力，有些则没有这样的吸引力，影响人际吸引的因素主要有以下几种。

1. 熟悉与邻近

熟悉能增加吸引的程度。此外，如果其他条件大体相当，人们会喜欢与自己邻近的人。熟悉性和邻近性二者均与人们之间的交往频率有关。处于物理空间距离较近的人们，见面机会较多，容易熟悉，产生吸引力，彼此的心理空间就容易接近。常常见面也利于彼此了解，使得相互喜欢。

但交往频率与喜欢程度的关系呈倒U形曲线，过低与过高的交往频率都不会使彼此喜欢的程度提高，中等交往频率时，彼此喜欢程度较高。

2. 相似性

人们往往喜欢那些和自己相似的人。相似性主要包括：信念、价值观及人格特征的相似；兴趣、爱好等方面的相似；社会背景、地位的相似；年龄、经验的相似。实际的相似性很重要，但更重要的是双方感知到的相似性。

3. 互补

当双方在某些方面看起来互补时，彼此的喜欢也会增加。互补可视为相似性的特殊形式。以下三种互补关系会增加吸引和喜欢：需要的互补；社会角色的互补；人格某些特征的互补，如内向与外向。当双方的需要、角色及人格特征都呈互补关系时，所产生的吸引力是非常强大的。

4. 外貌

容貌、体态、服饰、举止、风度等个人外在因素在人际情感中的作用也是很大的。尤其是在交往的初期，好的外貌容易给人一种良好的第一印象，人们往往会以貌取人。外貌美能产生光环效应，即人们倾向于认为外貌美的人也具有其他的优秀品质，虽然实际上未必如此。

5. 才能

才能往往会增加个体的吸引力。但如果这种才能对别人构成社会比较的压力，让人感受到自己的无能和失败，那么才能不会对吸引力有帮助。研究表明，有才能的人如果犯一些“小错误”，会增加他们的吸引力。

6. 人格品质

人格品质是影响吸引力的最稳定因素，也是个体吸引力最重要的因素之一。美国学者安德森研究了影响人际关系的人格品质。研究结果显示，排在序列最前面、喜爱程度最高的六个人格品质是：真诚、诚实、理解、忠诚、真实、可信，它们或多或少、直接或间接同真诚有关；排在系列最后受喜爱水平最低的几个品质如说谎、假装、不老实等也都与真诚有关。安德森认为，真诚受人欢迎，不真诚则令人厌恶。

三、竞争与合作

竞争与合作是人们经常表现出来的工作和学习方式。

(一) 竞争

竞争是个体或群体间力图胜过或压倒对方的心理需要和行为活动。即每个参与者不惜牺牲他人利益,最大限度地获得个人利益的行为,目的在于追求富有吸引力的目标,竞争是个人或群体的各方力求胜过对方的对抗性行为。在社会生活中,竞争往往通过竞赛的形式表现出来,如球赛、卫生评比、数学竞赛等。

在竞争条件下,每个群体中各个成员的工作是相互支持的、共同活动的,目的指向性很强,彼此的情况及时交流,相互理解,相互配合,能提高单位时间的效率。

但在有些场合,如体育方面的重大比赛、升学考试、职业竞赛等活动,参加竞赛者心理压力特别大,由于求胜心切,反而会产生怯场与失误,从而影响正常水平的发挥。竞争也会催生小团体主义的滋长,不利于建立整个组织群体之间的良好关系。同时,竞争对个体的心理健康也会产生长期和深远的影响。

(二) 合作

合作是个人与个人、群体与群体之间为达到共同目的,彼此相互配合的一种联合行动。

一个健康的集体,小到班级,大到社会,都存在许多公共事务。这些事务都是集体活动正常开展的必要条件。我们每个人都生活在集体当中,这些公共事务绝不是某个人或几个人的事情,而是大家的事情,需要大家共同行动起来,各司其职。

成功的合作需要具备的基本条件主要有以下几种:① 一致的目标。任何合作都要有共同的目标,至少是短期的共同目标。② 统一的认识和规范。合作者应对共同目标、实现途径和具体步骤等,有基本一致的认识;在联合行动中合作者必须遵守共同认可的社会规范和群体规范。③ 相互信赖的合作气氛。创造相互理解、彼此信赖、互相支持的良好气氛是有效合作的重要条件。④ 具有合作赖以生存和发展的一定物质基础。必要的物质条件是合作能顺利进行的前提,空间上的最佳配合距离,时间上的准时、有序,都是物质条件的组成部分。

合作具有不同的类型。按合作的性质,可分为同质合作与非同质合作。同质合作,即合作者无差别地从事同一活动,如无分工地打扫班级卫生。非同质合作,即为达到同一目标,合作者有所分工,如合作小组完成某种调查活动。按照有无契约合同的标准,合作分为非正式合作与正式合作。非正式合作发生在初级群体或社区之中,是人类最古老、最自然和最普遍的合作形式。这种合作无契约上规定的任务,也很少受规范、传统与行政命令的限制。正式合作是指具有契约性质的合作,这种合作形式明文规定了合作者享有的权利和义务,通过一定法律程序,并受到有关机关的保护。按合作的参加者分,有个人间的和群体间的合作等等。就合作本质而言,双方具有平等的法人地位,在自愿、互利的基础上实行不同程度的联合。

(三) 合作与竞争的关系

在现实生活中,群体与群体之间、群体中各成员之间,总是处于竞争与合作状态之中，有竞争，也有合作，往往两者并存，从而使社会生活变得千姿百态。

1. 合作与竞争各有特点

毫无疑问，合作和竞争都有各自的特点。合作能有力地协调人际关系，提高工作效率。然而，合作过程中，群体成员之间也有竞争，竞争对于提高个人工作效率有显著的作用。例如，一个篮球队在对抗赛中，队与队之间是竞争关系，而每个篮球队内各成员之间则是合作关系。每个队员都想为全队多作贡献，投篮命中率高的队自然是优胜者，而投篮手则需要其他成员的密切配合。另外，一个群体内部进行合作时，必然与其他成员展开竞争。所以说，竞争与合作相互依赖，缺一不可。

2. 合作能促进人际关系，提高工作效率

约翰逊控制了四个群体进行比较研究，四个群体指合作的班群体、竞争的班群体、在本群体内合作与外群体进行竞争的群体，以及各成员自己单独活动的群体。学科有阅读、语文、数学、自然科学、社会科学、心理学以及体育。该研究包括了从幼儿园到大学的各个年龄组。结果表明，在班级中与他人合作的人，比彼此竞争的人和自己单独学习的人学得好。各学科、各年龄段都如此。合作不仅能提高成绩，而且在促进个体社会化，提高人际关系能力，提高自尊心，形成对同伴、教师和学校工作人员的积极态度，促进心理健康等方面都有重要意义。

3. 竞争有利于提高个人工作效率

奥格登做过一项关于警觉性的实验。实验材料是用一光源在暗室内随机调节发光强度，要求被试加以判断，实验者记录判断的正确和错误次数。实验将被试分为三个等组，给以相同的要求和时间。除A组外，其他两组分别接受不同的指导语，即A组是控制组，不作任何激励。B组是个人竞赛组，实验者告诉该组成员说，实验目的是要比较谁的注意力、观察力最强。C组是群体竞赛组，实验者告诉他们说，实验目的是进行群体之间的比赛，看哪一组成绩最好。结果表明，在个人竞赛条件下，B组成绩最好，每人判断错误为8次(平均)；A组最差，即对照组未受任何激励，每人判断错误为24次(平均)；C组成绩居中，在合作条件下，每人判断错误为14次(平均)。实验结果说明合作也能提高工作效率，但次于个人竞争。

4. 人们更倾向于竞争

从20世纪40年代开始，社会心理学家对合作与竞争问题进行了大量研究。许多研究认为，尽管合作是最好的策略，但许多人宁可选择竞争也不愿意合作。如多伊奇和克劳斯的“卡车竞赛实验”。实验要求被试两人一组，分别充当甲、乙两运输公司的经理。两人的任务都是使自己的车辆以最快的速度从起点通向终点，速度越快赚钱越多，要求他们尽可能多地赚钱。每人都有两条路线可选，一条个人专用的但是较远的通道；一条近道，是两人共用的，但路很窄，每次只能通行一辆车。十分明显，为了多赚钱双方应该合作，轮流走近路。轮流走近路比走远路少费时间，只有合作才是上策。然而实验的结果表明双方都力图抢先通过，结果狭路相逢，谁也不肯让步。

确实,随着社会生产力的发展,科技的进步,社会生活中更多地充满了竞争。但是,必须正确对待竞争与合作的关系。只有竞争,没有合作,竞争缺乏潜力,只有合作,没有竞争,合作缺乏动力。竞争与合作是相辅相成、密不可分的。一方面,过分强调竞争,以致损害了其他目标,就对集体精神和集体道德有所破坏。另一方面,竞争中经常遭受失败,则会使人产生挫折感、失败感与自卑感。所以,在竞争中可以设有多种标准,参加竞争者可以根据各自的具体条件,提出自己的奋斗目标,努力争取胜利,获得成功感。虽然竞争是社会活动不可缺少的一种动力,但竞争中也可以包含合作,相互分享各种有效的资源,使合作成为人们提高竞争力的手段。合作是人类生存的必要方式,人们通过合作,取长补短,既可以发挥个人的优势,又弥补了个人的缺陷,这是在竞争中获胜的前提。一言以蔽之,在合作中有竞争,在竞争中有合作,这是提高个体核心竞争力的关键。

练习题

一、选择题

1. 下面哪种群体与初级群体表达的意义最不相同 （ ）
   A. 直接群体　B. 基本群体　C. 首属群体　D. 次级群体
2. 下面关于群体的表达正确的一项是 （ ）
   A. 假设群体是并不存在的群体
   B. 外群体是工作时间以外加入的群体
   C. 参照群体是可以作为自己模仿对象的群体
   D. 非正式群体是指彼此不相交往的群体
3. 群体凝聚力的基础是 （ ）
   A. 领导方式　B. 成员一致性　C. 奖励方式　D. 群体规范
4. 指群体对某一问题具有共同倾向性的看法或意见叫做 （ ）
   A. 群体舆论　B. 群体压力　C. 群体规范　D. 群体凝聚力
5. 下面哪种属于副语言 （ ）
   A. 音调　B. 服饰　C. 目光接触　D. 身体距离
6. 人们用含蓄而巧妙的方式,对别人的心理和行为施加影响的过程叫 （ ）
   A. 模仿　B. 暗示　C. 感染　D. 舆论
7. 个体无意识或不自主地接受某些情绪状态影响的现象叫 （ ）
   A. 模仿　B. 暗示　C. 感染　D. 舆论
8. 个人的观念和行为由于群体的引导或压力与多数人保持一致的倾向叫 （ ）
   A. 模仿　B. 暗示　C. 服从　D. 从众
9. 关于从众的论述,错误的是 （ ）
   A. 任务难度会使从众现象增加　B. 智商低的人比智商高的人更从众
   C. 从众行为受价值观念影响　D. 团体的意见一致则从众现象增加

二、简答题

1. 简述影响人际吸引的因素。

2. 针对非正式群体，应该如何工作？

3. 论述成功的合作需要具备的基本条件。

4. 简述感染和暗示的关系。

5. 简述群体凝聚力的影响因素。

6. 简述高效沟通原则。

三、材料分析题

近两年，《王者荣耀》这款游戏在青少年中风行，为游戏商家带来巨大利润的同时，也为广大青少年的生活带来了很大的负面影响，有人甚至称其为“王者农药”或“农药王者”。学生中流行这款游戏，对班主任的管理工作构成了很大的挑战。有一位班主任，为了提高班级的凝聚力，周末与学生们一起玩《王者荣耀》，建立了经验交流群。请你根据群体舆论方面的知识，谈谈对这位班主任做法的认识。

参考答案

一、选择题

1. D　2. C　3. B　4. A　5. A　6. B　7. C　8. D　9. B

二、简答题

1. 熟悉与邻近，相似性，互补，外貌，才能，人格品质。

2. (1) 了解非正式群体的状况。

(2) 对不同的群体，采取不同的方法。

(3) 做好非正式群体核心人物的工作。

(4) 从改变非正式群体的规范入手。

(5) 组织好班集体是削弱非正式群体的有效途径。

3. (1) 一致的目标。任何合作都要有共同的目标，至少是短期的共同目标。

(2) 统一的认识和规范。合作者应对共同目标、实现途径和具体步骤等，有基本一致的认识；在联合行动中合作者必须遵守共同认可的社会规范和群体规范。

(3) 相互信赖的合作气氛。创造相互理解、彼此信赖、互相支持的良好气氛是有效合作的重要条件。

(4) 具有合作赖以生存和发展的一定物质基础。必要的物质条件（包括设备、通讯和交通器材工具等）是合作能顺利进行的前提，空间上的最佳配合距离，时间上的准时、有序，都是物质条件的组成部分。

4. 感染是指个体无意识或不自主地接受某些情绪状态影响的现象。暗示是指人们用含蓄而巧妙的方式，对别人的心理和行为施加影响的过程。

(1) 二者联系:感染和暗示都属于人际影响的范畴,都通过巧妙的信息沟通以达到改变人的心理状态和行为的目的。

(2) 二者区别:它们是两种不同的人际影响方式:暗示是主动施与的影响,感染则是受动于他人的影响;感染是以双方共同的心理状态为基础,而暗示不一定有共同的心理状态和感受;暗示和模仿是单向性的影响,而感染影响是双向的,乃至多向的。

5. (1) 群体的领导方式。

(2) 群体成员的一致性。

(3) 群体规模。

(4) 外部的影响因素。

(5) 群体成员需求的满足。

(6) 群体内部的奖励方式。

6. (1) 祝福要在"当场传达"。

(2) 道歉要在"事发当天"。

(3) 注意要比"期限还早"。

三、材料分析题

群体舆论,是指群体对某一问题具有共同倾向性的看法或意见。它是社会意识形态的特殊表现形式,往往反映一定群体的利益、愿望和要求。

群体舆论是群体成员的意见,它对群体生活有重要的影响,既可促进群体的稳定和发展,又可减弱群体的凝聚力与向心力。是群体领导不得不重视的一种力量。

群体舆论的形成,既可来自群体成员的自发,也可来自有目的的引导。在实践中,舆论的形成往往是两种来源相互转化,即先从群体中来,然后经有关权威方面加以传播;或先由有关权威方面提出,然后在群体中传播。

群体舆论如果只在群体个别成员中传播,其影响有限;只有经过群体都能接受的传播工具的广泛传播,才能把群体舆论凝聚起来,唤起群体成员对某一问题的注意。随着传播工具的现代化,群体舆论的影响和作用越来越大。

这位班主任想增加班级凝聚力,想与学生打成一片的出发点是好的,在某种程度上也能起到一定的作用。但是,从群体舆论的角度看,这位班主任的做法,显然是不正确的。

首先,与同学们一起玩游戏,可能会在班级中形成一种以玩游戏为荣,以不玩游戏为耻的舆论,不利于班风和学风的建设。

其次,作为一名教育者,这位班主任被舆论所影响,而没有起到引导舆论,使其向有利于班风和学风的建设方面发展的作用。

最后,《王者荣耀》虽然很火,开始毕竟只在个别成员中传播,影响有限。而这位教师与学生一起玩,并建立经验交流群,扩大了不良舆论对班级的影响。

所以,从群体舆论的角度说,这位班主任做法是不正确的,是需要改正的。

第十三章　学校心理健康教育

教学目的和要求：了解心理健康的标准，熟悉中小学生常见的心理健康问题。理解心理辅导的主要方法，包括强化法、系统脱敏法、认知疗法、来访者中心疗法、理性—情绪疗法等。

教学重点：中小学生常见的心理问题，系统脱敏疗法、强化法、理性—情绪疗法的特点。

教学难点：各种治疗方法的运用。

1948年世界卫生组织(WHO)在其宣言中指出，健康应包括生理、心理和社会适应等几方面。1989年，该组织又在健康的定义中增加了道德健康的内容以使其更全面。但实质上，社会适应和道德健康都可归于心理健康的范畴。因此，我们将健康归结为生理健康和心理健康两方面的内容。可见，心理健康对一个人具有非常重要的作用。

第一节　心理健康概述

长期以来，人们对健康的认识一直停留在"没病就是健康"的朴素看法上。后来，有人把健康定义为人体各器官系统发育良好、功能正常、体格健壮、精力充沛并具备良好劳动效能的状态。然而，随着社会的发展，人们越来越意识到，人的健康必须包括与身体密切关联的心理健康，这是一个需要我们深入探讨的领域。

一、心理健康的含义

现代医学研究表明：心理的、社会的和文化的因素同生物学因素一样，与人的健康、疾病有非常密切的关系。一个健康的人，既要有健康的身体，又要有健康的心理。所谓心理健康，就是一种良好的、持续的心理状态与过程，表现为个人具有生命的活力、积极的内心体验、良好的社会适应，能够有效地发挥个人的身心潜力以及作为社会一员的积极的社会功能。心理健康至少包括两层含义：一是无心理疾病；二是有一种积极发展的心理状态。

二、心理健康的标准

心理健康标准是心理健康概念的具体化。由于确立心理健康标准的依据不同，国内外学者提供的判断标准虽有互相重叠的部分，但还是有差别的。根据研究者的不同观点,可以归纳出心理健康的六条标准。

(一) 对现实的有效知觉

心理健康的学生,虽然智力发展水平各不相同,但一般都能把自己的智慧与能力有效地运用到学习上。能客观地看待问题,正视现实,对社会生活中遇到的各种问题、困难和矛盾能力求有效地认识和改造,既不逃避现实,也没有想入非非的困扰。

(二) 自知、自尊与自我接纳

一个人具有正确的自我观,就意味着他能客观地认识自己和对待自己,既不高估也不低估自己的能力;既了解自己的优点、缺点和各个方面的条件,又能正确地把握和对待自身的变化。对于自己的潜能和长处能发扬光大,对于自己的缺点和不足之处也能努力改正和克服。因而,他们不会同自己过不去,不会因为理想和现实的差距过大,而产生自责、自怨或自卑等不健康心态。

(三) 自我调控能力

心理健康的学生能以一定的社会行为规范约束自己的行为,使个人行为符合社会规范的要求,一旦发现自己的需要、行为与社会要求相冲突,即能调整或放弃自己的行动,能根据活动的要求自觉地调节和控制自己的行动。

(四) 与人建立亲密关系的能力

良好的人际关系不仅是维护心理健康不可缺少的条件,而且也是心理健康的内在需要。一个心理健康的学生,能以信任、礼貌、诚挚、谦让的态度与人相处,保持和发展融洽的关系,并能从中寻求生活的乐趣,获得友谊;能客观地了解他人的情感、需要、兴趣和个性品质,尊重他人的权益与需要。一个心理健康的人不是与别人没有任何矛盾,而是在发生矛盾时能积极地、有效地去解决矛盾,重新让别人理解自己。

(五) 人格结构的稳定与协调

具有健全人格的人,为人诚实正直,襟怀坦荡;对学习、劳动、工作认真负责;在情绪方面,也能做到既恰当又适度,并能保持个体的独立性,保持认识、情感、意志、行动的协调一致。

(六) 生活热情与工作高效率

心理健康者经常能保持愉快、开朗、自信和满意的心情,善于从生活中寻求乐趣,对生活充满希望。在工作上,也能以积极的态度去应对,工作效率高。

上述六条标准是一个相互联系的有机整体。我们在理解与把握心理健康标准时,主要应该考虑以下几点:首先,判断一个人心理健康状况应兼顾个体内部协调与对外良好适应两个方面。其次,心理健康概念具有相对性。心理健康有高低层次之分。高层次(积极的)心理健康不仅是没有心理疾病,而且能充分发挥个人潜能,发展建设性人际关系。从事具有社会价值和创造性的活动,追求高层次需要满足,追求生活的意义。再次,心理健康既是一种状态,也是一种过程。心理健康不是无失败、无冲突、无痛苦,而是能在这些情况下作有效的自我调整,且能保持良好的工作效率。最后,心理健康与否，在相当程度上可以说是一个社会评价问题。不同社会由于其主流文化、价值观念、社会规范不同，对同一行为正常与否，往往会作出不同的判断。

三、心理健康教育的意义

心理健康教育有广义和狭义之区分。就广义的心理健康教育而言，它贯穿人的一生，渗透在社会的各个领域。就狭义的心理健康教育而言，它特指在学校范围内的相关教育工作。其教育对象主要为学生，也包括学校教职员工，已经成为现代学校的一个重要标志。一般认为，开展学校心理健康教育，主要表现为以下几个方面的意义。

（一）预防精神疾病、保障学生心理健康的需要

有关调查表明，我国学生心理健康状况令人担忧。近年来我国各地中小学教师自发地开展各种形式的心理健康教育的直接动因是帮助学生克服各种心理障碍，预防精神疾病的发生。学校已经成为学生心理健康教育的主要场所。

（二）提高学生心理素质，促进其人格健全发展的需要

学生在成为一名独立的社会成员之前，会经历一系列发展中的矛盾与人生课题，儿童所经历的心理冲突、矛盾和困扰，是比较特殊的，儿童迫切希望教师在尊重他们日益增长的独立性的前提下，给予他们人生之旅以真诚的指导和帮助。从更积极的意义上说，心理健康教育是要提高学生心理素质，促进其人格健全地发展。

（三）对学校日常教育教学工作的配合与补充

通过心理健康教育，改善学生心理素质，可以为有效实施道德教育提供良好的心理背景，促进学生的全面发展。

第二节 中小学生易产生的心理障碍

中小学生的心理障碍既有类型的不同，也有程度的不同，当然也存在引发动因的不同。深入分析不同类型心理障碍的特点，探讨预防和消除心理障碍的有效途径，是广大教育工作者面临的一项新的研究课题，有待于广大教师的积极参与。

一、小学生易产生的心理障碍

小学生的心理障碍往往在行为表现上和学习效果上有比较明显的反映。归纳起来主要有以下几种类型。

（一）儿童多动综合征

儿童多动综合征（简称多动症），是小学生中最为常见的一种以注意力缺陷和活动过度为主要特征的行为障碍综合征。高峰发病年龄为8～10岁，多在7岁前就有异常表现，男性儿童的患病率明显高于女性。

多动症儿童行为主要特点为：注意力短暂，难以集中，活动过度，情绪不稳，冲动任性，常伴随学习困难，但智力正常或接近正常。

多动症可能有先天体质上的原因，也可能是陌生环境引起精神高度紧张的结果。

例如,父母经常干涉儿童活动,批评指责过多,由此引起的焦虑会使儿童发生分心、冲动与多动表现。多动症可在医生指导下采用药物治疗。此外,采用各种行为疗法,如强化奖励法、代币奖励法等也可以大大减少儿童的多动与冲动行为。在强化程序上应多用连续强化,少用间歇强化。也就是说,当儿童每次表现出良好的行为时,就给予强化,而不是表现多次良好行为之后才给予一次强化。另外,研究者采用自我教导训练方法,即发展儿童的自我对话,加强内部言语对自身行为的引导与控制作用,用以处理儿童冲动行为,可以获得明显的成效。

（二）学习困难综合征

学习困难综合征在小学生中比较多见。有一组调查资料表明,19%的男童和3%的女童,不同程度地表现出诵读困难(学习困难综合征的一种表现)的症状。

学习困难综合征的主要表现包括:缺少某种学习技能、诵读困难、计算困难、绘画困难、交往困难。

在诊断学习困难综合征时,应当注意与儿童多动症的区别。学习困难是儿童多动症的一种表现,但儿童多动症的学习困难主要是由于好动、冲动、注意力缺陷和行为障碍所造成的。而患有学习困难综合征的学生,则没有上述多动症的表现,他们在个性发展上是健康的,不存在多动症儿童所表现的情绪和行为问题。

（三）儿童过度焦虑反应

儿童过度焦虑反应是儿童情绪障碍的一种表现。在小学生中,以女生的过度焦虑反应较为多见。过度焦虑的儿童常常对学习成绩、陌生环境反应敏感,担心害怕,甚至惶恐哭闹,显得很不安宁。这类患儿对教师的批评、同学的议论和日常生活中一些看来很小的事情,也非常敏感和不安。当过度焦虑反应急性发作时,除焦躁、紧张等心理反应外,还伴有睡眠不安稳、做噩梦、说梦话、食欲不振以及心慌、气促、汗多、尿频、头痛等植物神经功能失调症状。

儿童过度焦虑反应同患儿的焦虑性人格特质以及家庭、环境的影响有密切关系。患儿焦虑性人格的一些表现,如敏感、犹豫、多虑、缺乏自信等,往往在其父母身上也可以找到。家庭或学校教育中期望过高、要求过严等不适合儿童自身发展水平的教育措施,也容易加剧儿童的焦虑反应。

（四）儿童厌学症

厌学是由于人为因素所造成的儿童情绪上的失调状态。近年来,家庭、学校和社会环境中多种不良因素的影响,使得学生的厌学情绪有所增长。儿童厌学症作为一种社会病理心理状态的产物,已越来越引起人们的关注。

儿童厌学症的主要表现是对学习不感兴趣,讨厌学习。厌学的儿童对学习有一种说不出来的苦闷感,一提到学习就心烦意乱、焦躁不安。他们对教师或家长有抵触情绪,学习成绩不好,有的还兼有品德问题。儿童厌学情绪严重或受到一定诱因影响时,往往会发生旷课、逃学或辍学现象。

儿童厌学症既然是一种社会病理心理状态的产物，就必须采用教育治疗、家庭治疗和社会治疗的方法予以矫正。

（五）儿童强迫行为

儿童强迫行为是儿童情绪障碍的又一表现。强迫现象在正常儿童的发育过程中也可看到。研究发现，7～8 岁是继 2 岁之后正常儿童出现强迫现象的又一高峰年龄。正常儿童的强迫现象包括反复玩弄手指，摇头，走路时喜欢反复数栏杆、触摸路旁的灯柱、踩路沿走等。不应把儿童在特定发育年龄时出现的这种强迫现象视为异常行为，只有在这类呆板、机械的重复行为造成严重的适应不良时，才可考虑是否属于病理现象。

儿童强迫行为在小学高年级男生中较为多见。主要表现包括：① 强迫性洗手。一天可达十几次，一次持续十几分钟。② 强迫性计数。例如，一遍又一遍地数课本或其他图书上人和物的数目，反复数自己走了多少级台阶等。③ 强迫性自我检查。如反复检查个人的衣服鞋袜是否放整齐等。④ 刻板的仪式性动作或其他强迫行为。

诊断儿童强迫行为应注意与成人强迫症的区别。儿童的强迫行为不存在明显的心理冲突，只是机械地再三重复某些行为。在受到他人干涉时，患儿会感到焦虑不安，甚至发脾气。具有强迫行为的儿童一般智力水平较高，富于幻想，性格内向，遇事犹豫、拘谨，比较固执，自我克制过于严重。

二、中学生易产生的心理障碍

中学生由于生理发育的加速、社会压力的增加、心理发展的相对稚嫩，表现出来的心理障碍与小学生相较显得更加复杂、多变，需要我们更加深入地分析和梳理。

（一）焦虑症

焦虑症是以与客观威胁不相适合的焦虑反应为特征的神经症，这是将焦虑作为一种独立的神经症来看待。另一方面，焦虑也是包括焦虑症、抑郁症、强迫症、恐怖症等在内的各种神经症的共同特征。

焦虑是由紧张、不安、焦急、忧虑、恐惧交织而成的一种情绪状态。正常人在面临压力情境，特别是在个人自尊心受到威胁时，也会出现焦虑反应，但他的焦虑与客观情境的威胁程度是相适合的。焦虑症的表现是：紧张不安、忧心忡忡、集中注意困难、极端敏感、对轻微刺激作过度反应、难以做决定。在躯体症状方面，有心跳加快、过度出汗、肌肉持续性紧张、尿频尿急、睡眠障碍等不适反应。

学生中常见的焦虑反应是考试焦虑。其表现是随着考试临近，心情极度紧张。考试时不能集中注意、知觉范围变窄、思维刻板、出现慌乱、无法发挥正常水平。考试后又持久地不能松弛下来。

学生焦虑症状产生的原因是学校的统考、升学所带来的持久的、过度的压力；家长对子女过高的期望；学生个人过分地争强好胜；学业上多次失败的体验等。某些人具有容易诱发焦虑反应的人格基础：遇事易于紧张、胆怯，对困难情境作过高估计，对身体的轻微不适过分关注，在发生挫折与失败时过分自责。这些人格倾向可称作焦虑品质。

采用肌肉放松、系统脱敏方法，运用自助性认知矫正程序，指导学生在考试中使用正向的自我对话，如“我能应付这个考试”“成绩并不重要，学会才是重要的”“无论考试的结果如何，都将不会是最后一次”，对于缓解学生的考试焦虑，都有较好的效果。

（二）抑郁症

抑郁症是以持久性的心境低落为特征的神经症。过度的抑郁反应，通常伴随有严重的焦虑感。焦虑是个人对紧张情境的最先反应。如果一个人确信这种情境不能改变或控制时，抑郁就取代焦虑成为主要症状。

抑郁症的表现，一是情绪消极、悲伤、颓废、淡漠，失去满足感和生活的乐趣。二是消极的认识倾向，低自尊、无能感，从消极方面看事物，好责难自己，对未来不抱多大希望。三是动机缺失、被动，缺少热情。四是躯体上疲劳、失眠、食欲不振等。

抑郁症是由心理原因造成的，有各种不同理论的解释。大多数抑郁症患者能经治疗或不经治疗而逐渐恢复正常，但有人有复发的倾向。在对有抑郁症状的学生进行辅导时，首先要注意给当事人以情感支持和鼓励；以坚定而温和的态度激励学生做一些力所能及的事情，积极行动起来，从活动中体验到成功与人交往的乐趣，也可采用认知行为疗法，改变学生已习惯的自贬性的思维方式和不适当的成败归因模式，发展对自己、对未来的更为积极的看法。服用抗抑郁药物可以缓解症状。

（三）强迫症

强迫症包括强迫观念和强迫行为，强迫观念指当事人身不由己地思考他不想考虑的事情，强迫行为指当事人反复去做他不希望执行的动作，如果不这样想、不这样做，他就会感到极端焦虑。强迫洗手、强迫计数、反复检查（门是否上锁）、强迫性仪式动作是生活中常见的强迫症状。大多数人都有过强迫观念，但只有当它干扰了我们的正常适应时，才是神经症的表现。

对强迫症的产生有各种解释。有人认为，强迫观念与强迫动作是我们无意识地防止具有威胁性的冲动进入意识的一种替代方式，一个忙碌于强迫性仪式动作的人，一个脑中充满了琐碎强迫观念的人，必然无机会思考那些具有威胁性的事件与观念。强迫症还与一个人的人格特点有关，有些强迫症患者人格上有这样一些特征：主观任性，过分爱干净，过分谨慎，注意琐事，拘泥于细节，生活习惯刻板，往往有强烈的道德观念。另外，成人禁止子女表达负面的情感，是子女产生强迫症状的十分有代表性的背景特征。

日本的森田疗法，强调当事人力图控制强迫症状的努力，以及这种努力所导致的对症状出现的专注和预期，对强迫症状起维持和增强作用。因此，为了矫治强迫症状，应放弃对强迫观念做无用控制的意图，而采取“忍受痛苦，顺其自然”的态度。治疗强迫行为的另一种有效的方法是“暴露与阻止反应”，例如，让有强迫性洗涤行为的人接触他们害怕的“脏”东西，同时坚决阻止他们想要洗涤的冲动，不允许洗涤，有助于缓解或清除强迫行为。

（四）恐怖症

恐怖症是对特定的无实在危害的事物与场景的非理性惧怕。恐怖症可分为单纯恐怖症（对一件具体的东西、动作或情境的恐惧）、广场恐惧症（害怕大片的水域、空荡荡的街道）和社交恐怖症。中学生中社交恐怖症较多见，包括与异性交往的恐怖。患有社交恐怖症的人害怕在社交场合讲话（在会场上讲演、在公共场合进餐时交谈），担心自己会因双手发抖、脸红、声音发颤、口吃而暴露自己的焦虑，觉得自己说话不自然，因而不敢抬头，不敢正视对方眼睛。

精神分析观点认为恐怖是焦虑的移置。即个人将焦虑转移到不太危险的事物之上，从而避免了对焦虑来源的忧虑。行为主义观点认为恐怖是学习得来的，或者由直接经验中学习得来（在受到狗的一次攻击后，发展起对狗的恐怖）；或者由观察学习得来（例如，观察父母对某种场景的恐怖，而使子女形成同样性质的恐怖）；或者由信号学习得来（如一个学生在采黄花时被蜜蜂蜇了，就形成了对黄花的恐怖）。认知派心理学家则认为恐怖症源于个人对某些事物或情境的危险作了不现实的评估。

系统脱敏法是治疗恐怖症的常用方法，使用这一方法最好要及时进行。如要帮助学生克服学校恐怖症，一方面，父母要有坚持性和耐心，要坚决而友善地要求孩子回到学校，习惯学校生活。另一方面，改善班级中人际关系，营造宽松、自由的学校氛围。适当减轻学习压力，使学生获得成功体验，对于克服学校恐怖症同样具有重要意义。

（五）网络成瘾

"网络成瘾综合征"是指由于患者对互联网过度依赖而导致明显的心理异常症状以及伴随的生理性受损的现象。美国心理学家认为网络成瘾综合征与沉溺赌博、酗酒、吸毒等无异，导致的损害是多方面的：学业成绩下降、损害身体健康、夫妻关系障碍或离异、影响正常工作等。

中学生是"网络成瘾综合征"的高发人群。美国得克萨斯大学的心理学家研究发现，至少有14％的在校学生符合网络成瘾的标准；而在中国大陆，青少年网络成瘾问题也日益严重。据有关部门调查显示，中学生上网达到80％，其中有大约13％的中学生网民患有网络成瘾综合征。他们沉湎于网上聊天，经常光顾色情网站，致使互联网成为部分中学生名副其实的"电子海洛因"。

中学生容易上网成瘾大体上是受到主客观因素的影响。中学生身心发育尚不成熟是导致易上网成瘾的主观原因。具体表现在：自控能力欠缺，他们一旦上网，就难以抵制网络的诱惑；认知能力有限，对于网络上充斥的"垃圾信息"和"虚假资讯"，他们的分辨能力有限；自我意识强烈，他们急于摆脱学校、教师和家长的管束，追求个性和成人化倾向，网络恰好给了他们这样一个虚拟的空间。

中学生可能身处的不利环境是导致易上网成瘾的客观原因。具体表现在：社会环境上，网吧遍布大街小巷；家庭环境上，当前我国中学生多属独生子女，生活中缺少情感交流，便在网络中寻找可归依的群体，迷恋网上的互动生活；在教育环境上，电脑和网络成为中学生不可或缺的学习工具，但是缺少教师和家长的有效引导，学生很容易就会形成网络成瘾。

网络是一把双刃剑，关键是看怎样用它、谁来用它。要想充分发挥其正面作用，最大限度地抑制其负面效应。学校作为对青少年教育的主要场所，要形成正确的与网络教育相适应的观念，与时俱进，勇于创新，采用积极举措把学生的求知欲引向正确轨道，提高学生使用互联网的水平和素养。家长要注意给孩子一个健康的家庭环境。一般来说，从民主、和睦、丰富多彩以及充满希望的家庭中出来的小孩是很少网络成瘾的。因为这样的环境给了他足够的自由、平等和快乐。政府要坚决打击网络犯罪，对于那些非法建立色情网站、向中学生传播色情等不良信息，以及对那些利用网络聊天工具对中学生实施网络诱骗和攻击的人，坚决予以打击。

（六）人格障碍与人格缺陷

人格障碍是长期固定的适应不良的行为模式，这种行为模式由一些不成熟的、不适当的压力应对或问题解决方式所构成。有人格障碍的人与有神经症的人相似，都没有丧失与现实的接触，也没有明显的行为混乱。人格障碍有许多类型，例如，依赖型人格障碍者有被动的生活取向，不能决策和接受责任，有自我否定的倾向；反社会型人格障碍者有两个显著的特点：一是缺乏对他人的同情与关心，二是缺乏羞耻心与罪恶感。人格障碍一词多用于成人，对于18岁以下的儿童与青少年的类似行为表现通常称作人格缺陷、品行障碍或社会偏差行为。

人格障碍是个体先天素质与后天教养的产物。早期失去父母的爱；从小受到溺爱而缺乏惩戒或受到不一致的惩戒；一直受到保护、从未受到挫折，因而没有能力体验与同情他人的痛苦；父母提供的不正确行为范例等都是影响人格障碍形成的重要因素。根据班杜拉社会学习原理，为有人格障碍的人提供良好行为的范例，奖励他们对良好行为的模仿，促使他们将社会规范与外部价值纳入到自我结构中，对于矫正他们的反社会行为有一定作用。

（七）性偏差

性偏差是指少年性发育过程中不良适应，如过度手淫、迷恋黄色书刊、早恋、不当性游戏、轻度性别认同困难等，一般不属性心理障碍。但对这些不适应行为，应给予有效的干预。手淫本身不是心理障碍，对身体并无损害，也不是罪恶。应该注意的是对手淫的错误观念引起的心理冲突。对于过度手淫则要采取转移注意、转向于参加文体活动的方法予以纠正。

（八）进食障碍

进食障碍包括神经性厌食、贪食和异食癖等，其中神经性厌食是一种由于节食不当而引起的严重体重失常。凡是由于患者厌恶进食而导致正常体重骤然下降25%者，即被视做厌食症的症状。神经性厌食症多发生于女性（女生比男生多20倍），其症状是对食物极端厌恶，甚至恐惧，四肢无力，女生则有的出现闭经。由于家庭不断施予压力，当事人有可能变得脾气暴躁。神经性厌食的形成，可能与青少年担心发胖而极度限制饮食的错误做法以及父母过分关注孩子体型或姿态的态度有关。神经性厌食可采用行为疗法、认知疗法予以矫正。

（九）睡眠障碍

睡眠障碍包括失眠、过度思睡、睡行症、夜惊、梦魇等。失眠可能由压力事件、脑力或体力劳动过度引起，也可能是神经症的伴生物。夜惊可能与儿童发育阶段精神功能暂时失调有关。梦魇与学生日间情绪压力有关。可采用肌肉松弛法来治疗失眠。

第三节　心理辅导

心理辅导是心理健康教育的一个重要环节，也是对学生进行有效干预的积极过程。不同的学派提出了不同的心理辅导方法，包括强化法、系统脱敏法、认知疗法、来访者中心疗法、理性—情绪疗法等。通过这些辅导，让学生学会调适自己，并寻求自我发展，朝着更积极进取的方向前进。

一、心理辅导及其目标

心理辅导，是指在一种新型的建设性的人际关系中，学校辅导教师运用其专业知识和技能，给学生以合乎其需要的协助与服务，帮助学生正确地认识自己、认识环境，依据自身条件，确立有益于社会进步与个人发展的生活目标，克服成长中的障碍，增强与维持学生心理健康，使其在学习、工作与人际关系各个方面做出良好适应。

学校开展心理健康教育主要有以下几条途径：① 开设心理健康教育有关课程；② 开设心理辅导活动课；③ 在学科教学中渗透心理健康教育的内容；④ 结合班级、团队活动开展心理健康教育；⑤个别心理辅导或咨询；⑥小组辅导。

学校心理辅导的一般目标与学校教育目标是一致的。但心理辅导毕竟只是学校教育的一个方面，其目标应有自己的独特之处。综合多数学者意见，可以把心理辅导的一般目标归纳为两个方面，第一是学会调适，包括调节与适应，第二是寻求发展。这两个目标中，学会调适是基本目标，以此为主要目标的心理辅导可称为调适性辅导；寻求发展是高级目标，以此为主要目标的心理辅导可称为发展性辅导。简言之，这两个目标也就是要引导学生达到基础层次的心理健康与高层次的心理健康。

二、心理辅导的主要方法

要做好心理辅导工作，必须遵循以下基本原则：面向全体学生原则、预防与发展相结合原则、尊重与理解学生原则、学生主体性原则、个别化对待原则和整体性发展原则。

在进行心理辅导时，不论采用何种方法，都必须以建立良好的辅导关系为前提。辅导教师与受辅导学生之间要建立起一种新型的、建设性的、具有辅导与治疗功能的人际关系，其主要特点是：积极关注、尊重、真诚与同感。同感是指辅导教师设身处地地去体会受辅导学生的内心感受，进入到他的内心世界。

（一）行为改变的基本方法

行为改变的基本方法有强化法、代币奖励法、行为塑造法、示范法、处罚法、自我控制法等。

1. 强化法

强化法用来培养新的适应行为。根据学习原理，一个行为发生后，如果紧跟着一个强化刺激，这个行为就会再一次发生。例如，一个学生不敢同老师说话，学习上遇到了疑难问题也没有勇气向老师求教，当他一旦敢于主动向老师请教，老师就给予表扬，并耐心解答问题，这个学生就能学会主动向老师请教的行为方式。

2. 代币奖励法

代币是一种象征性强化物，筹码、小红星、盖章的卡片、特制的塑料币等都可作为代币。当学生做出我们所期待的良好行为后，我们发给数量相当的代币作为强化物。学生用代币可以兑换有实际价值的奖励物或活动。代币奖励的优点是：可使奖励的数量与学生良好行为的数量、质量相适应，代币不会像原始强化物那样产生"饱"的现象而使强化失效。

3. 行为塑造法

行为塑造指通过不断强化逐渐趋近目标的反应来形成某种较复杂的行为。有时候我们所期望的行为在某学生身上很少出现或很少完整地出现。此时我们可以依次强化那些渐趋目标的行为，直到合意行为的出现。例如，有人曾用行为塑造法让一个缄默无语的孩子开口说话。

4. 示范法

观察、模仿教师呈示的范例（榜样），是学生社会行为学习的重要方式。模仿学习的机制是替代强化。替代强化的含义是：当事人（学习者）因榜样受强化而使自己也间接受到强化。由于范例的不同，示范法有以下几种情况：辅导教师的示范，他人提供的示范，电视、录像，有关读物提供的示范，角色的示范等等。

5. 处罚法

处罚的作用是消除不良行为。处罚有两种：一是在不良行为出现后，呈现一个厌恶刺激（如否定评价、给予处分）。二是在不良行为出现后，撤销一个愉快刺激。

6. 自我控制法

自我控制则是让当事人自己运用学习原理，进行自我分析、自我监督、自我强化、自我惩罚，以改善自身行为。从理论指导来说，它是一种经过人本主义心理学改善过的行为改变技术。其好处是：强调当事人（学生）个人责任感，增加了改善行为的练习时间。

（二）行为演练的基本方法

1. 全身松弛训练

全身松弛法，或称松弛训练，是通过改变肌肉紧张，减轻肌肉紧张引起的酸痛，以应对情绪上的紧张、不安、焦虑和气愤。

全身松弛法有不同的操作方式，紧张、松弛对照训练是最常见的一种。这种松弛训练法由雅各布松在20世纪20年代首创，经后人修改完成。其要点是，训练者要学会接受自身生理状态的信息，辨认肌肉紧张、放松的感觉，对肌肉做“紧张——坚持——放松”的练习，从紧张与放松的感觉对比中去学会放松；对全身多处肌肉按固定次序依次放松，每日练习，坚持不断。

2. 系统脱敏法

系统脱敏法由沃尔朴首创。其含义是，当某些人对某个事物、某种环境产生敏感反应（害怕、焦虑、不安）时，我们可以在当事人身上发展起一种不相容的反应，使对本来可引起敏感反应的事物，不再发生敏感反应。例如，一个学生过分害怕猫，我们可以让他先看猫的照片、谈论猫，再让他远远观看关在笼中的猫；让他靠近笼中的猫；最后让他摸猫、抱起猫，消除对猫的惧怕反应。这就是逐步“脱敏”的过程。

3. 肯定性训练

肯定性训练，也叫自信训练、果敢训练，其目的是促进个人在人际关系中公开表达自己真实情感和观点，维护自己权益也尊重别人权益，发展人的自我肯定行为。其表现主要在三个方面：① 请求：请求他人为自己做某事，以满足自己合理的需要。② 拒绝：拒绝他人无理要求而又不伤害对方。③ 真实地表达自己的意见和情感。实际生活中，许多学生表现出的是不肯定行为。如谈话时眼睛不敢看着对方，说话句子短，不敢提出合理要求，不敢拒绝别人的无理要求，不敢表示自己的不满情绪；与同学发生矛盾时不敢正面解决问题，而是哭着找老师等。

肯定性训练是通过角色扮演以增强自信心，然后再将学得的应对方式应用到实际生活情境中。通过训练，当事人不仅减低了焦虑程度，而且发展了应对实际生活的能力。

（三）改善学生认知的方法

1. 理性情绪疗法

理性情绪辅导方法由艾里斯提出，他认为人的情绪是由他的思想决定的，合理的观念导致健康的情绪，不合理的观念导致负向的、不稳定的情绪。人有许多非理性的观念，如我“必须”成功，并得到他人赞同，别人“必须”对我关怀和体贴；事情“应该”做得尽善尽美，课堂上回答问题有错误是很糟糕的事等等。他提出了一个解释人的行为的ABC理论。

A. 个体遇到的主要事实、行为、事件。

B. 个体对A的信念、观点。

C. 事件造成的情绪结果。

我们的情绪反应C是由B（我们的信念）直接决定的。可是许多人只注意A与C的关系，而忽略了C是由B造成的。B如果是一个非理性的观念，就会造成负向情绪。若要改善情绪状态，必须驳斥（D）非理性信念B，建立新观念并获得正向的情绪效果（E）。

这就是艾里斯理性情绪治疗的ABCDE步骤。理性情绪治疗是一项具有浓厚教育色彩的心理治疗法。台湾吴丽娟在此基础上编拟了“理性情绪教育课程”，该课程首先让学生分辨理性观念与非理性观念，然后试图驳斥非理性信念。

以下是一实例：

A. 事件：“考不好，受父母训斥。”

B. 观念：“同学会取笑我，真丢面子。”

C. 情绪：难过、沮丧。

D. 驳斥：这不是事实。只是我的主观想法，怎么知道同学会取笑？即使有人取笑，难道我就真的无法忍受？

E. 新观念：可能无人取笑我；被取笑只是一时，只要用功，成绩可以改善；何况我还有其他长处。

上面我们分别介绍了一些基本的辅导方法，在学校心理辅导实际活动中，我们应根据辅导目标的要求，综合运用各种方法，形成一个统一的辅导工作的基本模式。

2. 认知疗法

认知疗法的理论基础是阿龙·贝克提出的情绪障碍认知理论。他认为：心理问题不一定都是由神秘的、不可抗拒的力量所产生，相反，它可以从平常的事件中产生，例如错误的学习，依据片面的或不正确的信息做出错误的推论，以及像不能妥善地区分现实与理想之间的差别等等。他提出，每个人的情感和行为在很大程度上是由其自身认识世界、处世的方式或方法决定的，也就是说，一个人的思想决定了他内心体验和反应。

认知理论的出发点在于确认思想和信念是情绪状态和行为表现的原因。贝克论证说，抑郁症病人往往由于做出逻辑判断上的错误因而变成抑郁、歪曲事情的含义而自我谴责；一件在通常情况下很小的事情(如溅出饮料)会被他看成生活已完全绝望的表现。因此抑郁症病人总是对自己做出不合逻辑的推论，用自我贬低和自我责备的思想去解释所有的事件。

认知疗法是根据认知过程影响情感和行为的理论假设，通过认知和行为技术来改变病人不良认知的一类心理治疗方法的总称。所谓认知一般是指认知活动或认知过程，包括信念和信念体系、思维和想象。认知过程一般由三部分组成：① 接受和评价信息的过程；② 产生应付和处理问题方法的过程；③ 预测和估计结果的过程。

认知治疗高度重视研究病人的不良认知和思维方式，并且把自我挫败行为看成是病人不良认知的结果。所谓不良认知，指歪曲的、不合理的；消极的信念或思想，往往导致情绪障碍和非适应行为。治疗的目的就在于矫正这些不合理的认知，从而使病人的情感和行为得到相应的改变。认知疗法不同于传统的行为疗法，因为它不仅重视适应不良行为的矫正；而且更重视改变病人的认知方式和认知—情感—行为三者的和谐。同样，认知疗法也不同于传统的内省疗法或精神分析，因为它重视目前病人的认知对其身心的影响，即重视意识中的事件而不是潜意识；内省疗法则重视既往经历特别是童年经历对目前问题的影响，重视潜意识而忽略意识中的事件。

3. 认知行为疗法

认知行为疗法的基础理论来自于信息加工之理论模式，认为人们的行为、感情是由对事物的认知所影响和决定的。例如，如果人们认为环境中有危险，他们便会感到紧张并想逃避。人们的认知建立在自己以往经验的态度和假设基础之上。

贝克指出，心理障碍的产生并不是激发事件的直接后果，而是通过了认知加工，在歪曲或错误的思维影响下促成的。歪曲和错误的思维包括主观臆测、在缺乏事实或根据时的推断、过分夸大某一事情和意义的个人倾向、将与己无关的事联系到自己身上、思想极端。他还指出，错误思想常以"自动思维"的形式出现，即这些错误思想常是不知不觉地、习惯地进行，因而不易被认识到，不同的心理障碍有不同内容的认知歪曲，例如：抑郁症大多对自己、对现实和对将来都持消极态度，抱有偏见，认为自己是失败者，对事事都不如意，认为将来毫无希望。焦虑症则对现实中的威胁持有偏见，过分夸大事情的后果，面对问题，只强调不利因素，而忽视有利因素。因此认知治疗重点在于矫正患者的思维歪曲。基本步骤可分为：

(1) 帮助个体认识思维活动与情感行为之间的联系。

(2) 帮助个体认识消极歪曲或错误的思维，检验支持和不支持自动思维的证据。

(3) 帮助个体改变歪曲的错误的思维方式、内容，发展更适应的思维方式和内容。

4. 来访者中心疗法

"来访者中心疗法"，由罗杰斯创立于20世纪50年代。其要点如下：① 人都有能力发现自己的缺陷和不足，并加以改进。所以心理咨询的目的，不在于操纵一个人的外界环境或其消极被动的人格，而在于协助来访者自省自悟，充分发挥其潜能，最终达到自我的实现。② 人都有两个自我：现实自我和理想自我。其中前者是个人在现实生活中获得的自我感觉，而后者则是个人对"应当是"或"必须是"等的自我概念。两者之间的冲突导致了人的心理失常。人在交往中获得的肯定越多，则其自我冲突越少，人格发展也越正常。③ 这一疗法很强调建立具有治疗作用的咨询关系，以真诚、尊重和理解为其基本条件。罗杰斯认为，当这种关系存在时，个人对自我的治疗就会发生作用，而其在行为和人格上的积极变化也会随之出现。所以，心理咨询人员应该与来访者建立相互平等、相互尊重的关系。这样即可使来访者处于主动的地位，学会独立决策。④ 在操作技巧上，这一疗法反对操纵或支配来访者，主张在谈话中采取不指责、不评论、不干涉的方式，鼓励来访者言尽其意，直抒己见，以创造一个充满真诚、温暖和信任的气氛，使来访者无忧无虑地开放自我。

罗杰斯曾将治疗过程分为12个步骤：① 来访者求助；② 咨询员向来访者说明治疗方法；③ 鼓励来访者情感的自由表现；④ 咨询员要能接受、认识来访者的消极感情，并帮助来访者对自己有更清楚的认识；⑤ 来访者充分地暴露出消极的情感后，积极的情感开始出现；⑥ 咨询员要对来访者积极的情感接受和认识，但不给予任何评价；⑦ 来访者开始接受真实的自我；⑧ 帮助来访者认清要采取的新的行为和新的决定；⑨ 来访者对自己的问题有了新的认识和新的决定，就产生了最初的疗效；⑩ 咨询员引导来访者达到一种更完全、更正确的自我了解，并开始新行为的尝试，表明疗效进一步显著；⑪ 来访者当前的问题得到解决并对自己充满了自信，表明来访者走向成熟；⑫ 治疗结束。罗杰斯指出，治疗过程的 12 个步骤不是截然分开的，而是相互关联、有机地结合在一起的。

练习题

一、选择题

1. 下列哪项不是心理健康的标准 （ ）
   A. 对现实的有效知觉　　B. 自知、自尊与自我接纳
   C. 自我调控能力　　D. 自我封闭能力
2. 来访者中心疗法的特点不包括 （ ）
   A. 以来访者为中心　　B. 将咨询看作是转变的过程
   C. 鼓励来访者进行观察学习　　D. 非指导性咨询
3. 心理健康至少包括两层含义，一是无心理疾病，二是 （ ）
   A. 乐观的心理状态　　B. 从容的心理状态
   C. 豁达的心理状态　　D. 积极发展的心理状态
4. 心理健康的人能够有效发挥个人的潜能以及 （ ）
   A. 发展潜能　　B. 积极的社会功能
   C. 应有的权利感　　D. 应有的道德面貌
5. 在对学生进行心理辅导时，常使用的强化法属于 （ ）
   A. 行为改变法　　B. 认知改变法
   C. 精神分析法　　D. 运动改变法
6. 情绪消极、悲伤、颓废是（ ）的表现。
   A. 焦虑　　B. 强迫　　C. 抑郁　　D. 恐怖
7. 全身松弛训练是（ ）首创的。
   A. 雅各布松　　B. 皮亚杰　　C. 班杜拉　　D. 艾里斯
8. 能把自己的智慧与能力有效地运用到学习上，属于哪条心理健康标准 （ ）
   A. 对现实的有效知觉　　B. 自知、自尊与自我接纳
   C. 自我调控能力　　D. 生活热情与工作高效率
9. 中学生常见的焦虑反应是 （ ）
   A. 生活焦虑　　B. 睡眠障碍焦虑
   C. 交友焦虑　　D. 考试焦虑
10. 小张走路时总是喜欢反复数栏杆、触摸路旁的灯柱，这种行为属于 （ ）
   A. 焦虑　　B. 强迫行为　　C. 强迫观念　　D. 恐惧

二、辨析题

1. 心理健康的标准是一定的。
2. 性偏差属于性心理障碍。

三、简答题

1. 简述来访者中心疗法的步骤。
2. 简述抑郁症的表现及原因。
3. 简述心理健康的含义。

四、材料分析题

小李是一名初中学生,智力中等,成绩中上,性格内向,非常腼腆,在人面前不苟言笑,上课从不主动发言,老师提问时总是低头回答、脸蛋通红。下课也总是坐在自己位置上发呆,不和同学活动。在家也是自己一个人待在房间,节假日,也不和父母去亲戚家做客。

运用相关的心理学理论,谈谈如何改变小李的行为。

参考答案

练习题

一、选择题

1. D　2. C　3. D　4. B　5. A　6. C　7. A　8. C　9. D　10. B

二、辨析题

1. 错误

在理解与把握心理健康标准时,主要应该考虑以下几点:首先,判断一个人心理健康状况应兼顾个体内部协调与对外良好适应两个方面。其次,心理健康概念具有相对性。心理健康有高低层次之分。再次,心理健康既是一种状态,也是一种过程。最后,心理健康与否,在相当程度上可以说是一个社会评价问题。不同社会由于其主流文化、价值观念、社会规范不同,对同一行为正常与否,往往会做出不同的判断。

2. 错误

性偏差是指少年性发育过程中不良适应,如过度手淫、迷恋黄色书刊、早恋、不当性游戏、轻度性别认同困难等,一般不属于性心理障碍。但对这些不适应行为,应给予有效的干预。

三、简答题

1. 罗杰斯曾将来访者中心疗法过程分为 12 个步骤:(1) 来访者求助;(2) 咨询员向来访者说明治疗方法;(3) 鼓励来访者情感的自由表现;(4) 咨询员要能接受、认识来访者的消极感情,并帮助来访者对自己有更清楚的认识;(5) 来访者充分地暴露出消极的情感后，积极的情感开始出现；(6) 咨询员要对来访者积极的情感接受和认识，但不给予任何评价；(7) 来访者开始接受真实的自我；(8) 帮助来访者认清要采取的新的行为和新的决定；(9) 来访者对自己的问题有了新的认识和新的决定，就产生了最初的疗效；(10) 咨询员引导来访者达到一种更完全、更正确的自我了解，并开始新行为的尝试，表明疗效进一步显著；(11) 来访者当前的问题得到解决并对自己充满了自信，表明来访者走向成熟；(12) 治疗结束。罗杰斯指出，治疗过程的12个步骤不是截然分开的，而是相互关联、有机地结合在一起的。

2. 抑郁症是以持久性的心境低落为特征的神经症。过度的抑郁反应，通常伴随有严重的焦虑感。焦虑是个人对紧张情境的最先反应。如果一个人确信这种情境不能改变或控制时，抑郁就取代焦虑成为主要症状。

抑郁症的表现，一是情绪消极、悲伤、颓废、淡漠，失去满足感和生活的乐趣。二是消极的认识倾向，低自尊、无能感，从消极方面看事物，好责难自己，对未来不抱多大希望。三是动机缺失、被动，缺少热情。四是躯体上疲劳、失眠、食欲不振等。

抑郁症是由心理原因造成的，有各种不同理论的解释。大多数抑郁症患者能经治疗或不经治疗而逐渐恢复正常，但有人有复发的倾向。在对有抑郁症状的学生进行辅导时，首先要注意给当事人以情感支持和鼓励；以坚定而温和的态度激励学生做一些力所能及的事情，积极行动起来，从活动中体验到成功与人际交往的乐趣，也可采用认知行为疗法，改变学生已习惯的自贬性的思维方式和不适当的成败归因模式，发展对自己、对未来的更为积极的看法。服用抗抑郁药物可以缓解症状。

3. 所谓心理健康，就是一种良好的、持续的心理状态与过程，表现为个人具有生命的活力、积极的内心体验、良好的社会适应，能够有效地发挥个人的身心潜力以及作为社会一员的积极的社会功能。心理健康至少包括两层含义：一是无心理疾病；二是有一种积极发展的心理状态。

四、材料分析题

小李的这种表现有社交恐惧症的倾向。帮助学生克服社交恐惧症，一方面，在家庭中，父母要有坚持性和耐心，坚决而友善地要求孩子与同学交流沟通、上课主动发言、多参加学校组织的活动；另一方面，在班级里，要促进学生改善人际关系，营造宽松、自由的班级氛围。另外，还要适当减轻学习压力，使学生获得成功体验，这对于社交恐惧症同样具有重要意义。

第十四章 教师心理

教学目的和要求：了解教师角色心理和教师心理特征，理解教师成长心理，掌握促进教师心理健康的理论与方法。

教学重点：教师成长的阶段；教师发展的五阶段理论；罗森塔尔效应。

教学难点：教师的心理健康

第一节 教师角色心理

学生是学习的主体，但并不否定教师的指导作用。教师是学习过程中的主导，在教学中起关键作用。教师在组织教学、协调其他各种因素中起关键作用。

一、教师角色的含义及构成

教师角色指教师按照其特定的社会地位承担起相应的社会角色，并表现出符合社会期望的行为模式。

根据教师所起作用的不同，教师在教学过程中要扮演许多种不同的角色。

（一）"家长代理人"的角色

在学生的心目中，学校里的教师是父母的化身，他们像对待自己的父母一样对待教师，并且期望教师也像自己的父母那样爱护和理解他们。这一角色在教师身上的积极意义主要在于，它激发教师产生一种对学生的父爱或母爱，产生"监护人"的作用；消极意义主要是教师可能会出现家长制作风，认为学生就像他的"孩子"一样可以任意处置，以致形成不良的师生关系。

（二）"学生楷模"的角色

教师通过自己的榜样、模范和表率作用去感染每一个学生，教育每个学生，对学生施加潜移默化的影响。

（三）"知识传授者"的角色

这是教师作为教学者的角色，也是教师职业的中心角色。教师的主要功能是传授知识，指导学生学会学习，培养学生的各种能力，促进他们的智力发展。教师的这一角色主要是通过教学活动来实现的。教师的这一角色特征决定了教师不仅要有广博的基础知识、精深的专业知识以及邻近各个领域的知识，还要了解科学研究的新成果，而且还要对自己所教学科充满热情，善于调动学生学习的积极性，鼓励学生自觉地学习。

（四）“管理者”的角色

教学工作是学校的中心工作，为使课堂教学顺利进行并取得预期效果，教师要承担课堂教学的管理者角色。作为学生班级的管理者，教师应当有计划地去培养班集体，创造一种和谐、民主、进取的集体环境，形成良好的班风，运用奖罚来控制调节学生的活动，帮助学生形成“律己”的习惯，加强自我管理。

（五）“心理调节者”或“心理医生”的角色

一些中小学生性格扭曲、行为偏离、情感冲动、离家出走等不良心理及行为时常出现，心理疾病患者逐渐增加，严重影响了中小学生的身心健康。这些社会现实，使人们对教师角色增加了“心理调节者”“心理医生”的新的期望。这个角色主要是帮助学生学习和适应更有效的生活方式；掌握心理疏导术，减轻、消除心理压力和矛盾，帮助学生学会主动调节自己的情绪，以保持积极向上的精神状态；对较差的学生给予较多的关怀，消除其压抑感；了解学生常见的心理异常症状，及时发现问题；尊重学生的个别差异，帮助学生形成健康人格。

（六）“学生的朋友和知己者”的角色

在日常生活中教师应成为学生的朋友和知己，对待学生热情、友好、有同情心，与学生进行平等而民主的交往，保持良好的师生关系。教师与学生之间建立友好融洽的关系有利于增强教育的力量。教师要善于观察和理解学生，甚至应研究学生，了解他们的需要、学习特点和个性特征，了解他们学习的过程，理解他们在学习中犯各种错误的原因，从而在教学中与学生很好地配合和合作。

（七）“人际关系协调者”的角色

教师在教学过程中要与包括学生、家长、同事等多方面进行交往，这些关系的处理与教师的工作息息相关，因此，教师必须能够妥善地协调各种人际关系。

（八）“教育科学研究者”的角色

教师不能仅仅满足于向学生传授现成的科学知识，而要积极探讨和研究教学中出现的问题，富于开拓创新精神，成为一名教育科学的研究者，从而能够以一定的理论为基础，灵活地解决教学中的各种实际问题。如果教师的教育教学没有一定的理论作为指导，没有以研究为依托进行深化和提高，就容易陷在固守旧经验、照搬老方法的窠臼里不能自拔。

（九）“知识学习者”的角色

教师必须不断汲取新的知识，不断接受各种新知识、新理论和新技术的教育与培训，优化自己已有的知识结构，力求做到知识多元化、复合化，实现才学知识现代化。

二、教师角色的形成

教师在教育教学实践中将社会对教师的角色要求内化成自身个性的一部分，形成具有与某一角色高度适应的心理特征和顺利完成角色人物的能力，标志着教师角色的形成。

一个成熟的教师一般具有以下行为特征：① 能够主动地为教育教学工作确定目标、选择方法，能主动地发现问题、解决问题、改善工作，提高成效。② 能够独立地完成教育教学工作，也具有独立完成工作的要求，不希望别人过多地干预。③ 对各种与职业有关的活动，具有稳定的兴趣，关心学生，关心所教学科，在工作中有长远的目标。④ 具有明确的职业角色意识和职业创新意识，正确认识教师充当的各种角色，明确教师工作的职责。⑤ 能随时随地监控自身角色扮演的状况，尽一切可能克服角色冲突。⑥ 热爱教育事业，具有自己的教育观和教育能力。

教师角色的形成一般为三个阶段：① 角色认知阶段：角色认知是指角色扮演者对某一角色行为规范的认识和了解，知道哪些行为是正确的，哪些行为是不合适的，表现为了解教师角色所承担的社会职责，能够将教师所充当的角色与社会上其他职业角色区别开来。② 角色认同阶段：教师角色认同是指通过亲身体验接受教师角色所承担的社会职责，并用来控制和衡量自己的行为。③ 角色信念阶段：教师角色中的社会期望与要求转化为个体的心理需要。这时教师坚信自己对教师职业的认识是正确的，并视其为自己的行动指南，形成了教师职业特有的自尊心和荣誉感。

三、教师角色意识

教师的角色意识，就是指教师对自己所扮演的社会角色规范的认知和体验。教师角色意识的心理结构包括以下三部分内容。

（一）角色认知

角色认知是指角色扮演者对角色的社会地位、作用及行为规范的认识和对与社会的其他角色的关系的认识。

（二）角色体验

教师角色体验是教师在教育教学活动中受到社会及家长、学生和其他教师的评价与期待时所产生的情绪体验。

（三）角色期待

教师角色期待是教师依据一定的社会规范对自己角色行为的看法和期望。角色期待包括两个方面，一是自我形象，即个人对自己的行为期望；二是公众形象，指他人对某一特殊角色的期望。

四、教师威信

教师威信是指教师在学生心目中的威望和信誉。教师威信是教师成功地扮演教育者角色、顺利完成教育使命的重要条件。

（一）教师威信的分类

教师威信有两种：一种是权力威信，即教师根据教育法律法规、学校规章制度、教育传统以及社会心理优势而建立起来的威信；另一种是信服威信，是指由于教师良好的思想品德、教学能力、教学态度与民主作风而使学生自愿接受、内心佩服而树立起来的威信。教师应该树立信服威信，而不应该追求权力威信。

教师威信主要包括人格威信、学识威信和情感威信三个方面内容。所谓人格威信，就是教师因品德、思想的高度而产生的人格魅力，潜移默化地影响着学生的世界观等；学识威信是教师因自己的学识带来的特殊力量，在学生中产生了影响力；情感威信，是指教师对学生平等相待，从思想上、学习上、生活上对其予以关心和爱护，学生就会产生信赖感。

（二）教师威信的作用

教师威信的作用主要体现在以下几个方面：① 教师的威信是学生接受其教诲的前提。学生确信有威信的教师指导的真实性和正确性，积极主动地接受这些教师的指导。② 有威信的教师的言行易于唤起学生相应的情感体验，因而加大了教育效果。③ 有威信的教师被学生视为心目中的榜样。学生会产生模仿教师的愿望，使教师的举止言谈都具有了教育的力量。

（三）教师威信的形成与发展

教师威信形成的过程，一般说来，是由"不自觉威信"向"自觉威信"发展。新教师在学生心目中是有一定吸引力和一定威信的，但这种威信是短暂的"不自觉威信"。随着学生对教师德才方面的了解、师生之间感情的日益加深和融洽，教师威信就由"不自觉威信"发展为"自觉威信"，这才算真正的威信。当然，教师必须经过不断的努力，"不自觉威信"才有可能发展成为"自觉威信"，否则，"不自觉威信"可能逐渐消失。

建立教师威信有以下几种途径：

（1）培养自身良好的道德品质。

（2）培养良好的认知能力和性格特征。

（3）注重良好仪表、风度和行为习惯的养成。

（4）给学生以良好的第一印象。

（5）维护良好的师生关系，做学生的朋友、知己。

（6）高效率地传授系统的科学文化知识。

教师在建立威信后，可以从以下几方面维护威信：① 教师要有坦荡的胸怀、实事求是的态度。② 教师要正确认识和合理运用自己的威信。③ 教师要有不断进取的敬业精神。④ 教师要言行一致，做学生的楷模。

第二节　教师的心理特征

教师心理是教师在长期的教学和教育工作实践中逐渐形成和发展起来的，它具有鲜明而稳定的职业特点。具体说来，教师的心理包括认知、情感、意志品质和人格特征等方面的结构特点，是由教书育人的职业意识、因材施教的职业技能和为人师表的职业行为等一些要素构成的。

一、教师的认知特征

（一）敏锐的观察力

教育情境的复杂性要求教师具备敏锐的观察力。观察力敏锐的教师，既能找到某类学生共同具有的典型特点，又能发现每个学生的个别特点，从而及时采取有针对性的教育措施。

（二）准确的记忆力

良好的记忆力不仅有助于学科知识的储备，而且有助于教育对象的各种信息的储备。它是教师搞好教育、教学工作的重要智力品质之一。

（三）丰富想象力

具有丰富想象力的教师，能对课堂教学进行合理设计，自觉调控，把学生引入应有的境界；能根据学生特点，分析他们的现状，预测他们的发展，从而有意识、有针对性地施加教育影响。这不仅有助于学生掌握知识，而且有助于发展学生的创造性。

（四）良好的思维品质

教师优良思维品质，主要表现在：① 在教育、教学情境中善于透过纷繁复杂的表面现象，全面地、系统地认识现象之间的关系，从而发现问题的本质。这要求教师的思维具有一定的深刻性和广阔性。② 教师需要根据教材和学生的实际情况，创设适合的教学情境，因材施教，及时而又有针对性地给予指导，这要求教师的思维必须具有创造性和独立性。③ 教师工作的对象是处于发展成熟过程中的青少年学生，学生间不仅存在个体差异，同一个体本身也处在不断变化之中，这需要教师的思维具有敏捷和流畅的品质。能够根据学生的变化与发展，善于用新的观点，从新的角度去分析问题，采取新的策略，从而收到最佳的教学效果。

（五）善于分配注意力

善于分配自己注意力的教师，一般都善于使学生始终处于积极的思维活动状态。他们不仅善于处理教学内容和方法，而且也善于组织教学，不断开拓学生的思路，取得满意的教学效果。

但也有研究者认为，教师的认知特征还应该包括其知识结构在内。教师的基本任务就是向学生传授科学文化知识，培养有关的技能，并在此基础上使学生智力和其他的各种品质全面发展。教师应该具有全面而深厚的专业知识并在头脑中形成合理的知识体系。心理学认为，教师所掌握的专业知识应该是“实践的知识”，既包括特定学科的知识内容，也包括如何有效地传授这些知识内容。

二、教师的情感特征

教师的情感是丰富的，尤其是教师的职业情感更具特色，是构成教师心理素质的动力因素之一。

（一）以师爱为核心的积极情感

以师爱为核心的积极情感是教师的重要心理素质。主要表现为教师对教育事业、对学生、对所教学科的热爱。

(二) 教师应有的情操

首先,教师本身应该具备高尚的品德,教师的道德感是其品德在情感领域的表现,表现在对祖国、对人民的热爱,对事业的义务感和责任感等。其次,教师的理智感。理智感能驱动人去追求真理、热爱真理。最后,教师的美感。表现在教育、教学情境中应该有对美的心灵、美的行为、美的语言、美的环境等的追求和向往,并引导学生鉴赏美,创造美等等。

(三) 教师的责任感

首先,教师应对社会负有职责。教师作为社会的代表者,对青少年的成长有重要影响。其次,对学生的成长承担责任。教师是学生的引路人,学生的成长与教师的教育引导密切相关。因此,教师应对每个学生的成长与发展负责。

三、教师的意志品质

教师的意志品质主要表现为教育理念的坚持和教学行为的执着。具体可以从四个方面加以阐述。

(一) 明确的目的性和实现目的的坚定意向

首先,教师要有明确的目标。教师在教育、教学过程中,要制定明确的课程目标,以及对学生的培养目标。其次,教师要坚定不移地为实现目标而奋斗。教师目标的实现与否会对学生的成长与发展有重要的影响。

(二) 处理问题的果断性和坚定性

首先,教师处理学生的问题要迅速果断,要及时解决问题,避免其他问题的出现。其次,教师处理问题需要有自己的主见,不能被其他人和事动摇。

(三) 解决矛盾时的沉着、自制、耐心和坚持性

首先,教师要会处理师生关系。良好的师生关系有助于教育的进行。教师需要以良好的心态面对学生,解决与学生的矛盾。其次,教师对学生之间发生的矛盾,需要不偏不倚,妥善地解决矛盾。

(四) 充沛的精力和顽强的毅力

首先,教师要有充沛的精力。学生的精力往往都很充沛,教师需要有更好的精神面貌去对待教育教学工作。其次,教师要有顽强的毅力。毅力的顽强与否,决定着教师教学的成败。

四、教师的人格特征

教师的人格特征是一个相对稳定的综合体,可从不同角度进行分析。它在教育、教学工作中的催化、放大作用,统称为教师的人格魅力。

(一) 成熟的自我意识

自我意识在人格结构中处于核心地位,它从心理反应的意识层次上支配、调节着人的行为。个体能否真实、客观地认识自我、对待自我是自我意识成熟与否的基本标志。

（二）崇高的品德和正确的人生观

它是促进教师奋发向上、献身教育事业、不断进取的动力。教师职业道德是教师品德的反映，集中表现为以下三种精神：① 求实精神。② 献身精神。③ 人梯精神。

（三）富有创新精神

教师对教学过程中的各个环节的把握都不乏新颖独特之处。表现为以下特征：① 教学思想的开放性。② 教学设计灵活多样，富有弹性。③ 教学信息传输的经济、迅捷性。④ 重视发散思维和直觉思维的训练。⑤ 在教学活动中，善于将学生掌握的知识转化为创造能力。⑥ 不失时机地运用教学反馈信息，机智地进行教学调控。

（四）良好性格

教师良好的性格主要表现为：① 公正无私。教师为人师表，在教育、教学过程中，对学生应该公正，不偏不倚，关心、爱护每一个学生。② 诚实谦逊。教师应该有虚心向别人学习的谦逊精神。③ 热情开朗。教师从事的是一项艰巨而复杂的育人工程，需要教师保持热情、乐观、开朗的态度。④ 独立善断。教师是班集体的领导者，面临复杂的人际环境，要求教师不偏听偏信、不人云亦云，独立发现问题并妥善解决问题，即使在困难的条件下也不惊慌失措，在紧急情况下能从容大度地发挥自己的作用。⑤ 自律自制。教师对自己的言行应有高度的自律性，对自己的情绪冲动应有较强的自制力，表现出良好的道德风貌和坚强的意志品质。

五、教师的教学能力

教师的教学能力是教师综合素质的体现，主要概括为以下几个方面。

（一）良好的语言组织和表达能力

言语表达是教师应具备的基本素质之一。言语表达又可分为口头表达和书面表达。英国教育心理学家恰尔德认为，良好的教师口头言语表达应做到以下几点：① 运用简洁而规范的描述，要点指示明确。② 根据学生年龄特点与知识水平，运用易于接受的语言。③ 不用含混不清或拼凑的语言。④ 多用简练、富有吸引力的新闻报道式语言。⑤ 恰当地运用比喻与隐喻。⑥ 保持语言的流畅性和不间断性。⑦ 讲授应尽早进入主题。⑧ 讲授重点应要言不烦。⑨ 增强语言效果，发音应注意抑扬顿挫。⑩ 利用辅助性语言，辅以动作表情。

（二）组织和运用教材的能力

教师应善于应用教育和教学的理论，结合学生的心理特点和接受能力，对教学内容进行加工设计，并选择恰当的教学方法，促进学生更好地掌握知识、发展智能。

（三）组织教学的能力

这主要包括：① 善于组织课堂教学。② 善于组织良好的班集体、团队和学习小组，从集体中选拔学生干部、培养骨干，形成集体规范和舆论，充分发挥每个学生的积极性和智能。③ 善于组织和调动学生家长与社会力量，配合学校的教育工作。

（四）教师的教学监控能力

它是指教师为保证教学达到预期目标，在教学的全过程中将教学活动本身作为意识的对象，不断地对其进行积极主动的计划、检查、评价、反馈、控制和调节的能力。这种能力主要表现在三大方面：① 教师对自己的教学活动的事先计划和安排。② 对自己实际教学活动进行有意识的监察、评价和反馈。③ 对自己的教学活动进行调节、矫正和有意识的自我控制。

（五）教育机智

它是教师在教育教学过程中创造性地运用心理学原理和教学规律为适应教育教学的需要，灵活自如地驾驭课堂教学进程的一种随机应变的能力。

教育机智通常表现为以下方式：① 因势利导。如在教学过程中，启发学生思考，并以学生思考的内容，引导学生进入教学内容，达到教学目标。② 随机应变。对于教学活动中的突发状况，教师要灵活应变，平滑地解决问题，并带给学生更多的启示。③ 对症下药。面对不同的学生、不同的问题，教师都应具体问题具体分析，找出关键的原因，以此为契机解决问题。④ 掌握分寸。教师要会控制教学活动的进程，要掌握好课堂节奏，不能过快，也不能过慢。教师也要在教学中具有侧重点，不能平铺直叙、一概而论。

六、教学效能感

自我效能感这一概念是班杜拉于 1977 年首次提出来的。在班杜拉看来人的行为不仅受行为结果的影响，而且还受行为期望的影响。他把行为的期望分为两种：一种是对结果的期望，如果人预期到哪一种行为将会导致好的结果，那么这一行为就会被激活和被选择。如：教师认识到认真备课会获得好的教学效果，他就会积极备课。另一种是效能期望，是指人们对自己能否够成功地进行某一成就行为的主观推测和判断，这就是所谓的自我效能感。

（一）教学效能感的定义及分类

根据班杜拉的理论我们把教师的教学效能感定义为："教师对自己影响学生学习行为和学习结果的能力的主观判断。"它包括两类，即一般教育效能感和个人教学效能感。一般教育效能感是指教师对教育在学生发展中的作用、教和学的关系等问题的一般看法和判断。一般教育效能感是教育理念和信条的反映。个人教学效能感是指教师对自己教学能力高低的判断。教师的教学效能感是解释教师动机的关键因素，它影响着教师对教育工作的积极性，影响教师对教学工作的努力程度，以及在碰到困难时他们克服困难的坚持程度等等。

（二）教学效能感的作用

1. 影响对教学活动的选择

教学效能感较低的老师往往会选择较容易的教学活动，避免出现差错；而教学效能感比较高的教师就会选择较高难度的教学活动，期望学生更能掌握教学内容。

2. 影响对教学行为成败的归因

效能感比较高的教师相信自己的教学能使学生成才，并积极地总结各方面的经验，不断学习有关知识，进而提高自己的教学能力；效能感比较低的教师会认为自己并不能对学生产生很大的影响，因此把教学行为的成败归因于家庭和社会的影响。

3. 影响教师情绪的调控

效能感比较高的教师在工作时，信心十足、精神饱满、心情愉快，表现出极大的热情，往往取得良好的教育效果；效能感较低的教师在工作中感到焦虑和恐惧，常常处于烦恼之中，无心教学，以至于不能很好地完成工作。

（三）影响教师教学效能感的因素

1. 外部因素

(1) 社会大环境对教师效能感的影响。当代社会对教师的要求越来越高，教师对学生的教育、教学活动有很多的限制，使得教师在制订教学计划时需要考虑周全，产生极大的压力。这一影响会降低教师的效能感，阻碍教学活动的进行。

(2) 学校因素的影响。学校的许多规章制度带给了教师许多的压力和限制，使得教师效能感降低。

2. 内部因素

(1) 自身教学的成败经验。具有较多成功经验的教师会有较高的效能感，而失败较多的教师效能感会相对较低。

(2) 替代性经验。即教师的间接经验。教师具备越多的间接经验，在教学过程中就会有更多的参考，能够增强效能感。

(3) 情绪的唤起水平。教师情绪唤起水平越高，自我效能感也相对较高。

(4) 教师所持有的教育观。教师所持有的教育观越积极，自我效能感就会越高。相反，教育观越不正确，教师的效能感就会越低。

（四）教学效能感的提高

1. 加强外部的强化作用

学校应对教师的教学予以肯定，使教师对自己教学活动的实施充满信心，从而提高教学能力。

2. 树立学习榜样

教师要树立自己可以学习的榜样。通过榜样作用激励自己教学的训练，改善教学方式，提高效能感。

3. 加强归因的训练

对自己教学活动的总结与反思，应多思考努力程度等因素，尽量减少运气等不确定的归因，不断提高效能感。

4. 自我暗示

教师可以通过不断告诉自己是最棒的方式，努力激发自己的潜能，从而提高教学能力,增强自己的效能感。

七、教师的行为特征和罗森塔尔效应

教师的行为特征一般包括教师教学行为的明确性、多样性、启发性、参与性、任务取向性和及时的教学效果评估及其对学生产生的期望效应。教师对不同的学生会有不同的期望,这会影响到学生的发展,这已被罗森塔尔和雅各布森等人的实验所证实。期望效应通常是指在师生人际交往中,教师一方充沛的感情和较高的期望可以引起学生一方微妙而深刻的变化。教师在理解每个学生的基础上,会对每个学生未来发展的潜力有所推测,这被称之为教师对学生的期望,也叫罗森塔尔效应、皮格马利翁效应。

教师对学生的期望及其影响也是在师生互动过程中产生的。首先,教师根据学生的学习行为、个性特征和在人际交往中的表现,形成对某个学生的期望,这些期望会在教师的行为中表现出来。其次,学生接受了教师行为所暗含的期望,并根据期望的方向表现出相应的行为。在这种互动过程中,教师不断坚持按自己的期望去影响学生,而学生会逐步向着教师期望的方向发展。

教师的不同行为对学生的影响是巨大的。首先表现在学生的自信心上,受到低期望的学生会感到自己能力低或品行不好,产生无力感。其次表现在学生的各种行为与学习成绩上,受到低期望的学生会放弃努力或继续表现出一些不良行为,导致学生成绩下降。第三,还表现在师生关系上,受到低期望的学生与教师的关系逐渐疏远。

教师对学生的期望包括两个方面的内容:一是对学习潜力的预测,二是对品德发展的预测。为了充分发挥教师期望的积极影响,建立教师期待时应该注意三点:第一,要认真了解每个学生的特点,发现他们的长处,对每个学生都建立起积极的期望。第二,教师要不断反省自身的行为和态度,不要由于自己的不公正而延误了学生的发展。第三,要充分理解每一个学生。

第三节　教师成长心理

围绕教师的成长发展问题,不同的学者提出自己不同的看法。但是,归纳起来可以发现,他们关注的焦点无非是:教师发展的历程、教师发展的途径和影响发展的因素等等。

一、教师成长历程的三阶段

1975 年福勒和布朗根据教师的需要和不同时期关注的焦点问题,把教师的成长划分为以下三个阶段。

(一)关注生存阶段

处于这一阶段的教师,非常关注自己在新环境中的生存适应能力,他们关心的主要问题是学生会不会接受自己,同事会不会欣赏自己,领导会不会觉得自己干得不错,等等。因而有些新教师可能会把大量的时间都花在如何与学生搞好个人关系上。

（二）关注情境的阶段

在这一阶段，教师关心的是如何上好每一节课，关心班级的大小，关心课堂时间是否充足、备课材料是否充分，以及如何利用有效的教学方式吸引学生的兴趣和积极性等。一般说来，在职教师才会关注这个问题，师范生很少在短期的实习中达到这个阶段。

（三）关注学生的阶段

在这一阶段，教师开始真正进行“因材施教”。他们开始关注不同学生的个别差异，认识到不同发展水平的孩子在社会交往和情感方面的不同需求，认识到某些材料、某种教学方法不适合一部分学生，而另外的某些材料和教学方法则更适合他们，因此，他们根据学生的不同需要进行调整，实施个性化的教学。但遗憾的是，很多教师终其一生都没有达到这个阶段。

二、教师发展的“五阶段”理论

教师发展的“五阶段”理论，是美国的伯利纳根据教师教学专业知识和技能掌握情况不同提出的。

（一）新手型教师阶段

一般是指通过系统教师教育和专业学习，刚刚走上教学工作岗位的新教师，他们表现出以下特征：理性化；处理问题缺乏灵活性；刻板，依赖规定。这个阶段的教师主要需求是了解与教学相关的实际情况、熟悉教学情境、积累教学经验。

（二）熟手教师阶段

新手型教师在积累了一定的知识和经验后，逐渐发展成为熟练新手，其特征主要表现为：实现经验与书本知识的整合；处理问题具有一定的灵活性；不能很好地区分教学情境中的信息；缺乏足够的责任感。一般来说，具有 2～3 年教学经验的教师处于这一阶段。

（三）胜任教师阶段

大部分新手型教师在经过 3～4 年的教学实践和职业培训之后，能够发展成为胜任型教师，这是教师发展的基本目标。胜任型教师的主要特征是：教学目的性相对明确；能够选择有效的方法达到教学目标；对教学行为有更强的责任心；教学行为还没有达到足够流畅、灵活的程度。

（四）业务精干教师或骨干教师阶段

一般来说，到第五年，积累了相当知识和教学经验的教师便进入业务精干的发展阶段。在此阶段，教师表现出以下特征：对教学情境有敏锐的直觉感受力；教师技能达到认知自动化水平；教学行为达到流畅、灵活的程度。

（五）专家阶段

一般是教师发展的最终阶段，只有很少一部分教师才能达到这个阶段。专家型教师在教学方面的主要特征是：观察教学情境、处理问题的非理性倾向；教学技能的完全自动化;教学方法的多样化。

三、教师成长与发展的基本途径

教师成长与发展的基本途径主要有两个方面:一方面是通过师范教育培养新教师作为教师队伍的补充,另一方面是通过实践训练提高在职教师。根据国内外的现有研究,促进在职教师成长与发展,使之成为专家型教师,主要有以下四个方面的途径。

(一) 观摩和分析优秀教师的教学活动

课堂教学观摩可分为组织化观摩和非组织化观摩。组织化观摩是有计划、有目的的观摩,非组织化观摩则没有这些特征。

(二) 开展微格教学

微格教学或微型教学,是指以少数的学生为对象,在较短的时间内(5～20 分钟),尝试做小型的课堂教学,可以把这种教学过程摄制成录像,课后再进行分析。微型教学虽然有各种方法,但基本采用这样的程序:① 明确选定特定的教学行为作为着重分析的问题。② 观看相关的教学录像。指导者说明这种教学行为的特征,使实习生和教师能理解要点。③ 实习生和教师制订微型教学计划,以一定数量的学生为对象,实际进行微型教学,并录音或摄制录像。④ 和指导者一起观看录像,分析自己的教学行为。指导者帮助教师和实习生分析一定的行为是否合适,考虑改进行为的方法。⑤ 在以上分析和评论的基础上,再次进行微型教学。这时有考虑改进教学的方案。⑥ 教学以另外的学生为对象的微型教学,并录音录像。⑦ 和指导者分析第二次微型教学。

(三) 进行专门训练

要想促进新教师的成长,我们也可以对他们进行专门化训练。专家教师所具有的教学常规和教学策略是可以教给新教师的,新教师掌握这些知识后,会在一定程度上促进其教学。但同时我们也应看到,受训教师的教学能力仅仅有了一定程度的提高,离专家教师还有一定的距离,而且也没有一个研究宣称能将其被试训练成为专家教师。这说明,仅靠短期训练来缩小专家与新手间的差别是不够的。很多研究者指出了对教学经验的反思的重要性。

(四) 反思教学经验

反思,是教师在一定教育理论指导下,对自己过去的教学经验的一种回忆、思考、评价的活动过程。美国心理学家波斯纳提出教师成长的公式:教师成长＝经验＋反思。

布鲁巴奇等提出了四种反思的方法:① 反思日记。在一天教学工作结束后,要求教师写下自己的经验,并以其指导教师共同分析。② 详细描述。教师相互观摩彼此的教学,详细描述他们所看到的情景,教师们对此进行讨论分析。③ 交流讨论。来自不同学校的教师聚集在一起,首先提出课堂上发生的问题,然后共同讨论解决的办法,最后得到的方案为所有教师及其他学校所共享。④ 行动研究。为弄明课堂上遇到的问题的实质,探索用以改进教学的行动方案,教师以及研究者用以进行调查和实验研究,它不同于研究者由外部进行的旨在探索普遍法则的研究,而是直接着眼于教学实践的改进。

四、教师成长的影响因素

教师的专业发展和健康成长，有许多因素影响。既来自于教师自身因素，也受外界环境的影响。

（一）内因（教师自身因素）

教师本人是自身专业成长的主人，为自己的专业成长负责。在某种意义上可以说教师自身是其专业成长中的决定性因素。首先，自我专业发展意识是教师专业成长的基石。其次，教师的职业认同是教师专业成长的关键。再次，教师是否具有强烈的成就动机直接决定着其是否具有自我提高的内驱力。最后，自我效能感是教师专业成长的扬帆船。

（二）外因（外部环境因素）

首先，社会因素影响着教师的专业成长。社会经济文化的发展水平，全社会对于教育与教师的地位与价值的认识和看法，教育改革与发展对学校教育和教师的要求，教育行政部门对教师培养和发展的政策导向、奖惩机制、教育经济制度及政策法规等，作为社会环境因素影响着教师的专业成长。

其次，学校因素影响教师的专业成长。学校是教师进行教育教学工作的主要场所，更是教师专业成长的主阵地。学校的自然环境、人际环境、文化环境、管理风格、制度建设、工作氛围等，对教师的专业发展起着重大的影响作用。

最后，家庭因素影响教师的专业成长。家庭支持度、家庭文化背景、家庭的经济实力等因素也影响着教师的专业成长。

第四节　教师的心理健康

教师的心理健康是其从事教育工作的必要条件。教师的心理健康会间接影响学生认知能力的发展，它既是学生心理发展的需要，也是教师自身幸福人生的保证。

一、教师心理健康的概念及标准

一般情况下，教师的心理健康是指教师在内外环境允许的条件下所保持的最佳心理状态，即教师的内心世界与客观环境的一种平衡关系，是教师自我与他人之间的一种良好关系的维持，即不仅是自我安定感和安心感的获得和保持，还有自我实现，具有为他人的健康服务的能力。一个心理健康的教师往往具有正确的自我认识、良好的心境、适度的情感反应、和谐的人际关系、健全的意志品质、统一完整的人格、良好社会适应等特点，教学中能够营造良好的心理氛围和课堂气氛，使学生具有满意愉快的良好情绪状态。

教师心理健康的标准：

(1) 能积极地悦纳自我，即真正了解、正确评价、乐于接受并喜欢自己。

(2) 有良好的教育认知水平。能面对现实并积极地去适应环境与教育工作的要求。

(3) 热爱教师职业,积极地爱学生。能从爱的教育中获得自我安慰与自我实现,从有成效的教育教学中获得成就感。

(4) 具有稳定而积极的教育心境。教师的教育心理环境是否稳定、乐观、积极,将影响教师的整个心理状态及行为,也关系到教育教学效果。

(5) 能自我控制各种情绪与情感。繁重艰巨的教育工作要求教师有良好的、坚强的意志品质,即教学工作中有明确的目的性和坚定性;处理问题时决策的果断性和坚持性;面对矛盾沉着冷静的自制力;以及给予爱和接受爱的能力。

(6) 和谐的教育人际关系。

(7) 积极适应和改造教育环境。

二、教师常见的心理问题

在学校教学中,教师往往会因社会、学校、家长、学生等的影响,产生不同的心理问题。教师的心理问题如若不进行及时的疏导与治疗,不仅会妨碍教学工作,还会对自己、对学生产生负面影响。

(一) 教师的适应不良

教师的适应不良主要表现在:对工作环境的不满、人际关系紧张、情绪波动大等。教师的成长与成熟是一个渐进的阶段性过程,是教师从新手向熟手转化较为关键的一环。这意味着从“师范生”走向“教师”的身份转换,也从理论迈向了实际操作。新手教师会因环境的改变、学生的个体差异、人际关系的建立等产生巨大的压力。一般来说,新教师能够较快地适应新的生活,完成过渡,但还会有一些教师产生适应不良,如角色转换迟滞,教师职业价值观与职业信念缺失,从业能力不足,缺乏协调的职业关系等,给教师的教学活动带来不便,也会对学生的身心发展产生非常不利的影响。

(二) 教师的职业倦怠

职业倦怠指个体无法应付外界超出个人能量和资源的过度要求而产生的身心耗竭状态。教学工作本身就是一种压力情境,教师这种职业与倦怠有千丝万缕的联系。马勒斯等人认为职业倦怠主要表现在三个方面:① 情绪耗竭。主要表现在生理耗竭和心理耗竭两个方面。如极度的慢性疲劳、力不从心、丧失工作热情、情绪波动大等。② 去人性化。刻意在自身和工作对象间保持距离,对工作对象和环境采取冷漠和忽视的态度。教师以一种消极的、否定的态度和情感对待学生。③ 个人成就感低。表现为消极地评价自己,贬低自己工作的意义和价值。

中小学教师的职业倦怠和其所拥有的社会支持之间有显著的相关。也就是说,教师所拥有的社会支持越多,就相应地表现出更少的职业倦怠,同时,教师的教学成就感越强,其倦怠感越低。教龄越长的教师,一般所承担的教学任务及担负的责任相对越多,但他们的体力和精力相对欠缺,特别是那些已为人父母者,工作之余的大量时间都用于孩子的抚养和教育上,因而对于健康问题的关注就没有未婚者明显,这可能使他们在工作中更易表现出较多的情绪衰竭。

（三）教师人际交往问题

教师人际交往心理障碍是指人际交往过程中的不良心理状态。教师人际交往障碍主要表现为：① 对于交往的重要性认识不清，很少与人交往和沟通。② 缺乏必要的交往技能和手段，在交往时容易受阻。③ 某些不良的个性特征也阻碍正常的交往。

（四）人格障碍与人格缺陷

人格障碍又称病态人格，指明显偏离正常人格并与他人和社会相悖的一种持久和牢固的适应不良的情绪与行为反应方式。人格缺陷是介于正常人格与人格障碍之间的一种人格状态，可以说是人格发展的不良倾向。教师的人格问题更多地属于人格缺陷，包括自卑、抑郁、孤僻、敌对、多疑、焦虑等。

（五）教师常见的心身疾病

心身疾病又叫心理生理疾病。它是指与心理、社会因素关系密切的躯体疾病。影响人体健康的因素有自然、社会、心理和生理四个方面。在外界刺激（自然因素和社会因素）的作用下，机体的某一方面（心理或生理）的功能发生变化，引起另一方面（生理或心理）功能的改变。教师常见的心身疾病有冠心病、原发性高血压、消化性溃疡病、紧张性头痛和偏头痛等。

（六）教师常见的神经症

神经症是一种由于心理因素造成的常见病。一般没有任何可以查明的器质性病变，但又确实有心理异常的表现。神经症的一般类型有：神经衰弱、强迫症、焦虑症、疑病症、恐怖症、抑郁症、癔症等。教师身上的神经症主要表现为强迫症、焦虑症及神经衰弱等。

三、影响教师心理健康的主要因素

（一）社会因素

人生活在现实的社会环境中，一定的社会环境对教师的心理健康有一定的影响。

(1) 社会对教师的要求和期望不断提高，从而导致教师心理压力的产生。

(2) 社会文化及传统观念的不良影响。

(3) 社会提供给教师的资源有限。

(4) 教育改革力度不断加大的压力。

（二）学校因素

学校是教师学习工作和生活的主要场所，其环境条件、气氛以及管理等等对教师的心理健康都有重要的影响。

（三）家庭因素

由于教师职业的特殊性，家庭中的有关因素对教师的心理健康也造成了不利的影响。家庭的矛盾可能在一定程度上影响教师的教学态度及能力。

（四）个人因素

影响教师心理健康的内在因素除了一般的因素外，还有教师的自我期望、能力素质、感受力、人格状况以及个体自身的特点等。此外,一些重大的生活事件包括考试、职业选择、工作调动、恋爱以及亲人的生死离别和子女的升学、转学等,也是个体心理障碍产生的诱发因素。

四、教师心理健康的维护

在知识经济时代,关注和维护教师的心理健康是一项复杂的系统工程,需要社会、学校、教师个人共同努力。

(一) 学校对教师心理健康的维护

学校应该采取切实有效措施,创设有利于教师心理健康的良好环境,维护教师的心理健康。

1. 实施心理健康教育

学校不仅要对学生开设心理健康教育的课程,还要对教师进行心理健康教育的讲座。针对教师目前的心理状况,实施正确有效的疏导方法。

2. 改善组织管理方式

学校要对组织管理上存在的一些问题和漏洞进行改进,让教师更能投入进教学活动中,减轻教师除教学外的其他压力。

3. 建立教师间和谐人际关系

学校应多组织教师的户外活动,促进教师之间的关系,使其能有较多的机会,去倾诉自己的想法与压力,找到解决方法。

4. 完善学校教学管理

学校要为教师解决后顾之忧,让教师能在教学管理的范围内施展自己的才华,提高效能感,进而提高教学效果。

(二) 教师心理健康的自我维护

1. 正确认识自我

教师要通过自我观察,实事求是地对自己的行为进行客观的评价。教师不能因为片面的原因就全面地否定自己,要对自己的优缺点有着客观的认识。

2. 保持乐观心态

教师在面对一些困难和挫折时,不能妄自菲薄,要持有乐观的心态,相信自己能做得很好。教师要尽量避免消极情绪的出现,及时清理不合理情绪。

3. 形成“压力免疫”

教师要正确地看待压力,找出压力的根源,寻找解决方法。教师应采取措施合理控制压力的感受程度,并适当地释放压力。

4. 合理宣泄情感

教师会因各方面的事情而产生一些负面情绪。这些负面情绪的宣泄有利于教师教学活动的进行。教师可以采用写课后反思、唱歌、运动等来宣泄自己的情绪。

5. 开展情商课程设计

用情绪智力教学，教师要进行情感智慧的理论和实践学习，设计情商课程的内容及评价，这不仅能提高教师自身的应对挫折能力，而且有利于开展学生的情商教育。

6. 培养兴趣爱好

教师是终身学习者。因此，教师不仅要熟练掌握专业知识和技能，还要有较为深厚的文化底蕴，以及广阔的眼界。所以，教师要多培养自己的兴趣爱好，拓宽自己的知识。

7. 学会换位思考

教师要多方位地思考问题。片面地看问题往往会导致矛盾的出现，影响教师的心理健康。所以，多换角度思考问题，能让自己的心情变得更好。

8. 做到宽容待人

宽容是一种美德。作为一个为他人领路的教师，对他人的错误要持包容的态度。这样不仅会让他人有机会改正错误，还能使自己心态更加平和。

练习题

一、选择题

1. 教师知识结构的核心是教师的 （ ）

A. 相关学科知识 B. 教育学知识 C. 心理学知识 D. 专业知识

2. 教师的批评与不表扬，与学生的学习成绩 （ ）

A. 关系不明显 B. 没有关系 C. 有利有弊 D. 存在负相关

3. 以下不属于教师教学能力的是 （ ）

A. 教学认知能力 B. 教学操作能力

C. 自我反省能力 D. 教学监控能力

4. 罗森塔尔效应强调哪种因素对学生发展具有重要影响？ （ ）

A. 教师的知识 B. 教师的能力 C. 教师的人格 D. 教师的期望

5. 罗森塔尔效应说明，能对学生产生巨大影响的是 （ ）

A. 教师的人格特点 B. 教师的教学水平

C. 教师对学生的期待 D. 教师的威信

6. 王老师是数学老师，并且相当自信。她认为，只要她努力，就能提高数学学习困难学生的成绩，这说明王老师哪种心理特征较好？ （ ）

A. 教学监控能力 B. 教学应变能力 C. 角色认同感 D. 教学效能感

二、简答题

1. 简述皮格马利翁效应。

2. 简述教师正确学生观的内容。

3. 简述福勒等人提出的教师成长三阶段。

三、论述题

联系实际，谈谈教师应具备哪些教学能力。

参考答案

一、选择题

1. D 2. D 3. C 4. A 5. D 6. D

二、简答题

1. 皮格马利翁效应也称“罗森塔尔效应”“人际期望效应”，指教师对学生的殷切期望能够戏剧性地收到预期效果的一种社会心理效应。由美国心理学家罗森塔尔等人在著名的“课堂中的皮格马利翁：教师期望和小学生智力发展”实验中发现并命名。他们认为，教师因受到实验者的暗示，对实验组的学生抱有很高的期望，并且有意无意地通过自己的态度、表情、关注、赞许等方式把隐含的期望传达给这些学生，学生则给老师积极的反馈；而这种反馈又激起教师更大的教育热情，维持其原有的期望水平并给予更多的关注。如此循环往复，以至这些学生的智力、学业成绩以及社会行为都朝着教师期望的方向良性发展。并借用古希腊神话中的人物皮格马利翁命名该现象。

2. 正确的学生观是指对学生有一个科学而客观的看法。主要表现在以下三个方面：

(1) 正确认识学生的向师性和独立性，既要珍惜学生的向师性，又要尊重学生的独立性，建立教学相长、尊师爱生的师生关系。

(2) 正确认识学生的能动性和可塑性。既不能忽略学生内心的感受和积极探索的欲望，也不能忽略学生自学能力的培养，要用发展的眼光看待学生，这是激励学生成长进步的根本动力，是教师留给学生的宝贵精神财富，也是教师正确的学生观的核心内容。

(3) 正确认识学生的个别差异和发展潜力。要侧重于从因材施教的角度看待个别差异，从提高基本素质的角度为学生创造全面发展的机会，这是教师树立正确学生观不可忽视的一个方面。

3. 福勒根据教师的需要和不同时期所关注的焦点问题，把教师的成长划分为关注生存、关注情境和关注学生等三个阶段。① 关注生存阶段。这是教师成长的起始阶段，处于这个阶段的一般是新手型教师，他们非常关注自己的生存适应性，会把大量的时间用于处理人际关系或者管理学生。② 关注情境阶段。当教师认为自己在新的教学岗位上已经站稳了脚跟后，会将注意力转移到提高教学工作的质量上来，如关注学生学习成绩的提高，关心班集体的建设，关注自己备课是否充分等。③ 关注学生阶段。能否自觉关注学生是衡量一个教师是否成熟的重要标志。在这一阶段，教师能考虑到学生的个别差异，认识到不同年龄阶段的学生存在不同的发展水平、具有不同的情感和社会需求，因此教师应该因材施教。

三、论述题

教师较高的教学能力主要体现在以下五个方面：

(1) 敏锐的观察力。敏锐的观察力是从事教学工作的基础。敏锐的观察力需要教师利用课堂教学和课后与学生的交往进行刻意锻炼才能形成。

(2) 较强的言语表达能力。言语表达能力是教师优良素质的重要组成部分。良好的言语表达，不仅使学生得到美的享受，而且能极大地促进学生言语表达能力的发展。

(3) 灵活的组织教学能力。教师会教，学生才能会学。教学无定法，需要根据学科的特点、学生的情况和教学的进度灵活掌握。教师应把学生的积极性、主动性放在教学过程的重要位置，启发学生独立思考，通过同学之间、师生之间的相互交流加深学生对所学知识的理解。

(4) 把握时机进行教育的能力。课堂教学的过程同时也是对学生进行教育的过程，因而把握时机对学生进行必要的教育，便成为衡量教师教育素养的一个不可忽视的方面。

(5) 一定的知识创新的能力。知识创新是指运用新思想、新材料、新方法，对知识进行重新加工、组合、更新和提高的过程。教师负担着培养学生创新意识和创新能力的重要任务。教师应站在知识经济的高度，为学生营造轻松、和谐的创新氛围，并用自己的创新行动影响和感染学生。

第十五章　教学设计

教学目的和要求：理解教学设计、教学目标、教学策略和教学过程等基本概念的含义。掌握教学设计的特点与原则、教学目标的分类、预设目标与生成目标之间的关系、教学设置的特点和类型，以及教学过程的注意事项。根据不同的教学情境，灵活运用不同的教学策略、教学方法和教学媒体，能够取得较好的教学效果。

教学重点：正确理解基本概念，特别是教学目标的含义，善于运用不同的教学策略和方法取得良好的教学效果。

教学难点：预设目标与生成目标的关系，不同教学策略和教学的方法的恰当运用。

教学设计是教师的一项基本功，是教师教学活动之前的预设过程。它不仅要考虑教学目标、教学重难点、教学方法、教学步骤与时间分配等基本要素，更主要的是要时刻关注学生的变化与发展。它在一定程度上反映了教师的教学水平和教学素养，是教师教学理念、教学思想和价值取向的集中反映。科学、合理的教学设计，可以提高教学效率、放大教学效果，并将伴随教师生涯不断成长和完善。

第一节　教学设计概述

教学设计是一项系统工程，涉及诸多要素和环节。正确理解教学设计的内涵和原则，是做好教学设计的前提和基础，可以收到事半功倍的效果。

一、教学设计的含义

教学设计又称为教学系统设计，是综合多种理论与技术的一项工作。参与教学设计研究与实践的人员由于其背景的不同、看问题的角度不同，他们对教学设计的概念提出不同的理解和表述。因此，人们在教学设计的定义上尚未取得完全的统一。

加涅认为：“教学是以促进学习的方式影响学习者的一系列事件，而教学设计是一个系统化规划教学系统的过程。”

肯普提出：“教学系统设计是运用系统方法分析研究教学过程中相互联系的各部分的问题和需求，确立解决它们的方法步骤，然后评价教学成果的系统计划过程。”

史密斯等指出：“教学设计是指运用系统方法，将学习理论与教学理论的原理转换成对教学资料、教学活动、信息资源和评价的具体计划的系统化过程。”

梅瑞尔则将教学设计界定为："教学是一门科学，而教学设计是建立在教学科学这一坚实基础上的技术，因而教学设计也可以被认为是科学型的技术(science-based technology)。教学的目的是使学生获得知识技能，教学设计的目的是创设和开发促进学生掌握这些知识技能的学习经验和学习环境。"

帕顿在《什么是教学设计》一文中提出："教学设计是设计科学大家庭的一员，设计科学各成员的共同特征是用科学原理及应用来满足人的需要。因此，教学设计是对学业业绩问题的解决措施进行策划的过程。"

乌美娜等认为："教学系统设计是运用系统方法分析教学问题和确定教学目标，建立解决教学问题的策略方案、试行解决方案、评价试行结果和对方案进行修改的过程。"

何克抗等提出："教学设计是运用系统方法，将学习理论与教学理论的原理转换成对教学目标(或教学目的)、教学条件、教学方法、教学评价等教学环节进行具体计划的系统化过程。"

上述几种定义反映了人们对教学设计内涵理解的不同角度以及各自的侧重点，加涅、肯普、乌美娜、何克抗等人强调教学设计的系统特征；梅瑞尔着眼于学习经验与学习环境的设计与开发；帕顿等人则从设计科学的角度出发突出了教学系统设计的设计本质等等。

通过对这些定义的分析比较，我们认为，教学设计主要是在价值取向的引领下，运用系统方法，将学习理论与教学理论等原理转换成对教学目标、教学内容、教学方法、教学策略和教学评价等环节进行具体计划，创设有效的教与学系统的"过程"或"程序"。其目的就是为了提高教学效率和教学质量，促使学生在单位时间内能够学到更多的知识，大幅度地提高各方面的能力，以便获得更好的发展。

二、教学设计的任务和特点

教学设计是以解决教学问题、优化学习、促进学生发展为目的的特殊的设计活动，它既具有设计学科的一般性质，又必须遵循教学的基本规律，因此，必须明确教学设计的任务和特点。

(一) 教学设计的任务

教学设计是围绕学生的成长为核心的，其任务可以概括为以下几个方面。

(1) 根据学生的需要，瞄准教学目标，把两者兼顾起来，解决好"为什么学和为什么教"的问题。这一过程也就是从一定的教学思想和教学理念出发，进行价值取舍的过程，明确学生学习的目的和意义。

(2) 根据学习目标，进一步确定具体的教学内容，从知识与技能、过程与方法、情感、态度与价值观等方面，全面提升学习者的综合素质，从而满足学生的学习需要，解决好"学什么和教什么"的问题。

(3) 根据具体的教学内容，采用不同的教学策略，确立最佳的教学方法和途径，解决好"如何学和怎样教"的问题。其中，教学策略、教学方法和途径都不是单维的，更不是唯一的,它需要从实际的教学情境出发,针对不同学生的特点,巧妙地加以组合和运用,才能收到最佳的教学效果。

(4) 教师要对教学的效果进行全面的评价,根据评价的结果对已经进行的各个教学环节进行修改、完善和提高,在确保学生有效学习的同时,不断积累经验,不断提升教学技巧,促进自身的成长和发展。

(二) 教学设计的特点

分析上述教学设计的内涵和任务可以发现,教学设计必须以教学规律为基础,统筹教学活动中的各种要素,表现出以下几个方面的特点。

1. 教学设计的系统性

教学设计是应用系统方法研究、探索教学活动系统中各个要素之间及要素与整体之间的本质联系,并在设计中综合考虑和协调它们的关系,使各要素有机结合起来以发挥教学系统的整体功能。因此,它必须统筹教学活动中各个要素及其相互之间的关系,通过一定的优化技术,追求理想的教学效果。

2. 教学设计的操作性

教学设计不是纸上谈兵,它必须能将教学理论的原理和方法转换成解决教学实际问题的方案,保证教学活动有序、高效地进行。教学设计的过程是具体的,每一个教学活动环节的操作也是具体的。教学设计的成果或产物应该是能验证、能实现预期功能的教学实施方案,能够借助于一系列相关的支撑材料(如教材、学习指导手册、多媒体教学软件、学习者的学习资源、评价手册及测试题等),有步骤地顺利实施的过程。

3. 教学设计的灵活性

教学设计不是僵化的教条,只是开展教学活动的预期方案。在实际的教学活动中,可能会出现无法预料的偶发事件,需要教师随机应变,科学地调整和组合教学方案,从而达到预期的教学效果。因此,教学设计中备选方案的准备,以及实际教学活动中的灵活驾驭和对教学理论的反思、深化、具体化,甚至超越,往往是教师素养的综合体现,也是促进教师自身不断成长和发展的内在动力。

三、教学设计的原则

教学设计的原则既要体现教学设计的初衷,又要反映教学设计的特点,我们可以提出以下几个原则。

(一) 系统性原则

教学设计是一项系统工程,它是由教学目标和教学对象的分析、教学内容和方法的选择以及教学评估等子系统所组成,各子系统既相对独立,又相互依存、相互制约,组成一个有机的整体。在整个系统中,各子系统的功能虽然不等价,但每个子系统都有其独特的功能和作用,共同形成综合的整体优势功能。其中,教学目标起着关键的引领和协调作用,做到整体与部分的辩证统一,系统分析与系统综合有机地结合,最终达到教学系统的整体优化。

（二）可行性原则

教学设计作为教学活动的实施方案，具有一定的规定"动作"和步骤。每一个步骤既是以前一个步骤为基础，又是为后一个步骤作铺垫，前后步骤相互支持、相互影响、相互制约，构成教学活动整体，共同达到教学目标。教学设计的每一个步骤必须具备可操作性。即：学生的年龄特点、已有知识基础和师资水平，以及教学设备、传统习俗文化等客观因素的影响。保证教学活动的操作可行、有效。

（三）发展性原则

教学设计不是简单地为了完成教学任务而确立的基础工程，它是以人的成长、发展为中心而展开的教学环节。一方面，教学活动以教学设计的路径有序、高效地展开，保证学生能够得到最大的发展；另一方面，教师可以借助于教学设计方案的实施，总结和反思自己的教学过程，不断提升自己的教学技巧和素养，促进自身的成长。同时，我们也要看到，教学设计是在一定教学理论指导下完成的实施方案，它既是教学理论的载体，又是对教学理论的实践检验，将是对教学理论的深化、细化及提高和完善。

第二节　教学目标的设置

教学目标是教学设计过程中的首要因素和核心要素，对整个教学活动具有指引和导向作用。同时，教学目标又是衡量教学效果的重要指标，可以用来鉴定教学质量的优劣。但是，教学目标是一个复杂的综合体，它是以学生发展为核心而组合起来的"合金"，需要从不同的角度加以剖析。

一、教学目标的种类

美国著名的心理学家本杰明·布鲁姆提出，教学目标可以分为认知、情感和动作技能三大领域。

（一）认知目标

认知领域的教学目标分为知识、领会、应用、分析、综合和评价等六个层次，形成由低到高的阶梯。

1. 知识

作为动词来理解的知识，是指对所学材料的记忆，包括对具体事实、方法、过程、概念和原理等内容的记忆。该层次所要求的心理活动是记忆，这是最低水平的认知学习结果。

2. 领会

领会是指对所学材料意义的理解和把握。可以借助三种形式来表明对材料的领会。一是转换，即用自己的话或用不同于原先表达方式的方法表达自己的思想；二是解释，即对一项信息加以说明或概述；三是推断，即对事物之间的逻辑关系进行推理。领会超越了单纯的记忆，属于初步的理解，处于理解的较低水平。

3. 应用

应用是指对所学习的概念、法则、原理的运用。这里所说的应用是初步的直接应用,而不是通过分析、综合地运用知识。应用属于高层次的理解。

4. 分析

分析是指将整体材料分解成各个部分并能理解各个部分之间的组织结构,包括对要素的分析(如文章中的主要人物)、关系的分析(如因果关系分析)和组织原理的分析(如文章中各层次间的递进关系)。分析既要理解材料的内容,又要理解其结构,它比应用水平更高。

5. 综合

综合是指将所学的零碎知识整合为知识系统或整体形态。包括制订操订计划,概括抽象关系,发表新的见解等等。它是以分析为基础,全面加工已分解的各要素,并按要求重新组织成整体,以便综合地创造性地解决问题。

6. 评价

评价是指对所学材料作出价值判断的能力。包括所学材料的真实性和意义。评价目标是最高水平的认知学习结果,因为它要求超越原先的学习内容,综合内在与外在的资料、信息,作出符合客观事实的推断和价值判断。

(二) 情感目标

情感领域的教学目标可以根据价值内化的程度不同分为五个等级。

1. 接受

接受是指学生愿意注意特殊的现象或刺激(如课堂活动、教科书、文体活动等)。包括三个水平:知觉有关刺激的存在;有主动接受的意愿;有选择地注意。这是低级的价值内化水平。

2. 反应

反应是指学生主动参与学习活动并从中得到满足。处于这一水平的学生,不仅注意某种现象,而且以某种方式对它做出反应(如自愿阅读课外材料),以及反应的满足(如以愉快的心情阅读)。这类目标类似于教师通常所说的"兴趣",强调对特殊活动的选择与满足。

3. 形成价值观念

所谓的形成价值观念是指学生将特殊对象、现象或行为与一定的价值标准相联系,对所学内容在信念和态度上表示正面肯定。它包括三个水平:一是接受某种价值标准(如愿意改进与团体交往的技能);二是偏爱某种价值标准(如喜爱所学内容);三是为某种价值标准做奉献(如为发挥集体的有效作用而承担义务)。这一水平的学习结果是将对所学内容的价值肯定变成一种稳定的追求。相当于通常所说的"态度"和"欣赏"。

4. 组织价值观念系统

组织价值观念系统是指将许多不同的价值标准组合在一起,消除它们之间的矛盾和冲突，并开始建立内在一致的价值体系。它包括两个水平：一是价值概念化，即对所学内容的价值在含义上予以抽象化，形成个人对同类内容的一致看法；二是组成价值系统，即将所学的价值观汇集整合，加以系统化。

5. 价值体系个性化

价值体系个性化是指个体通过学习，经由前四个阶段的内化之后，所学得的知识观念已成为自己统一的价值观，并融入性格结构之中。它包括两个方面：一是概念化心向，即对同类情境表现出一般的心向；二是性格化，即指心理与行为内外一致，持久不变。个人言行受自身价值体系的支配；观念、信仰和态度等融为一体，表现为个人世界观的形成。达到这一阶段以后，人的行为往往一致并可以预测。

（三）动作技能目标

动作技能教学目标指教学后学生在动作技能方面所应达到的水平。它由低到高分为六个层次。

1. 知觉

知觉是指学生通过感官观察获得的技术上的知觉经验。包括对动作、物体、性质或关系等的意识，以及进行心理、躯体和情绪等的预备调节能力（如口述某种动作的程序或过程）。

2. 模仿

模仿是指学生按提示要求行动或重复被显示的动作的能力。例如，在观看乒乓球抽球录像之后，能以一定的精确度来演示这一动作。但学生的模仿行为难以精确控制（如表演动作是冲动的、不完善的）。

3. 操作

操作是指学生按要求独立行动的能力。但不是模仿性的间断性的动作，而是相对完整的一系列的动作，学生能独立地操作完成。但是，不能完全符合动作规范和要求。

4. 准确

准确是指学生的练习能力或全面完成复杂作业的能力已经能够符合动作规范和要求。但是，动作机械、生硬，不够流畅。

5. 连贯

连贯是指学生按规定完整、流畅地调整行为、动作的能力。

6. 习惯化

习惯化是指学生自发或自觉地行动的能力（如经常性的、自然和稳定的行为就是习惯化的行为）。也指学生能在复杂、多变的情况下，灵活调整行为，完成动作的过程。

在实际生活中，这三方面的行为几乎是同时发生的。例如，学生写字时（动作技能），也正在进行记忆和推理（认知），同时，他们对这个任务会产生某种情绪反应（情感）。因此，在教学中，教师往往需要同时设置这三个方面的目标。

二、教学目标的表述

教学目标的表述有两种倾向，一种受行为主义学习观影响，强调对学生可观察和可测量的行为变化；还有一种受认知学习观的影响，坚持反映学生内在的变化。

1. 行为目标

行为目标是指对可以观察和测量的行为进行陈述的目标。如：不用笔算，正确判断下列数字的对错；根据参考书，正确写出文章中的三种修辞手法。行为目标的陈述包含三个要素：① 具体行为。如：判断对错、写出修辞手法等等。② 产生条件。如：不用笔算、根据参考书等等。③ 行为标准。如：正确判断、三种修辞手法等等。

2. 潜在(内在)行为目标

潜在(内在)行为目标是指对无法观察和测量的行为进行陈述的目标。如：理解文章中的主题思想；体会作者表达的情感。这一类的教学目标是对学生内在的心理活动或情感变化提出的教学要求，无法进行量化的观察和测量。如：理解、体会等等。

一般认为，教学目标既要强调学生学习结果的内在变化，又要克服教学目标陈述上的含糊不清，实现内外结合，促进教学活动的有效进行。

三、新教学观下的教学目标

在新的教学理念影响下，人们对教学目标的着眼点发生了新的转变。一个是丰富了教学目标的内涵。即把教学目标的单一分析拓展为“知识与技能、过程与方法、态度情感价值观”三个维度进行剖析。另一个是校正了教学目标的产生方式，把课堂教学目标区分为预设目标和生成目标。两个转变的实质就是把具体的教学目标与终结的教学目标自然地联系起来，把促进学生发展的意愿落实到课堂教学的各个环节之中。

(一) 三维教学目标

三维教学目标是我国新课改理念下提出来的新名词。它是指教育教学过程中应该达到的三个目标维度，即：知识与技能(knowledge & skills)；过程与方法(process & steps)；情感态度与价值观(emotional attitude & values)。三个维度不是三个独立的教学目标，而是一个教学目标的三个方面，它们是统一的不可分割的整体。

1. 知识与技能目标

知识和技能目标主要是指人类生存不可或缺的核心知识和学科基本知识以及需要培养的基本能力——获取、收集、处理、运用信息的能力、创新精神和实践能力、终身学习的愿望和能力等等。具体来说，知识包括学科知识、意会知识、信息知识等等。是人对客观事物认识和经验的总和；技能分为智力技能、动作技能、自我认知技能等等。体现了掌握和运用某种专门技术的水平或程度，它由知识经过实践和训练转化而成。无论是知识目标，还是技能目标，它们都是对学生学习结果的描述。即学生通过学习所要达到的结果，又叫结果性目标。这种目标一般有三个层次的要求：学懂、学会、能应用。

2. 过程与方法目标

过程与方法是指学生获得知识、技能的经历和路径，也是学生获得知识、技能的载体。重视知识、技能的获取经历和路径，与获得知识、技能的结果同等重要。有效的学习来自于学生对获取过程的有效参与和方法的正确选择，它将直接影响学生获取知识、技能的深度与宽度，影响学生智力的开发和发展。我们把过程与方法目标称为过程中的目标，又叫程序性目标。这种目标强调三个过程：做中学、学中做、反思。

3. 情感态度价值观目标

情感反映了学生在教学过程中的体验和感悟。包括学习兴趣、学习责任等等。态度包括教学过程中所带来的乐观的生活态度、求实的科学态度、宽容的人生态度等等。价值观则指蕴含在教学过程中的个人价值和社会价值的统一、科学价值和人文价值的统一、人类价值和自然价值的统一，从而使学生内心确立起对真善美的价值追求以及人与自然和谐与可持续发展的理念。学生对过程或结果体验后的倾向和感受，是对学习过程和结果的主观经验，又叫体验性目标。它的层次有认同、体会、内化三个层次。

在三维教学目标中，知识与技能目标是过程与方法目标、情感态度与价值观目标的基础；过程与方法目标承载着知识与技能目标的实现；而情感态度与价值观目标对其他目标有重要的促进和优化作用。三维教学目标整合了教学目标的各个方面，为科学制定学科教学目标提供了具体的指导，为有效地开展教学活动奠定了一个良好的基础。

三维教学目标是一个由低到高的递进关系，可以理解为四个层次：一是学科知识技能的教学层次。重在解决“是什么、怎么样做”的问题。二是学科思想方法的教学层次。重在解决“运用什么样的思想与方法去做”的问题。三是学科思维方法、思维角度和思维策略等方面的教学层次。重在解决“怎么想到这样做、为什么要这样做”的问题。四是学科的科学精神与文化的教学层次。重在促进学生心智、个性、观念、精神等和谐协调的发展。三维目标相互依赖、相互影响，共同促进学生成长和进步。

（二）预设目标与生成目标

从新的教育理念出发，教学目标应该由预设目标和生成目标构成，这是现代教育观、教学观，特别是学生观转变的具体体现。人们开始纠正以往把预设目标等同于教学目标的错误做法，重视对生成目标的分析和研究。一般认为，生成目标具有以下几个方面的特征。

1. 多元性

世界上的任何事物都不是孤立的、封闭的，与其他事物有着千丝万缕的联系。教学活动的运行不可能是单一的、平面的，而是立体地、全方位地展开，可以有不同维度和视角，反映出教学目标指向的丰富多彩。但是，生成目标的多元性主要不是指教学方式的多变，甚至也主要不是指学习材料本身具有非常丰富的内涵，它包含了知识、技能、情感、态度、价值观等内容。更主要的是指，目标载体——学生对教学活动有不同的演绎。同样的学习材料或知识点，不同的人可以有不同的理解，同一个人可以用不同的方式理解。既可以从认知开始，也可以从情感入手，或者从态度、价值观等方面进行。可谓“仁者见仁，智者见智”，千差万别，难以阐述。结果，面对相同知识点的学习，每个人有每个人的效果与收获，甚至就同一个知识点而言，在不同的历史时期，相对于同一个人来说，都有可能出现不同的感悟，使得我们对于每一个学习者的最终学习效果的描述，无法一一清晰地表达出来。教学目标的多元化的特点往往通过教学效果的丰富性得以充分地显现。

2. 动态生成性

人对知识的理解和掌握，不是一个机械、被动的过程，而是一个积极、主动的过程，必须与个人的知识经验建立联系才能达到。它不可能一蹴而就、一次性地完成，需要被人不断生成、创造、拓展和超越，给教学带来无限拓展的空间。学习者一般通过调动自身已有的知识经验，对学习内容进行主动解释，形成个人的意义，使已有经验获得生长，让个体知识得以生成。否则，教学不但不能促进人的成长，相反，还会违背教学规律，造成对人性的扭曲和扼杀。所以说，学习材料并不是教学活动的目标指向，而是学生创生的"工具"或中介，教学过程就是一个教学资源持续生成与转化、知识意义不断建构与提升的过程，充满了随机性和偶然性。虽然每个学生的生成不同，但其不断达到、不断产生，前者构成后者的基础，后者实现对前者的超越状态，就能推动教学活动不断向前运行，描绘出每个学生成长发展的轨迹。可以认为，动态生成的特点伴随教学活动始终，决定了生成目标的准确表述只能在教学活动完成以后，而不可能出现在教学活动之前。它反映了教学目标不能完全预知的本质特征，并在一定程度上对人们认识教学目标的内涵起到了一定的屏蔽作用。

3. 内隐性

生成目标的内隐特性不是表现在人的外显言行上，而是隐含在人的理性活动和内在行为潜能的变化之中，往往渗透在教学活动全过程，不被人们所关注。其载体是思想上的观念符号、看问题的角度和思路以及解决问题的策略等等；其包含的内容和任务是在理解的基础上对观念符号、思路、策略做出各种规定或调整；其带来的效果是建立各种思想、观念之间的协调、一致关系，或调整看问题的角度和思路，以及解决问题的策略等等；其活动规律也是由思想、观念和思路、策略所固有，包含在思想、观念、思路、策略的运动、变化和发展之中，具有简缩和难以量化的特点。学生通过教学活动不断地充实、完善自己观念符号的内涵，调整看问题的角度和思路，或者是解决问题的策略等等，就是自己的理性活动及内在行为潜能充实和发展的一种体现，这也是生成目标内隐特性的具体表现，无法量化和测量，反映出教学目标难以把握的一面，同样成为人们对教学目标内涵认识模糊的根本原因之一。

4. 实践性

生成目标的实践性也可以称之为生成目标的活动性，是从生成目标对教学活动方式的影响作用所进行的分析，与通常所讲的可操作性不是同一含义。可操作性作为预设目标的一种特征，是从教师施教工作的角度提出来的；而实践性作为生成目标的一种特征提出，则更关注学生的学习过程。它强调，外部的客观事物必须通过主体的积极活动才能转化为主体的力量。所以，必须把课堂视为学生实践的场所，把教学看成是学生实践的活动过程，倡导"以学定教""跟着学情走"的教学方法，保证学生的成长和发展落到实处。更何况，教学材料不是有待“征服”的认识对象，而是学生体验生活、享受人生、创造意义的实践内容。教学活动也就成为教师与学生的一种存在方式，是师生双方在自己生命历程中创造生活世界的过程，是师生双方体验人生、丰富人性的驿站，指向完满的人性，指向完整的人生，使生命在教学活动中流淌，让教学时时、处处闪烁着人性的光辉。由此可见，在实际的教学活动中，一切引导学生按照预先精心设计的“路线图”实施教学，追求轰轰烈烈、精彩纷呈效果的教学方式，不仅对学生的成长无益，反而是徒劳甚至是有害的。生成目标的实践性是对教学方法的客观要求，也是教学改革成功与否的关键所在。忽视这一点，就不可能对教学目标内涵形成正确认识，就会与促进人的发展的基本宗旨不相适应。

预设目标与生成目标是相互影响、相互依存的。预设目标由教师通过课前的备课活动确定；生成目标则由教学活动激发，主要在学生身上体现。前者具有明确、外显、相对可量化或测量的特点；而后者具有多元、内隐、动态生成或不确定性等特点。前者是保证取得良好教学活动效果的前提和基础，没有课前的预设目标，教学活动就会无的放矢，难以正常、有序、高效地进行；后者是保证取得良好教学活动效果的价值追求和归宿，没有生成目标的达成，教学活动就会缺少存在的意义，就会违背教学活动的初衷，使人的成长发展落空，或走样变形。因此，我们认为预设目标必须为生成目标服务，并为生成目标而改变，甚至放弃。也就是说，预设目标应该服从于生成目标，或者说是配合生成目标，这样才能保证两者在教学活动中达到和谐，构成融洽的完整教学目标，共同促进教学效果的提高。

过去，我们一直认为，预设目标决定教学活动的方向，是教学活动将要达成的结果，当然也是衡量教学效果的主要指标，应该处于教学工作的核心。但是，这是对教学目标内涵的错误认识所带来的结果。教学活动的效果之所以难以进行客观评价，是由生成目标的特殊性所决定的。教学活动的规律不可能出现在教学活动之前，只能存在于教学活动的动态变化之中。预设目标是在教学活动开展之前确立的，它只能起定向的参考作用，不能作为僵化的教条存在，同样也不能作为衡量教学效果的主要标准起定量作用，以此来衡量教学质量的高低。否则，预设目标就会限制鲜活的课堂，它的机械条目就会成为课堂生命活力的“杀手”，将无法与生成目标融洽共生，造成人的发展的异化。现实情况也都验证了这样一种事实：预设目标越被强调，人们就越加追求可以量化的“客观”教学效果，对分数的追求也就越加迫切，从而就会更加强调教学活动的工具性功能，忽视教学活动的育人功能，在错误的道路上越走越远。与此相反，生成目标是在教学活动中诞生的，由每个学生承载，并与教学活动达到自然的统一，表现出具体、准确的特点，可以作为量化的指标，折射出学生成长发展的历程，成为教学活动的中心。只有全面、科学地认识教学目标，将预设目标与生成目标有机地结合起来，才能发挥教学目标的应有功能，为教学活动的正常运行保驾护航。

第三节　教学策略的选择

教学策略是教学设计的重要组成部分，也是教师素质结构的重要内容。开展教学策略研究的一个重要目的就是为了实现教学的最优化，提高教学质量。正确理解教学策略的内涵和特点，善于运用不同种类的教学策略，能够全面提高教学效率，促进学生成长和发展。

一、教学策略的含义

围绕教学策略的内涵，不同的学者都有自己不同的看法。邵瑞珍从教学策略的目的性及其整体结构出发，把教学策略看成是教师在教学过程中，为达到一定教学目标而采取的一系列相对系统的行为。

黄高庆、申继亮等从教学策略的使用角度提出，教学策略是关于有效地解决教学问题的方法、技术的操作原则与程序的知识。主要包括三个方面的内容，一是解决教学问题的方法、技术，二是这些方法技术的操作，三是操作中的要求和有目的、有计划的操作程序。

李晓文、王莹则从静态和动态综合起来的角度提出，教学策略具有动态的教学活动维度和静态的内容构成维度。并且指出在动态的教学活动维度上，它是指教师为提高教学效率而有意识地选择筹划的教学方式方法与灵活处理的过程。表现出她们对教学策略在教学过程中的实施技术的偏重。

综上所述，教学策略主要包含三层含义：① 教学策略包括教学活动的元认知过程、教学活动的调控过程和教学方法的执行过程。② 教学策略离不开教师在现实的教学过程中对教学活动的整体性把握和具体推进的措施。③ 教学策略是一系列有计划的动态过程，具有不同的层次和水平。因此，可以认为，教学策略是在一定的教育思想指导下，在特定的教学情境中，为实现教学目标而制定并在实施过程中不断调适、优化，以使教学效果趋于最佳的系统决策及实施过程。

二、教学策略的特点

在教学过程中，教师为了完成特定的教学目标，必须依据教学的主客观条件，特别是学生的实际，对所选用的教学顺序、教学活动程序、教学组织形式、教学方法和教学媒体等方面进行总体考虑。课堂教学是否有效，与教师采取的教学策略有着直接的关系。深入分析教学策略的特点，有助于教师在实际的教学工作中加以灵活运用。

（一）教学行为的指向性

教学策略是为了达到一定的教学目标和教学效果，体现在教学活动的各个环节之中，为实际的教学活动服务。它指向特定的问题情境、特定的教学内容、特定的教学目标，规定着师生的教学行为。放之四海而皆准的教学策略是不存在的。只有在具体的条件下，在特定的范畴中，教学策略才能显示出它的价值，发挥它的作用。在具体的情境中，遇到预测不到的偶然事件，为了达到特定的目标，教师个体需要对选择行为进行反省，继而作出再选择，直至达到目标。当完成了既定的任务，解决了想解决的问题，一个策略就达到了应用的目的，如果相应的手段、技巧不再继续有效，那么必须探索新的策略。当然，教学策略所要达到的教学目标应该是预设目标与生成目标的辩证统一体。

（二）结构功能的整合性

教学过程是一个系统工程，也是一个彼此联系、相互作用的复合体，教学活动的任何一个环节都会影响教学过程整体。选择和制订教学策略，必须综合考虑涉及的各种要素，统观教学的全过程，对教学进程和师生互动方式作出全面的安排，并能在实施过程中及时地反馈、调整。教学策略是在某一范畴内对具体的教学方式、措施等内容进行的优化组合、合理构建及和谐协同。

（三）教学策略的可操作性

任何教学策略都是从一定的教学目标出发，服务于一定的教学活动，并通过制定具体的方法、技术和实施程序，转化为教师与学生的教学行为。如果教学策略无法在实际的教学行为中得以实施，则教学策略就失去应有的价值而没有存在的必要。因此，教学策略的制定，必须建立在可操作性的基础之上。

（四）应用实施的灵活性

人是教学活动的主体，人又具备主观能动性。这就决定了教学过程不可能是一个机械的流水作业活动，而是一个充满了不确定因素的随机变化过程。教学策略中预先制订的方法、技术和程序等项目，只是教学活动前的预设内容，它必须根据教学活动中发生的各种偶发事件进行灵活调配、重新组合，服务于即时发生的生成。

（五）教学策略的层次性

从教学策略本身来分析，教学策略是一个包含教育思想、教学方法、教学计划、教学内容、教学组织形式和教学行为等内容的复合体，它是以教育思想为核心由内向外逐步展现的过程，是一个不同层次的组合。从教学策略服务于不同教学实际来分析，教学策略可以分为课程级、科目级、单元级和要案级四种水平，不同的教学水平就有不同的教学目的、教学手段和方法，也就有不同的教学策略，达到各种教学活动的全覆盖，显示出教学策略的层次性。教学策略的层次性是与教学策略的整合性紧密联系的，无论教学策略具有多少层次，也无论教学策略结构怎样复杂，它都必须凝聚成一个有机的整体力量，为促进学生发展服务。

三、教学策略的类型

教学策略可以根据不同的教学目的，采用不同的教学方法，设计不同的教学流程等等来体现，一系列的组合就构成了不同的教学策略。归纳起来，主要有以下几种类型。

（一）产生式教学策略

通过学生的自主学习，生成自己的教学目标，并引导学生组织教学内容，安排学习顺序等，在教学中建构具有个人独特风格的学习。产生式教学策略要求学生充分发挥主观能动性，自己安排和控制学习活动，并在学习过程中自主、主动地处理教学信息。教师在教学活动中主要起帮助、促进作用。产生式教学策略能够有效地调动学生学习的主观能动性，激发学生的学习兴趣和热情，培养学生的能力及综合素质，特别有利于促进学生发展。但是，产生式教学策略容易造成学生的两极分化，对教师的素质要求较高。

（二）替代式教学策略

替代式教学策略是传统教学中常用的一种策略。它由教师为主导，引导学生亦步亦趋地完成预设的程序。替代式教学策略离不开教师课前的精心设计，它更多关注的是学生对学习内容的理解和掌握。替代式教学策略比较有利于知识的学习和掌握，与其他教学策略相比较，学习的效率明显占优，对学习困难的学生帮助较大，有助于学习能力欠佳的学生获得学习的成功。但是，学生的学习相对被动，制约了学生主观能动性发挥和学习兴趣的培养，不利于学生的成长和发展。

（三）小组合作学习策略

小组合作学习策略是指学生以主动合作学习的方式代替教师主导教学的教学策略。它具有四个方面的特征。

1. 分工合作

学生以责任分担的方式达成合作追求的共同目的。即：每个学生都有承担的责任，每个人承担的工作都尽量合理。

2. 密切配合

学习任务以不同项目的方式分配给各个学生，并在不同时间内完成，通过每个人的最大努力，发挥分工合作的效能，最终达到完成全部的学习任务。

3. 社会互动

合作学习的效能离不开相互之间的互动。要求每个成员具备一定的语言表达能力和社会交往能力。团体成员态度上相互尊重，认知上集思广益，情感上彼此交流，形成“1＋1＞2”的团体效应。

4. 团体历程

指通过团体活动达成预定学习目标的过程。团体活动既有分工，也有合作；既有监督，也有协调，最终达成共识，完成学习任务。小组合作学习策略有助于培养学生的社会交往能力，体现教学的社会性特点。但是，小组合作学习策略耗时较多，效率不高的缺点也很明显。

（四）个别化教学策略

个别化教学策略是掌握学习教学理念的一种体现，是指学生以自己的能力水平、需要和速度进行学习的教学策略。程序教学和计算机辅助教学集中体现了个别化教学策略的特点。它不同于产生式教学策略，采用“求大同，存小异”的操作方式，而是完全建立在学生个体的差异基础之上。个别化教学策略的实施主要有以下几个环节：① 诊断学生的初始学业水平及存在的问题。② 确定教师与学生或机器与学生的对应关系。③ 有针对性地引入有序的和结构化的教学材料，并开展学习和练习。④ 容许学生以自己的进度学习。个别化教学策略充分照顾到了学生的个别差异，特别适合于学习优秀的学生和学习困难的学生。但是，对教师资源的要求较高，难以进行大面积的推广。

第四节　教学过程的组织

人们对教学过程的认识有一个不断发展的过程，从习惯于静态分析，到热衷于动态考察；从视教学对象的消极、被动；到强调学生主体的主观、能动；从视教学过程为特殊的认识过程，到确立教学过程为特殊的实践过程等等。人们越来越重视教学过程在促进学生身心发展中的作用。教学过程也是心理过程和社会化过程，具有复杂性和多元性，是多种过程交织起来的复合体。

一、教学过程的含义

教学过程是指教学活动的展开过程，包括教学活动的启动、发展、变化和结束在时间上连续展开的程序结构。一般认为，教学过程是教师根据一定的社会要求和学生身心发展的特点，借助一定的教学条件，指导学生通过一系列实践活动认识、理解和掌握教学内容从而发展自身的过程。

剖析教学过程的内涵可以看到，教学过程是教师与学生、教与学组成的双边活动过程，是教师的教与学生的学的矛盾统一。师生的双边活动，师生之间的相互作用，不断发生碰撞、交流和融合，使得师生双方，特别是学生都有一定的提升。而每一次的提升，又会导致出现新的矛盾——新知与旧知、未知与已知的矛盾，从而产生新的碰撞和融合，由此表现出不断碰撞和融合的周期性过程，促使教学目的的达成。它具有双边性与周期性的特点。

教学过程是学生在教师的指导下的特殊的实践活动。与人类其他的社会活动相比，它不是为了直接创造社会价值，而是为了实现学生个人的思维创造，即人类的“再创造”。因此，这种实践活动不仅关注实践的结果，而且更注重实践的过程，关注学生在教学活动中的发展。学习者必须积极地建构意义，通过对话及思考过程或与他人互动，获得对知识的理解，实现个人的成长。这将随着社会历史的进步，表现出越来越丰富化、生动化和个性化的特点。

教学过程不仅需要确立学生的主体地位，而且也需要充分发挥教师的主导作用。每个教师都有自己独特的教学策略和方法，具有不同的教学经验和风格，必然会对学生产生不同的影响，表现出教学过程独特性的特点。但是，教学过程必须遵循一定的社会要求，接受、继承和发展上一代传授的文化成果，并在充分考虑学生身心发展规律的基础上展开，体现出鲜明的社会性的特点。

一般认为，教学过程必须处理好以下几个关系。

（一）间接经验和直接经验的关系

学生参与教学活动的主要任务是学习间接经验。但是，学习间接经验必须以学生个人的直接经验为基础。在教学过程中，既要防止忽视系统间接知识的传授，又要防止忽视直接经验积累的倾向。

（二）掌握知识与发展智力的关系

智力的发展依赖于知识的学习，而知识的掌握又是建立在一定智力发展水平之上的。引导学生灵活地掌握知识和运用知识，才能有效地促进智力的发展。在教学过程中，防止单纯抓知识教学或只重视能力发展的片面性。

（三）掌握知识和提高思想的关系

学生思想的提高需要以一定的知识学习为基础，引导学生对所学知识产生积极的态度，有助于提高学生的思想境界；而学生思想境界的提高又推动学生更努力地学习知识。在教学过程中，必须做到知识学习与思想提高的和谐统一。

（四）智力活动与非智力活动的关系

在教学过程中，非智力活动往往渗透在智力活动之中，积极反作用于智力活动，影响智力活动的效果；同时，我们也要看到，非智力活动是以智力活动为载体和中介的。两者相互影响，共同促进和提高。

（五）教师主导与学生主体的关系

在教学过程中，教师主导作用的发挥是学生有效地学习知识、发展身心的必要条件；而确立学生的主体地位、调动学生的学习主动性又是影响教学效果的一个主要因素。两者需要和谐共振，不可偏颇。

二、教学过程的注意事项

教学活动涉及方方面面，教学过程瞬息万变。教师既要胸有成竹、把握教学大方向，又要灵活机智、随机应变、巧妙调控教学过程。一般认为，教师在按照一定的程序和结构展开教学的过程中，需要注意以下几个方面的教学事项。

（一）了解学生基础

因材施教是教学工作的一项基本原则，了解学生是开展教学活动的前提。教师可以根据自己的经验，通过与学生的接触和交流，掌握学生已有的知识水平、学习的方式和习惯、个性特征等方面，结合教学目标和内容，设计教学流程及实施步骤，并充分考虑教学活动中的生成目标，确定各种可能的预案，做好调控的心理准备。

（二）引起学生注意

学生是教学活动的主体，需要学生主动积极参与，引起注意是激发学生主动参与的首要环节。一般通过三种方式引导学生的注意。

1. 直接提问

即由教师根据教学内容有针对性地提出问题，激发学生思考，由此进入预设的教学活动中。

2. 创设教学情境

通过教学媒体等手段，提供直观形象的情境，调动学生的情感体验，引导学生的感知和思维，逐步展开预设的教学活动。

3. 制造认知碰撞

唤起学生的已有经验，引发与新知识之间的矛盾和冲突，激发学生的好奇心和求知欲，开展有效的教学活动。

（三）提示教学目标

向学生呈现教学目标，是为了让学生有一个心理定向，做好相关的心理准备和知识准备，从而明确教学活动的大方向。所以，呈现教学目标的用语必须条理清楚，简明易懂，符合学生的语言表达特点。但是，呈现教学目标切忌死搬教条，特别需要注意教学活动中的生成目标，只有把预设的教学目标与生成目标辩证地组合起来，才能完整地表达课堂教学目标，也才能真正地促进学生发展。

（四）唤起已有经验

任何一种教学活动都是新旧知识相互作用的过程。任何一种新知识的学习也都是建立在已有知识基础之上的。唤起学生的已有经验，了解和把握学生的已有经验，是有效教学的一项基本功。而新旧知识相互作用的程度，也是衡量教学效果的一项重要指标（图 15－1）。

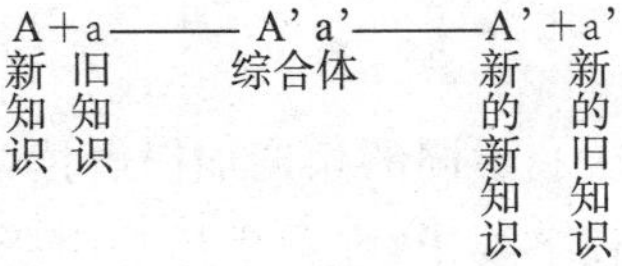

图 15－1　新旧知识相互作用

（五）呈现教学内容

教学材料是教学内容的载体，教学活动是以教材为中介的师生互动过程。师生双方以教材为媒介，帮助学生在掌握知识的过程中培养能力，促进自身发展。因此，教学活动离不开教材，但教材不是课堂教学活动的终极目标，它是促进学生成长、发展的桥梁和通道。如果把对教材中的知识掌握简单理解为课堂教学目标，就会出现本末倒置的现象，难以保证学生的发展落到实处。

（六）提供学习指导

在教学活动中，教师的指导是必不可少的，但需要讲究时机和方式方法。对于学生的事实性问题，应该及时直接问答，提供给学生准确的答案；对于学生存疑的问题，应该给予间接的点拨，引导学生思考，自己求得正确的答案；对于学生忽略的问题，应该适时提醒，运用提问或反问等巧妙方式，弥补学生的疏忽，或者是拓展学生思维的广度，加深学生思维的深度；对于学生错误的问题，应该立刻指明，帮助学生理清思路，甄别正误。

（七）把握学习行为

教师应该及时地了解学生的学习情况，包括学习的动机、态度等等内在的心理活动，以便有的放矢地提供适时的指导。教师可以根据学生的眼神和面部表情，了解学生的学习困惑或收获；也可以通过提问，根据学生回答问题的状态，掌握学生学习的程度；还可以运用课堂作业，检查学生学习的状况。综合运用多种方法，能够准确把控学生的真实情况，提高教学效果。

（八）及时给予反馈

教师的反馈是以了解学生的实际情况为基础的。正确的给予肯定，促进学生保持状态；错误的给予纠正，消除不正确的行为或错误观点。无论是肯定还是否定，都要求及时，否则就会弱化反馈的效果。特别要注意及时纠正不良的行为或错误的观点，避免形成不良的习惯或是错误的心理定势。只有消灭在萌芽状态，才能收到事半功倍的效果。

（九）评定学习结果

评定学习结果是对学生学习活动的检查和总结，也是一种特殊的学习反馈。评定的基础是以学生的真实学习情况为基础，评定的目的是为了更好地指导学生有效地学习。评定的完成只能说明某一学习环节的结束，但又意味着新一轮学习活动的开始。评定的效果是明确现在、着眼于将来。也就是说，学习结果的评定，应该有利于知识的巩固、迁移和运用，有利于新一轮知识的学习和掌握。

三、常用的教学方法

教学方法可以从不同的层次和不同的角度加以解读，一般看成是教学过程中教师与学生为实现教学目的和教学任务要求，在教学活动中所采取的行为方式的总称。教学方法体现了一定的教育思想、教育理念和教学的价值取向，它指向特定的教学目标，受到具体教学内容的制约，深受教师素质和学生心理发展水平的影响。

（一）讲授法

讲授法是教师通过口头语言向学生传授知识、发展学生智力的方法。教师的语言要生动形象、富有感染力，清晰、准确、简练，条理清楚、通俗易懂，尽可能音量、语速要适度，语调要抑扬顿挫，适应学生的心理节奏。讲授的内容要注意科学性、启发性和思想性，同时又要尽可能与学生的认知基础发生联系。讲授法操作简便，教师容易掌握，控制教学进程方便，能够使学生在较短时间内获得大量系统的科学知识。但如果运用不好，学生学习的主动性、积极性不易发挥，就会出现教师满堂灌、学生被动听的局面。

（二）讨论法

讨论法是在教师的指导下，学生以全班或小组为单位，围绕教学内容的中心问题，各抒己见，通过讨论或辩论活动，获得知识或巩固知识的一种教学方法。运用讨论法必须关注学生感兴趣的问题或是存疑的问题，尽力把学生的问题与教学内容中的中心结合起来；要鼓励学生围绕中心、联系实际讨论问题，并善于启发引导学生自由发表意见，给每个学生提供发言机会；在讨论结束时，要帮助学生对讨论的情况进行总结、概括，使学生获得正确的观点和系统的知识。讨论法能够培养学生的合作精神，激发学生的学习兴趣和学习热情，提高学生的独立性和学习能力。但是，讨论法耗时较多，容易造成部分学生的注意涣散，对教师的调控能力要求较高。

(三) 演示法

演示法是教师在课堂上通过展示各种实物、直观教具或进行示范性实验，让学生通过观察获得感性认识的教学方法。演示的目的要明确，演示的内容要清晰、简明和科学，它作为一种辅助教学方法，必须与讲授法、讨论法或其他教学方法结合起来使用。演示法生动、直观，容易吸引学生的注意。但是，演示法无法独立地完成教学任务，必须借助于其他教学法的配合。因此，只能起辅助作用。

(四) 练习法

练习法是学生在教师的指导下通过不同的渠道或运用不同的方式来巩固知识、运用知识、形成技能技巧的方法。练习法一般在新知识学习后使用，为巩固、运用新知识服务，得到各门学科教学的广泛采用。练习法要求针对性强，能够帮助学生解决容易失误、容易混淆的问题；练习法忌讳题海战术，要求一定的思维深度，给学生有所启迪，享受学习的乐趣。练习法简便、易操作，教学效果明显。但是，练习法一定要把握好量与质的尺度，特别注意加强联系实际，培养学生在真实的情景下灵活解决问题的能力。

(五) 自主学习法

自主学习法是学生围绕教学内容运用自身已有的经验和方式学习教学资料，掌握知识、培养能力的教学方法。自主学习法必须要有明确的学习主题或内容，并能为学生提供丰富的参考资料；必须在学生个体充分自学的基础上，组织学生间的讨论和交流；必须要有教师或教师帮助下的总结和概括。每一个环节充分展开，运作踏实，后一个环节以前一个环节为基础，稳步推进，才能保证取得较好的教学效果。自主学习法有利于培养学生的自学能力和习惯；有利于培养学生的独立工作能力和创新精神；有利于激发学生的学习兴趣和热情。但是，自主学习法对教师的素质要求较高，也要求学生具有较高的学习自觉性，充分发挥自己的主观能动性。

(六) 训练和实践法

训练和实践法是通过学生完成一系列设计好的实践活动，运用所学知识解决问题，增加技能的熟练程度或增加新能力的方法。训练和实践法的主要途径是操作；核心是蕴含在一系列实践活动后面的基本原理；价值取向是以学生技能的形成和掌握为抓手，促进学生发展。运用训练和实践法，必须坚持一个基本前提，即通过前期的教学活动，学生已经基本掌握了与实践活动有关的概念、原理和技能。同时，还可以借助现代多媒体技术、人工智能技术和虚拟现实技术为学生创设逼真的学习和实践情境，让学生在真实的情境中进行练习和实践。此外，还需将实践操作任务与书面作业结合起来，以利于提高教学效果。训练和实践法有助于提高学生的动手操作能力，调动学生学习的积极性，对所学知识能够留下比较深刻的印象，理解也比较透彻。但是，训练和实践法对学生的自律要求较高，也需要教师的合理组织与调控。

在实际的教学活动中，无论是教学策略的选择，还是教学方法的使用，它们都不应该是“单兵突击”的方式，而应该是“大兵团作战”的模式。根据教学活动的实际，充分发挥各种教学策略和教学方法的优势，取长补短，灵活组合，争取最佳的教学效果。

四、教学媒体

教学媒体是教学内容的载体和表现形式，也是师生之间传递信息的工具，如实物、口头语言、图表、图像以及动画等。它必须借助于一定的物质手段来实现，如书本、板书、投影仪、录像以及计算机等。科学运用教学媒体，往往能够收到事半功倍的教学效果。

（一）教学媒体的特点

教学媒体经历了语言媒体、文字媒体、印刷媒体和电子传播媒体四个阶段，可以从不同的角度进行分类。例如：传统教学媒体和现代教学媒体；听觉媒体、视觉媒体、视听媒体和交互多媒体；或者光学投影教学媒体、电声教学媒体、电视教学媒体和计算机教学媒体等等。教学媒体的广泛运用，形成了自身的一些特点。

1. 个性化与自主性

教学媒体的制作和使用相对简单、灵活，完全受教师的掌控。教师可以根据自己的兴趣、爱好和意愿，充分发挥自己的才智，巧妙地表达教学意图，具有独特的个性化色彩。不同的裁剪和组合，完全达到“我的田地我做主”的境界。

2. 交互性与实时性

教学媒体实现的人机对话，打破了传统教学中的单向信息交流。学生与学生之间、教师与学生可以很方便地进行双向或群体间的信息沟通，相互影响，形成共识。相互之间的即时交流，既有利于学生的自我调整，也有利于教师对教学活动的把控。

3. 共享性

互联网技术的运用，使得人与人之间的交流变得非常便利。不同性别、不同年龄和不同国家的两个人都可以进行信息沟通。教师与教师之间、学生与学生之间以及教师与学生之间的交流、互鉴，不仅提高了教学媒体的质量，而且能够信息共享，提高教学媒体的使用效率。

4. 虚拟性

教学媒体可以根据教学内容和要求，借助于多媒体技术，再现历史事件、现实场景和未来世界，可以呈现五彩缤纷的生动画面。但是，无论教学媒体呈现的画面如何清晰、栩栩如生，它都不是现实的生活，与真实的事件存在一定的距离。教师在教学活动中，要注意引导学生区分虚拟世界与现实社会的区别，不能迷失在虚拟的情境中而脱离现实生活。

（二）教学媒体的功能

教学媒体的广泛应用，对传统教学方式、教学内容和教学理念带来较大冲击。加强对教学媒体的反思，总结教学媒体的得失，有助于更好地发挥教学媒体的功能，为教学工作服务。

1. 提高教学质量

教学媒体的应用可以提高学生的参与程度，调动学生的积极性，使学生与学生之间、学生与教师之间，以及与教学内容、教学环境之间进行有效的交互作用，提高了单位时间内的教学信息量，提升了课堂教学效率。而教学媒体的精心设计与制作，能够以丰富多样的形式传递教学信息，强化学习者的认知过程，使学习者学得更快、学得更好，提高教学效果。

2. 扩大教学范围

随着现代教学技术的日趋完善，信息的传递已经不受时间和空间的限制。教学的范围从学校扩展到家庭，从城市扩展到乡村，从教室扩展到全国，以至于全世界。教师可以在任何一个地方授课，学生可以在不同时间、不同地点，用不同方式接受信息、开展学习。教学范围扩大了，教学成本却下降了，提高了办学效益。

3. 激发学习兴趣

教学媒体种类繁多，表现形式也多种多样，能够做到寓教于乐，为知识的传授增添许多乐趣。而教学媒体提供的模拟场景，生动逼真，恍如再现，让学生能够身临其境，体验深刻，从而激发较强的学习动机和学习兴趣，更好地发挥学生的主观能动性。

4. 改革教学方式

教学媒体打开了新天地，信息的传递呈现多维度、全方位的态势。学校再也不是接受知识的唯一场所，教师也不是知识的化身和权威。学生借助互联网，可以获得更多的知识，甚至在某一环节能够获得比教师更多的信息。由此赢得与教师平等对话的实力，使得师生共同探讨问题成为可能，也就能够探索和实现不同的教学模式，推动教育改革，更加有力地促进学生的成长和发展。特别是，教学媒体的运用，提供了个别化教学的新技术，有利于适应学生个别差异、进行因材施教。

（三）运用教学媒体的原则

教学媒体的运用有一个从不成熟到成熟的发展过程，也有一个教学效果逐步提高的过程。扩大教学媒体运用的效果，必须坚持以下几个原则。

1. 目的性原则

教学媒体是一个新生事物，人们在广泛接受、努力推广的过程中，似乎陷入了一个荒唐的误区：教学活动中不用教学媒体不足以显示教师的教学水平；使用得越多，就越能显示教师较高的教学素质。结果，运用教学媒体就变成是为了运用而运用，忘却了使用教学媒体的根本目的。教学媒体是辅助教学的工具，是为教学工作服务的。有利于提高教学效果的就多用，不利于提高教学效果的就少用，甚至不用，应该酌情进行。运用教学媒体首先需要明确运用教学媒体的目的性，它要配合教学工作总目标的实现，为促进学生发展服务。

2. 综合性原则

教学媒体是一个进行技术的集合体，包含许多声、光、电等科学原理，涉及听觉、视觉、触觉和交互作用等技术。在教学活动中，我们要综合教学媒体的各种技术，巧妙地组合教学媒体的不同功能，共同为课堂教学活动服务。同时，还要注意教学媒体与其他教学手段和教学方式的配合，例如：教师的即时讲解，学生的相互讨论等等，通过各方面的组合，形成整体的合力，达到提高课堂教学效果的目的。

3. 经济性原则

教学媒体的运用，离不开教育技术的装备，需要一定教育经费的投入。如果能在教育经费相对稳定的情况下，拓展教学媒体的使用范围，提高教学媒体的使用频率，就能够达到低投入、高产出的投资效益。如果能在教学媒体的各个环节上，对教学媒体技术和功能进行巧妙搭配、灵活使用，借助教学媒体的共享特点，同样能够体现花钱少、办事多的经济原则，形成投入与产出的良性循环，提高办学效益。

4. 最优化原则

最优化原则是一个综合分析的原则，包括教学技术组合使用的优化、教育经费投入与使用的优化，以及教学效果显现的优化等内容。其中，教学效果是核心，促进学生发展是根本。各种优化都是以此为基础展开的。因此，运用教学媒体，必须从整体教学设计中考虑各种影响因素，协调教学媒体与教学的其他方面的关系，使教学媒体的功效服从于整体教学设计，以便取得最佳的教学效果。

5. 科学化原则

教学媒体是一项科学技术，更要求加以科学地运用。教师在运用教学媒体时，需要综合学生特点、教学目标、教学情境和教学媒体特点等各方面的因素，遵循科学规律，求得最佳效果。正如戴尔和韦杰提出的“经验锥形”那样（图 15－2），按照“从经验的直接动作表征、经验的图像表征直到经验的符号表征”顺序运用教学媒体，即使是多媒体计算机的使用，提供了更多先进技术供我们选择，但是，我们仍然需要考虑学生的身心发展特点，保证学生得到更好的发展。

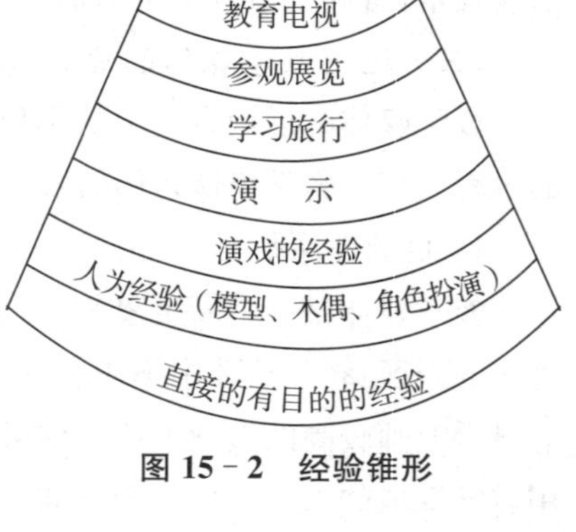

图 15－2　经验锥形

练习题

一、选择题

1. 学生通过参与一系列的教学活动，养成了做事认真踏实的态度，从这个学生身上的变化，说明了哪种教学目标的达成？（　）

A. 认知目标　B. 情感目标　C. 人格培养目标　D. 动作技能目标

2. 李老师在进行某一课教学设计时，把“体会时间宝贵，珍惜时间”作为教学目标之一，该目标属于下列哪种目标？（　）

A. 认知目标　B. 情感目标　C. 人格培养目标　D. 动作技能目标

3. 教师在教学活动中，根据实际情况放弃或改变原先制定的教学策略和流程，有效地开展课堂教学，这反映了课堂教学策略特点的（　）

A. 整合性　B. 可操作性　C. 灵活性　D. 层次性

4. 从教学策略的角度分析，讲授法属于（　）

A. 产生式教学策略　B. 替代式教学策略

C. 小组合作学习策略　D. 个别化教学策略

5. 在常用的教学方法中，有利于实现技能、技巧类的教学方法是（　）

A. 讲授法　B. 讨论法　C. 练习法　D. 自主学习法

6. 张老师的教学设计深受大学生的欢迎，但在中学的课堂上效果不佳，说明教学设计必须坚持的一个原则是（　）

A. 系统性原则　B. 可行性原则　C. 发展性原则　D. 教育性原则

二、辨析题

1. 教师在备课过程中确定的教学目标就是课堂教学目标。
2. 知识与技能目标、过程与方法目标及情感态度价值观目标是三类不同的教学目标。

三、简答题

1. 简述运用教学媒体的原则。
2. 简述教学设计的特点。

四、材料分析题

1. 根据“三位数乘两位数”的教学内容，从新课改的理念出发，正确表达课堂教学活动的三维教学目标。
2. 在一次课上，张老师要求学生根据课文中描写猎人猎熊的内容归纳猎人果敢的特点。然而，一位学生不赞成老师的意见，反而说猎人残忍，其行为是违法行为。这与课文的本意相背。请问：(1) 如果你是张老师，你将如何组织后续的教学活动？(2) 教学活动完成后，你所达到的教学目标是什么？

参考答案

一、选择题

1. B 2. B 3. C 4. B 5. C 6. B

二、辨析题

1. 错误。课堂教学目标不仅有预设的教学目标,还有激发生成的教学目标,它是两种教学目标的辩证统一体。预设的教学目标往往由教师在课前备课的过程中确定;而生成的教学目标则是在教学活动的过程中激发出来的教学目标,主要在学生身上体现。前者具有明确、外显、相对可量化或测量的特点;而后者具有多元、内隐、动态生成或不确定性等特点。它们共同促进学生发展。

2. 错误。知识与技能目标、过程与方法目标、情感态度价值观目标不是三个独立的教学目标,而是一个教学目标的三个方面,它们是统一的不可分割的整体。

三、简答题

1. (1) 目的性原则。(2) 综合性原则。(3) 经济性原则。(4) 最优化原则。(5) 科学化原则。

2. 教学设计主要表现为三个特点:(1) 系统性。(2) 操作性。(3) 灵活性。

四、材料分析题

1. 从新课改的理念出发,教学目标主要分为知识与技能、过程与方法、情感态度价值观三类教学目标。“三位数乘两位数”的教学内容可以表述为以下几个教学目标:

(1) 知识与技能:初步掌握三位数乘两位数的笔算方法,并能正确进行运算。

(2) 过程与方法:学生能根据两位数乘两位数的笔算方法,类推三位数乘两位数的笔算过程,初步培养学习迁移能力。

(3) 情感态度价值观:学生在解决具体问题的过程中,养成估算的习惯,感受数学在现实生活中的作用。

2. (1) 我将因势利导,让学生充分讨论,发表自己意见,最后达成共识。(2) 我所达到的教学目标是预设目标与生成目标的辩证统一。即:既要遵纪守法、保护动物、强调人与自然的和谐,又要强调在特殊情况下,当猎人与熊处于生死搏斗的情境时,猎人要机智勇敢,战胜野兽。

第十六章　课堂管理

教学目的和要求：通过本章的学习，能够掌握课堂管理的概念及其功能，掌握课堂氛围的管理，了解课堂结构的组成以及影响课堂管理的因素，掌握课堂问题行为的处理。

教学重点：掌握课堂氛围的管理，课堂纪律的概念、类型以及课堂结构构成。

教学难点：运用有关理论，有针对性地进行课堂管理工作，提高课堂管理的实效性。

课堂管理是教师为了完成教学任务，调控人际关系，和谐教学环境，引导学生学习的一系列教学行为方式。它是开展教学活动的基石，也是教师必须具备的基本素质，在课堂教学中，教师除了“教”的任务外，还有一个“管”的任务，也就是协调、控制课堂中各种教学因素及其关系，使之形成一个有序的整体，以保证教学活动的顺利进行。只有正确理解课堂管理的内涵，准确把握课堂管理的目标、原则和功能，灵活运用课堂管理的有效模式，深入分析课堂管理的影响因素，才能保证课堂管理在科学的轨道上运行。它贯穿教学过程的始终，制约着教学和评价的有效进行，有助于建立良好的学习环境，提升学生学习的主动性，帮助教学目标的实现。

第一节　课堂管理概述

一、课堂管理的含义

课堂管理是一种协调和控制的过程，是指教师通过协调课堂内的各种人际关系而有效地实现预定教学目标的过程。课堂管理涉及的因素多种多样，课堂管理的内容因而也是多方面的。一般来说，课堂管理包括：课堂人际关系管理、课堂环境管理、课堂纪律管理等方面。

（一）课堂人际关系管理

课堂人际关系管理指的是对课堂中的师生关系、同伴关系的管理，包括建立良好的师生关系、确立群体规范、营造和谐的同伴关系等。

（二）课堂环境管理

课堂环境管理是指对课堂中的教学环境的管理，包括物理环境的安排、社会心理环境的营造等。

（三）课堂纪律管理

课堂纪律管理指的是课堂行为规范、准则的制订与实施，应对学生的问题行为等活动。

二、课堂管理的目标

美国教育心理学家沃尔福克指出，要达到创设良好的学习环境，促进学生有效地学习，需要把课堂管理分解为以下三个具体的目标：增加学生的学业学习时间；增加学生参与学习活动的机会；帮助学生形成自我管理能力。

（一）增加学生的学业学习时间

事实上，在课堂教学过程中真正用于教学的时间很少，而是被各种干扰、磨蹭或不顺畅的沟通占据了大量时间，几乎每一个关于时间和学习的研究都表明，在课程内容上所花的时间与学生的学习效果之间有显著的正相关。因此，课堂管理的一个重要目标就是延长学习的有效时间，为学生争取更多的学习时间。

（二）增加学生参与学习活动的机会

很显然，学生只能从他们参与过的活动中学到知识，所以有效的课堂管理的第二个目标就是通过让学生积极参与有价值的、合适的学习活动，有效地增加学生学习时间。

（三）帮助学生形成自我管理的能力

教学管理的第三个目标就是帮助学生更好地进行自我管理。从而达到"不管"的境界。学生在教师的帮助、指导下，形成一定的自控能力，就会把更多的时间用于追求对知识的深层理解，而不是无关事情或行为的监控和纠正。

三、课堂管理原则

基于课堂管理提出的管理目标，现代课堂管理一般需要遵循以下几条原则。

（一）了解学生的需求

这是教师进行课堂管理的心理依据，也是调动学生学习积极性和有效性的手段。

（二）建立积极的师生关系和同伴关系

课堂管理的有效性是建立在良好的师生关系和同伴关系的基础之上的。它能够为教师的教与学生的学创造积极向上的群体心理气氛，从而提高课堂管理的效果。

（三）实施有效的教学措施

在了解学生的需求和建立良好的人际关系的基础上，教师应尽可能地采取有效的教学措施，使学生的注意力集中在教师的教学上，发挥其学习的积极性，提高其学习的有效性。

（四）建立教室常规

所谓教室常规是指能维持课堂秩序的一些行为准则，也是课堂管理的依据。如上课之前准备好各种学习用具等。它不仅可使学生在课堂上保持良好的学习行为，还能帮助学生获得自我管理的能力，促进学生的发展。

四、课堂管理的功能

课堂管理始终制约着教学和评价的有效进行，具有维持、促进和发展的功能。

（一）维持功能

课堂管理的维持功能是指在课堂教学中持久地维持良好的内部环境，有效地排除各种干扰因素，使学生充分地参与到学习活动中，保证教学任务的顺利完成。维持功能是课堂管理的基本功能。

（二）促进功能

课堂管理的促进功能是指教师在课堂里创设对教学起促进作用的良好学习环境，满足课堂内个人和集体的合理需要，激励学生潜能的释放，推动学生的学习活动。

（三）发展功能

课堂管理本身可以教给学生一些行为准则，促进学生从他律走向自律，帮助学生获得自我管理能力，使学生逐步走向成熟。

五、课堂管理的模式

课堂管理的基本模式概括起来，可以把它们分为三种取向：行为主义取向、人本主义取向和教师效能取向。

（一）行为主义取向的课堂管理模式

这种模式的基本理念是：学生的成长和发展是由外部环境决定的，他们在课堂中所表现出来的不良行为，或者是通过学习获得的，或是因为没有学会正确的行为。在课堂管理中，教师的责任是强化适宜行为并根除不宜行为。

典型的行为主义取向的课堂管理模式有斯金纳模式和坎特模式。

1. 斯金纳模式

斯金纳模式又称为矫正模式。他认为人的行为本质是对环境刺激做出反应。行为能否得以维持，取决于后果。在课堂管理中，教师要想使学生在课堂中表现出适宜的行为，就必须奖励和强化适宜行为，忽视学生不良行为。

为了维持良好的课堂环境，教师必须做好以下几个方面的工作：① 清楚地讲明规则；② 忽视不良行为；③ 对遵守规则的行为给以奖励。

2. 坎特模式

坎特模式又被称为果断纪律模式。该模式也是行为主义指导下的课堂管理模式，它与强调行为强化的行为主义模式不同，希望借助有效制定和实施课堂秩序来进行课堂纪律的管理。坎特指出，许多教师相信强力控制是沉闷的、残忍的等观点是错误的，仁慈的强力控制实际上是对学生负责的行为，也是行之有效的。教师应当使用果断的纪律来管理课堂，维持良好的课堂纪律，促进学生的发展。

果断纪律包括：① 事先陈述和解释要求、期望；② 坚持自己的期望和要求，如“我要求你”“我喜欢这种做法”等提示学生，但不要伤害学生自尊心；③ 运用明确、冷静、坚定的口气和目光；④ 用非语言性的姿势来支持言语要求；⑤ 不用威胁和斥责来影响学生的行为；⑥ 时时重复自己的要求，不要升格为训斥。

(二) 人本主义取向的课堂管理模式

人本主义取向的课堂管理者认为：学生有自己的决策能力，他们可以对控制自己的行为负主要责任。在课堂管理中，教师不应该要求学生百依百顺，而是应该关注学生的需要、情感和主动精神，向学生提供最好的机会去发掘归属感、成就感和积极的自我认同，以此来维持一种积极的课堂环境；出现问题行为时，教师应更多地运用沟通技能，引导学生分析问题的性质和后果，自己把问题解决。典型的人本主义取向的课堂管理模式有格拉塞模式和基诺特模式。

1. 格拉塞模式

格拉塞模式又被称为现实疗法和控制疗法。他认为人有两种基本需要，即爱和被爱的需要、希望自己的价值得到自己和他人认可的需要。如果学生的这些需要得不到满足时就会产生行为问题，对自己不负责任。另外他相信学生是有理性并可以控制自己的行为的。因此教师不应该接受学生的不良行为借口，而是应该帮助学生作出好的选择。

格拉塞提出了现实疗法的基本程序：联系学生，正确对待学生面临的行为问题，形成判断，制订计划，作出承诺，不接受借口，承受自然后果。

2. 基诺特模式

基诺特模式又称明智信息模式。这种课堂管理的核心概念是强调教师用明智的方式和学生进行和谐的沟通。基诺特认为，纪律是一点点地形成的。在纪律形成的过程中教师应该以身作则，在和有行为问题的学生进行沟通时应当设身处地地从对方的角度考虑。另外就是要相信学生的自控能力，并鼓励学生进行自我管理。教师与学生之间进行和谐沟通时应做到：表达“明智的”信息，接受感情宣泄而不是否决，避免贴标签，谨慎使用表扬，引导合作，理智地表达愤怒。

(三) 教师效能取向的课堂管理模式

与行为主义和人本主义取向的课堂管理观不同，教师效能取向的课堂管理模式关注的是教师课堂管理技能的提高。持这一取向的研究者认为，课堂管理主要取决于教师的管理技能，通过培训提高教师的课堂管理技能可以达到改善课堂管理质量的效果，典型的教师效能取向的课堂管理模式有戈登模式和库宁模式。戈登模式又称教师效能训练模式。库宁模式用来防止和应付不良行为的团体管理策略。

六、课堂管理的影响因素

影响课堂管理的因素是多方面的。既有社会的因素，也有学校的因素，以及教师和学生的因素等等。一般认为，主要归结为以下几个方面的因素。

(一) 教师的领导风格

研究显示，教师的领导风格对课堂管理有着直接的影响。采取参与式领导的教师在课堂上能够创造比较宽松、自由、积极向上的氛围，鼓励自由发表意见，不把自己的意见强加于人，从而使学生更好地参与到课堂教学中。而采取监督式领导的教师，比较专横、独断，其注意力更多地放在集体讨论的进程和学生的问题行为上。

（二）班级规模

班级规模的大小是影响课堂管理的一个重要因素。首先，班级的大小会影响成员间的情感联系。班级越大，情感纽带的力量就越弱。其次，班内的学生越多，学生间的个别差异就越大，课堂管理所遇到的阻力也可能越大。再次，班级的大小也会影响交往模式。班级越大，成员间相互交往的频率就越低，对课堂管理技能的要求也就越高。最后，班级越大，内部越容易形成各种非正式小群体，而这些小群体又会影响课堂教学目标的实现。总之，班级规模会影响学生参与课堂活动的机会和程度，也会影响课堂管理和学习纪律，从而导致课堂教学目标不能顺利地完成。

（三）班级的性质

每一个班级都有各自的独特性，班级的性质对于课堂管理有着不容忽视的作用。班级的性质主要体现在班风和学风上，教师应该根据班风和学风的不同，采取相应的教学手段和课堂管理模式对其进行指导教育，以期获得良好的管理效果。

（四）学生对教师的定型期望

所谓定型期望是指人们对于某种职业和职务类型的人在行为表现、动机和意向方面存在某种固定的期望。对于教师来说，这种期望是教师长期交往方式和一般行为的结果。班级的学生在长期的学习过程和与教师的接触过程中，会对教师的课堂行为形成定型期望。他们希望教师以某种方式进行教学活动和课堂管理，这种期望必然会影响课堂管理的效果。

第二节　课堂气氛的管理

课堂气氛作为一种状况，对人的影响具有弥散性和持久性。在一定范围内影响到所有的人和所有的事，是课堂管理工作中的一个重要环节。

一、课堂气氛的含义

课堂气氛是班集体在课堂上所表现出来的心理气氛，通常是指课堂里某些占优势的态度与情感的综合状态。具体而言，是指课堂活动中师生相互交往所表现出来的相对稳定的知觉、注意、情感、意志和思维等心理状态。一般认为，课堂气氛是由教师的教风、学生的学风以及教室中的环境作用所形成的一种心理状态。

二、课堂气氛的类型

课堂气氛是在课堂中呈现的一种综合性的心理状态，它可以用一定的心理、行为指标来衡量。如果我们以秩序、参与、交流三个指标为依据，就会把课堂气氛划分为三种主要类型：积极的课堂气氛、消极的课堂气氛和对抗的课堂气氛。

（一）积极的课堂气氛

积极的课堂气氛是一种理想状态的课堂气氛，它主要表现为以下明显特征：师生双方有饱满的热情，教与学态度端正、目标明确；课堂活动井然有序；学生求知欲强烈，注意力集中，思维活跃；师生间情感交流充分，学生参与面广，双方处于互动积极的状态；师生共同洋溢着为实现教学目标而获得成功的喜悦与满足感。总之，积极的课堂气氛，其主要标志是严肃与认真、宽与严、热与冷、张与弛的有机统一。这种课堂气氛使教师教的主导作用和学生学的主体作用的发挥得到了和谐的统一。

（二）消极的课堂气氛

消极的课堂气氛常常以学生的紧张拘谨、心不在焉、反应迟钝为基本特征。在课堂学习过程中，学生情绪压抑、无精打采、注意力分散、小动作多，有的甚至打瞌睡。对教师的要求，学生一般采取应付态度，很少主动发言。有时，学生害怕上课或提心吊胆地上课。

（三）对抗的课堂气氛

对抗的课堂气氛是一种失控的混乱的课堂气氛。这种课堂气氛主要表现为：师生之间关系紧张，大部分学生不信任教师；教师驾驭课堂态势和调动学生积极性的能力较差；相当一部分学生讨厌上课，注意力分散，各行其是，课堂秩序一片混乱；使得正常的教学活动难以开展，教与学的任务常常不能完成；师生都把教与学视为一种精神负担。

三、课堂气氛的影响因素

教师在课堂教学中的主导作用，决定了教师的领导方式、教师的威信、教师对学生的期望以及教师的情绪状态，这是影响课堂气氛的主要因素。

（一）教师的领导方式直接影响着课堂气氛的形成

集权型的教师只注重教学的目标，仅仅关心学习的任务和学习的效率。他们对班级的学生不够关心，师生之间的社会心理距离比较大。

民主型的教师注重对学生的学习加以鼓励和协助，关心并满足学生的需要，营造一种民主与平等的氛围，师生之间的社会心理距离比较近。

放任型的教师采取的是无政府主义的领导方式，对群体学生的需要都不重视，无规章、无要求、无评估，工作效率低，人际关系淡薄。

在集权型领导、民主型领导和放任型领导这三种不同的领导方式中，民主型领导方式的课堂气氛最好，而集权型领导对控制课堂秩序混乱、人际关系紧张的班级比较有效。

（二）教师期望影响课堂气氛

教师对学生的高期望能够对学生产生激励作用，激发学生的学习兴趣，提高对教师的信赖感；而教师对学生的低期望则可能导致学生自暴自弃、降低学习兴趣，从而影响课堂气氛。现有的研究表明，教师期望通过四种途径影响课堂气氛。

(1) 接受。教师通过接受学生意见的程度，为不同的学生创造不同的社会情绪气氛。

(2) 反馈。教师通过输入信息的数量、交往频率、目光注视、赞扬与批评等向不同期望的学生提供不同的反馈。

(3) 输入。教师向不同期望的学生提供难度不同、数目不等的学习材料,对问题做出程度不同的说明、解释、提醒或暗示。

(4) 输出。教师允许学生提问和回答问题,听取学生回答问题的耐心程度等,都会对课堂气氛产生不同的影响。

(三) 教师的情绪状态影响课堂气氛

教师的积极情绪状态往往会投射到学生身上,使教师与学生的意图、观点和情感联结起来,从而在师生间产生共鸣性的情感反应,有利于创造良好的课堂气氛。焦虑是教师对当前或预计到可能对自己的自尊心构成威胁时做出的一种情绪反应倾向。适度的焦虑能够激起教师努力改变课堂现状,避免呆板或恐慌反应,从而推动教师不断努力以谋求最佳课堂气氛的出现,过高或过低的焦虑都会对课堂气氛产生不良的影响。

四、课堂里的人际交往与人际关系

人际交往是教师和学生借助于交往工具在课堂里传递信息、沟通思想、交流情感的过程。语言符号系统和非语言符号系统是主要的人际交往工具。人际关系则是人与人之间在相互交往过程中形成的比较稳定的心理关系或心理距离。它的形成与变化,取决于交往双方满足需要的程度。吸引与排斥、合作与竞争是课堂主要的人际关系。

(一) 吸引与排斥

人际吸引是指交往双方出现相互亲近的现象,它以认知协调、情感和谐及行动一致为特征;人际排斥则是交往双方出现关系极不融洽、相互疏远的现象,以认知失调、情感冲突和行动对抗为特征。距离的远近、交往的频率、态度的相似性、个性的互补性以及外形等因素是影响人际吸引和排斥的主要因素。课堂管理必须重视课堂里的被嫌弃者和被孤立者。

(二) 合作与竞争

合作是指学生们为了共同目的在一起学习和工作或者完成某项任务的过程。合作是实现课堂管理促进功能的必要条件。

竞争指个体或群体充分实现自身的潜能,力争按优胜标准使自己的成绩超过对手的过程。适量和适度的竞争,不但不会影响学生间的人际关系,而且还会提高学习和工作的效率。但是,竞争就有可能使一部分学生过度紧张和焦虑,容易忽视活动的内在价值和创造性。

竞争与合作是对立统一的,它们都以能否满足各自的利益为转移。有效的课堂管理应该是协调合作与竞争的关系,使两者相辅相成,成为实现促进功能的有益手段。

第三节 课堂纪律的管理

课堂纪律是指为了维持正常的教学秩序，协调学生的行为，保证课堂目标的实现而制定的要求学生共同遵守的课堂行为规范。就个体而言，课堂纪律是对学生课堂行为所施加的外部准则与控制。当它们逐渐被学生所接受或内化时，就可以称之为自律，学生就能自觉地自我指导和自我监督。

一、课堂纪律的类型

根据课堂纪律形成的原因，可将课堂纪律分为以下四种类型。

（一）教师促成的纪律

教师促成的纪律，是指在教师的操纵、组织、安排、规定和维护的标准下所形成的纪律。它的实现不仅要求教师的指导、监督及奖惩，还必须要有教师对学生的体贴，如同情、理解、调解、协助、支持和容纳学生的意见相配合。教师促成的纪律一般适用于低年级。随着年龄的增长和自我意识的增强，学生对教师促成的纪律开始有不同的认识，反对教师过多的限制。

（二）集体促成的纪律

集体促成的纪律，即同辈人集体形成的行为规范与准则要求。学生从上学开始，同辈人的集体就在他们社会化方面起着越来越大的作用。随着年龄的增长，学生开始以同伴群体的集体要求和价值判断来作为自己的行为准则，以“同学也是这样做的”为理由来做某件事。在一个好的班集体中，学生为了不损害集体或与同学的关系，即使自己有困难，也会自觉遵守集体的纪律。

（三）任务促成的纪律

任务促成的纪律，是指由于某一特定任务的需要而提出的纪律要求。任务促成的纪律，是以学生对活动任务的充分理解为前提的，他们对任务理解得越深刻，就越能自觉地遵守纪律，即使遇到困难和挫折也不会放弃。

（四）自我促成的纪律

自我促成的纪律也就是自律。学生把教师促成的纪律、集体促成的纪律或者任务促成的纪律内化为自己的行为准则，自觉地遵守，并把维护纪律作为自己的职责。自我促成的纪律是课堂纪律管理的最终目标，也是学生成熟水平向前迈进的标志。

二、课堂纪律的功能

课堂纪律一般由学校要求、教师倡导，或群体约定俗成。它一旦被明确，就会对所有成员的言行产生一定的制约作用，表现出四种主要的功能。

（一）有助于学生社会化

课堂纪律使学生了解在各种场合受赞同或默许，懂得个人行为所依据的价值标准，知道在什么情况下该做什么、不该做什么。

（二）有助于学生人格的成熟

课堂纪律使学生在遵守社会规范和要求的过程中，逐渐形成独立、自信、自我控制、忍受挫折等人格品质。

（三）有助于学生接受道德准则

课堂纪律有助于形成道德义务感，使学生能自觉地遵守道德规范，形成良好的道德品质。

（四）有助于学生上课时情绪稳定

课堂纪律使学生的行为有所遵循，不至于因为对自己行为的迷惑、担心而产生焦虑。

三、课堂结构与课堂纪律

课堂是以教室为活动场所，通过师生之间的分工合作和职权、责任的制度化而有计划地协调师生活动，以达到教育目标的一种组织系统。在这个组织系统中，在教师指导下进行学习的学生、学习过程和学习情境是课堂的三大要素。这三大要素的相对稳定的组合模式就是课堂结构，它包括课堂情境结构与课堂教学结构。

（一）课堂情境结构

课堂情境结构对课堂纪律的影响主要表现在班级规模的控制、课堂常规的建立以及学生座位的分配等方面。

1. 班级规模的控制

班级规模是指在特定教师指导下的一个特定班级或一个教学团体的学生人数。一般而言，班级规模越大，学生的平均成绩便越差；班级规模越大，教师态度、学生态度和课堂处理的得分就越低。班级过大容易限制师生交往和学生参加课堂活动的机会，阻碍课堂教学的个别化，有可能导致课堂出现较多的纪律问题。

2. 课堂常规的建立

课堂常规就是教室常规，是每个学生必须遵守的最基本的日常课堂行为标准，对学生有约束和指导作用。课堂常规是每个学生必须遵守的最基本的日常课堂行为准则，能够使课堂行为规范化。对于课堂常规的设定，应由全班同学共同讨论形成，以提高遵守的自觉性。

3. 学生座位的分配

学生座位的分配一方面要考虑课堂行为的有效控制，预防违纪行为的发生；另一方面还要考虑对人际关系的影响，应有助于学生之间和师生之间的正常交往，形成和谐的师生关系，并有助于学生形成良好的人格特征。

（二）课堂教学结构

课堂教学结构对课堂纪律的影响主要表现在教学时间的合理利用、课程表的编制、教学过程的规划等方面。合理的课堂教学结构能使教师满怀信心地按照教学计划进行教学，教师的良好教学心态也能够感染学生，增强他们的安全感和自信心，减少背离性，避免课堂秩序发生混乱。

1. 教学时间的合理利用

课堂活动有学业、非学业、非教学活动三种类型,学业活动时间越多学业成绩越好。

2. 课程表的编制

课程表是使课堂教学有条不紊进行的重要条件,它的编制首先应尽量将语文、数学和外语等核心课程安排在学生精力最充沛的上午第一、二、三节课。其次,将文科与理科、形象性的学科与抽象性的学科交错安排。

3. 教学过程的规划。

教学过程的合理规划是维持课堂纪律又一个重要条件,不少纪律问题是因教学过程的规划不合理造成的。

四、课堂问题行为及其应对

课堂问题行为是课堂教学活动中常见的一种现象,也是课堂管理的重要组成部分。课堂问题行为处理不当,就会损害师生关系、破坏课堂气氛、影响教学效果。需要广大教育工作者正确认识、巧妙化解、机警处理。

(一) 课堂问题行为概念

学生课堂问题行为,是指学生不能遵守公认的行为规范和道德标准,不能正常与人交往和参与学习的行为。具体来讲,课堂问题行为是指那些直接指向环境和他人的不良行为,直接妨碍教学或学习过程的行为,以及某些适应不良的行为。主要表现为漫不经心、感情淡漠、逃避班级活动、与教师和同学之间的关系紧张、容易冲动、上课插嘴、坐立不安、活动过度等。

需要指出的一点是,问题行为与后进生等问题学生概念不同。后进生是对学生的一种总体评价,他们通常有较多的问题行为;问题行为则是一个教育性概念,主要是针对学生的某一行为而言,其主体可能是后进生,也有可能是班级中的优秀学生。另外,问题行为的消极程度具有不稳定性。因此,不能将这两个概念相混淆。

(二) 课堂问题行为的类型

课堂问题行为的类型按照不同的标准有多种分法,其中最普遍的一种是根据学生行为表现的倾向将课堂问题行为划分为外向性问题行为、内向性问题行为两种。

1. 外向性问题行为

外向性问题行为是学生品行方面的问题行为,即指学生在课堂上发生的容易被察觉、直接干扰课堂纪律、影响教学活动正常进行的行为。主要包括攻击性行为、扰乱课堂秩序的行为、故意惹人注意的行为以及盲目反抗权威的行为。对于这种问题行为,教师应迅速、果断地加以制止,并对行为主体进行批评,防止该行为在课堂上蔓延。

2. 内向性问题行为

内向性问题行为是学生人格方面的问题行为,即指学生在课堂上发生的不易被教师察觉的,不会对课堂秩序构成直接威胁的行为。这种行为更多的是学生个体的活动,尽管不会直接危害教学活动的正常进行，但是对教学效果和学生自身的成长有很大的影响。主要包括注意力涣散行为、对课堂活动的回避行为、对课业不负责任的行为以及抗拒课堂的行为。存在内向性问题行为的学生为了避免引起他人的关心和注意，还常常表现出依顺和服从，使人觉得他不存在困难也无须外界的帮助。因此，这一类学生需要教师更多的关注。

（三）课堂问题行为的影响因素

课堂问题行为不单是学生自身的问题行为，综合起来有以下原因：学生、教师和环境。

1. 教师的因素

课堂问题行为的产生与教师有直接或间接的关系，教师的教育失策会导致学生产生问题行为。主要表现为错误的观念指导、管理失范和教学水平低下。

（1）教师错误的观念。有的教师把追求升学率作为教学的指导方向，把分数作为评价学生优劣的唯一标准，无视学生的情感和个性，不考虑学生的内心感受，采取高压政策和强制手段，要求学生耳提面命等等，这些教师错误的观念行为，会引发学生的问题行为。

（2）管理失范。教师在课堂上的管理失范表现为两种极端行为：一是放弃管教的责任，采取不闻不问的立场，放弃学生，不能使课堂形成良好的气氛和教学环境，学生也因缺乏被指正的机会而出现违反课堂规则的行为。二是教师对学生的问题行为做出过度敏感的反应，动辄对学生大加训斥，甚至滥用惩罚，学生很容易与教师发生摩擦，从而导致行为失范。

此外，教师自身的职业技能水平低下，容易导致教师在学生心目中威信降低，进而引起课堂问题行为。

2. 学生的身心因素

在课堂中，学生是学习的主体，也是问题行为的表现者。学生问题行为的形成原因，不仅仅来自学生自身，还往往来自于课堂、学校、社会和家庭，而集中表现在学生身上。主要的因素有以下六个方面。

（1）适应不良。这是指学生人格的适应不良，即不能很好地根据环境的要求改变自己，或学生不能积极作用于环境并改造环境，由此产生各种情绪上的干扰。

（2）厌烦。即对课堂教学活动不感兴趣，成绩较差的，根本无法参与到课堂活动中去，这种情况下很容易出现问题行为。

（3）挫折与紧张。学校生活中受到的挫折，与教师和学生的关系不好，都可能引起学生问题行为。

（4）寻求注意与地位。有的学生学习差，又没有其他方面的特长，在班里他们得不到任何人的重视或认可，得不到任何奖励的机会。由于认可需要不能从正当的途径得到满足，于是他们宁愿闹事，受谴责甚至惩罚，也要以此来求得教师和同学的注意，赢得自己在班级中的地位。

(5) 过度活动。过度活动的学生在课堂中也容易对于无关刺激做出反应，注意力无法集中，行为冲动等，从而造成问题行为。

(6) 性别差异。课堂教学中问题行为的产生，在性别上有差异。一般地讲，男生的问题行为比女生要多一些。

3. 环境因素

包括家庭环境、大众媒体、课堂内部环境（课堂气氛、课堂座位的编排）、课堂的物理环境等。

(四) 课堂问题行为的预防和矫正

对课堂问题行为的管理应以预防为主，引导和促进学生端正学习态度，帮助学生适应学习环境，逐渐减少问题行为的产生。但是当学生的问题行为已经发生时，应对行为主体进行行为矫正和心理辅导。因此，不管是对于个体的问题行为还是对于团体的问题行为，教师都可以尝试以下的方式对课堂问题行为进行管理。

1. 制订合适的教学计划

教学计划中的教学目标、教学内容和教学方法要适合学生的程度和水平，使学生通过学习能够获得成就感，缓解学生的焦虑情绪，提高其学习的自信心，使其更快地适应课堂环境。

2. 帮助学生调整学习的认知结构

教师在教授新知识、新内容时，应交代清楚其来龙去脉，把新知识整合到学生已有的知识结构中，使其具备学习新知识的认知基础，从而减轻因学习新知识而产生的焦虑感。

3. 对于课业给予精确的指导

学生对于学习的盲目性容易导致问题行为的产生，而教师通过给予学生清晰的学习指导，使其了解要做什么、怎么做，如何得到帮助，从而减轻或消除因不确定性而产生的急躁、厌烦、焦虑等情绪，减少问题行为的发生。

4. 建立良好的教学秩序

良好的教学秩序能够营造愉快、和谐的课堂氛围，使学生情绪平静、思维活跃，从而减少问题行为的产生。

5. 协调同伴间的人际关系

帮助建立良好的同伴关系，同时注意制止学生中存在的彼此伤害的行为，如讽刺、挖苦、嘲笑等。

6. 建立家校联系

家庭环境是导致学生课堂问题行为产生的重要因素。在对学生课堂问题行为管理的过程中，教师应主动与家长联系，相互配合，采取有效措施来纠正学生的问题行为。

7. 行为矫正与心理辅导

行为矫正是强化学生的良好行为、排除不良行为的一种行为疗法，需要师生密切配合。心理辅导主要通过改变学生的认知、信念、价值观念、道德观念来改变学生的外部行为。它对于复杂问题行为，尤其是由内在刺激引起的问题行为效果比较显著。

练习题

一、选择题

1. 不能遵守公认的正常儿童行为规范和道德标准，不能正常与人交往和参与学习的行为，叫做　(　　)

A. 差生行为　B. 问题行为　C. 逆反行为　D. 心理障碍行为

2. 课堂管理始终制约着教学和评价的有效进行，具有　(　　)

A. 维持动机作用　B. 促进和维持功能

C. 思想教育作用　D. 培养纪律功能

3. 课堂中某些占优势的态度与情感的综合状态称之为　(　　)

A. 课堂规范　B. 课堂气氛　C. 课堂管理　D. 课堂纪律

4. (　　)曾在 1939 年将教师的领导方式分为专制型、民主型和放任型三种类型。

A. 戴尔　B. 布鲁纳　C. 斯金纳　D. 勒温

5. (　　)型的课堂气氛最有助于知识的学习。

A. 集权　B. 权威　C. 教师主导　D. 民主

6. 课堂上人际关系出现双方相互亲近、认知协调、情感和谐、行动一致。这是一种(　　)

A. 吸引的人际关系　B. 合作的人际关系

C. 沟通的人际关系　D. 平等的人际关系

二、名词解释

1. 定型的期望
2. 课堂问题行为

三、简答题

1. 影响课堂管理的因素有哪些？
2. 简述课堂结构。

参考答案

一、选择题

1. B　2. B　3. B　4. D　5. D　6. A

二、名词解释

1. 所谓定型期望是指人们对于某种职业和职务类型的人在行为表现、动机和意向方面存在某种固定的期望。对于教师来说，这种期望是教师长期交往方式和一般行为的结果。

2. 课堂问题行为，是指学生不能遵守公认的行为规范和道德标准，不能正常与人交往和参与学习的行为。具体来讲，课堂问题行为是指那些直接指向环境和他人的不良行为，直接妨碍教学或学习过程的行为，以及某些适应不良的行为。主要表现为漫不经心、感情淡漠、逃避班级活动、与教师和同学之间的关系紧张、容易冲动、上课插嘴、坐立不安、活动过度等。

三、简答题

1. 影响课堂管理的因素主要包括教师的领导风格、班级规模、班级的性质、学生对教师的定型期望四个方面。

(1) 教师的领导风格。参与式领导和监督式领导对课堂管理有不同的影响。

(2) 班级规模。首先，班级的大小会影响成员间的情感联系。其次，班内的学生越多，学生间的个别差异就越大，课堂管理所遇到的阻力也可能越大。再次，班级的大小也会影响交往模式。最后，班级越大，内部越容易形成各种非正式小群体，而这些小群体又会影响课堂教学目标的实现。

(3) 班级的性质。每一个班级都有各自的独特性，班级的性质对于课堂管理有着不容忽视的作用。班级的性质主要体现在班风和学风上，教师应该根据班风和学风的不同，采取相应的教学手段和课堂管理模式对其进行指导教育，以期获得良好的管理效果。

(4) 学生对教师的定型期望。班级的学生在长期的学习过程和与教师的接触过程中，会对教师的课堂行为形成定型期望。他们希望教师以某种方式进行教学活动和课堂管理，这种期望必然会影响课堂管理的效果。

2. 课堂结构包括课堂情境结构与课堂教学结构。

课堂情境结构：

(1) 班级规模的控制；

(2) 课堂常规的建立；

(3) 学生座位的分配。

课堂教学结构：

(1) 教学时间的合理利用；

(2) 课程表的编制；

(3) 教学过程的规划。

第十七章　学习评定

教学目的和要求：了解学习评定、标准化测验的方法。掌握学习评定的概念；信度、效度的内涵。理解学习评定的功能与作用。熟悉教师自编评定的含义、形式、注意事项，能够应用于实践。

教学重点：学习评定的意义；信度、效度、难度、区分度的概念。

教学难点：标准化测验的含义与类型。

学习评定指运用适当的测验、仪器和技术搜集信息的过程，获得的信息将用于描述和分析学生的学习与行为状况，并对学生的课程、教学方法和培养方案做出决策。测评是教学过程的有机组成部分，不仅有助于准确评价教学成效，而且还能改善教与学的质量。本章将着重介绍学习评定的有关理论、评定方法及其最新进展等内容。

第一节　学习评定概述

学习评定是主客观相互作用的过程，也是主客观相互作用的产物。它特别要求客观的原则和科学的态度。良好的学习评定能够成为提高教学质量的一大推力，反之，则会带来负面的社会效果。我们必须认真研究、慎重对待。

一、学习评定的含义与功能

学习评定主要指教师通过搜集学生在课堂中的信息，对学生的学习状况进行判断和决策，并制订出最适合学生发展的教学计划的过程。教师对学生的学习成效进行测量的各种手段都是学习评定，如小测验、作文、周记等。

学习评定与测量和测验不同。测量是用数学方式对人的行为进行描述的过程；测验是测量过程中使用的工具，是用来量化描述的系统程序。当某学生在数学测验中获得 90 分，或在智力测验中获得 100 分时，其获得测验分数的过程就是一种测量。

学习评定则是对测量结果进行的判断和说明。90 分的数学成绩在班级中处于上游；100 的智商属于正常水平等等。由此可见，评定与测量密切相关，但也有区别。评定是以测量为基础的。测量是一种客观的描述，评定是一种主观的判断。但主观判断要以客观描述为依据，否则就是武断的判断。一般认为，学习评定的功能包括以下四个方面。

（一）诊断功能

测量和评定不但可以用来了解与评价学生的学习及智力发展水平，还可用来评价教师的教学，评价一个班级、一所学校或一个地区的教育、教学质量；不仅可以作跨区域的横向比较，还可作跨年代的纵向分析。但在学校中，教师更多的是通过测量的评定来了解每个学生的学习状况、分辨优劣，诊断学生在知识掌握和能力发展上的不足及问题所在，以便因材施教和个别指导。

（二）反馈与鞭策功能

测量与评定的反馈和鞭策功能可以从教与学这两个方面体现出来。

1. 为教师的教学提供反馈信息

教师总是以测验为工具并通过评定从中分析自己的教学与学生的学习情况，以达到改进教学的目的。测量与评定贯穿于教学活动的各个阶段。在教学开始前的摸底测验及其评定，其目的是为了把握并评定学生的现状，使教师了解学生对于完成这一阶段教学任务在知识、技能和智力等方面的准备情况，以便确定教育目标和教学计划；在教学过程中的检查测验及评定，可使教师掌握学生对有关知识的学习状况并及时发现教与学中的问题和缺陷，从而修改教学内容，改进教学方法，达到诊断学生学习上的困难和评价学生进步的目的，因此又被称为诊断——进步评定；教学结束后的测验及评定，能使教师了解教学目标的完成情况，以及学生综合运用和迁移知识、技能水平提高或降低的程度，为制定新的教学目标提供依据。

2. 激发学生的学习动机

定期的考核可以督促学生认真地对所学知识进行全面系统的复习，加深对教材的理解和掌握。测量与评定的结果能使学生更好地了解自己，并通过自我评定找出学习中的薄弱环节，调整学习方法，提出新的努力目标。

（三）管理功能

1. 编班分组和升留级的依据

根据考试的成绩择优录取学生，并以此编班分组，是学校通常使用的方法。因为只有了解学生的教育程度和智力发展水平，才能有的放矢地开展思想教育工作；也只有通过测量及学年成绩评定，才能鉴别学生在各科学习中的差异，确定其升留级等事宜，并据此向家长报告学生的学习情况。

2. 职业指导的作用

初中和高中毕业生将面临继续升学或就业选择的问题。因此，学生在校时的成绩及其对他们各方面的评定，是学生、学校、用人单位几方面共同关心的问题。学生的学习成绩，可作为其学业状况和发展方向的大概标志。而有关能力倾向测验和职业兴趣测验的运用，可以测量出学生的特殊能力和职业兴趣，是他们选择专业或职业的凭据。

3. 教育科学研究的工具

测量对于教育理论的研究和发展具有重要意义。例如：教育心理学的理论与实践的研究、教学方法和教材改革的研究都要以测量为手段来进行，都要通过对其教学效果的检验和评估来衡量，而教学效果在一定程度上又要通过测验成绩来体现。所有教学改革的研究和实践，只有依据测验成绩这一数量化的指标方更有说服力。

（四）教育心理功能

这是最易被忽视，但并不是最不重要的一个功能。测量和评定教育功能不只是表现在激发学生和教师的动机方面，它对学生和教师的自我意识，对情绪和意志也有影响。例如，肯定的评定容易使学生和教师从肯定的方向看待自己，自信心开始增强，而否定的评定则可能导致师生产生自卑感；肯定的评定可能使师生的情绪趋于安宁，而否定的评定可能使师生的不安水准上升，以致产生严重的焦虑甚至负疚感；肯定的评定可能提高师生的积极性，有时也会使积极性下降；而有时否定的评定，只要指导适当，反而会提高积极性。测量和评定还会以自己特有的形式对师生的人格形成发生影响。比如，成绩通知单上的成绩评价，以及伴随评价的学年末和毕业时的表彰、奖励等，都可能对学生人格形成有好的或者不良的影响。有时候某种形式的评定，虽然对当前的教学活动有利，但从长远的观点来看，则可能带来不良的心理影响。

二、学习评定的方法

评估策略必须与评估的目的相适应。要想正确地应用评定，首先要了解不同的评定方法。

（一）诊断性评定、形成性评定和总结性评定

布卢姆依据学习评定在教学工作中的作用，把它划分为三类：诊断性评定（又叫配置性或准备性评定）、形成性评定（又称诊断进步评定或进展评定）和总结性评定（又叫终结性评定）。它们在教学活动的不同阶段表现出不同的功能。具体如下表。

评定方法	使用时机	目的	评定结果的处理
诊断性评定	教学目标确定后，教学前	分析学生的起点行为，确定学生对新任务的准备状况	只供教师安排教学时参考，不记作学生的成绩，也可以与学习后的资料相比较，根据成绩的改变来评价教学和学生学习的效果
形成性评定	教学中多次进行	了解教学效果，探索教学中存在的问题	测验分数并不记入成绩册，也不评定学生的等级或名次
总结性评定	一门课程或教学活动结束后，如单元、章节、科目、学期结束时	判断是否达到教学目标，检查教学的有效性和教材教法的适当性，考核学生的学习效果，确定学生的最终学习成绩	要对学生的成绩进行分组，记入成绩报告单，作为某种资格认定或升、留级的根据

（二）常模参照评定与标准参照评定

根据评定时的比较标准还可以把评定分为常模参照评定和标准（效标）参照评定。常模参照评定是指评定时需要把学生的成绩与其所在团体或常模团体进行比较，根据个体在团体中的相对位置来报告评价结果。标准参照评定是基于某种特定的标准，来评价学生对与教学密切关联的具体知识和技能的掌握程度，可以用来判断学生是否需要更多的指导。好的标准参照评定应该与特定的教学目标或者所教授课程的特定内容密切相连。

常模参照评定和标准参照评定既可以使用标准化测验，也可以用教师自编测验。由于不同的性质，常模参照评定对总结性评定的作用较大，而标准参照评定通常适用于形成性评定。

（三）正式评定与非正式评定

学习评定按照其严谨程度可以分为正式评定与非正式评定。正式评定指学生在相同的情况下接受相同的评估，且采用的评定工具比较客观，如测验、问卷等。非正式评定则是针对个别学生，且评定的资料大多是采用非正式方式收集的，如观察、谈话等。有时，教师也会采用非正式评定，作为正式评定的补充。例如，教师已经接到了小明的智力测验的结果；再结合平时观察以及与小明面谈的情况后，可以得到对小明比较全面的评价：小明测验得分并不是能力的准确反应，因为他比较好动、注意力不易集中，所以在智力测验中的表现较差。

（四）团体评定与个体评定

在同一时间对一定数量的学生（例如，一个班、一个年级等）的评定，叫做团体评定。大部分教师事先准备好试卷，然后要求学生在课堂上作答的形式就属于这种类型的评定。团体评定需要使用团体测验，团体评定的标准既可能是标准参照的、也可能是常模参照的。

在同一时间对一个学生进行的评定叫做个体评定。如一个学生接受一位导师的指导，这位导师将全面地考查他运用所学知识解决问题的能力，并根据观察来的信息主观地评定其学业成就，这就是个体评定。个体评定的形式也包括标准参照评定和常模参照评定，使用的测验大多是个体测验。但是由于一些测验的特殊性质或受测人的特殊性，有时虽然测量工具是团体测验，也必须以个体评定的方式进行。

三、良好评定的指标

作为测验工具的测验或量表，是有良莠之分的。判断一个测验是否有效，不能只凭主观经验，而要依赖客观的标准来衡量。不管是心理测验还是教育测验，也不管是标准化的测验还是教师自己编制的测验，都要考虑效度、信度、难度、区分度等反映该测验质量特性的重要指标，否则，这一测验的代表性和可用性就值得怀疑。

（一）效度

测验效度是指测量的真实性、正确性，即该测验与所要测量的目标特征相符合的程度。如果一致性高，说明这个测验的效度高，反之则低。效度所要解决的基本问题是：该测量所要达到的是什么目的？它对所要测量的特性测得有多准？例如，某智力测验所测得的结果是“越用功的学生得分越高”，那么这个测验实际所测的是学生“努力”的程度，而不是“智力”高低的程度。就智力测验而言，其效度就很低。可见，学校中常用的成绩测验也同样要有一定的效度。这类测验主要考虑的是内容效度，就是要看该测验能否真正按教学大纲的要求，考查出学生对所学知识的掌握情况及其能力水平。如果达不到这一目的，就像一支准星歪了不能击中目标的枪支，失去其应有的价值。

效度通常是利用该测验的结果与一个反映测量目标的参照标准（效标）之间的相关来表示，所求得的相关系数即为效度系数。相关系数越大，说明效度越高。在学校的各科测验中，教师对每个学生的评定值可以作为效标。如果测验结果与教师平时对学生观察和评定的结果一致性很高，就说明这个测验具有较高的效度。一般要求这类测验的效度值应当在 0.35—0.60 之间。效度是测量工具必须具备的首要条件。因此在编制或使用测验时，应该首先考虑和评鉴它的效度。

（二）信度

信度是反映测验分数的稳定性和可靠性的指标，是指测量的前后一致性程度。只有信度高的测验才能够作为一个稳定可靠的测量工具加以应用。测验的分数难免要受到一些偶然因素的影响，由此而产生的测量误差称为随机误差。如试题取样不好、评分标准不一致、指导语不清楚、测验过程受到干扰、受测者情绪紧张或身体不适等。这些偶然因素对测验分数影响越大，测验的信度就越低。反之，其信度越高。国外一般要求学科成绩测验的信度值要在 0.90 以上。信度值是用相关系数来表示的，又称为信度系数。计算信度系数的方法主要有以下三种。

1. 再测法

我们用某一个测验对相同的学生前后施测两次，计算出这两次测验成绩的相关系数就可得到再测信度。

2. 复本法

这种方法需要编制出两套以上内容、形式、数量、难度等方面都等值的测验，然后根据同一组学生接受两次复本测验的得分计算出相关系数，就可得到复本信度。

3. 分半法

当一种测验没有复本而且只能施测一次的情况下，通常采用分半法来估计信度。这种方法是将一套测验分成对等的两半，根据每个人在这两半试题中的得分所求得的相关系数即为分半信度。在学科测验中，较多的是应用分半法和复本法来计算测验题的信度。

（三）难度

难度是指一套测验中试题的难易程度，这是用来进行题目分析和评价试题的主要指标之一。好的测验题目应当有适当的难度，难度过高或过低对于鉴别学生的心理特性和学习成绩都是无益的。教师选用何种难度的试题来组织和编制一套测验，应视测量的目的而定。难度值所反映的是相对难度，而不是绝对难度。一个题目的难度除了与内容或技能本身有关外，在很大程度上还取决于题目的编制技术和受测者的知识经验及他们的复习准备情况。所谓难者不会，会者不难，指的就是难度的相对性。

（四）区分度

区分度是测验题目对考生水平鉴别能力的指标，是测验题目能够鉴别受测者水平的程度。只有当测验题目的区分度高时，才能对学生的水平有较好的辨别能力。在这些题目上，好学生得分高，差学生得分低；而区分度低的题目，各类学生的得分没有规律。区分度的计算多采用相关法，即以考生在某个题目上的得分与总分的相关作为该题的区分度值，相关度越高，区分度越好。国外应用在教育上的标准化测验要求优秀题目的区分度在 0.30 以上，否则就需加以改进或淘汰。

区分度和难度之间有着密切的关系。一般来说，中等难度的试题对学生总体的区分度最高，而难度大的题目对优秀学生有区分力，难度小的题目对学困生有一定的区分力。因此在一个测验中，只有题目的难度分布合适，才可能把各种水平的考生最大限度地鉴别出来。这好比是一把尺子，全距越长，刻度越多，可应用的范围才越广，测量得也越精确。总之，难度和区分度也是衡量一个测验优劣的重要条件，将直接影响到测验的效度和信度。

（五）可用性

即测验在解释学生的能力、知识等方面有多大用处；测验的形式与内容是否适合学生的年龄特征；测验所花的时间和人力是否合适；以及评分是否客观，主持测验是否通过特殊训练等。如果在这些方面使人不能接受，测验的可用性就低。

第二节　标准化测验

测验是测量一个行为样本的系统程序，即通过观察少数具有代表性的行为或现象，来量化描述人们的心理特征。而标准化测验是指由专家或学者们所编制的适用于大规模范围内评定个体心理特征水平的测验。这种测验的命题、施测、评分和解释都有一定的标准或规定，并且具有较好的信度和效度。

一、标准化测验的类型

标准化测验又包括：标准化学绩测验和智力测验

（一）标准化学绩测验

标准化学绩测验是指由学科专家和测验编制专家共同按照标准化程序为受过某种教学或训练的人员编制的测验，目的在于评价经教学或训练后的实际工作表现。所谓标准化程序，包括：选取有代表性的材料编成测验的试题；选取有代表性的被试，从而得到有代表性的一组分数；根据测得分数的统计分析，求出常模；按照规定程序建立效度与信度;明确规定施测步骤和计分方法。简言之,标准化测验是已经具备常模、效度、信度、施测程序和计分方法等基本条件的心理教育测验。智力测验和人格测验都可以是标准化测验,而标准化学绩测验则是标准化测验的一种。由于标准化学绩测验具有客观性和可比性的优点,所以它是评价学生学业成绩的重要工具之一。这种测验在国外使用比较普遍。例如,美国教育测验中心举办的托福考试(TOEFL)考核非英语国家学生的英语水平,决定是否录取留学和授予奖学金。目前,我国的标准化测验工作也正在进行。高考的标准化工作已取得一定进展,并在逐步推行。对外汉语水平考试(HSK)则是其中的典型代表,外国学生通过四级才能进入中国的大学学习,通过六级才可申请攻读硕士学位。

(二) 智力测验

前面提到的智力测验,实则就是一种标准化测验。智力测验从诞生到后期在不同文化背景下、不同历史时期中不断修订改进,使其具备了很高的信效度,可以准确地反映受测者的智力水平。

1. 斯坦福—比奈量表

斯坦福—比奈量表是比奈早期智力测验的一个现代版本。它具有较高的信度,它的各年龄段上的等值性系数一般在 0.90 以上,而且随着年龄的增大,信度增加,且智商低者比智商高者有更高的信度;它的效度,无论是内容效度、构想效度,还是效标关联效度都令人满意。它适用于个体施测的智力测验。此外,斯坦福—比奈量表的计分虽然只是以智力年龄和智商来表示,但是一位合格的测验人员能够通过测验数据获得大量的关于儿童的智力、情绪、社会适应等方面的重要线索。

2. 韦氏智力量表

韦氏量表是由纽约市贝利维奥医院的戴维·韦克斯勒编制。韦克斯勒没有建立一个单一的多年龄阶段的量表,对于不同的年龄范围,他使用了不同水平但又有关联的量表,它们是韦氏儿童智力量表(WISC,1949),韦氏成人智力量表(WAIS,1955),韦氏学龄前儿童智力量表(WPPSI,1963),并在 1974 年对韦氏儿童智力量表做了修订(WISC-R),1981 年修订了成人智力量表(WAIS-R)。韦氏量表由言语分量表和操作分量表组成,每个分量表又包括一些分测验。因此,韦氏量表报告的是言语的 IQ、操作(非言语)的 IQ、总 IQ,以及不同子测验的计分,有利于收集较精确的诊断资料,并予以解释。与斯坦福—比奈量表比较,它的 IQ 值都是以 100 为平均数,以 15 为标准差的离差智商。

二、标准化测验的发展趋势

社会在发展,科技在进步,人们的认识也在提高。相应的,标准化测验也在经历着一系列的沿革。

(一) 智力测验的演进

随着研究者对智力本质的认识日益深刻,人们也意识到原有理论对智力的理解过于狭隘。新的智力理论突破了传统的束缚,提出多元的智力观,开始强调处理日常生活事件的能力、思维的全面性和领悟性、管理心理资源的能力等。例如,斯滕伯格的智力理论就包含了情境能力,即个体使用心理结构和过程来满足日常生活需求的能力。日常生活中经常出现这样的情景,一些人很善于利用他们的能力来完成常规心理测验中的高度抽象或与学业有关的任务,但是他们不会把这种能力迁移到日常生活中。而有些人正好相反,虽然他们在智力测验中表现不佳,但是能够很好地处理解决生活中遇到的各类事件。斯滕伯格在自己编制的智力测验中设置了测量这种能力的分测验,受测者必须使用创造性的思维方式来应对和解决新情境下的问题。此外,有些测验侧重考查了个体思维的全面性与领悟性,例如弗里德曼的智力测验,都要求学生除了简单地回答选择题外,还要创造出新的解答以显示他们的思维能力。

此外,还有心理学家认为智力不仅表现在认知方面,还有可能表现在社会交往、下棋、手工操作等方面。加德纳提出人类的智力应该包括七个方面:言语、音乐、逻辑—数学、空间、身体动作、人际交往和自我反思。个体通常会在一个或少数几个领域里展现出高水平的能力,但在其他领域中则表现平平。因此,这些心理学家主张仅仅使用考查认知能力的智力测验来评价学生的智力是远远不够的,还需要多侧面、多层次来全面评价学生的多种智力水平。

总之,在新智力理论的影响下,智力测验的发展表现出新的特点。一方面开始注重对多种智力成分的测量,扩大了智力测验的范围,强调处理日常生活事件以及适应陌生情境的能力。另一方面,心理学家主张把测验和学习联系起来,消除学习和评定的分界线,更加重视应用训练程序对儿童或者某些认知功能较差的成人提供帮助,从而在整体上提高智力水平。智力测验不只是一种智力评定的工具,也逐渐成为训练、辅导和提高智力的有效工具。

智力测验的编制者还对元认知能力、监控能力、学习策略等给予了充分的重视。为了测量这些能力和策略知识,心理学家专门编制出了一些测验。例如,元认知问卷(Howard,1989)、自我监控学习评定量表(1982)等,这些测验大都是新近发展起来的,在理论和实践应用方面还不够成熟,信度效度方面的指标将有待进一步提高。

(二) 计算机化的适应性测验

标准化测验的最新发展趋势还包括计算机化的适应性测验(CATSYS),它是运用最先进的信息技术来改革测验工具和模式的尝试,利用计算机的优点使之成为一种测验工具,而不仅仅是纸笔测验的呈现器。计算机在测验生成、组织测验和进行测试后分析等各方面已经成为教师的优良工具,但是计算机化适应性测验的含义不仅局限于此。

计算机化的适应性测验将多个富有创造性的测验特性结合在一起,它能根据被测试者当前正确和错误反应的情况,来变化后面若干测试项目的难度,以此来决定被测试者的水平。因此只要一个较短的测验就能提供与较长的传统测验相同的评定结果。并且,计算机化的适应性测验产生的测验更清晰,更易于作答,因此也更为被测验者所青睐。从指导思想看,电脑化的适应性测验以测查在某一科目或某一工作上的操作或实际表现为目的。这反映了测验领域的一种趋势，即把教学目标的测验和对知识获得的测验结合起来。因为一方面人们在关注学生的最终学习结果的同时，越来越关注学生是如何取得该结果的以及学生的日常表现如何。另一方面计算机已经融入人们的日常生活。日常表现在评定中应占有一席之地，对日常表现的评估主要就是评定和作品分析。电脑化的适应性测验能部分地满足这一需要，但现有的软件离这种理想还有较大差距。

计算机适应性测验在选题上很有特色。一方面，测验将安排大量的题目类型来测量同一种心理特质，教师把大量组织好的试题连同对试卷的要求(题目范围、难易程度、类型、预计测验时间等)都存放在计算机的题库管理系统中，形成计算机化的题库。另一方面，测验能够根据受测者的反应情况，自动选择难度适合答题者的题目。这样，测验可以在较短的时间内，取得满意的结果。能力高的受测者不必在简单的题目上浪费时间，而能力稍差的受测者也不用完成他无法答出的题目。但是，学生的每次测验可能会接受不同类型、不同数量的题目，很难保证测验的等值性。良好的适应性测验在分数的解释和管理方面也很简便。在测验中，不仅可以解释某个学生在每个分量表的表现，而且能够随时对他在每一道题目的作答情况进行分析，以便决定下面题目的难度。由于采用了计算机，它的快速处理能力不仅可以迅速完成对学生的能力和缺陷的分析，还能对试卷编制水平、教学情况等教育信息进行系列分析，为提高测试水平和教育质量创造了条件。

对于计算机化的适应性测验，心理学的研究主要探讨了影响测验成绩的因素和人机对话的问题，例如，计算机的反馈信息，应该在什么时间提供，详细到何种程度；计算机化测验的信度和效度；在计算机测验中，各种题目类型的适宜性；怎样提高受测者的答题动机，尤其是低学业成就学生等。

第三节 教师自编测验

在实际教学工作中，往往需要进行一些零散的、对学生各种不同学科或不同方面的测验，这些测验不可能全部是标准的。因而在实际工作中教师也可以根据教学经验自编测验。

一、自编测验的含义

教师自编测验是指教师根据自己的教学经验和教学风格，自行设计和编制的用来考查学生学习进步情况的测验。由于学校科目繁多，教学检查需经常进行，而教师自编测验操作过程简单，施测手续方便，应用范围一般限于自己所任教的学科，在实际教学中颇为有用，所以是应用得最多和教师最愿意用的测验。虽然这种测验未经标准化，但其编制也需要遵循一定的原则。例如，测验应能测量明确规定的学习结果，忠实反映教学目标；测验应能测出预期的学习结果和教材的代表样本；测验应按预期的学习结果选择试题类型;测验要有效、可靠等。教师只有掌握教学目标,并熟悉各种形式的试题的特点与性能,方能编制出恰当的测验,从而保证评价工作顺利进行。

二、自编测验的形式

试题的类型(题目的形式)在学绩测验中占有很重要的地位。如果题型不适当,测验就要浪费时间,评分时就会发生种种困难。因此,在编制学绩测验前,必须慎重选择适宜的题型。人们在长期的测验实践中,发展出了多种多样的题目形式,根据应答方式的不同可以分成两大类:客观题和主观题。

(一) 客观题

客观题具有良好的结构,对学生的反应限制较多。学生的回答只有对错之分,因此教师评分也只能是得分或失分。这类题目包括选择题、是非题、匹配题和填空题等。

1. 选择题

由题干和两个或更多的选项组成。题干可以是直接提问或者以不完整的句子的形式出现,目的是为了设置问题情境。而选项则提供可供选择的答案,包括一个或多个正确答案和若干具有干扰性的错误项或迷惑项。学生的任务就是阅读题目,再从一系列选项中挑选出正确的项目。教师在出题时,要综合考虑题干和选项,使整个题目清楚明了。选项的数量一般没有统一的规定,教师可以随意确定选项的个数,大多是4~5个,这样可以避免学生猜测答案。所有的题目也可以安排各自不同数量的选项。良好的选择题的题干应该明确简单,选项具有迷惑性。

经过精心设计的题干和选项,可以有效地测查学生知识的掌握水平。此外,选择题还有一种常用变式,选项中有一至多个正确答案,即通常称为多选题。这种题型的难度大大高于常规的选择题(单选题),可以有效地检查学生学习的深度,在测验中也广泛使用。总之,由于选择题可适用于文字、数字和图形等不同性质的材料,可以考察记忆、分析、鉴别、推理、理解和应用知识的能力,再加上它的评分客观、省时,学生猜测的可能性相对小些,因此在标准化的学绩测验中被广泛采用。其缺点是:答案固定,测不出学生组织材料的能力和创造力;题量大,要为每个题目编写迷惑答案,任务比较繁重。

2. 是非题

又称正误题,可以看做具有两个备选答案的选择题。它常用的形式是,陈述一句话,要求学生判断对错或是非。是非题主要适于考查学生对简单观念或知识的了解。是非题形式简单,能够在一份试卷内覆盖大量的内容。教师在评判时也较客观,计分简便省时。但是由于答案非对即错,即使在完全猜测的情况下,学生也有50%的机会选择到正确答案,因此其可靠性较差。一种改进的办法是,增加题目的数量。由于题量大,对题目总体的取样较全面,学生很难只凭猜测获得高分。

3. 匹配题

是另一种可提供多种选择的考试形式。通常,匹配题包括两列词句,一列是问题选项,一列是反应选项。学生根据题意按照某种关系将左右的项目连接起来。匹配题形式简单，能够有效地测量学生对知识联系的掌握情况，且易于计分。但是，它只能用于测查彼此存在着简单关系的知识。

4. 填空题

呈现给学生一句或一段不完整的话，要求学生简要作答。当教师的目的是考查学生对知识的回忆时，填空题十分有用，它可将学生猜测的可能性降到最小。如果经过精心设计，也可以通过填空题来考查学生对知识的理解、推理和判断能力。填空题的问题在于，学生的答案各不相同甚至还会出现出人意料的答案，学生的答案还会受笔迹、用词等无关因素的影响。

（二）主观题

主观题要求学生自己组织材料，并采用合适的方式表达出来。这类题型包括论文题、问题解决题等。教师在评分时，对学生的回答需要给出不同量的分值，而不仅仅是满分或零分。

1. 论文题

指要求学生用文字论述方式阐述相关观点的题目，回答字数可以从几段到几页不等。一般较常使用的有两种类型：有限制的问答题和开放式论文。有限制的问答题是指教师对回答的内容和长度都有规定，如平时测验中的简答题等。例如，说明戊戌变法中的重要人物、事情经过以及结果。简答题适合于考查学生对知识的记忆和理解程度，还可以测量学生对材料的概括能力。开放式论文则允许学生在内容上自由选材、自由发挥，而且篇幅较长，如平时测验中的论述题等。论述题有利于学生清楚地表达自己的思想，可以考查学生对材料的理解深度和对材料的组织能力、综合能力，有时还可以测量评价能力和创造能力。不过，使用论文题也有许多不便之处。首先，学生回答论文题需要花费很多时间。因此，在一份试卷里只能出现少量的题目，对课程内容的取样也就非常有限。一般可以通过增加小的论文题（即简答题或问答题）来尽量避免这个问题。其次，对于熟悉自己学生的教师，在判卷时很难做到客观，教师对学生的总体印象往往会影响到对论文的评价，导致信度较低。

2. 问题解决题

是向学生提供一定的问题情境和目标情境，要求学生通过对知识进行组织、选择和运用等复杂的程序来解决问题。通常有两种形式。一种是间接测验，与前面提到的几种测验形式一样，采用纸笔测验来评价学生的学业成就或能力。学生通常必须写出若干步骤或过程，以展现他的思路。评分时，按照步骤计分，如果缺少某些步骤就不能得分。平时的物理、化学、生物等学科的考试经常会出现这种类型的题目。另一种则是直接测验。例如，为了考查学生学习本节内容的情况，让学生编制一份测验两步应用题的试卷。由于它考查了学生处理实际问题的能力，所以有时我们又把这种形式叫做操作测验。在实际考核过程中，教师可以要求学生设想一个可以解决本市垃圾处理问题的方案，或者要求学生测量学校操场的面积等。操作测验对于考查高级思维技能十分有效，但是往往费时费钱，而且主观性较大，其效度也经常受到质疑。当然，主观题和客观题并不是彼此对立的，而是各有短长，各有自己的独特的功能。在实际教学中，应根据不同情况，灵活选择题目形式，以提高测验的信度和效度。

三、自编测验的注意事项

为了保证自编测验的客观性、科学性和操作性，自编测验需要注意以下几个方面。

（一）试题要符合测验的目的

学绩测验的目的有多种，是作为选拔、诊断之用，抑或作为评价或分类之用，这一点是命题时必须明确的。测验目的不同，编制测验的取材范围及试题难度也就有所不同。

（二）试题内容的取样要有代表性

由于学绩测验只是测量目标的一个样本而不是全部，因此试题内容的取样应有代表性，能代表该学科的全部内容，而不能只偏重某一方面的内容而忽视其他方面的材料；否则，这个测验的效度就得不到保证。

（三）题目格式应多种多样

在同一份试题中，应依据测验的目的与要求的不同，选用各种不同的题目形式，不宜“单打一”。如果要考查学生对概念的记忆，宜用简答题；要考查学生对事物的辨别和判断能力，宜用多选题；要考查学生综合运用知识的能力，宜用论述题。此外，题目格式应明确，不要使学生误解。

（四）文句要简明扼要

测验题目的文字应力求浅显简短，不要使用艰深的字词，要排除与题目无关的多余信息；同时又不能遗漏解题所必需的条件，否则试题便无法解答。

（五）答案应正确可靠

对于标准化学绩测验，应有不致引起争论的正确答案，即测题的答案应是没有疑义的、是可靠的。

（六）测题应彼此独立

各测题不能含有暗示本题或他题的正确答案的线索。如果一个题目的命题或答案的内容为另一个题目的解答提供了线索，那么这后一个题目就失去了测验的意义，得分也就不能准确地反映学生的成绩。

四、非测验的评价技术

根据教学评价中所使用的工具不同，教学评价可分为质性评价和量化评价两种。上文介绍的测验法主要运用数学工具进行测评，属于量化评价方法。质性评价则更多地使用自然工具，强调在自然的教学情境中收集关于评价对象发展状况的丰富资料，通过对资料的整理分析，用描述性、情感性语言对评价对象的进步做出评定。从现状来看，质性评价方法似乎是随着我国新课程改革的兴起而逐渐受到关注的。实际上，质性评价方法存在于量化评价方法诞生之前，只是后来人们认为质性方法不够科学客观，转而研究和开发客观精确的教学测量方法。然而，当教学测量发展到一定程度后，鉴于教育现象的综合性和复杂性，人们又开始逐渐认识到量化评价的局限性，如过于简单化，脱离真实的教学情境等。因此在我国的新课程改革中，质性评价方法重新受到重视。综合使用量化和质性的方法，可以实现二者的优势互补，从而更能全面地反映教学活动的进展和学生的学习状况。大致而言，质性评价的基本形式有观察法、档案袋评价、评语法、访谈法等。在此，我们只介绍前两种较为典型的形式。

（一）观察法

观察法是指对被评价者在自然状态下的特定行为表现进行观察、考察和分析，从而获得第一手事实材料的方法（金娣，2007）。观察法适用范围广，操作灵活，在教学评价活动中有着广泛的应用。用于教学评价的观察，通常可按照不同的分类标准划分为以下几种：① 按观察的结构化程度可分为有结构观察和无结构观察。有结构观察是指在观察开始之前就已制订好详细的、结构化的、可操作的观察计划和记录表，观察者在现场依据观察计划和记录表收集数据，在观察结束后对数据进行合并整理，使用定量分析的方法得到观察对象各种特定行为发生的频次或持续时间。有结构观察法需要观察者事先设计好观察行为的分类系统，并对每类行为给出明确的操作定义，而且要设计好观察程序，适用于观察者对评价场所较为了解的情境。无结构观察是没有事先预设观察计划而开展的非系统的、开放式的观察。无结构观察要求观察者敏锐地把握环境中的关键信息，对观察者的经验和能力有较高的要求。这种观察适用于探索新环境的情况或了解个案的初期。② 按观察者角色不同可分为参与式观察和非参与式观察。参与式观察是指教师作为教学的主体之一，深入到学生群体中，观察学生的学习和生活中的行为，如学生做作业的习惯、学习方法、犯错原因等。教师首先要确定观察的目的和对象；然后选择观察项目，通常教师会使用一个观察核查表以方便记录；最后教师依据观察所得结果给出建议性评价。参与式观察简便易行，适用范围大，由于它具有一定的隐蔽性，所以能反映教学的真实情境。在非参与式观察中，观察者作为旁观者的身份进行观察。与参与式观察相比，非参与式观察更为客观，周期更短，省时省力，但容易只了解到表面现象，获得的信息缺乏深度。借助科技进步的力量，教学评价的方法在不断地丰富。近年来兴起的课堂录像分析的方法就是非参与式观察的一种，它克服了非参与式观察缺乏深度的不足，可以提供更为原始、丰富的信息，有利于开展深入的分析。但其过程费时费力，且需要具备相应条件及师生的适应过程，因此推广度不如参与式观察。③ 按观察范围可分为完全观察和取样观察。完全观察是指对与评价有关的活动进行全面的观察。优点在于资料完整翔实，缺点是耗时费力，适用于小样本或个案评价。取样观察是指选择有代表性的样本进行观察。按照样本类型不同又可分为时间取样观察和事件取样观察。前者是以观察对象的日常行为表现为总体，观察者选择若干相等的时间段为样本进行观察；后者是以观察的行为事件本身作为取样依据，只对某种特定的行为和活动进行观察和记录。

（二）档案袋评价

档案袋，也被译做成长记录袋、学习档案等。这一概念最初来源于美术领域，画家使用档案袋收集他们有代表性的作品，以供自己反思和他人评价。后来人们将它运用于教育情境中——由教师和学生一起有组织、有系统地收集学生的作品和参与活动的材料，汇总教师、家长、同伴的评价及学生自我反思的相关材料并进行分类归档，以展示学生的知识、技能和态度的成长过程，促进学生自主发展。

档案袋评价是指在教育过程中，通过对档案袋的制作和对最终结果的分析而进行的对学生发展状况的评价。档案袋评价是一种强调过程的评价方法，它既可以为形成性评价服务，用以发现学生的进步和诊断学生的不足，又可以为终结性评价奠定基础、提供依据，从而很好地实现形成性评价和终结性评价的有机结合。它不仅可以改进传统评价方式中单纯重视甄选、评价主客体单一等不足，而且还对学生有增强自信、提高学习动机、促进个性发展的作用。

档案袋的内容主要包括课内学习情况记录和课外学习情况记录两部分，有时还包括家校联系的记录。课内学习情况记录是指所有与课堂教学相关的活动记录，既包括课堂上的活动，也包括课后开展的与课堂教学内容直接相关的一系列活动，如学生回答问题的情况、小测验、课堂笔记、知识网络图、小组学习体会、朗读录音带、课后作业、教师评语、小组成员之间的评价等。课外学习情况记录是指学生在课堂教学的基础上结合自身兴趣所延伸开展的活动记录，如剪报、课外阅读材料、读书笔记、手工制品、调查报告、参加课外活动(如制作模型比赛、演讲比赛等)的记录等。

练习题

一、选择题

1. 系统地收集有关学生学习行为的资料，参照预定的教学目标对其进行价值判断的过程称为 (　　)

   A. 教学测验　B. 教学评价　C. 教学测量　D. 教学鉴定

2. 以学生所在团体的平均成绩为参照标准，根据其在团体中的相对位置(或名次)来报告评价结果的评价方式称为 (　　)

   A. 常模参照评价　B. 标准参照评价　C. 配置性评价　D. 形成性评价

3. 标准化成就测验是指由专家或学者们所编制的适用于大规模范围内评定个体学业的 (　　)

   A. 成就水平的测验　B. 能力形成的测验

   C. 结构的测验　D. 智力发展的测验

4. (　　)是衡量一个测验正确性的重要指标，即一个测验能够测量出所要测量的东西的程度。

   A. 信度　B. 效度　C. 难度　D. 区分度

5. 教学评价(　　)测量和测验。

   A. 不等同于　B. 等同于　C. 毫无关系　D. 包括

二、简答题

1. 标准化成就测验的特点。

2. 说明标准化成就测验的含义与优越性。

3. 简述两种信度评定的方法。

参考答案

一、选择题

1. B　2. A　3. A　4. B　5. A

二、简答题

1. (1) 测验是由专门机构或专家学者按一定测验理论和技术，根据全国或某一地区所有学校的共同教育目标来编制的；(2) 所有受试人所做的试题、时限等施测条件相同，计分手段和分数的解释也完全相同。

2. 标准化成就测验是指由专家或学者们所编制的适用于大规模范围内评定个体学业成就水平的测验。优越性体现在三个方面：(1) 客观性。在大多数情境下，标准化测验是一种比教师发展出的测验更加客观的测量工具。(2) 计划性。专家在编制标准化测验时，已经考虑到所需的时间和经费，因此标准化测验比大部分的课堂测验更有计划性。(3) 可比性。标准化测验由于具有统一的参照标准，使得不同考试的分数具有可比性。

3. 任选其二：(1) 再测法：我们用某一个测验对相同的学生前后施测两次，计算出这两次测验成绩的相关系数，就可得到再测信度。

(2) 复本法：这种方法需要编制出两套以上内容、形式、数量、难度等方面都等值的测验，然后根据同一组学生接受两次复本测验的得分计算出相关系数，就可得到复本信度。

(3) 分半法：当一种测验没有复本而且只能施测一次的情况下，通常采用分半法来估计信度。这种方法是将一套测验分成对等的两半，根据每个人在这两半试题中的得分所求得的相关系数即为分半信度。在学科测验中，较多的是应用分半法和复本法来计算测验题的信度。

参考书目

1. 黄希庭著. 心理学导论. 人民教育出版社,1998
2. 郭亨杰,宋月丽主编. 心理学教程. 南京师范大学出版社,1995
3. 程正方,高玉祥,郑日昌主编. 心理学. 北京师范大学出版社,2009
4. 张林,徐钟庚主编. 心理学导论. 浙江大学出版社,2012
5. (德)格尔德·米策尔著. 心理学入门. 中央编译出版社,2015
6. 李晓文,张玲,屠荣生编著. 现代心理学. 华东师范大学出版社,2003
7. 彭聃龄主编. 普通心理学. 北京师范大学出版社,2004
8. 叶奕乾等主编. 普通心理学. 华东师范大学出版社,2004
9. 吴庆麟主编. 教育心理学. 中国人民出版社,2005
10. 邵瑞珍主编. 教育心理学. 上海教育出版社,1997
11. 李伯黍,燕国材主编. 教育心理学. 华东师范大学出版社,2011
12. 张春兴. 教育心理学. 浙江教育出版社,1998
13. 张大均. 教育心理学. 人民教育出版社,2005
14. 陈琦,刘儒德主编. 教育心理学. 第二版. 北京师范大学出版社,2007
15. 郑金洲著. 教育通论. 华东师范大学出版社,2002
16. 陈桂生著. 教育原理. 华东师范大学出版社,1996
17. 叶澜主编. 教育概论. 人民教育出版社,2006
18. 瞿葆奎主编. 教育学文集·教育与教育学. 人民教育出版社,1993
19. 黄济,王策三主编. 现代教育论. 人民教育出版社,1996
20. 林崇德主编. 发展心理学. 人民教育出版社,1995
21. 庞丽娟,李辉主编. 婴儿心理学. 浙江教育出版社,1993
22. (美)罗伯特·费尔德曼著. 发展心理学:人的毕生发展. 苏彦捷,邹丹译. 第六版. 世界图书出版社,2013
23. 杨丽珠主编. 毕生发展心理学. 高等教育出版社,2007
24. 黛安娜·帕帕拉著. 发展心理学. 人民邮电出版社,2008
25. (美)罗伯特·S. 费尔德曼著. 儿童发展心理学:费尔德曼带你开启孩子的成长之旅. 机械工业出版社,2015
26. (美)约翰·桑特洛克著. 青少年心理学. 第十一版. 人民邮电出版社,2013

27. 劳拉·E. 伯克著. 伯克毕生发展心理学从0岁到青少年. 陈会昌译. 中国人民大学出版社,2014

28. Jerry M. Burger 著. 人格心理学. 陈会昌等译. 北京:中国轻工业出版社,2011

29. 郑雪主编. 人格心理学. 暨南大学出版社,2001

30. 黄希庭著. 人格心理学. 浙江教育出版社,2002

31. 崔丽娟著. 社会心理学. 华东师范大学出版社,2008

32. 时蓉华主编. 现代社会心理学. 华东师范大学出版社,2003

33. 安德列耶娃著. 社会心理学. 南开大学出版社,1984

34. J. L. 弗里德曼等著. 社会心理学. 黑龙江人民出版社,1984

35. 申荷永主编. 社会心理学原理与运用. 暨南大学出版社,1999

36. 周晓红著. 社会心理学. 上海人民出版社,1997

37. 金盛华著. 沟通人生:心理交往学. 山东教育出版社,1992

38. 沈政,林庶之编. 生理心理学. 北京大学出版社,1993

39. 郭秀艳著. 实验心理学. 第二版. 上海:华东师范大学出版社,2015

40. 朱滢著. 实验心理学. 第三版. 北京大学出版社,2014

41. 张学民著. 实验心理学. 第三版. 北京师范大学出版社,2011

42. 白学军. 实验心理学. 中国人民大学出版社,2012

43. B. H. 坎特威茨等著. 实验心理学——掌握心实验心理学的研究. 郭秀艳等译. 华东师范大学出版社,2010

44. R. S. 武德沃斯等著,实验心理学. 曹日昌等译. 北京:科学出版社,1965

45. 郑日昌,蔡永红,周益群. 心理测量学. 人民教育出版社,1999

46. 罗伯特·J. 格雷戈里著. 心理测量:历史、原理及应用(原书第五版). 施俊琦译. 机械工业出版社,2012

47. 王垒,童佳瑾,施俊琦编. 实用心理与人事测量. 北京大学出版社,2008

48. 张厚粲,龚耀先编. 心理测量学. 浙江教育出版社,2012

49. 郑日昌. 心理与教育测量. 人民教育出版社,2015

50. 金瑜. 心理测量. 华东师范大学出版社,2005

51. 杨向东. 理论驱动的心理与教育测量学. 华东师范大学出版社,2014

52. 孙大强,郑日昌. 心理测量理论. 开明出版社,2012

53. 王建平,张宁,王玉龙主编. 变态心理学. 第二版. 中国人民大学出版社,2013

54. 钱明怡. 变态心理学. 北京大学出版社,2013

55. 王建平. 变态心理学. 第二版. 高等教育出版社,2011

56. 王玲. 变态心理学. 第三版. 广东高等教育出版社,2011

57. 杜兰德,巴洛. 变态心理学纲要. 第四版. 中国人民大学出版社,2009

58. 刘新民,谈成文. 变态心理学导论. 合肥工业大学出版社,2011

59. 霭理士著. 性心理学. 陈维正等译. 译林出版社，2014

60. 邵郊. 生理心理学. 人民教育出版社，1978

61. 松原达哉著. 咨询心理学. 张开舒译. 机械工业出版社，2015

62. 岳晓东著. 登天的感觉. 北京联合出版社，2016

63. John Sommers-Flanagan 著. 心理咨询面谈技术. 中国轻工业出版社，2014

64. Banyard and Grayson A. *Introducing Psychological Research*. New York University Press，1996

65. Woolfook，A. Educational Psychology (8th)[M]. Allyn and Bacon，2001

66. Gardner，H. *Frames of Mind：The Theory of Multi-intelligences*[M]. New York：Basic Books，1983